CRYPTOLAW

CRYPTOLAW
INOVAÇÃO, DIREITO E DESENVOLVIMENTO

2020

Organização:
Isac Silveira da Costa
Viviane Muller Prado
Giovana Treiger Grupenmacher

ALMEDINA

CRYPTOLAW
INOVAÇÃO, DIREITO E DESENVOLVIMENTO
© Almedina, 2020
ORGANIZAÇÃO: Isac Silveira da Costa, Viviane Muller Prado e Giovana Treiger Grupenmacher

DIRETOR ALMEDINA BRASIL: Rodrigo Mentz
EDITORA JURÍDICA: Manuella Santos de Castro
EDITOR DE DESENVOLVIMENTO: Aurélio Cesar Nogueira
ASSISTENTES EDITORIAIS: Isabela Leite e Larissa Nogueira

PREPARAÇÃO E REVISÃO: Denise Dognini (Kalima Editores), Paula Brito Araújo e Lyvia Felix
DIAGRAMAÇÃO: Almedina
DESIGN DE CAPA: Roberta Bassanetto

ISBN: 9786556271446
Dezembro, 2020

Dados Internacionais de Catalogação na Publicação (CIP)
(Câmara Brasileira do Livro, SP, Brasil)

Cryptolaw : inovação, direito e desenvolvimento /
organização Isac Silveira da Costa, Viviane Muller Prado, Giovana
Treiger Grupenmacher. --
1. ed. -- São Paulo : Almedina, 2020.

ISBN 978-65-5627-144-6

1. Bitcoin 2. Criptografia de dados (Computador)
3. Direito financeiro 4. Direito tributário 5.
Economia I. Costa, Isac Silveira da. II. Prado,
Viviane Muller. III. Grupenmacher, Giovana Treiger.

20-48033   CDU-34:336:336.2

Índices para catálogo sistemático:

1. Direito financeiro e direito tributário 34:336:336.2
Aline Graziele Benitez - Bibliotecária - CRB-1/3129

Este livro segue as regras do novo Acordo Ortográfico da Língua Portuguesa (1990).

Todos os direitos reservados. Nenhuma parte deste livro, protegido por copyright, pode ser reproduzida, armazenada ou transmitida de alguma forma ou por algum meio, seja eletrônico ou mecânico, inclusive fotocópia, gravação ou qualquer sistema de armazenagem de informações, sem a permissão expressa e por escrito da editora.

EDITORA: Almedina Brasil
Rua José Maria Lisboa, 860, Conj.131 e 132, Jardim Paulista | 01423-001 São Paulo | Brasil
editora@almedina.com.br
www.almedina.com.br

SOBRE OS ORGANIZADORES

Isac Silveira da Costa
Doutorando em Direito Econômico e Financeiro pela Universidade de São Paulo (USP). Mestre em Direito dos Negócios pela Escola de Direito de São Paulo da Fundação Getulio Vargas (FGV DIREITO SP). Bacharel em Direito pela USP. Engenheiro de Computação pelo Instituto Tecnológico de Aeronáutica (ITA). Analista de Mercado de Capitais (CVM).

Viviane Muller Prado
Doutora em Direito Comercial pela Universidade de São Paulo (USP). Bacharel em Direito pela Universidade Federal do Paraná (UFPR). Coordenadora do Núcleo de Mercado Financeiro e de Capitais. Professora da Escola de Direito de São Paulo da Fundação Getulio Vargas (FGV DIREITO SP).

Giovana Treiger Grupenmacher
Mestre em Direito dos Negócios pela Escola de Direito de São Paulo da Fundação Getulio Vargas (FGV DIREITO SP). Bacharel em Direito pela Universidade Federal do Paraná (UFPR). Advogada.

SOBRE OS AUTORES

Adriana Martins Ferreira
Bacharel em Direito pelo Faculdade de Direito de Ribeirão Preto da Universidade de São Paulo (USP). Advogada.

Alan Gonçalves de Oliveira
Advogado no CB Associados. Especialista em Fusões e Aquisições e *Valuation* pela Fundação Getulio Vargas. Pós-Graduando em Direito Societário pela Escola Paulista da Magistratura. Bacharel em Direito pela Pontifícia Universidade Católica de São Paulo (PUC/SP).

André Castro Carvalho
Pós-doutor no Massachusetts Institute of Technology. Bacharel, mestre, doutor – com pós-doutorado – em Direito pela Universidade de São Paulo (USP). Sua tese de doutorado recebeu o Prêmio CAPES de Tese 2014, como a melhor tese de doutorado em Direito de 2013 no país. Professor em diversas escolas de negócios, palestrante e treinador corporativo internacional nos idiomas português, inglês e espanhol. Consultor internacional em *compliance* e membro de órgãos estatutários de governança corporativa. Vice-Presidente do Instituto Brasileiro de Direito e Ética Empresarial (IBDEE).

Andressa Guimarães Torquato Fernandes
Professora Adjunta de Direito Financeiro e Tributário da Universidade Federal Fluminense (UFF). Pós-doutorado em Economia pela Escola de Economia de São Paulo da Fundação Getulio Vargas (EESP-FGV). Doutora em Direito Financeiro pela Faculdade de Direito da Universidade de São Paulo (FDUSP). Graduada em Direito pela Universidade Federal do Rio Grande do Norte (UFRN).

Bernardo Araujo
Mestre e graduado em Direito pela Universidade Estadual do Rio de Janeiro (UERJ). Associado do Lima ≡ Feigelson Advogados, atuando com assuntos de privacidade, proteção de dados, tecnologias emergentes e tendências. Membro da Comissão de Direito Constitucional e Comissão de Empreendedorismo e Startups da OAB-RJ.

Bruno Feigelson
Doutorando e mestre em Direito pela Universidade Estadual do Rio de Janeiro (UERJ). Sócio do Lima ≡ Feigelson Advogados. CEO do Sem Processo. Fundador e membro do Conselho de Administração da Associação Brasileira de Lawtechs e Legaltechs (AB2L). CEO da Future Law. Fundador da Lif≡ Aceleradora. *Chairman* da Dados Legais. Professor universitário, palestrante e autor de diversos livros e artigos especializados na temática Direito, Inovação e Novas Tecnologia.

Camila Villard Duran
Professora Doutora da Faculdade de Direito da Universidade de São Paulo (FDUSP). Pesquisadora sênior associada ao Programa de Governança Econômica Global da Universidade de Oxford. Professora visitante da Sciences Po Paris. Cofundadora do Grupo de Pesquisa USP-FGV Direito, Moeda e Finanças.

Daniel Becker
Advogado. Diretor de Novas Tecnologias do Centro Brasileiro de Mediação e Arbitragem (CBMA). Co-organizador dos livros *O advogado do amanhã: estudos em homenagem ao professor Richard Susskind* e *Regulação 4.0*, ambos publicados pela Revista dos Tribunais.

Daniel Fideles Steinberg
Doutorando e mestre pela Universidade de São Paulo (USP). Coordenador Executivo do Grupo de Pesquisa USP-FGV Direito, Moeda e Finanças.

Dayana de Carvalho Uhdre
Doutoranda pela Universidade Católica de Lisboa. Mestre em Direito do Estado pela Universidade Federal do Paraná (UFPR). Pós-graduada pelo Instituto Brasileiro de Estudos Tributários (IBET). Graduada em Direito pela Universidade Federal do Paraná (UFPR). Professora convidada

no curso de Pós-Graduação em Direito Tributário da Academia de Direito Constitucional (Abdconst). Professora seminarista no Instituto Brasileiro de Estudos Tributários (IBET). Professora convidada do MBA em Direito Empresarial e Societário da Universidade Positivo. Membro da Comissão de Direito Tributário da OAB-PR. Membro da Comissão de Inovação e Gestão da OAB-PR. Coordenadora do Grupo de Discussão Permanente de Criptoativos da OAB-PR. Procuradora do Estado e autora de livros e inúmeros artigos científicos.

Ellen Pires Gonçalves
Sócia-fundadora do PG Advogados, com atuação na Área de Resolução de Conflitos, com ênfase em Arbitragem e contencioso de alta complexidade, em ações cíveis de naturezas diversas e ações coletivas. Mestre em Direito Político e Econômico pela Universidade Presbiteriana Mackenzie. Especialista em Gestão de Escritórios pela FGV. Pós-graduada em Direito Processual Civil pelo Centro de Extensão Universitária (IICS) e Responsabilidade Civil e LLM – Direito Empresarial pelo IBMEC (em conclusão). Graduada em Direito pela Universidade Presbiteriana Mackenzie.

Emília Malgueiro Campos
Advogada, palestrante e professora do MBA em *Blockchain* Technologies da FIA. Pós-graduada em Processo Civil, cursou o Executive MBA na Business School of São Paulo e o MOOC em Digital Currencies and *Blockchain* Technologies na University of Nicosia. Sócia do Malgueiro Campos Advocacia. Autora do livro *Criptomoedas e Blockchain – O Direito no mundo digital*, pela editora Lumen Juris.

Frederico Becker
Graduando em Direito pela Universidade Federal do Estado do Rio de Janeiro (Unirio).

Gabriel Loretto Lochagin
Professor Doutor da Faculdade de Direito de Ribeirão Preto, Universidade de São Paulo, na área de Direito Econômico e Financeiro. Doutor e mestre em Direito Econômico-Financeiro pela Universidade de São Paulo. Pesquisador visitante da Humboldt Universität, em Berlim, Alemanha. Bacharel em Direito pela Universidade de São Paulo. Advogado.

Heloisa Estellita
Professora da Escola de Direito de São Paulo da Fundação Getulio Vargas (FGV DIREITO SP), onde coordena a linha de Direito Penal Econômico do Mestrado Profissional. Doutora em Direito Penal. Bolsista de pós-doutorado da Fundação Alexander von Humboldt.

Isabela Ruiz Roque da Silva
Engenheira da Computação pela FIAP. Mestre em Engenharia Elétrica e Computação pela Universidade Presbiteriana Mackenzie, com a linha de pesquisa em inteligência artificial e análise de sentimentos/emoções. Trabalhou em diversos ramos nas áreas de Arquitetura de Sistemas e Data Science, no banco JP Morgan, na Duratex e no GPA. Doutoranda no Programa de Pós-Graduação em Engenharia Elétrica e Computação da Universidade Presbiteriana Mackenzie, com linha de pesquisa que envolve criptomoedas e tecnologias de confiança e consenso.

Isac Silveira da Costa
Doutorando em Direito Econômico e Financeiro pela Universidade de São Paulo (USP). Mestre em Direito dos Negócios pela Escola de Direito de São Paulo da Fundação Getulio Vargas (FGV DIREITO SP). Bacharel em Direito pela USP. Engenheiro de Computação pelo Instituto Tecnológico de Aeronáutica (ITA). Analista de Mercado de Capitais (CVM).

Jessica Barbara da Silva Ribas
Doutorando em Engenharia Elétrica pela Universidade Presbiteriana Mackenzie. Mestre em Engenharia Elétrica pela Universidade Presbiteriana Mackenzie. Bacharel em Ciência da Computação pela Universidade de Guarulhos.

Laís Monte Cláudio Fagundes
Advogada com atuação no setor empresarial, com passagem por bancos de investimento e escritórios de advocacia de grande porte. Atualmente focada em inovação, novas tecnologias, *start-ups*, investimento-anjo, fundos de *venture* capital e empresas interessadas em inovação aberta.

Marcelo de Castro Cunha Filho
Doutorando pela Universidade de São Paulo (USP). Mestre pela Universidade Federal de Juiz de Fora. Bolsista da Fundação de Amparo à Pesquisa do Estado de São Paulo (FAPESP). Membro do Grupo de Pesquisa USP-FGV Direito Moeda e Finanças.

Marcos Carvalho
Engenheiro de Computação (Poli USP). Empreendedor, já fundou diversas *start-ups*, atualmente trabalhando com *fintechs*. Tem experiência no projeto e desenvolvimento de sistemas de negociação algorítmica. Professor convidado da EESP/FGV em cursos sobre criptomoedas e *blockchain*.

Marcos Galileu Lorena Dutra
Pós-doutorando em Direito pela Escola de Direito de São Paulo da Fundação Getulio Vargas (FGV DIREITO SP). Doutor em Direito Comercial pela Universidade de São Paulo (USP). Mestre em Administração de Empresas (EAESP/FGV). Analista de Mercado de Capitais da Comissão de Valores Mobiliários (CVM). Professor da FGV DIREITO SP (FGVLaw).

Nizam Omar
Professor Adjunto da Universidade Presbiteriana Mackenzie. Graduado em Engenharia Mecânica pelo Instituto Tecnológico de Aeronáutica, mestrado em Matemática Aplicada – Informática pelo Instituto Tecnológico de Aeronáutica e doutorado em Informática pela Pontifícia Universidade Católica do Rio de Janeiro. Professor Titular do ITA (aposentado), atualmente é professor adjunto III da Universidade Presbiteriana Mackenzie. Tem experiência na área de Ciência da Computação, com ênfase em Teoria da Computação, Inteligência Artificial e Linguagem Formais e Autômatos, atuando principalmente nos seguintes temas: tutores inteligentes, adaptatividade didática, sistemas especialistas, redes neurais e ambiente de aprendizagem.

Pedro Augusto Simões da Conceição
Doutorando em Teoria do Direito pela Universidade de São Paulo (USP). Mestre em Direito Penal e Bacharel em Direito pela USP. Advogado.

Rafael Bianchini Abreu Paiva
Doutorando em Direito Comercial pela Universidade de São Paulo (USP). Mestre em Direito Comercial pela USP. Bacharel em Direito pela USP. Economista pela Unicamp. Professor dos cursos de pós-graduação FGVLaw. Analista do Banco Central do Brasil.

Reinaldo Rabelo
Responsável pela MB | Digital Assets, unidade de negócios de *blockchain* e *tokens* do Mercado Bitcoin. Antes, foi diretor executivo por quase 10 anos na

[B]³ (Cetip), liderando diretorias Jurídica, *Compliance*, Riscos e Relações Institucionais, tendo participado também da criação do programa de inovação (Foresee). É advogado tributarista formado pela UFRJ e investidor/*advisor* de *fintechs*, como AsaaS, Monkey, Fisher VB, Limer, Ali, GoLiza.

Renata Nascimento de Carvalho
Doutoranda em Direito Comercial pela Universidade de São Paulo (USP). Bacharel em Direito pela USP. Advogada.

Robinson Dantas
Engenheiro de Computação (USP-Poli). Empreendedor, já fundou duas gestoras e *fintechs* de investimento. Atuou na mesa proprietária de derivativos exóticos de grandes instituições financeiras. Tem experiência em modelagem matemática de ativos financeiros não triviais e protocolos de negociação em baixa latência. Fundou a GDX, uma das primeiras gestoras *quant* do Brasil e posteriormente a Iporanga Investimentos, gestora macro. Atualmente está envolvido em projetos de *fintech* para investimento. Professor convidado da EESP/FGV em curso sobre criptomoedas e *blockchain*.

Rodrigo Caldas de Carvalho Borges
Sócio no CB Associados. Membro Fundador da Oxford *Blockchain* Foundation. Presidente da Comissão de Empreendedorismo e Startups da OAB/SP Pinheiros. *Blockchain* Strategist pela Universidade de Oxford e pelo Massachusetts Institute of Technology (MIT). Master of Laws em Direito Societário pelo INSPER. Especialista em fusões e aquisições pela Fundação Getulio Vargas. Especialista em Direito Digital e *Start-ups* pelo INSPER. Bacharel em Direito pela Pontifícia Universidade Católica de São Paulo (PUC/SP). Coautor das obras *Criptomoedas no cenário internacional: qual a posição dos bancos centrais, governos e autoridades?* e *Ensaios sobre a Constituição de 1988*.

Rodrigo de Campos Vieira
Advogado com atuação no setor empresarial, onde trabalhou como especialista em regulação do setor financeiro e estruturação de operações de captação de recursos privadas e públicas, nas suas diversas modalidades. Especialista também em regulação do mercado de câmbio e capitais internacionais. Desde 2016 focado em inovação e novas tecnologias, *start-ups*, investimento-anjo, fundos de *venture* capital e empresas interessadas em inovação aberta.

Ultimamente vem se dedicando a estudar o posicionamento do advogado perante as novas tecnologias e a 4ª Revolução Industrial.

Rodrigo Fernandes Rebouças
Professor e advogado com ênfase em direito digital e software, direito dos contratos, direito do consumidor, direito empresarial, proteção de dados e privacidade. Doutor e mestre em Direito Civil pela PUC/SP. Pós-graduado *lato sensu* em Direito Processual Civil pela FMU. Especialista em Direito dos Contratos, Direito das Novas Tecnologias e Direito Tributário pelo CEU Law School. Especialista em Gestão de Serviços Jurídicos pela FGV-Law/SP e Insper Direito. Coordenador do Núcleo Temático de Direito Digital da Escola Superior de Advocacia da OAB/SP (2019). Diretor de Relações Institucionais do IASP para os triênios 2013-2015 e 2016-2018. Professor dos programas de pós-graduação no Insper Direito, no IBMEC/SP, na FADI, na UNIFOR, na Escola Paulista da Magistratura e na UNIVEL. Professor do programa de graduação em Direito da FADITU (desde 2019). Professor convidado e palestrante em diversas universidades, entidades de classes, associações e institutos nacionais. Autor de artigos, capítulos de livros e livros jurídicos.

Rosine Kadamani
Cofundadora da *Blockchain* Academy, primeiro projeto educativo brasileiro focado no desenvolvimento e formação de um ecossistema inovador de empreendedores, novos modelos de negócios e iniciativas utilizando infraestruturas *Blockchain* e DLTs. Advogada por 13 anos em Pinheiro Neto Advogados. Especializada em Direito Bancário. Graduada em Direito pela PUC-SP e pós-graduada em LLM – Mercado Financeiro e de capitais pelo INSPER-SP. Cursando MBA – Bancos e Instituições Financeiras na FGV/SP.

Tiago Severo Pereira Gomes
Advogado formado pelo Centro Universitário IESB de Brasília. LL.M em Direito Empresarial pela Fundação Getulio Vargas (FGV). Professor da FGV-RJ. Sócio do Caputo, Bastos e Serra Advogados.

Victor Henrique Martins Gomes
Advogado. Graduado em Direito e Pós-Graduado em Direito Penal e Processo Penal pelas Faculdades Metropolitanas Unidas (FMU). Cursou Educação Executiva em *Compliance* no INSPER. Já atuou em departamento jurídico de

empresas de grande porte, a exemplo da Kalunga e Editora Globo, principalmente no âmbito do Direito de Consumidor. Gerente jurídico e *Compliance* da Foxbit, *exchange* brasileira de criptoativos fundada em 2014.

Vitor Stevam Seriacopi Otoni
Advogado. Pós-graduado em Direito Processual Civil pela Pontifícia Universidade Católica de São Paulo (PUC-SP). Pós-graduando em Gestão de Negócios: *Compliance*, pela FGV-SP.

Viviane Muller Prado
Doutora em Direito Comercial pela Universidade de São Paulo (USP). Bacharel em Direito pela Universidade Federal do Paraná (UFPR). Coordenadora do Núcleo de Mercado Financeiro e de Capitais. Professora da Escola de Direito de São Paulo da Fundação Getulio Vargas (FGV DIREITO SP).

APRESENTAÇÃO

A inovação nos mercados financeiro e de capitais tem forte conexão com o desenvolvimento econômico e social em razão do potencial aumento da competitividade, diminuição de custos da burocracia, bem como a inclusão de pessoas que não acessam nem participam dos mercados tradicionais. Não são poucos, porém, os desafios que acompanham as novas tecnologias, tanto para os agentes de mercado como para o governo. Do ponto de vista regulatório, é imprescindível encontrar a medida certa da intervenção regulatória a fim de proteger o mercado e os investidores e conciliar os interesses envolvidos, mantendo os incentivos contínuos a novas ideias e tecnologias.

O mercado financeiro tem sido palco de inovações que desafiaram o direito, como os títulos de crédito, os valores mobiliários, os contratos derivativos, os fundos de investimento. Desde a criação do Bitcoin, há muitas discussões jurídicas relevantes sobre criptoativos, *exchanges* nas quais são negociados, novos paradigmas para a prestação de serviços financeiros e perplexidades diante do modelo regulatório existente para os mercados financeiro e de capitais e para a condução da política econômica. Também surgiram potenciais usos ilícitos da tecnologia – notadamente lavagem de dinheiro, evasão de divisas e manipulação de mercado.

Esta obra traz uma multiplicidade de perspectivas sobre inovações tecnológicas nos mercados financeiros e de capitais, estabelecendo um diálogo entre acadêmicos, reguladores e profissionais de mercado, a fim de que seja construída, de forma compartilhada, uma gramática e uma semântica jurídicas no tocante a criptoativos, *blockchain* e suas aplicações.

Por tratar-se de uma obra plural sobre um tema inovador, é natural que as opiniões e conclusões dos capítulos não sejam harmônicas entre si. Pelo contrário, neste estágio do desenvolvimento da tecnologia em comento e dos desafios regulatórios, é até mesmo esperado que o dissenso seja a regra. A discrepância entre termos e expressões também pode ser considerada natural, dado que estamos diante de um vocabulário ainda em construção.

Adicionalmente, o leitor ou leitora irá encontrar no início de quase todos os capítulos uma breve descrição de conceitos essenciais, o que, à primeira vista, pode ser algo repetitivo, mas nos permite trazer a visão dos autores e autoras sobre o cerne do fenômeno.

O livro está dividido em sete partes.

Na primeira, são explorados os *tópicos iniciais* fundamentais para entender o funcionamento e a funcionalidade dos criptoativos. Conta com a descrição de pontos imprescindíveis para a compreensão do ecossistema dos criptoativos no capítulo de Robinson Dantas, Marcos Carvalho e Isac Costa, intitulado "Você tem alguns minutos para ouvir a palavra do *blockchain*?".

A segunda parte do livro é dedicada a *desafios regulatórios*. Inicia-se com o trabalho de Camila Villard Duran, Daniel Fideles Steinberg e Marcelo de Castro Cunha Filho, com esclarecimentos de terminologia e classificação do que os autores denominaram ativos digitais, bem como possíveis perspectivas regulatórias a serem adotadas no Brasil. Em seguida, há a reflexão de André Castro Carvalho e Victor Stevam Seriacopi Otoni sobre a inovação relacionada à competição a partir do *open banking*, no texto intitulado "*Open banking* e o futuro do sistema financeiro brasileiro na era digital". Posteriormente, encontra-se a análise de Gabriel Loretto Lochagin e Adriana Martins Ferreira do processo do CADE, na qual se discute o direito das *exchanges* a terem autorização para manter contas bancárias nas instituições financeiras do mercado tradicional, no texto intitulado "*Blockchain* e defesa da concorrência: o caso das '*exchanges*' de criptomoedas no CADE". Depois temos o texto "*Blockchain*: juridicidade de suas aplicações pelo direito brasileiro", de Tiago Severo Pereira Gomes, com reflexão sobre relevantes pontos regulatórios do sistema jurídico brasileiro relacionados à tecnologia *blockchain*. Segue-se o capítulo de Isabela Ruiz Roche da Silva, Jessica Barbara da Silva Ribas e Nizam Omar, "Governabilidade e democracia com moedas digitais", com estudo do tema do ponto de vista das relações entre governo, sociedade civil e os usos possíveis para as criptomoedas. Por fim, encontra-se um olhar dos criptoativos no mercado de capitais a partir das manifestações da Comissão de Valores Mobiliários, no capítulo "Regulação do mercado de capitais: manifestação da CVM sobre emissão e negociação de criptoativos" de Rodrigo de Campos Viera, Ellen Gonçalves e Laís Monte Cláudio Fagundes.

APRESENTAÇÃO

A terceira parte do livro versa sobre as aplicações dos criptoativos, iniciando com o texto de Daniel Becker e Frederico Becker, "Apontamentos sobre o uso de tecnologia *blockchain* nos contratos de serviço público", no qual trabalha a possibilidade de eliminação da burocracia com a utilização de inovações tecnológicas nos contratos públicos. Ainda sobre aplicação, há o texto de Bruno Feigelson e Bernardo Araújo "Capte-me, rapte-me, adapte-me: a complexidade da proteção de dados pessoais em *blockchain*s", descrevendo e analisando a complexidade e a governabilidade da tecnologia *blockchain* e os desafios na proteção de dados.

A quarta parte do livro aborda os criptoativos como instrumento para *investimentos*, trazendo o texto de Renato Nascimento de Carvalho, "Fundos de investimentos em criptoativos e os desafios para a regulação dos administradores fiduciários e prestadores de serviços", no qual se aponta como problemas antigos e conhecidos estão conjugados com os desafios de investimento em criptoativos. Em *"Tokenização* de ativos e os desafios regulatórios", Rodrigo Borges e Alan Oliveira discutem as operações de *tokenização* e procuram traçar paralelos com a regulação vigente.

A quinta parte desta obra dedica-se a questões relacionadas à *negociação* de criptoativos. Inicia-se com a análise de criptoativos como meio de pagamento no texto "Moeda eletrônica, pagamentos instantâneos, criptoativos e *stablecoins*", de Rafael Bianchini Abreu Paiva. Segue para o texto que aborda os desafios da coexistência do mercado regulado com as inovações com criptoativos, no estudo de Reinaldo Rabelo, "Non-Security Token (NST): *blockchain* como insfraestrutura do mercado de investimento alternativo". O próximo capítulo é de autoria de Marcos Galileu Lorena Dutra que, baseado nos desafios presentes na evolução para a regulação da custódia de valores mobiliários, sensibiliza o leitor para possíveis problemas a serem enfrentados no mercado de criptoativos negociados nas *exchanges*.

A sexta parte é destinada aos *ilícitos* relacionados com os criptoativos. O primeiro texto neste tema é de autoria da Pedro Augusto Simões da Conceição, "Uma *blockchain* para o *compliance*: a criação de um *ledger* compartilhado para mitigar riscos de lavagem e custos de *compliance* no mercado financeiro", no qual sugere que, além das preocupações com lavagem, é necessário considerar a inovação tecnológica como meio de verificação do cumprimento das obrigações regulatórias. Segue o texto de Emília Malgueiro Campos, "A Recomendação da Organização Internacional das Comissões de Valores Mobiliários (IOSCO) para as Plataformas Digitais de Negociações de Ativos

Digitais", que, a partir da análise de relatórios da IOSCO, aponta preocupações e tendências regulatórias internacionais.

Por fim, na última parte do livro, estão contribuições sobre a tributação dos criptoativos com o texto de Andressa Guimarães Torquato Fernandes, "A tributação de criptoativos: aspectos preliminares" e de Dayana de Carbalho Uhdre, "Tributar ou não tributar operações com criptomoedas? Notas para além da manifestação da Receito Federal do Brasil".

Estes são os estudos organizados nesta coletânea. Esperamos que as diferentes perspectivas contribuam para melhor compreender as inovações tecnológicas dos criptoativos para se chegar à disciplina jurídica capaz de incentivar inovações e, ao mesmo tempo, proteger direitos e interesses.

Boa leitura!

Os organizadores

PREFÁCIO

O Bitcoin é um projeto financeiro de base tecnológica. Seu idealizador desenhou um modelo de criação e trocas de unidades financeiras em base de tecnologia, operado de forma descentralizada e regido por um modelo de governança horizontal.

A sociedade vem endossando o valor desse projeto com base em uma série de motivos que passam por especulação, aspectos práticos como redução de custos e aumento de eficiência (em particular no caso de remessas internacionais) e influências de discursos libertários.

No todo, estamos assistindo à popularização de um projeto financeiro integrado em escala global, que vem se posicionando como alternativa ao modelo estatal.

Nesse contexto, proliferam as preocupações jurídicas associadas, nas mais diferentes frentes e vertentes, ocupando operadores do direito em variadas perspectivas. Com a intenção de contribuir para esse esforço, este texto busca comparar, em uma visão estrutural, o funcionamento das regras aplicáveis ao modelo financeiro atualmente predominante, que é o modelo estabelecido pelo Estado, e as regras aplicáveis ao modelo financeiro apresentado pelo Bitcoin.

Esse esforço pode causar estranheza à primeira vista, considerando que são duas bases completamente diferentes e fundadas em premissas até mesmo antagônicas. Afinal, o Bitcoin emergiu de esforços questionadores da existência do Estado.

Parece até mesmo ousado nivelar regras de um certo protocolo tecnológico a uma base regulatória tão madura e amplamente difundida, que é a base normativa estatal.

Contudo, um olhar mais aproximado e cuidadoso é devido. As criptomoedas, a partir do pioneirismo do Bitcoin, criaram um novo paradigma quanto às regras de criação e troca de valores financeiros, sendo esse paradigma baseado em tecnologia e incentivos econômicos e não em endosso estatal, este último prevalecente até então.

E, a depender do contexto, o novo paradigma se impõe, a despeito da não legitimação ou descontentamento por parte do Estado.

Em outras palavras, a existência e a popularização das criptomoedas acabam merecendo um cuidado de estruturalmente distinguir-se o novo padrão do padrão anterior, em virtude de sua natureza e popularização.

Tudo isso com a ressalva, que faço de antemão, no sentido de que as regras do Bitcoin, assim como de qualquer outro criptoativo, precisarão sempre conviver com as regras estatais. E – isto é o mais inovador e também a base da relevância deste texto – a recíproca é verdadeira.

Esse exercício é realizado a partir dos oito pontos de comparação descritos a seguir.

1. Origem das Regras – Estado x Protocolo

Atualmente, predomina no mundo o modelo de emissão e governança do dinheiro pelo Estado. É o Estado quem determina o que, para fins legais, é ou não é considerado dinheiro. Trata-se de um modelo que veio sendo moldado com o próprio amadurecimento do modelo de Estado-Nação. O Estado cria as regras por meio de pessoas e instituições representativas da sociedade, seja por delegação de poderes (voto) ou outros modelos de governo mais impositivos.

Em contrapartida, o Bitcoin não tem compromisso com as regras estatais. É um projeto que vem sendo endossado pela sociedade como alternativo ao modelo estatal, ainda que não endossado por este. As regras que são levadas em conta para sua operação são aquelas estabelecidas no documento técnico chamado de Protocolo, que foi elaborado por uma pessoa ou por um reduzido grupo de pessoas. As premissas básicas e as regras gerais de operação estão ali predefinidas – ainda que as pessoas que com ele interagem continuem sujeitas às regras estatais.

Sobre outra ótica, as regras do Bitcoin não são equivalentes a regras jurídicas (em sentido estrito) e nem as substituem. São regras que convivem com tais regras jurídicas.

2. Legitimação das Regras – Legal x Orgânica

Desdobrando os elementos já trazidos também no item anterior, o dinheiro estatal tem sua legitimação primária por base legal. A lei estabelece que certa unidade monetária vale algo e pode ou não ser usada em transações financeiras.

Em contrapartida, a unidade financeira do Bitcoin tem seu valor percebido, ou reconhecido, pelo interesse da sociedade. É um conceito mais aproximado de moeda no sentido econômico, a despeito de não ser reconhecido como tal pelo sistema legal vigente (e inclusive de não haver perspectiva de reconhecimento, posto que seria potencialmente conflitante com a própria lógica basilar do Estado).

3. Governança do Projeto – Hierarquia & Centralização x Horizontalidade & Descentralização

No modelo estatal, as definições sobre operações financeiras emanam de instituições operando em base centralizada e hierárquica: representantes do governo, bancos centrais, casas da moeda. Os limites de sua atuação são determinados e limitados por normas jurídicas, em nível legal ou infralegal.

No caso do Bitcoin, os agentes integrantes do sistema – mineradores, carteiras, usuários – operam em base horizontal e descentralizada, atuando conforme funções predeterminadas no Protocolo e limitadas por regras matemáticas.

4. Aplicação das Normas – Subjetividade x Objetividade

No caso das regras aplicáveis ao sistema financeiro estatal, existem diretrizes e limitadores tanto regulatórios como institucionais. Em todo caso, são sempre elementos de base humana e, portanto, subjetivos.

No caso das regras aplicáveis ao Bitcoin, os parâmetros de aplicação das normas, ainda que sejam de origem humana, acabam passando por um filtro tecnológico, objetivo e binário porquanto de base matemática.

5. Quando aos Envolvidos – Pessoalidade x Neutralidade

O sistema financeiro estatal é desenvolvido com base na pessoalidade. Ou seja, a identidade dos agentes envolvidos é relevante, e isso para os mais diversos fins, até mesmo para atuar profissionalmente e para ser usuário do sistema.

Já o Bitcoin opera com base da neutralidade. É não nominativo, impessoal. Por exemplo, qualquer pessoa que deseje atuar como validador ou usuário pode fazê-lo, independentemente de seu histórico profissional e de vida.

6. Quanto à Questão Territorial – Regras com Limitação Geográfica x Regras Globais

O sistema financeiro é estruturalmente diferente, dependendo do país em que os agentes interessados se encontram: aspectos legais, tecnológicos, entre outros. As regras aplicáveis ao sistema financeiro estatal são determinadas com base em regras de competência, as quais, em princípio, são limitadas por espaço geográfico.

O Bitcoin existe apenas em ambiente *on-line*, em escala global. É um projeto transnacional, global e integrado. Questões de territorialidade são irrelevantes para a operação do sistema. Todos os que a ele aderem estarão vinculados às mesmas regras do Protocolo, independentemente de sua localização (variando, evidentemente, a implicação dessa adesão frente às regras jurídicas locais).

7. Adesão – Automática x Voluntária

As regras estatais se impõem aos agentes e beneficiários do sistema financeiro estatal conforme as regras de competência, que muitas vezes têm base geográfica, como informado. Por isso, elementos como local de nascimento e local de trabalho acabam sendo determinantes para que uma regra de uma certa autoridade sejam ou não impostas. É um sistema de adesão quase automático.

Em contrapartida, a adesão ao sistema e às regras do Bitcoin são muito mais próximas de serem voluntárias. Depois da adesão, as regras se impõem, mas fazer parte ou não é uma escolha que independe de esforços de identidade nativa/familiar e/ou de deslocamento dos agentes envolvidos.

8. Reversibilidade - Possibilidade x Impossibilidade

As regras aplicáveis ao sistema financeiro tradicional permitem que boa parte das operações envolvidas neste contexto possam ser desfeitas. Exemplificando, por determinação legal: um dinheiro emitido pode deixar de ter validade, um contrato pode deixar de ter validade, uma transação fraudulenta (ou não) pode ser desfeita.

Em contrapartida, as transações financeiras que acontecem no Bitcoin são, em princípio, irreversíveis (desde que consideradas legítimas). Não há recursos que possam ser solicitados para qualquer agente, intrinsecamente no sistema, em caso de pagamento para endereços equivocados, nem para o caso de se perder o acesso ao saldo (no caso de perda de acesso à chave privada correspondente).

Algumas Conclusões

O modelo financeiro do Bitcoin repousa em um paradigma de aceitação social, seguindo uma lógica essencialmente econômica, diferentemente do modelo anterior, baseado de maneira primária em endosso estatal por meio de normas jurídicas.

Considerando isso, qualquer análise do sistema e das correspondentes relações normativas associadas precisará levar em consideração a existência simultânea das duas perspectivas elencadas, ou seja, tanto a ótica jurídica tradicional quanto a baseada nas regras do Protocolo, bem como da sua intersecção.

Afinal, quem estiver interagindo com o Bitcoin o fará a partir das duas bases normativas, simultaneamente. Neste contexto, confio que o esforço comparativo realizado poderá ser de grande valia para uma melhor contextualização das pesquisas e conclusões.

Para o bom aproveitamento desse esforço, fazem-se necessários um desprendimento inicial das regras jurídicas e uma boa compreensão do funcionamento e dos fundamentos do Bitcoin, pois o novo paradigma proposto é complexo e apresentado imbuído de discussões não apenas tecnológicas, mas também econômicas e sociais.

Por fim, adianto para aqueles que estão iniciando essa exploração que uma pesquisa aprofundada sobre o Bitcoin conduzirá o operador de Direito a profundas reflexões sobre as bases e o funcionamento do sistema de normas financeiras, e do funcionamento do sistema jurídico como um todo.

Isto pois, apesar de o Bitcoin ter sido pensado para rodar a despeito de interesses legais em sentido oposto, boa parte do plano é alcançar, mesmo que por vias potencialmente (e/ou, às vezes, apenas aparentemente) tortuosas, os mesmos desejados ideais de Justiça e Liberdade.

Rosine Kadamani
Cofundadora da *Blockchain* Academy, primeiro projeto educativo brasileiro focado no desenvolvimento e formação de um ecossistema inovador de empreendedores, novos modelos de negócios e iniciativas utilizando infraestruturas *Blockchain* e DLTs. Advogada por 13 anos em Pinheiro Neto Advogados. Especializada em Direito Bancário. Graduada em Direito pela PUC-SP e pós-graduada em LLM – Mercado Financeiro e de capitais pelo INSPER-SP. Cursando MBA – Bancos e Instituições Financeiras na FGV/SP.

SUMÁRIO

SOBRE OS ORGANIZADORES	5
SOBRE OS AUTORES	7
APRESENTAÇÃO	15
PREFÁCIO	19

PARTE 1 TÓPICOS INTRODUTÓRIOS · 33

1. "VOCÊ TEM ALGUNS MINUTOS PARA OUVIR A PALAVRA DO *BLOCKCHAIN*?" · 35

Introdução	35
1. Alguns Problemas do Cotidiano e suas Soluções	36
2. Breve Revisão da Teoria dos Contratos	38
3. Contratos Inteligentes (*Smart Contracts*)	41
4. Moedas Digitais	43
5. Descentralização	47
6. Criptografia e Sigilo das Comunicações	52
7. Criptografia, Autenticação e Integridade	54
8. Enfim, Bitcoins e *Blockchain!*	57
9. Síntese	65
REFERÊNCIAS	66

PARTE 2 REGULAÇÃO · 69

2. ATIVOS VIRTUAIS NO BRASIL: O QUE SÃO E COMO REGULAR? RECOMENDAÇÕES AO PROJETO DE LEI N. 2.060/2019 · 71

Introdução	71
1. O que São Ativos Virtuais? Por que e como Regular?	72

2. Fronteiras da Regulação: Ativos Regulados e Não Regulados   76
3. Desenho Jurídico para o Mercado de Ativos Virtuais Não Regulados:
Qual Modelo a Ser Adotado? As *Exchanges* como Foco   78
    3.1. Organização Empresarial do Fornecedor de Serviços de Ativos
Virtuais: Quais Regras?   78
    3.2. Proteção à Integridade do Mercado e ao Consumidor-Investidor:
Quais Regras?   80
    3.3. A Proteção de Dados Pessoais: Desafios e Propostas   83
    3.4. Ativos Virtuais e a Legislação para o Combate à Lavagem
de Dinheiro e ao Financiamento ao Terrorismo   84
4. Monitoramento da Evolução do Mercado de Ativos Virtuais no Tempo:
A Criação do Comif   85
Conclusão   87
REFERÊNCIAS   88

3. *OPEN BANKING* E O FUTURO DO SISTEMA FINANCEIRO NACIONAL NA ERA DIGITAL   91

Introdução   91
1. Interligação entre Inovação e Setor Financeiro   92
2. O Surgimento de *Fintechs* e *Big Techs* e sua Regulação   94
3. *Open Banking* como um Novo Modelo de Negócios no Sistema Financeiro   95
4. Regulamentação do *Open Banking* no Brasil   98
    4.1. Compartilhamento de Dados e Consentimento do Cliente   100
    4.2. Participantes do *Open Banking*   100
    4.3. Possíveis Modelos de Negócios Decorrentes do *Open Banking*   104
5. Três Pilares Desafiadores do *Open Banking* no Sistema Financeiro Nacional   108
Conclusão   110
REFERÊNCIAS   111

4. *BLOCKCHAIN* E DEFESA DA CONCORRÊNCIA: O CASO DAS *EXCHANGES* DE CRIPTOMOEDAS NO CONSELHO ADMINISTRATIVO DE DEFESA ECONÔMICA (CADE)   115

Introdução   115
1. Os Elementos Centrais do Caso   118
    1.1. Os Fatos   118
    1.2. Argumentos a Favor da Ilicitude das Condutas dos Bancos   119
    1.3. As Justificativas dos Representados   120
    1.4. Posicionamento da Superintendência-Geral   122

2. Os Conceitos do Direito Antitruste Aplicados ao Caso	123
Conclusões e Comentários Finais	126
REFERÊNCIAS	128

5. *BLOCKCHAIN*: JURIDICIDADE DE SUAS APLICAÇÕES PELO DIREITO BRASILEIRO — 131

Introdução	131
1. A Origem: *Blockchain*	131
2. Na Prática, o que é *Blockchain*?	134
3. *Blockchain* e sua Identidade	138
4. Como Direito Brasileiro Está Preparado?	139
Conclusão	142
REFERÊNCIAS	143

6. GOVERNABILIDADE E DEMOCRACIA EM MOEDAS DIGITAIS — 145

Introdução	145
1. Moedas e Instrumentos de Troca	146
2. Pagamentos Digitais	148
3. Tecnologias de Consenso e Confiança	152
4. Criptomoedas	153
Conclusões	158
REFERÊNCIAS	159

7. REGULAÇÃO DO MERCADO DE CAPITAIS: MANIFESTAÇÕES DA CVM SOBRE EMISSÃO E NEGOCIAÇÃO DE CRIPTOATIVOS — 163

Introdução	163
1. Criptoativos e a Competência da CVM	164
2. Criptoativos e Fundos de Investimento	169
Considerações Finais	172
REFERÊNCIAS	172

PARTE 3 APLICAÇÕES — 175

8. *SMART CONTRACTS* E A TEORIA DOS CONTRATOS — 177

Introdução	177
1. Desmistificando os *Smart Contracts*	178

2. *Smart Contracts* e a Teoria Geral dos Contratos – Requisitos de Validade
 e a Cláusula *Solve Et Repete* 185
Conclusão 190
REFERÊNCIAS 191

9. APONTAMENTOS SOBRE O USO DA TECNOLOGIA *BLOCKCHAIN* NOS CONTRATOS DE CONCESSÃO DE SERVIÇO PÚBLICO 193

Introdução 193
1. A Tecnologia *Blockchain* e os *Smart Contracts* 195
2. A Concessão de Serviço Público 198
3. Um Olhar do Futuro sobre Problemas Recorrentes nos Contratos de Concessão de Serviços Públicos 200
Conclusão 203
REFERÊNCIAS 204

10. CAPTE-ME, RAPTE-ME, ADAPTE-ME: A COMPLEXIDADE DA PROTEÇÃO DE DADOS PESSOAIS EM *BLOCKCHAINS* 207

1. Capte-me: introdução 207
2. Rapte-me: Apontamentos sobre Regulações de Risco e Leis de Proteção De Dados 210
3. As Dificuldades de Cumprimento da LGPD e do GDPR: Descentralização, Requisições, Direitos dos Titulares e *Enforcement* 215
   3.1. Descentralização 216
   3.2. Requisições 216
   3.3. Direitos dos Titulares 217
   3.4. *Enforcement* 217
4. Adapte-me: Controlador-mãe, Contratos, Finalidades e Uso de *Hash* 217
   4.1. Quem Controla os Dados e Onde Eles São Processados? 217
   4.2. Como Estar em Conformidade com os Princípios de Proteção de Dados? 219
   4.3. Os Dados Estão Protegidos Contra *Data Breachs*? 219
   4.4. Como Tornar Exercíveis os Direitos em uma *Blockchain*? 220
   4.5. O Uso do *Hash*, P2P e Redes Privadas 221
Considerações Finais 225
REFERÊNCIAS 226

PARTE 4 INVESTIMENTOS   229

11. TOKENIZAÇÃO DE ATIVOS E OS DESAFIOS REGULATÓRIOS 231
Introdução   231
1. *Blockchain*   232
2. Tokenização de Ativos   234
3. Valores Mobiliários em *Blockchain*   236
4. Desafios Regulatórios no Brasil   240
5. Breves Apontamentos no Direito Comparado   244
Conclusão   246
REFERÊNCIAS   249

12. FUNDOS DE INVESTIMENTO EM CRIPTOATIVOS
E OS DESAFIOS PARA A REGULAÇÃO DOS ADMINISTRADORES
FIDUCIÁRIOS E PRESTADORES DE SERVIÇO   251
Introdução   251
1. Qual é a Visão Regulatória da CVM sobre os Fundos de Investimentos
   que Investem em Criptoativos?   254
2. Como os Primeiros Fundos de Investimento em Criptoativos Foram
   Organizados no Brasil?   260
3. Possíveis Impactos Regulatórios da Aquisição de Criptoativos
   na Administração Fiduciária e Demais Serviços Prestados aos Fundos
   de Investimento   265
Conclusão   270
REFERÊNCIAS   271

PARTE 5 NEGOCIAÇÃO   273

13. MOEDA ELETRÔNICA, PAGAMENTOS INSTANTÂNEOS,
CRIPTOATIVOS E *STABLECOINS*   275
Introdução   275
REFERÊNCIAS   291

14. *NON-SECURITY TOKENS* (NST): *BLOCKCHAIN* COMO
INFRAESTRUTURA DO MERCADO DE INVESTIMENTOS
ALTERNATIVOS   297
Introdução   297

1. Bitcoin e *Blockchain* — 297
2. Criptomoedas: um Novo Ativo (Mercadoria Digital) — 299
3. ICO: *Scams* e a Reação dos Reguladores — 301
4. NST: Representação de Direitos e Ativos Reais — 303
5. PRK (Token de Precatório): o *Case* da MB|Digital Assets — 305
6. Referências Pró-Inovação: Commodity Futures Trading Commossion (CFTC) e SEC — 307

Conclusão — 310
REFERÊNCIAS — 310

15. O DURO APRENDIZADO: LIÇÕES DO MERCADO DE CAPITAIS PARA A PROTEÇÃO DE ATIVOS EM *EXCHANGES* — 313

Introdução — 313
1. A Intermediação de Valores Mobiliários e a Prestação de Serviços de Custódia — 316
2. As Lições Aprendidas — 322
3. As Respostas Regulatórias — 327
4. As *Exchanges* e a Proteção dos Ativos de Clientes — 331

Conclusão — 335
REFERÊNCIAS — 336

PARTE 6 ILÍCITOS E *COMPLIANCE* — 339

16. BITCOIN E LAVAGEM DE DINHEIRO: UMA APROXIMAÇÃO — 341

Introdução — 341
1. Alguns Conceitos Fundamentais — 342
2. Quais Características do Bitcoin Favorecem a Lavagem de Capitais? — 344
3. Bitcoins como Objeto do Crime de Lavagem de Dinheiro — 345
4. Bitcoins e as Fases da Lavagem de Capitais — 346
5. O Papel das *Exchanges* — 349
6. *Exchanges* Centralizadas — 350

Conclusão — 352
REFERÊNCIAS — 353

17. UMA *BLOCKCHAIN* PARA O *COMPLIANCE*: A CRIAÇÃO
DE UM *LEDGER* COMPARTILHADO PARA MITIGAR RISCOS
DE LAVAGEM E CUSTOS DE *COMPLIANCE* NO MERCADO
FINANCEIRO 355
Introdução 355
1. Blocos do quê? 359
2. Precisamos de uma Lei? 364
3. Uma Janela de Oportunidade? 364
Conclusão 365
REFERÊNCIAS 365

18. *KNOW YOUR TRANSACTION* (KYT): COMO AS *EXCHANGES*
CONTROLAM AS TRANSAÇÕES COM CRIPTOATIVOS 367
Introdução 367
1. Mecanismos de Controle e Implementação 368
2. Dos Ilícitos Identificados 373
3. Da Regulação Internacional – 5ª Diretiva da União Europeia 375
Conclusão 376
REFERÊNCIAS 378

19. A RECOMENDAÇÃO DA ORGANIZAÇÃO INTERNACIONAL
DAS COMISSÕES DE VALORES MOBILIÁRIOS (IOSCO) PARA
AS PLATAFORMAS DIGITAIS DE NEGOCIAÇÕES DE ATIVOS
DIGITAIS 379
Introdução 379
1. Os Diferentes Tipos de Plataformas de Negociação de Ativos Digitais 381
2. O Relatório da Iosco 383
3. Os Princípios da Iosco 385
   3.1. Princípios da Iosco Relativos à Cooperação 385
   3.2. Princípios da Iosco para Mercados Secundários e Outros 385
   3.3. Princípios da Iosco Relativos aos Intermediários de Mercado
       e Relativos à Compensação e Liquidação 386
4. Os Aspectos Regulatórios 386
5. Os Riscos Específicos das Plataformas de Criptoativos 387
   5.1. Acesso dos Usuários 387
   5.2. Proteção dos Criptoativos dos Usuários 388
   5.3. Recursos Financeiros 390
   5.4. Identificação e Gerenciamento de Conflitos de Interesse 391

5.5. Transparência do Funcionamento das Plataformas de Criptoativos — 392
5.6. Integridade do Mercado — 393
5.7. Dinâmica de Preço — 394
5.8. Tecnologia — 395
5.9. Compensação e Liquidação — 396
Conclusão — 397
REFERÊNCIAS — 398

PARTE 7 TRIBUTAÇÃO — 399

20. A TRIBUTAÇÃO DE CRIPTOATIVOS: ASPECTOS PRELIMINARES — 401
Introdução — 401
1. O que São Criptoativos? — 402
2. Estudos sobre a Tributação dos Criptoativos no Brasil — 405
    2.1. Impostos sobre a Circulação — 407
    2.2. Impostos sobre a Renda — 412
3. A Instrução Normativa n. 1.888/2019 – Principais Aspectos — 415
Conclusão — 416
REFERÊNCIAS — 416

21. TRIBUTAR OU NÃO TRIBUTAR OPERAÇÕES COM CRIPTOMOEDAS? NOTAS PARA ALÉM DA MANIFESTAÇÃO DA RECEITA FEDERAL DO BRASIL — 419
Introdução — 419
2. Cenários Regulatórios Possíveis. Qual a Realidade Brasileira? — 426
3. Manifestação da Receita Federal do Brasil: Mais Dúvidas que Certezas — 429
    3.1. Um Pouco Sobre o que Disse a Receita Federal do Brasil — 429
    3.2. Sobre o que Não disse a Receita Federal do Brasil — 434
    3.3. Ainda no Âmbito Federal de Competência: Criptomoedas e IOF? — 435
    3.4. No Âmbito Estadual de Competência: Criptomoedas e ICMS? — 438
    3.5. No Âmbito Municipal de Competência: Criptomoedas e ISS?
        O Caso dos Mineradores de Criptomoedas — 439
Conclusões — 442
REFERÊNCIAS — 442

PARTE 1
TÓPICOS INTRODUTÓRIOS

1. "VOCÊ TEM ALGUNS MINUTOS PARA OUVIR A PALAVRA DO *BLOCKCHAIN*?"

Robinson Gamba Dantas, Marcos Carvalho e Isac Silveira da Costa

Introdução

O presente capítulo tem por objetivo apresentar os principais conceitos para a compreensão das emissões e negociação de criptoativos, bem como o funcionamento das aplicações baseadas em *blockchain*. Trata-se de uma descrição voltada para pessoas que não têm familiaridade com conceitos e métodos da ciência da computação e que têm interesse no tema, seja porque desejam investir em criptoativos, empreender utilizando a tecnologia *blockchain* ou, ainda, mapear os riscos envolvidos para poder decidir se e como regular a matéria.

Boa parte do conteúdo é baseada nos temas discutidos na disciplina Criptofinanças, ministrada por Robinson Dantas e Marcos Carvalho, dois dos autores deste capítulo, no âmbito do Mestrado Profissional em Economia da EESP/FGV em São Paulo.

"Você tem alguns minutos para ouvir a palavra do *blockchain*?" foi o título escolhido[1] com o intuito de explicitar o caráter quase evangelizador das ideias do "universo cripto" que se desenvolveu desde o aumento significativo da popularidade da Bitcoin em 2015 e, posteriormente, de outros criptoativos e da adoção de soluções baseadas na tecnologia *blockchain*. Não raro, encontramos pessoas interessadas em conhecer o funcionamento da tecnologia ou até mesmo investir em criptoativos, sem ter noção nenhuma

---

[1] A escolha teve como inspiração um trabalho bastante interessante desenvolvido por Leonardo Jahn, professor e tradutor de inglês, que criou uma seção denominada "O Evangelho de Satoshi Nakamoto" no blogue Bit Notícias (disponível em: https://bitnoticias.com.br/o-evangelho-de-satoshi-nakamoto/), traduzindo alguns dos textos clássicos que precederam o artigo de Satoshi Nakamoto que expôs a proposta da Bitcoin em 2008. Os textos originais podem ser encontrados no site do Satoshi Nakamoto Institute, na seção "Literature" em https://nakamotoinstitute.org/literature/.

da essência econômica daquilo em que estão depositando seus recursos ou dos riscos envolvidos.

O presente texto procura suprir essa lacuna de conteúdo em língua portuguesa, adotando um imperativo de máxima deferência ao leitor, procurando, sempre que possível, explicar os conceitos a partir de analogias ou de forma simplificada ou superficial, pois almejamos homogeneizar o vocabulário e a gramática – e por que não dizer o *evangelho* – da tecnologia *blockchain* para um público-alvo bastante heterogêneo: administradores, advogados, contabilistas, economistas, engenheiros, profissionais de tecnologia da informação e, enfim, um investidor médio que tenha interesse no assunto.

1. Alguns Problemas do Cotidiano e suas Soluções

A tecnologia *blockchain* foi criada para resolver certos problemas. Não se trata, como dizem alguns, de "uma solução em busca de um problema" (FRIDGEN, 2018). Vejamos algumas situações corriqueiras e como elas são resolvidas sem nos preocuparmos, por ora, com o mundo "cripto".

Suponha que você queira transferir recursos de sua conta corrente para alguém, por exemplo, um familiar. Você se dirige ao banco – seja a uma agência, ao site de *internet banking* ou ao aplicativo do banco –, se identifica e, após a autenticação junto ao sistema do banco, especifica os dados do destinatário da transferência e o valor a ser transferido. Abstraímos a complexidade do processamento da solicitação, simplesmente aceitamos que os recursos saem da conta de origem e chegam na conta de destino, confiando nas instituições financeiras e no sistema bancário.

Note as seguintes etapas no caso descrito: (a) identificação da origem dos recursos; (b) autenticação no sistema (verificação de que aquele que se identifica como X é, de fato, X); (c) verificação de que há recursos disponíveis para atender ao pedido de transferência; (d) identificação do destinatário dos recursos; (e) efetivação da transferência.

Em algumas hipóteses, há um intervalo de tempo no qual é possível desfazer a transferência se houver erros, como o preenchimento equivocado do valor transferido ou dos dados do destinatário.

A etapa "efetivação da transferência" tem algumas nuances. A liquidação final de todas as obrigações financeiras no Brasil ocorre no Sistema de Transferência de Reservas (STR), que integra o Sistema de Pagamentos Brasileiro

1. "VOCÊ TEM ALGUNS MINUTOS PARA OUVIR A PALAVRA DO *BLOCKCHAIN*?"

(SPB).[2] De maneira simplificada, podemos afirmar que os sistemas dos bancos se comunicam entre si para transferir recursos por meio do STR. Assim, o valor a ser transferido é debitado da conta de origem e "flui" pelo STR de modo a ser creditado na conta de destino em outro banco (ou no mesmo, eventualmente).

Confiamos que esse procedimento é executado de forma íntegra em razão do controle exercido pelo Banco Central do Brasil (Bacen) e pela confiança que temos nos bancos como depositários dos nossos recursos. Temos, dessa maneira, um processamento centralizado executado por instituições em que confiamos.

Consideremos agora um segundo caso, baseado no funcionamento da empresa PayPal, criada em 1998. Cada usuário cria uma conta, à qual associa dados bancários e de cartão de crédito, o que lhe possibilita depositar ou receber valores (por meio de uma transferência bancária ou transação no cartão). De posse desse saldo, o usuário pode se dirigir a uma loja física ou virtual que participe da plataforma PayPal – inclusive em países distintos do seu – e realizar transações, ou, analogamente, um usuário pode receber valores decorrentes da compra de produtos ou serviços que esteja vendendo *on-line* (por exemplo, revisão bibliográfica de um trabalho científico).

Nesse cenário, o PayPal atua como uma *contraparte central*, viabilizando o fluxo de recursos entre os usuários e as suas instituições financeiras. À semelhança de transferências bancárias no exemplo anterior, há um processamento que ocorre por meio de uma entidade central na qual os usuários precisam confiar para que o sistema funcione.

Por fim, vejamos um terceiro exemplo. Talvez você já tenha realizado compras em um site como eBay ou Mercado Livre. Mesmo verificando a reputação do vendedor em transações anteriores, sempre há o receio de que, após você pagar o preço, o produto adquirido não seja enviado. Para resolver o problema do cumprimento recíproco das prestações, o ambiente no qual ocorreram os negócios pode reter o valor do comprador e retê-lo até que tenha a confirmação de que ocorreu a entrega do produto, quando, então, o vendedor receberá os recursos. Essa é a lógica de funcionamento do Mercado Pago, no âmbito do Mercado Livre.

---

[2] Foge do escopo deste capítulo uma descrição pormenorizada do funcionamento do SPB e do STR. Maiores informações podem ser encontradas no site do Banco Central do Brasil em https://www.bcb.gov.br/estabilidadefinanceira/spb.

Além de atuar como contraparte central, à semelhança do PayPal, o Mercado Pago agrega, no funcionamento do Mercado Livre, a garantia da execução do contrato celebrado entre comprador e vendedor (é um instrumento de *enforcement* do contrato).

De posse das ideias contidas nesses três exemplos, vejamos, a seguir, um breve resumo da teoria dos contratos, antes de apresentarmos a noção de contratos inteligentes (*smart contratcs*), introduzida por Nick Szabo (1997), cientista da computação e advogado, nos anos 1990 e, em seguida, a necessidade de uma representação digital de valor para quantificar as transações.

2. Breve Revisão da Teoria dos Contratos[3]

Tomemos a definição de contratos formulada por Orlando Gomes como ponto de partida: contrato é o "negócio jurídico[4] bilateral (ou plurilateral) que sujeita as partes à observância de conduta idônea à satisfação dos interesses que regularam" (GOMES, 2007, p. 11).

Temos, assim, duas partes – dois ou mais *centros de interesses* – que, com base no espaço de autonomia privada que lhes é concedido pelo ordenamento jurídico, definem obrigações recíprocas que deverão cumprir a fim de satisfazer certos objetivos, usualmente econômicos. Há um "acordo de vontades" ou, nas palavras de Nick Szabo, um "encontro das mentes" (*meeting of the minds*).

Se alguém deseja comprar um bem que outra pessoa procura vender, poderá se valer do contrato de *compra e venda*; uma troca pode ser dar por meio de um contrato de *permuta*. Um bem pode ser emprestado por meio de

---

[3] Nesta seção, embora forneçamos uma descrição de alguns conceitos jurídicos importantes, não estamos propondo nenhuma qualificação jurídica definitiva para criptomoedas ou criptoativos. Há semelhanças e diferenças com respeito a contratos e a títulos de crédito e, embora façamos menção a sujeitos cambiários e declarações cambiárias, não temos a pretensão de efetuar um mapeamento rigoroso do funcionamento de *smart contracts* e de criptoativos nas categorias jurídicas já conhecidas. Tais categorias são utilizadas, portanto, com a exclusiva finalidade de auxiliar quem tem familiaridade com conceitos básicos do direito privado a compreender as necessidades que levaram ao desenvolvimento das tecnologias aqui discutidas.

[4] Por seu turno, negócio jurídico é "todo fato jurídico consistente em declaração de vontade, a que o ordenamento jurídico atribui os efeitos designados como queridos, respeitados ou pressupostos de existência, validade e eficácia impostos pela norma jurídica que sobre ele incide" (AZEVEDO, 2002, p. 16). O contrato é um negócio jurídico bilateral porque é constituído pelo concurso de mais de uma vontade, em contraposição ao negócio jurídico unilateral, caso, por exemplo, do testamento.

1. "VOCÊ TEM ALGUNS MINUTOS PARA OUVIR A PALAVRA DO *BLOCKCHAIN*?"

um *comodato* ou um *mútuo*, uma relação de emprego é disciplinada por um *contrato de trabalho*, uma reunião de recursos e esforços por pessoas que se associam para alcançar certo objetivo pode ser formalizada por meio de um contrato de *sociedade*. As normas jurídicas definem, desse modo, certos *tipos padronizados* de relações jurídicas, os chamados *contratos típicos*.

Obviamente, a lei não consegue prever todas as possibilidades de acordos que os agentes econômicos possam pretender realizar. É comum que certas cláusulas de contratos típicos sejam mescladas ou mesmo que sejam criadas cláusulas totalmente novas, desde que não violem normas de ordem pública.

Após a negociação entre as partes, o contrato é celebrado mediante a aceitação da proposta, conforme o art. 434 do Código Civil. Nasce, assim, o vínculo entre as partes. A partir daí, dá-se a execução do contrato, que vem a extinguir-se normalmente pela execução das prestações às quais as partes se obrigaram (por exemplo, pagamento de preço e transferência da propriedade de um bem).

O direito se preocupa especialmente com situações excepcionais e as causas de *extinção anormal* do contrato. Por exemplo, a sua formação pode ter sido comprometida pela ausência de requisitos de validade (capacidade de quem contrata, licitude do objeto, observância da forma exigida pela lei) ou pela existência de um dos vícios do negócio jurídico (erro, dolo, coação, estado de perigo e lesão, que resultam na anulabilidade do contrato; simulação, que resulta na nulidade do contrato).[5] Nessas hipóteses, em termos práticos, procura-se uma reversão dos efeitos do contrato ao estado anterior à sua celebração, na medida do possível.

Se o contrato é válido e não há vícios de consentimento, pode ser extinto por *resolução*, quando uma das partes não cumpre a sua obrigação, com ou sem *culpa*. A inexecução do contrato por uma das partes permite à outra que exija o cumprimento das obrigações ou que lhe seja pago o equivalente em perdas e danos (arts. 474 e 475 do Código Civil). As hipóteses de inexecução involuntária ou sem culpa decorrem de fatos que não poderiam ser evitados ou impedidos, como *caso fortuito* e *força maior* (SCHREIBER, 2009, p. 66-67).

Adicionalmente, outra hipótese de extinção anormal do contrato é a *resilição* (comumente referida como *rescisão*). Quando uma das partes requer sua extinção antes do cumprimento de suas prestações, temos a *denúncia* (resilição

---

[5] Para uma análise dos vícios ou defeitos do negócio jurídico, cf. AMARAL (2014, p. 533 e ss.).

unilateral).⁶ Se há acordo entre as partes quando à extinção antecipada, temos o *distrato* (resilição bilateral).

Um dos princípios que regem a disciplina jurídica dos contratos é o da sua *força obrigatória*. Diz-se que o contrato "faz lei entre as partes" ou, em outros termos, é celebrado, em regra, para que seja cumprido. Tal noção é mitigada por outro princípio, o da equivalência das prestações, segundo o qual deve haver um equilíbrio entre as obrigações assumidas pelas partes, tanto na formação do contrato (*sinalagma genético*) como na sua execução (*sinalagma funcional*) (GOMES, 2007, p. 154). Essa discussão é relevante nos casos de revisão dos contratos em decorrência de alteração das circunstâncias nas quais foi celebrado.

As partes são obrigadas a cumprir as obrigações assumidas, desde que as circunstâncias nas quais o contrato foi celebrado permaneçam constantes ao longo de sua execução. A situação é tratada pelos arts. 478-480 do Código Civil, que dispõe a resolução por onerosidade excessiva, hipótese em que a prestação de uma das partes se modifica de modo a constituir vantagem extrema para outra parte, em razão de acontecimentos extraordinários e imprevisíveis, caso em que o devedor poderá pedir a resolução do contrato.

Entre as cláusulas comumente encontradas em contratos, encontramos os chamados elementos acidentais do negócio jurídico, que são fatores que modulam a produção de seus efeitos (fatores de eficácia) (AMARAL, 2014, p. 517 e ss.). Quando o contrato só começa a produzir efeitos após a ocorrência de um acontecimento futuro e incerto, estamos diante de *condição suspensiva*. Se, por outro lado, os efeitos produzidos desde logo cessam após tal ocorrência, temos uma *condição resolutiva*.

Se os efeitos do contrato estão subordinados à ocorrência de um evento futuro e certo, o fator de eficácia é denominado *termo*. Desse modo, as partes estipulam um prazo para que o negócio jurídico passe a surtir efeitos (termo suspensivo) ou deixe de fazê-lo (termo resolutivo).

Modo ou *encargo* é um outro fator de eficácia, pelo qual é imposto um ônus a uma das partes (uma obrigação de dar, de fazer ou de não fazer) cujo cumprimento influi na produção de efeitos do negócio jurídico.

---

⁶ O tema é regulado pelo art. 473 do Código Civil: Art. 473. A resilição unilateral, nos casos em que a lei expressa ou implicitamente o permita, opera mediante denúncia notificada à outra parte. Parágrafo único. Se, porém, dada a natureza do contrato, uma das partes houver feito investimentos consideráveis para a sua execução, a denúncia unilateral só produzirá efeito depois de transcorrido prazo compatível com a natureza e o vulto dos investimentos.

Pelo exposto, a formação e a execução dos contratos e a solução de disputas a eles relativas são regidas por parâmetros definidos pelas partes e pelo ordenamento jurídico, que procuram endereçar tanto o curso normal do cumprimento das obrigações como as hipóteses de inexecução. Ao menos em teoria, o texto de um contrato, mesclado com as regras jurídicas, se assemelha a um *algoritmo*, ou seja, a uma sequência de comandos, dos quais muitos são condicionais da forma "se [tal situação se verificar] então [essa ação deverá ser tomada] senão [outra ação deverá ser tomada]".

Não é de estranhar, portanto, que alguém que conheça linguagens de programação de computadores e a estrutura das normas jurídicas[7] tenha cogitado automatizar as etapas de alguns tipos de contrato, criando a noção de contratos inteligentes. Foi exatamente o caso de Nick Szabo, cujas ideias passaremos a expor.

3. Contratos Inteligentes (*Smart Contracts*)

Nesta seção descrevemos a noção de contratos inteligentes formulada por Nick Szabo (1997), pouco mais de uma década antes do surgimento do Bitcoin. A efetivação das cláusulas de um contrato pode ser programada em um sistema de informação: a aplicação de fatores de eficácia (condições, termos, encargos) e a execução de garantias podem se dar de maneira automática, isto é, os contratos podem ser autoexecutáveis. A bem da verdade, na descrição que apresentaremos aqui, não há realmente uma "inteligência" nos contratos inteligentes, poderíamos considerar que os *smart contracts* são, na verdade, contratos automatizados.

Consideremos um contrato de arrendamento mercantil (*leasing*) de um automóvel em um cenário hipotético com contratos inteligentes. Na celebração do contrato, após a verificação do cumprimento das obrigações iniciais, o arrendatário passa a poder utilizar o veículo, sujeito a um controle central que impossibilita seu acionamento na hipótese de inadimplemento de uma das prestações. Todos os reflexos previstos na Lei n. 6.099/1974 são automaticamente calculados e refletidos nas obrigações tributárias do arrendatário, pois o contrato inteligente está conectado também ao sistema de informação da autoridade fazendária.

---

[7] Sobre o tema, veja-se a digressão apresentada em Costa (2018).

Quando chega a data de vencimento da prestação, o saldo é debitado da conta do arrendatário e creditado na conta do arrendador. As partes podem convencionar uma caução equivalente a, digamos, três prestações, que fica bloqueada e é automaticamente debitada no caso de inadimplemento no prazo pactuado. Adicionalmente, as partes podem ajustar limites para aferir a razoabilidade das prestações (se atingidos, a resolução pode ser automática ou podem ser chamados a se manifestar), fixar o prazo de vida útil do bem, ajustar correções com base em indicadores financeiros internacionais especificados previamente.

Ainda, a cláusula de opção de compra ou renovação do contrato também pode ser automatizada, bem como pode haver subarrendamento, com o controle das obrigações entre as partes operacionalizado por meio do contrato inteligente.

Toda a comunicação entre as partes e a operacionalização das cláusulas podem ser feitas automaticamente, assumindo a interação com os sistemas de informação que controlam o veículo, o registro de propriedade e a administração fazendária, bem como sistemas que buscam valores de referência para os termos do contrato. Um ponto muito importante deve ser ressaltado: o adimplemento das prestações requer algum tipo de integração com o sistema bancário ou uma forma de verificação do pagamento tempestivo. Ou seja, a fim de que se cumpram as obrigações pecuniárias, a automação do contrato requer um sistema de pagamentos.

Toda a execução de um contrato inteligente pode ser vista como uma sucessão de comunicações, de interações entre as partes. O fluxo da execução pode ser rastreado – facilitando a revisão por uma jurisdição estatal ou arbitral – e há um aprimoramento na troca de informações entre as partes (pense, por exemplo, em um contrato de representação comercial em que as vendas já resultam no cálculo e pagamento automático da comissão e no envio de informações sobre a venda para o representado). Com isso, os custos de transação[8] são reduzidos. A automatização da execução do contrato, com gatilhos automáticos, inclusive para execução de garantias, tenderia a reduzir incentivos a comportamentos oportunistas e inexecução voluntária.

---

[8] Conforme *insight* de Ronald Coase em texto relevante para a nova economia institucional, os custos de transação não se confundem com os custos de produção e são de difícil observação, compreendendo os custos de coleta de informações e os custos de negociação e de estabelecimento de um contrato. Posteriormente, Oliver Williamson, Benjamin Klein Robert G. Crawford e Armen A. Alchian apontaram que diferentes arranjos organizacionais levariam a níveis diversos de controle sobre as transações, com impacto nos resultados de ações oportunistas nos custos de transação. Cf. FARINA, AZEVEDO e SAES (1997, p. 36 e ss.).

A programação de contratos inteligentes – isto é, sua escrita em uma linguagem formal, distinta da linguagem humana – se valeria, de acordo com Szabo, de protocolos. Um *protocolo* é um conjunto de regras sintáticas e semânticas para viabilizar a comunicação (COMER, 2014, p. 2).

A cessão de posição contratual também poderia ser automatizada, com a respectiva modificação do sujeito no polo obrigacional e a transferência dos direitos e deveres correspondentes a outro sujeito. Uma posição contratual poderia ser negociada por meio de um *certificado*, detido por um *portador* – Szabo trata dessa hipótese como *contracts with bearer*.

A formalização e a execução de contratos inteligentes requerem uma medida de valor. Assim como as obrigações do direito civil são associadas a um valor econômico (por exemplo, uma obrigação de fazer pode ser convertida em perdas e danos), as obrigações dos contratos inteligentes são medidas em unidades de valor que servem como base para o funcionamento dos sistemas que operacionalizam aqueles contratos.

Um exemplo paradigmático de certificado que decorre de um contrato inteligente é uma *moeda digital*. À semelhança dos títulos de crédito, o conjunto de direitos se destaca do negócio jurídico que o originou. Assim, o direito de receber uma determinada prestação – por exemplo, os recebíveis do arrendador em um contrato de *leasing* – poderia ser transferido facilmente a um terceiro, que se conectaria ao contrato inteligente para o recebimento dos créditos pagos pelo arrendatário.

Nesta etapa do raciocínio que temos construído até aqui neste capítulo, convém discutir o conceito de moedas digitais e os problemas práticos de sua implementação.

4. Moedas Digitais

A atribuição de valor a coisas e a direitos é um fenômeno social.[9] Seja em uma pequena comunidade ou em uma sociedade complexa, as trocas são mediadas

---

[9] Para um estudo da antropologia do valor e das trocas cf. GRAEBER (2014). Considere o seguinte fragmento: "*Call this the final apotheosis of economics as common sense. Money is unimportant. Economies – 'real economies' – are really vast barter systems. The problem is that history shows that without money, such vast barter systems do not occur. Even when economies 'revert to barter,' as Europe was said to do in the Middle Ages, they don't actually abandon the use of money. They just abandon the use of cash. In the Middle Ages, for instance, everyone continued to assess the value of tools and livestock in the old Roman currency, even if the coins themselves had ceased to circulate. It's money that had made it possible for us to imagine ourselves in the*

por meio de *tokens* – conchas, medidas de sal, gado, discos de metal, cédulas de papel ou registros eletrônicos – que desempenham três funções. Primeiro, são *unidades de conta*, permitindo que seja possível comparar o valor equivalente entre dois objetos de troca. Segundo, são *reservas de valor*, na medida em que, enquanto não são utilizados, retêm seu potencial para realizar novas trocas no futuro. Terceiro, são *meios de troca* (ou de pagamento), pois afastam a necessidade de escambo, viabilizando as trocas ao serem entregues como substitutos equivalentes ao valor do objeto trocado. Moeda, em sentido amplo, é tudo aquilo que, em um sistema econômico, desempenha essas três funções (CARVALHO, 2007, Capítulo 1).

Os títulos de crédito podem desempenhar uma função semelhante à da moeda em certas situações. A cártula detida pelo portador consubstancia o direito de crédito, que pode estar totalmente dissociado do negócio jurídico que o originou. Por meio do endosso, o título de crédito pode ser transferido para outros, criando relações jurídicas entre cada endossante e endossatário, relações essas que são autônomas entre si na cadeia de circulação do título. Mas por que estamos falando de títulos de crédito?

As moedas digitais surgem como forma de representar o pagamento de valores em um sistema baseado em contratos inteligentes. Sem correr o risco de incidir em anacronismo, uma das formas de se entender uma moeda digital é concebê-la como um direito de crédito com natureza *pro soluto* contra o sistema,[10] emitido por um sujeito que pode transferi-lo a inúmeros outros, em uma sucessão de endossos. Assim, deter um saldo em moeda digital é o mesmo que deter um direito de crédito representado digitalmente[11] em um sistema que deverá honrá-lo quando desejado pelo "portador".

Considere a inicialização de um sistema no qual Ana receba um saldo de $ 10 em moeda digital – o sistema é o emissor da moeda e controla

---

way economists encourage us to do: as a collection of individuals and nations whose main business is swapping things. It's also clear that the mere existence of money, in itself, is not enough to allow us see the world this way. If it were, the discipline of economics would have been created in ancient Sumer, or anyway, far earlier than 1776, when Adam Smith's The Wealth of Nations appeared".

[10] "O título de crédito tem natureza *pro soluto* quando emitido e entregue ao beneficiário visando a extinguir a obrigação que gerou a sua criação, ou seja, quando dado em pagamento da relação causal" (Cf. ROSA JR., 2011, p. 59). Na hipótese descrita, o sistema representa o *sacado* na relação cambiária.

[11] Aqui notamos um distanciamento das moedas digitais e dos títulos de crédito na doutrina clássica, que são necessariamente documentos formais, com todos os seus requisitos intrínsecos (requisitos de validade de qualquer negócio jurídico) e extrínsecos (requisitos exigidos pela legislação cambiária). Cf. ROSA JR. (2011, p. 119).

1. "VOCÊ TEM ALGUNS MINUTOS PARA OUVIR A PALAVRA DO *BLOCKCHAIN*?"

o seu estoque, isto é, representa a autoridade monetária. Ana deseja comprar um livro de Beto e ambos fecham o valor da transação em $ 7. Nesse caso, pode ser criado um registro contendo dois certificados de transação: (a) uma ordem de pagamento de $ 7 de Ana a Beto; (b) uma ordem de pagamento de $ 2,99 de Ana a ela mesma, que funciona como "troco". A diferença de $ 0,01 é coletada pelo sistema a título de taxa para realização da operação.

Em ambas as hipóteses, o sistema é o *sacado* na relação cambiária e Ana é a *sacadora* (ou *emitente*, se estivéssemos diante de um cheque). Beto é o *tomador* na primeira transação. O *aceite* da transação[12] ocorre após a verificação de que quem efetivamente emite a ordem é Ana e que esta dispõe do saldo nas ordens de pagamento.

No mundo real, a segunda transação (a do "troco") não faria sentido em razão da identidade de sujeitos nos dois polos da relação, o que geraria a extinção da obrigação por confusão. No entanto, essa construção é importante para o funcionamento de um sistema de moedas digitais.

Posteriormente, Beto deseja transferir o valor de $ 5 a Carla, em razão da compra de um conjunto de miçangas. Então, cria-se outro registro contendo dois certificados de transação: (a) uma ordem de pagamento de $ 5 a Carlos; (b) uma ordem de pagamento de R$ 1,99 a Beto, a título de troco, descontada a taxa da operação de $ 0,01 coletada pelo sistema.

A Figura 1 ilustra as operações descritas, com o identificador de cada "certificado de transação". A transação originária de concessão de saldo de $ 10 a Ana é representada pelo identificador txa. As transferências de Ana a Beto e o "troco" são representadas por txa.d01 e txa.d0z, respectivamente. Nota-se o "carregamento" da identificação da transação prévia, que originou aquele saldo, como se a cártula de valor $ 10 fosse desdobrada em duas cártulas novas. Então, as transações entre Beto e Carlos são o desdobramento da transação txa.d01 em duas outras transações, uma ordem de pagamento de Beto a Carlos identificada por txa.d01.xfc e o troco de Beto para si mesmo, identificado por txa.d01.s03.

---

[12] "O sacado, apondo sua assinatura na letra de câmbio, pratica o ato cambiário do aceite, que corresponde a uma declaração cambiária facultativa, eventual e sucessiva, pela qual o sacado acata e reconhece a ordem de pagamento que lhe é dada pelo sacador, e, em consequência, confessa dever a quantia nela mencionada como líquida e certa, prometendo pagá-la, no vencimento, ao tomador ou a outrem à sua ordem, assumindo a posição de devedor principal e direto" (ROSA JR., 2011, p. 169).

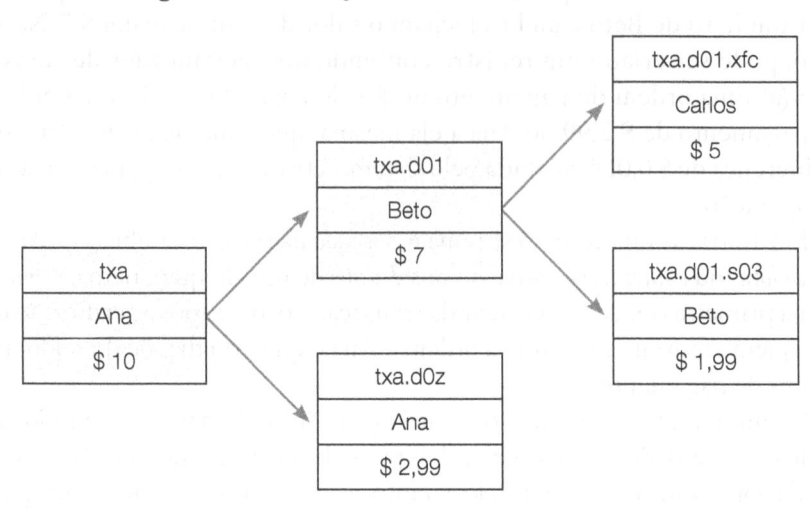

Figura 1 – Transações entre Ana, Beto e Carlos.

txa.d01.xfc
Carlos
$ 5

txa.d01
Beto
$ 7

txa.d01.s03
Beto
$ 1,99

txa
Ana
$ 10

txa.d0z
Ana
$ 2,99

Fonte: Elaboração dos autores.

Assim, podemos ver o que Ana, Beto e Carlos detêm como saldo em moedas digitais: certificados das transações que receberam originariamente do sistema (emissão originária de moeda digital) ou que receberam a partir de outras transações. Após a realização de inúmeras operações, cada integrante do sistema irá deter um conjunto de certificados de transações, contendo o respectivo valor e a trilha composta pela conjugação das identificações de todas as transações prévias que originaram aquele certificado.

À semelhança de uma carteira com várias notas, algumas de menor valor, e outras de maior valor e algumas moedas de diferentes valores, cada pessoa poderá realizar novas transações com base nas "cártulas" que ainda não foram despendidas e configuram direitos de crédito, tendo o sistema como sacado (ordens de pagamento que devem ser honradas pelo sistema).

O problema da solução descrita nos parágrafos anteriores é a necessidade de garantir que cada certificado de transação seja íntegro e não seja objeto de falsificação nem possa ser utilizado mais de uma vez (caso em que teríamos o chamado gasto duplo – *double spending*).[13]

---

[13] Cf. CHOHAN (2017). Tais preocupações também são externadas por Luís Felipe Spinelli (2010): "Entretanto, fazendo-se estudo mais criterioso, tem-se que, por uma série de razões, a ideia de informatização não é plenamente compatível com a clássica disciplina dos títulos de crédito. No plano teórico, é equivocado adotar o conceito de título de crédito de Cesare Vivante e de documento dado por Francesco Carnelutti, como boa parte da doutrina faz, para dizer que

1. "VOCÊ TEM ALGUNS MINUTOS PARA OUVIR A PALAVRA DO *BLOCKCHAIN*?"

Nesse ponto, se recuperarmos o exemplo dado anteriormente a respeito de uma simples transferência de valores, são condições necessárias para efetivá-la: identificar a origem dos recursos, garantir que as partes sejam realmente quem afirmam ser (autenticação) e assegurar que haja recursos suficientes na origem para satisfazer a transação. Em um sistema baseado em trocas de moedas digitais, tais operações são imprescindíveis e, para viabilizá-las, normalmente lançamos mão de recursos associados à criptografia para garantir a integridade das informações e a autenticidade de seus remetentes e destinatários, tema que detalharemos à frente. Todavia, convém antes compreendermos um conceito importante para a presente discussão: a descentralização.

5. Descentralização

Mencionamos na introdução deste capítulo que a confiança que depositamos na efetivação das transações que desejamos realizar depende, em última instância, da credibilidade em uma autoridade central, usualmente de caráter público ou com poderes outorgados pelo Estado. Esse é o caso do sistema bancário e dos sistemas de informação desenvolvidos por cada instituição financeira, que se conectam com o Sistema de Pagamentos Brasileiro. Também é o caso dos cartórios, que atestam a propriedade de imóveis ou a autenticidade de assinaturas, dentre outros exemplos.

Se atualmente dependemos de dados para sobreviver, então dependemos, de fato, de sistemas de informação que contam com, dentre outros componentes, sistemas gerenciadores de bancos de dados – um "sistema computadorizado de manutenção de registros" (DATE, 2003, p. 3).

Na arquitetura de um sistema de informação, normalmente encontramos uma ou mais fontes de dados, armazenadas em diferentes formatos e até mesmo em localidades geográficas diversas.

tais definições abarcariam o 'documento eletrônico', já que estes juristas viveram em época diferente da nossa, nunca imaginando o fenômeno da informática e suas consequências. Mas as críticas vão mais adiante, pois, ainda, *é difícil desvincular o título de crédito da cártula, ou seja, de um documento corpóreo*, já que toda a disciplina da teoria geral dos títulos de crédito é nela baseada: a circulação se dá com base em normas de direito real e só a partir dela é que se pensa nos efeitos de direito obrigacional. E, como consequência, *tem-se a insegurança gerada pela circulação eletrônica, visto que em cada nova transmissão ocorre verdadeira duplicação do documento digital, podendo existir replicação de destinatários de um mesmo título – o que é totalmente impossível quando se fala em suporte cartáceo*" (grifos nossos).

Normalmente, uma ou mais instituições detêm a propriedade dos dados e a responsabilidade pela sua gestão, incluindo o controle da inserção, leitura, modificação e exclusão das informações. Desse modo, uma instituição central gerencia o acesso aos dados e garante a sua integridade, isto é, garante que não sejam indevidamente alterados, comprometendo o funcionamento do sistema.

Ainda que o funcionamento de bancos de dados se dê por meio da distribuição entre múltiplos computadores conectados em uma rede,[14] se todo o controle e toda a verificação da integridade são restritos a uma ou mais instituições, então ainda estamos em um cenário de *centralização*.

Podemos falar em um sistema *descentralizado* de dados, quando o acesso aos dados e a garantia de sua integridade são feitos não por uma autoridade central, mas por todos os participantes da rede na qual os dados circulam. Falamos que há várias *instâncias* do sistema gerenciador de banco de dados em execução em cada nó (*node*) que compõe a rede.

Mas por que essa distinção é importante?

Há várias formas de responder a essa pergunta. Optamos por endereçar a questão nos valendo de um exemplo prático. Suponha que estamos em uma comunidade na qual não existam cartórios e precisamos controlar a propriedade imobiliária, associando um ou mais imóveis a um membro da comunidade, tomada também como uma rede de vários participantes. Um arranjo centralizado consistiria em manter um registro dos imóveis existentes, associados ao seu proprietário.[15] Mas há uma alternativa.

Suponha que forneçamos a cada membro da comunidade (a cada nó da rede) um caderno, para que anote a lista de imóveis existentes e os respectivos proprietários. Quando houver uma compra e venda de imóvel, os envolvidos comunicam a todos a ocorrência da operação, para que atualizem seus cadernos, mantendo, assim, o registro sempre atualizado. Que vantagens decorreriam desse arranjo centralizado?[16]

---

[14] Nesse caso, falamos em bancos de dados distribuídos, quando uma única aplicação consegue controlar, de modo transparente, dados dispersos em uma variedade de sistemas gerenciadores de bancos de dados, sendo executados em uma variedade de equipamentos diferentes. Por "transparente", entende-se que a aplicação atua, sob um ponto de vista lógico, como se os dados fossem processados por meio de um único sistema gerenciador de banco de dados. Cf. DATE (2003, p. 647 e ss.). De acordo com o autor, esse tipo de arranjo foi pensado para permitir a conexão entre "ilhas de informação" em uma corporação.

[15] Ou proprietários, em caso de condomínio, juntamente com as respectivas frações ideais, mas, para simplificar o exemplo, consideraremos que cada imóvel só pode ser detido por um único proprietário

[16] Os parágrafos a seguir basicamente enunciam os objetivos fundamentais dos bancos de dados distribuídos, conforme Date (2003, p. 652-660).

1. "VOCÊ TEM ALGUNS MINUTOS PARA OUVIR A PALAVRA DO *BLOCKCHAIN*?"

Primeiro, para consultar quem é proprietário de certo imóvel, poderíamos nos dirigir a qualquer membro da comunidade a fim de obter essa informação. Haveria *autonomia plena* de cada integrante da rede. Segundo, haveria *tratamento equitativo* de todos os membros da comunidade, prescindindo da existência de um ou mais membros privilegiados detentores de fé pública, à semelhança dos cartórios, capazes de cobrar taxas significativas para consultas e alterações de dados. Terceiro, as consultas e alterações poderiam ser realizadas a qualquer momento, independente de um horário prefixado – haveria *funcionamento contínuo* do sistema – e haveria *maior eficiência*, dado que poderíamos nos dirigir a um membro da comunidade mais próximo. Quarto, teríamos múltiplas cópias dos dados, garantindo, assim, a *redundância da informação* em caso de incidentes. Quinto, se cada membro da comunidade decidir gerenciar os dados, para além do caderno que lhe foi fornecido, em outro tipo de suporte físico (por exemplo, fichas ou um programa de computador), isso seria possível. Se estivéssemos falando de computadores e não de pessoas, poderíamos dizer que esse arranjo descentralizado garantiria independência de hardware, sistema operacional e de quaisquer outros sistemas locais – de modo mais geral, *independência de plataforma*. Ao custo de impor aos membros da comunidade a guarda dos dados, poderíamos viver em um mundo sem cartórios – e sem a cobrança das respectivas taxas.

Mas o que estamos esquecendo? O que pode dar errado?

Além de problemas de *concorrência* – não no sentido de concorrência econômica, mas de má sincronização de dados –, não podemos confiar plenamente em todos os membros da comunidade, que podem deliberadamente alterar os registros, sem mantê-los atualizados conforme cada transação é anunciada. Como podemos confiar em uma comunidade na qual não podemos confiar em ninguém individualmente?

No âmbito da teoria das redes de computadores, esta questão é endereçada como o *problema dos generais bizantinos* (LAMPORT, SHOSTAK e PEASE, 1982, p. 382-401). Várias divisões do exército bizantino estão cercando terreno inimigo, cada uma comandada por um general, devendo decidir sobre seu plano de ação (*atacar* ou *recuar*). Alguns desses generais são traidores que querem semear a discórdia e o caos. Uma solução envolve um algoritmo que satisfaça duas condições: (a) garantir que todos os generais leais cheguem a um consenso sobre como agir, a despeito de como decidam e ajam os generais traidores e, ainda, que (b) um número pequeno de traidores não seja capaz de prejudicar o curso de ação dos generais leais.

Cada general observa seu inimigo e comunica aos demais generais observações $v(i)$, onde i é o índice do i-ésimo general. A partir da conjugação de todas as observações $v(1)$, $v(2)$... $v(n)$, onde n é o número total de generais, cada general toma uma decisão.

Se mais da metade dos generais for leal, uma votação simples garante as condições do algoritmo desejado. Porém, há um problema: os generais traidores podem não transmitir a mesma informação aos demais, inviabilizando a votação, que presume que a informação $v(i)$ enviada pelo i-ésimo general seja a mesma para todos.

O problema é, então, enunciado da seguinte forma: um general comandante deve enviar uma ordem para $n-1$ coronéis de modo que (a) todos os coronéis leais obedecerão ao mesmo comando; e (b) se o general comandante é leal, então todos os coronéis obedecerão ao seu comando. Em outros termos, independentemente do fato de o general comandante ser ou não leal, sempre os coronéis leais irão obedecê-lo. Na formulação anterior, cada i-ésimo general atua como general comandante, enviando um comando $v(i)$ e os demais como coronéis.

É possível demonstrar que, se há m traidores, então são necessários $3m+1$ generais para que seja possível encontrar uma solução no caso de cada general ter controle do conteúdo da mensagem, ressalvado que ela seja entregue corretamente, que o destinatário da mensagem saiba quem a enviou e que o não envio da mensagem seja detectável (LAMPORT, SHOSTAK e PEASE, 1982, p. 387).

Ou seja, há um algoritmo capaz de resolver o problema dos generais bizantinos, desde que 2/3 (dois terços) dos participantes da rede sejam leais (confiáveis). Com base em diferentes pressupostos, já foi provado que há soluções que garantem que o consenso obtido na rede por meio de um processo de votação é verdadeiro se, no máximo, 1/3 dos nós da rede não forem confiáveis.

Esta é uma conclusão importante. Com base nesse tipo de algoritmo, no exemplo indicado anteriormente seria possível obter a mesma confiabilidade de um cartório sem a existência de uma autoridade central. Idem para a fidedignidade de transações bancárias. Cada operação é transmitida aos demais membros da rede e um resultado é obtido por meio de um *algoritmo de consenso*.

Ao falarmos em sistemas distribuídos, devemos levar em conta os inúmeros problemas que podem ocorrer na transmissão de dados em redes de computadores.[17] O equipamento do receptor da mensagem pode falhar ou o seu

---

[17] Cf. COMER (2014, p. 48).

software pode ter um mau funcionamento. A capacidade física da rede pode ser esgotada, gerando congestionamento. As unidades nas quais as mensagens são decompostas – chamadas de pacotes (*packets*) – podem sofrer atraso ou ter sua ordem invertida no recebimento ou mesmo podem ser perdidas ou corrompidas.

Tal complexidade é enfrentada por meio da divisão de tarefas, de modo que cada subproblema é tratado por meio de um *protocolo*, gerando, assim, camadas (*layers*) de protocolos. Enquanto alguns protocolos se destinam à solução de problemas mais relacionados à integridade da comunicação pela rede, há protocolos de níveis de abstração mais elevados (na chamada *camada de aplicação*), que implementam funcionalidades específicas desejadas pelos usuários.[18]

O que chamamos de "arranjo", no exemplo apresentado, poderia também ser designado como protocolo, pois desejamos trocar mensagens para consultar quem é o proprietário de determinado imóvel, quais são os imóveis detidos por certo proprietário e atualizar a propriedade de um imóvel.

Graças a certos protocolos, somos capazes de criar redes *peer-to-peer* (P2P)[19] por meio das quais, em vez de termos um servidor centralizado, cada nó da rede atua como um servidor, mantendo uma cópia dos dados e permitindo que outros nós vizinhos acessem tais informações. O processamento ocorre em cada nó, como uma espécie de encargo pela possibilidade de acesso aos dados e participação na rede. Cada nó é uma potencial fonte de dados – um *servidor* (que fornece dados) – para os demais nós – *clientes* (que consomem dados).

---

[18] Para uma representação simplificada das camadas de protocolos no modelo de referência TCP/IP, cf. COMER (2014, p. 53).

[19] Cf. COMER (2014, p. 428). Ainda, Andrew S. Tanembaum: "A comunicação ponto a ponto realmente atingiu seu grande momento por volta de 2000, com um serviço chamado Napster, que, em seu auge, tinha mais de 50 milhões de usuários trocando músicas, o que provavelmente foi a maior violação de direitos autorais em toda a história registrada. A ideia era bastante simples: os membros registravam as músicas que tinham nos seus computadores em um banco de dados central mantido no servidor Napster. Se um membro desejava uma música, ele checava o banco de dados para ver quem a tinha e ia diretamente lá para obtê-lo. Ao não manter nenhuma música em suas máquinas, o Napster argumentou que não estava violando os direitos autorais de ninguém. Os tribunais não concordaram e determinaram o fechamento da empresa. No entanto, a próxima geração de sistemas ponto a ponto elimina o banco de dados central, fazendo com que cada usuário mantenha seu próprio banco de dados localmente, além de fornecer uma lista de outras pessoas próximas que são membros do sistema. Um novo membro pode se dirigir a qualquer membro existente para ver o que ele tem e obter uma lista de outros membros para inspecionar mais músicas e mais nomes. Este processo de pesquisa pode ser repetido indefinidamente para criar um grande banco de dados local de tudo o que está disponível. É uma atividade que é entediante para as pessoas, mas é uma na qual os computadores se destacam" (TANEMBAUM, 2003, p. 12).

É esta lógica P2P que permite o funcionamento de redes à semelhança do exemplo de cadernos detidos por cada membro da comunidade fictícia do exemplo desta seção. Desse modo, os dados são compartilhados por todos, criando um banco de dados distribuído e descentralizado com as vantagens indicadas anteriormente (autonomia e igualdade dos nós, redundância, menores custos, disponibilidade contínua, independência de plataforma) e é possível confiar na rede, mesmo não sendo possível confiar individualmente em cada um de seus participantes.

Surge, dessa forma, um paradigma independente de uma autoridade central, o que, para muitos, é o aspecto verdadeiramente revolucionário de tecnologias descentralizadas.[20] Por exemplo, o criador do site *Silk Road*, condenado à prisão perpétua por viabilizar o comércio internacional de produtos e serviços ilícitos (GREENBERG, 2015), em carta dirigida ao juiz que prolatou sua sentença, afirmou que sua visão era a de um mercado no qual as pessoas pudessem negociar o que desejassem, desde que não ferissem outras pessoas, vivendo em um mundo sem o uso sistêmico de coerção. Graças ao uso de Bitcoins como moeda de sua plataforma, aliado ao anonimato dos usuários garantido por meio de protocolos de comunicação sigilosa, seu sonho se tornou realidade... por algum tempo.

Na seção a seguir, adicionamos mais uma peça ao quebra-cabeça que estamos construindo neste capítulo: a importância da criptografia para a troca de mensagens na rede descentralizada.

6. Criptografia e Sigilo das Comunicações

A etimologia do termo *criptografia* nos conduz a uma noção inicial do assunto: trata-se da arte de *comunicar segredos*. No meio jurídico, o tema tem tido ampla repercussão sobretudo em razão de medidas judiciais que bloquearam o funcionamento de aplicativos de comunicação instantânea como o WhatsApp, visando à interceptação do conteúdo de mensagens trocadas entre investigados em processos criminais (BRASIL, 2017).

Nesses casos, encontramos a alegação de que, porque as mensagens são encriptadas ou criptografadas, seu conteúdo só pode ser acessado pelo remetente e pelo destinatário, não sendo possível à rede social fornecer as

---

[20] Para mais informações, ver o verbete sobre Ross Ulbricht na Wikipedia, em https://en.wikipedia.org/wiki/Ross_Ulbricht.

1. "VOCÊ TEM ALGUNS MINUTOS PARA OUVIR A PALAVRA DO *BLOCKCHAIN*?"

informações desejadas pelo Poder Judiciário, à semelhança do que poderia ser afirmado, por exemplo, pelos Correios, se lhe fosse pedido o conteúdo de determinada carta. O alegado desconhecimento de informações que, em teoria, poderiam estar relacionadas à prática de ilícitos conduz a um interessante debate no âmbito da dogmática penal, relativo à *teoria da cegueira deliberada (willful blindness)*.[21]

O sigilo das comunicações pode se prestar tanto a fins lícitos como a fins ilícitos. Nesse contexto, surge uma preocupação fundamental com a prática de crimes como evasão fiscal ou evasão de divisas e, especialmente, com a possibilidade de lavagem de dinheiro e financiamento do terrorismo.

De outro lado, nasce uma alternativa de realização de transações sem ingerência estatal e com garantia de anonimato, propiciando uma polarização entre aqueles que são defensores de ideais mais libertários e as autoridades estatais. A tutela de interesses públicos também pode ser invocada para viabilizar estratégias de controle dos cidadãos pelo Estado, prejudicando o adequado funcionamento das instituições democráticas. A relação entre criptografia, direito à privacidade, sigilo das comunicações e a intervenção estatal em prol da defesa do interesse público ainda é um tema incipiente em pesquisas jurídicas.[22]

O que interessa para os fins deste capítulo é o fato de que a troca de mensagens requer um conjunto de regras para seu envio e recebimento, uma estrutura de *governança da rede*, a que denominamos de *protocolo*. Uma rede é formada por um conjunto de participantes, designados por *nós (nodes)*.

Considere o seguinte exemplo. Suponha que Ana e Beto desejam trocar mensagens sem que outros possam entender o seu conteúdo. Para tanto, podem convencionar que irão trocar as letras do alfabeto da seguinte forma:

ABCDEFGHIJKLMNOPQRSTUVWXYZ
MNOPQRSTUVWXYZ**ABCDEFGHIJKL**MNOPQRSTUVWXYZ

Ou seja, irão "deslizar" duas fitas contendo as letras do alfabeto, sendo que a segunda se encontra deslocada em relação à primeira em 15 posições. Portanto, se Ana e Beto acordaram previamente que este será o mecanismo

---

[21] "A teoria da cegueira deliberada tem como função primordial resolver o problema envolvendo o indivíduo que tinha condições de descobrir a origem ilícita dos ativos ocultados ou dissimulados, mas, visando escudar-se de eventual persecução penal, deliberadamente se coloca em estado de ignorância, buscando atrair o estado de erro da sua conduta e transformá-la em indiferente penal" (DRESCH e SILVA, 2017, p. 197).

[22] Para estudos recentes sobre o assunto, cf. DONEDA e MACHADO (2019).

de substituição das letras em suas mensagens, basta que indiquem o número do deslocamento das duas fitas para que saibam como codificar e decodificar as mensagens.

Logo, Ana decide enviar "EUTEAMO" e codifica a mensagem como "QGTQMYA". De posse dessa mensagem, Beto sabe que, se deslocar as letras do alfabeto em 15 posições, encontrará o mapeamento que permitirá a substituição das letras, decodificando a mensagem recebida. Se, a cada novo dia, Ana e Beto decidirem mudar o número de posições, cada letra será substituída por outra diferente da utilizada no dia anterior.

Para um observador externo que consiga interceptar as mensagens trocadas, será necessário inferir a lógica de substituição e o número de posições em que as letras do alfabeto precisam ser deslocadas para a codificação e a decodificação da mensagem. Adicionalmente, se houver mudança periódica do número de posições, será necessário inferir qual é a periodicidade dessa mudança.

Essas tarefas não são impossíveis, obviamente, mas exemplificam a noção de que, por meio de regras previamente acordadas – um *protocolo* – entre participantes de uma troca de mensagens, é possível se comunicar com algum grau de privacidade. Quanto mais "robusto" o protocolo – em termos de dificuldade de ser decifrado –, mais "segura" será a comunicação – em termos de confidencialidade.

7. Criptografia, Autenticação e Integridade

Embora seja relevante a associação entre criptografia e sigilo das comunicações, para o universo das criptomoedas, as funções mais relevantes da criptografia são a *autenticação* – quem é o autor da mensagem – e a *verificação da integridade* das mensagens transmitidas.

Para obter esses resultados, lançamos mão de funções matemáticas que nos conduzirão aos conceitos de chaves digitais, assinaturas digitais e, posteriormente, no caso de Bitcoins, endereços.

Na criptografia de chave pública, também conhecida como criptografia assimétrica (KATZ e DELL, 2008, p. 3 e ss., 320 e ss.), cada pessoa pode ter uma *chave privada* (*private key*), que é utilizada para "assinar" suas mensagens (no caso, estamos interessados na assinatura de transações, indicando quem está enviando determinado comando). Apenas o emissor da mensagem deve deter sua chave privada, caso contrário, qualquer um poderá se passar por ele. A mensagem, então é acompanhada de uma assinatura digital, também

1. "VOCÊ TEM ALGUNS MINUTOS PARA OUVIR A PALAVRA DO *BLOCKCHAIN*?"

denominado *witness* (literalmente, testemunha), por permitir atestar a identidade do emissor.

Além da chave privada, cada pessoa tem uma chave pública (*public key*), associada à primeira. Na verdade, a chave pública é obtida a partir da chave privada, por meio de uma função matemática. Em uma visão simplificada, a chave privada seria a senha do cartão do banco e a chave pública, o número da conta – contudo, sabemos que não há relação entre esses dois números no dia a dia, por isso se trata de uma analogia imperfeita, pois, no nosso caso, o número da conta é derivado da senha.

No caso de Bitcoins, descritos com maior detalhe na próxima seção, a chave pública não costuma ser compartilhada, pois seu valor é utilizado para a geração de um ou mais endereços (*addresses*), que guardam uma relação matemática com a chave pública, para os quais os demais usuários poderão fazer transferências (e saberão de onde vêm as transferências). Ainda, as transações não são criptografadas, isto é, não são um "segredo", como exemplificamos na seção anterior.

A "assimetria" na expressão *criptografia assimétrica* diz respeito a uma característica bastante peculiar das funções matemáticas envolvidas. A operação que gera a chave pública a partir da chave privada é relativamente simples, mas a inversa (obter a chave privada a partir da chave pública) é computacionalmente inviável. Pense, por exemplo, na impossibilidade de reconstruir um frango a partir de um *nugget*.

Verificar se um jogo de sudoku foi corretamente resolvido é algo relativamente fácil, assim como constatar que um cubo mágico se encontra com todas as faces com uma única cor. No entanto, sabemos que resolver jogos de sudoku e solucionar cubos mágicos podem ser tarefas muito difíceis.

Talvez você se recorde daquele que foi provavelmente um dos primeiros algoritmos que aprendeu na vida: decompor números inteiros em fatores primos. Dado um número inteiro, tentamos dividi-lo por números primos sequencialmente (1, 2, 3, 5, 7, etc.) e associamos um expoente a cada número primo, a depender do número de vezes pela qual conseguimos dividi-lo por aquele fator. Logo, $15 = 3 \times 5$, $150 = 2 \times 3 \times 5^2$ e assim por diante. O que fazer quando o número inteiro a ser decomposto é "muito grande"? Você conseguiria enumerar, por exemplo, os 100 primeiros números primos? Como gerar números primos, a fim de saber que fatores utilizar? Quanto tempo levaria para decompor $2^{82589933}-1$?

Provavelmente, se você não atua na área de computação, essas questões são de pouca utilidade. Porém, se você sabe que 12.577 e 15.149 são primos, então quando alguém pedir para você fatorar 190.528.973, conseguirá executar a operação rapidamente.

Os números primos são importantes para a criptografia porque nos permitem criar funções facilmente executáveis (calcular $y = f(x)$), mas praticamente impossíveis de serem invertidas (calcular $x = f^{-1}(y)$).

A partir da chave privada k, um número inteiro escolhido aleatoriamente, chega-se a uma chave pública K, da qual é gerado um endereço A. Conforme exemplificado por Andreas Antonopoulos (2017, Capítulo 4), uma chave privada de 256 bits (isto é, 256 posições que podem ser 0 ou 1) codificada em uma base hexadecimal (em vez de utilizar 10 dígitos de 0 a 9, utilizamos 16 dígitos de 0 a 9, depois A, B, C, D, E e F), pode ser representada como: 1E99423A4 ED27608A15A2616A2B0E9E52CED330AC530EDCC32C8FFC6A526 AEDD. Você saberia dizer quantos caracteres são necessários para representar uma chave privada de n bits na base hexadecimal?

A partir desse número, aplica-se um algoritmo para a geração da chave pública K (no caso do Bitcoin, um algoritmo baseado em funções de curva elíptica, cuja discussão foge ao escopo do presente texto).

Dada uma chave pública K, sua chave privada se encontra em um universo com 2^{256} possibilidades se utilizarmos uma representação de 256 bits. Esse número é da ordem de 10^{77} (se você sabe que $log\,2 = 0,301$, lembra-se de como podemos chegar ao expoente 77?).

A partir da chave pública, aplica-se um segundo algoritmo para chegar a um endereço A, que será compartilhado com as outras pessoas. Nesse caso, é utilizada uma função com propriedades bastante peculiares: uma função *hash*. Trata-se de um algoritmo unidirecional: a função $h(x)$ é tal que, se $x = m$, sempre se chega ao mesmo resultado $M = h(m)$, sem que se possa obter $m = h^{-1}(M)$ e, ainda, a probabilidade de se obter o mesmo resultado para duas entradas diferentes é desprezível, isto é, qualquer $x = n$, com $m \neq n$, $h(m) \neq h(n)$. O resultado é um código *hash*, também chamado de *message digest*.

Um dos algoritmos mais comuns com essa propriedade é o *Secure Hash Algorithm* (SHA). Normalmente, a saída de uma função *hash* é de tamanho fixo. Pode-se dizer que um código *hash* funciona como uma "impressão digital" de uma entrada. Na implementação do Bitcoin, os endereços dos usuários são codificados em uma base 58: são utilizados todos os dígitos e todas as letras do alfabeto maiúsculas e minúsculas, exceto 0 (zero), O (o maiúsculo), l (L minúsculo) e I (i minúsculo), que poderiam ser confundidos com 0 e 1. Temos: 123456789ABCDEFGHJKLMNPQRSTUVWXYZabcdefghijkmnopqrs tuvwxyz.

O objetivo de uma função *hash* é permitir a verificação da integridade dos dados. Se uma mensagem sofrer qualquer alteração, então o código *hash* será alterado.

Transferir recursos, em última instância, é uma espécie de comunicação: aquele na origem deseja enviar uma mensagem a outrem, no destino. Além de assegurar a privacidade da transação – terceiros podem até saber que há uma comunicação em curso, mas não acessam seu conteúdo –, é preciso garantir que a mensagem não tenha sido adulterada ao longo do trajeto.

Transações podem ser acompanhadas de assinaturas digitais, para indicar que alguém as autorizou (*authorization*), para evitar que alguém negue que as tenha autorizado (*nonrepudiation*) e para provar que, uma vez assinadas, as transações não foram e não mais poderão ser modificadas (*integrity*).

Dadas uma mensagem m e uma chave privada k e uma função *hash* $h(x)$, uma função $s(x, k)$ que implementa um algoritmo de assinatura dada uma chave privada, então a assinatura é calculada como $s(h(m),k)$. A verificação da assinatura consiste em assegurar que apenas aquele que detém a chave privada que corresponde à chave pública K poderia ter assinado aquela mensagem (quem verifica só possui a chave pública e não a chave privada, obviamente). A assinatura é válida quando a função de verificação retorna TRUE, isto é, quando, dado $Q^{23} = s(h(m),k)$, $v(Q, K) = $ TRUE.

Desse modo, um indivíduo pode verificar a autenticidade e a integridade da informação sem necessariamente saber o conteúdo dela. Fala-se em "*zero-knowledge proof*", isto é, uma prova sobre algo desconhecido: você é capaz de ver o resultado do feitiço, mas não as palavras mágicas (SCHNEIER, 2015, p. 101-104).

Para fins da presente discussão, entendemos que os conceitos até aqui nos permitem descrever, finalmente, como funciona o protocolo Bitcoin e qual é sua relação com tecnologias descentralizadas e *blockchain*.

8. Enfim, Bitcoins e *Blockchain*!

Para acessar a rede Bitcoin, você precisará de uma "carteira" (*wallet*), assim como você precisa de um navegador (*browser*) para acessar a internet ou do aplicativo do seu banco para acessar o sistema bancário.

---

[23] Na verdade, Q é um par de dois valores gerados pela função s. Utilizaremos aqui uma notação simplificada.

A navegação na internet se dá principalmente por meio de um protocolo, denominado HTTP (*Hypertext Transfer Protocol*), por meio do qual os participantes da rede trocam mensagens de hipertexto (texto acrescido de marcas). Analogamente, as mensagens são trocadas na rede Bitcoin por meio de um protocolo, isto é, um conjunto de regras para envio e recebimento de mensagens. O termo Bitcoin é utilizado tanto para a rede em si (conjunto de participantes), para o protocolo de comunicação e para a unidade de valor para as trocas na rede (a moeda digital Bitcoin). A partir deste ponto no presente texto, a moeda Bitcoin será referenciada como BTC, sigla que precederá as quantias indicadas.

Ao instalar uma *wallet*, um usuário pode participar da rede, sendo identificado para os demais participantes por meio de um endereço (*address*), representado por uma sequência de letras e números, tais como 1Cdid9K FAaatwczBwBttQcwXYCpvK8h7FK. Ao contrário de um cadastro realizado em um website para fruir determinado serviço, um usuário não precisa fornecer nenhuma informação pessoal para participar da rede.

Usualmente, o fornecimento desse tipo de informação se dá por meio de QR Codes apresentados nos aplicativos, permitindo que celulares possam escanear as informações a partir do código, sem que seja necessário qualquer tipo de digitação.

Cada usuário pode criar quantos endereços desejar, a fim de que consiga participar de transações. Sua identificação única se dá por meio de um par composto por sua chave privada e sua chave pública, utilizadas no processo de assinatura das transações e liberação de recursos. Desse modo, uma *wallet* é o conjunto formado pela chave privada, pela chave pública e pelos endereços (ANTONOPOULOS, 2017, p. 39).

Um usuário pode utilizar um aplicativo instalado em seu computador para armazenar suas chaves e assinar transações (*desktop wallet*) ou, então, utilizar um aplicativo de celular (*mobile wallet*) ou, ainda, uma aplicação que é executada na nuvem por meio de um navegador web (*web wallet*). As chaves podem ser armazenadas em um dispositivo específico, projetado especificamente para assinar transações (*hardware wallet*). Uma *paper wallet* consiste em uma chave privada impressa em um pedaço de papel, como mecanismo de *backup* do seu valor.

Para receber recursos, um usuário deve ser o destinatário de transações na rede, por exemplo, o recebimento de BTC de amigos ou de vendedores com quem tenha negociado em troca de certa quantia de moeda estatal ou o fornecimento de produtos ou serviços.

1. "VOCÊ TEM ALGUNS MINUTOS PARA OUVIR A PALAVRA DO *BLOCKCHAIN*?"

A taxa de conversão entre BTC e qualquer moeda estatal (real, dólar, etc.) é determinada pela oferta e demanda em determinando instante. Essas taxas são divulgadas em ambientes de negociação, à semelhança do que ocorre com o Dólar PTAX calculado pelo Banco Central do Brasil (Bacen), que representa quantos reais são equivalentes a um dólar americano em um determinado dia (BRASIL, 2019).

Em contraposição às transações bancárias, as transferências de BTC não requerem o fornecimento de informações pessoais. Se a taxa de conversão é de BTC 1 = USD 10.000,00 então, se Ana deseja receber BTC 0,001 de Beto, deverá transferir USD 10 para ele. Para isso, basta fornecer, juntamente com o valor a ser transferido em BTC, o endereço de Beto.

A entrega da moeda estatal deverá ser realizada fora da rede, o que conduz ao problema colocado anteriormente de entrega *versus* pagamento (*delivery versus payment*). O serviço Mercado Pago descrito na primeira seção deste capítulo já foi utilizado para solucionar esse problema: um usuário que desejava comprar BTC ia ao Mercado Livre e encontrava um vendedor com certa reputação e, após a efetivação da transferência de BTC para o comprador, a quantia em reais era liberada para o vendedor.

A troca de BTC por moeda estatal ou por quaisquer outras criptomoedas ou criptoativos é feita hoje principalmente por meio de *exchanges*, ambientes que se assemelham a corretoras de câmbio (e, em certa medida, a corretoras de valores ou mesmo a mercados de bolsa).[24]

O que exatamente acontece quando Ana decide transferir BTC para Beto?

Anteriormente, descrevemos uma forma de implementar um sistema de moedas digitais. À semelhança das cédulas de dinheiro em uma carteira, cada pessoa detém em sua *wallet* um conjunto de certificados de transações passadas, à semelhança de alguém que guarda todos os cheques que recebeu e ainda não descontou. Por essa razão, fala-se que uma pessoa detém *unspent transaction outputs* (UTXO), uma vez que os certificados de transação decorrem de transferências recebidas, que, em última análise, são saídas (*outputs*) de transações anteriores.

Para fins didáticos, você pode pensar que uma UTXO é algo entre uma cédula de dinheiro (um título que você pode usar para pagar por algo) e um cheque (um título de crédito cujos valores não são padronizados, que pode circular por endosso).

---

[24] A descrição do funcionamento das *exchanges* foge do escopo deste capítulo. Para mais detalhes sobre o assunto, cf. GRUPENMACHER (2019).

O saldo (*balance*) detido por uma pessoa é calculado com base nos saldos de cada UTXO presente em sua *wallet*. Para que sejam gastas, precisam da utilização das chaves presentes na *wallet*. Desse modo, são as chaves que permitem a identificação de uma pessoa na transação e viabilizam seu controle por esta. Se você perde as chaves de sua *wallet*, não poderá mais utilizar os recursos nela presentes. Se outra pessoa detiver as chaves além de você, então essa pessoa poderá realizar transações sem o seu consentimento. Por isso a máxima: você só tem a criptomoeda se for o único possuidor das chaves da sua *wallet*.

Assim como cédulas têm valores diferentes, cada transação tem valores diferentes – porém não padronizados. Para realizar uma nova transação, agrupam-se as UTXOs de modo a obter a quantia que se deseja transferir pela soma de seus valores. Algo parecido com você poder pagar um almoço de R$ 18,00 com uma cédula de R$ 10,00, uma de R$ 5,00 e duas de R$ 2,00. Nesse exemplo, cada cédula é um múltiplo de R$ 1,00 (que, por seu turno, é um múltiplo de R$ 0,01 (10^{-2}), sendo o centavo a menor unidade da moeda Real). No caso de BTC, cada UTXO contém um saldo que é um múltiplo de *satoshis*, a menor unidade da criptomoeda BTC (10^{-8} BTC).

As UTXOs são agrupadas e cada nova transação contém um total de BTC expresso em múltiplos de *satoshis*, acompanhado de um quebra-cabeça criptográfico (denominado *locking script* ou *witness script*) que precisa ser resolvido para que o valor seja efetivamente gasto. A decisão de quais UTXOs serão agrupadas é tomada pelo software que implementa a *wallet* (você precisa decidir se pagará uma conta com várias cédulas menores ou utilizará uma cédula maior, o que irá refletir no valor do eventual troco que irá receber).

A realização de transações não é gratuita. O valor calculado a partir da soma dos valores das UTXOs na entrada deve ser suficiente para pagar a quantia desejada, sendo dividido em três partes: (a) uma nova transação em benefício do destinatário da transferência; (b) uma nova transação em benefício do próprio usuário (troco); (c) uma taxa (*transaction fee*) que será paga para o minerador que incluir a transação em questão na rede, como forma de compensação e incentivo para que a transação seja processada.

O pagamento de R$ 18,00, no exemplo dado alguns parágrafos atrás, poderia ocorrer conforme o esquema da Figura 2. As transações txa.10, txa.5, txa.21 e txa.22 na *wallet* de Ana são UTXOs, que são consumidas na criação da nova transação, sendo substituídas por txa.3, que retornará para a *wallet* de Ana como troco, e txb.99 que será uma UTXO na *wallet* de Beto.

1. "VOCÊ TEM ALGUNS MINUTOS PARA OUVIR A PALAVRA DO *BLOCKCHAIN*?"

Figura 2 – Representação esquemática de *inputs* e *outputs* em uma transação.

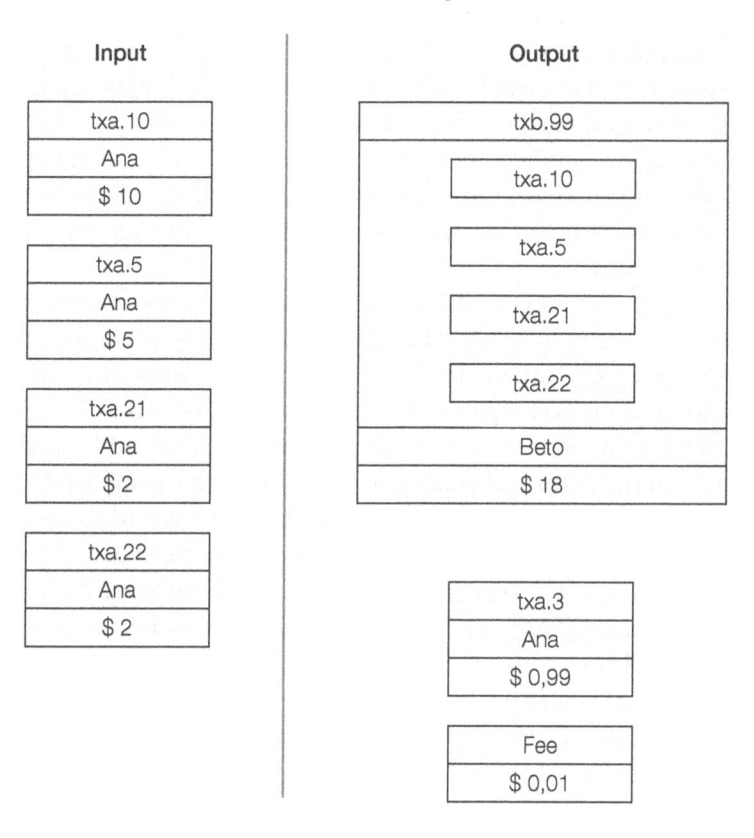

Input	Output
txa.10 / Ana / $ 10	txb.99
txa.5 / Ana / $ 5	txa.10
txa.21 / Ana / $ 2	txa.5
txa.22 / Ana / $ 2	txa.21
	txa.22
	Beto / $ 18
	txa.3 / Ana / $ 0,99
	Fee / $ 0,01

Fonte: Elaboração dos autores.

Uma vez definidas as entradas e saídas de uma transação, o que acontece em seguida?

A transação é transmitida para os outros nós da rede, para os demais participantes, a fim de que possam validá-la. A propagação se dá por meio de um *protocolo* de comunicação, no caso o protocolo da rede Bitcoin. Os computadores de Ana e Beto não precisam estar conectados diretamente para que a transferência seja realizada.

Recuperando o exemplo dado na seção anterior, tínhamos membros de uma comunidade que anotavam, a partir de comunicações sobre compra e venda de imóveis, quem seriam os novos proprietários em um caderno. Há nós na rede que contêm todo o histórico de transações, sendo denominado de *full nodes*, mas há nós que contêm apenas um subconjunto das informações, podendo realizar apenas um número restrito de verificações (por exemplo, nós destinados à mera verificação de pagamentos – *simplified payment verification nodes*).

As transações só serão efetivadas e farão parte da rede após um processo de verificação denominado de *mineração* (*mining*). As novas transações se alinham em uma fila, candidatando-se à inclusão em um bloco, como pessoas à espera de um metrô. Algumas irão entrar, outras não. Quem verificará a integridade das transações e definirá quais delas serão incluídas no bloco são os mineradores.

Há nós na rede especializados em mineração, isto é, participantes que se propõem a ser mineradores, em troca de uma remuneração, sendo uma parte composta pelas taxas estipuladas em cada transação e outra parte a atribuição de valor pela própria rede, num processo similar à emissão de moeda.

Em algum momento, as cédulas de dinheiro foram emitidas pela autoridade monetária, antes que passassem a circular. Algo semelhante ocorre com o BTC. No processo de inserção de cada bloco na rede (de cada *block* no *blockchain*), o minerador que consegue vencer a competição pela inserção do bloco é remunerado em uma transação cuja entrada (*input*) é denominada *coinbase* (não é uma UTXO) e a saída (*output*) é uma UTXO. A criação de BTC se dá por meio desse processo.

Além do valor emitido pela rede (*coinbase*), o minerador é remunerado pela soma das taxas embutidas em cada transação contida no bloco minerado (inserido). As novas transações competem entre si para serem incluídas em cada novo bloco. Quanto maior a taxa oferecida, maior a probabilidade de serem processadas e incluídas no *blockchain*. Uma transação com uma taxa menor será processada com atraso, na base dos melhores esforços.

Mas o que exatamente significa ser minerador?

Andreas Antonopoulos (2017, Capítulo 10) sugere um exemplo bastante didático: imagine um jogo de sudoku. Quanto menor o número inicialmente preenchido de posições, mais difícil será preencher todo o quadro. Quanto maior o número inicialmente preenchido, mais fácil. Independentemente da dificuldade do jogo, sempre é muito mais fácil verificar se o jogo foi resolvido do que resolvê-lo.

Assim como carros de metrô chegam periodicamente, é oferecida a todos os participantes a oportunidade de inserir um bloco para aglutinar transações que ainda não foram validadas e estão na fila. Essa oportunidade consiste na propositura de um problema matemático, à semelhança de um jogo de sudoku.

1. "VOCÊ TEM ALGUNS MINUTOS PARA OUVIR A PALAVRA DO *BLOCKCHAIN*?"

Os mineradores competem entre si para resolver o problema proposto e o primeiro a conseguir sua solução comunica aos demais nós da rede o feito e, por meio do algoritmo de consenso, todos os nós deliberam sobre a validade da solução encontrada (assim como você pode verificar se um sudoku foi efetivamente resolvido). O minerador apresenta à rede a prova do seu trabalho – *Proof-of-Work*.

Encontrada a solução, o minerador é remunerado e as transações que escolheu e incluiu no bloco são registradas na rede, com a garantia de sua autenticidade e integridade. Quando uma transação é incluída em um bloco, diz-se que está "confirmada" e, assim, os valores passam a estar disponíveis para utilização pelos destinatários das transferências.

Para ilustrar o esforço computacional por trás da mineração, pensemos em um simples algoritmo de força bruta destinado a descobrir o segredo de um cadeado de armário de academia de três dígitos. Cada posição pode ser preenchida pelos dígitos de 0 a 9 (10 dígitos), logo há 10^3 combinações possíveis. Se você tiver tempo e paciência, poderá testar as 1.000 combinações e, em algum momento, poderá encontrar a solução.

Quanto maior o número de posições, maior será o número de combinações a ser testado. Desse modo, é possível calibrar a complexidade do problema e, com isso, modular o tempo no qual ele é resolvido. É exatamente com essa estratégia que o protocolo Bitcoin consegue controlar o fluxo de inserção de novos blocos e, com isso, a frequência com a qual o estoque de moeda é aumentado (cada bloco inserido implica em emissão de moeda). No momento em que este texto é escrito, novos blocos são inseridos a cada 10 minutos em média e o minerador que vence a disputa é remunerado com BTC 12,5.

O software que implementa o protocolo foi programado de forma a alterar a complexidade do problema quando o tempo de inserção aumenta ou diminui significativamente e, ainda, ao longo do tempo, a remuneração por bloco minerado é reduzida gradualmente. Desse modo, no futuro próximo, a remuneração dos mineradores irá ser menor e dependerá cada vez mais das taxas estipuladas pelos participantes das transações. Com isso, o estoque de BTC aumentará a uma velocidade menor.

Originalmente, quando do início do funcionamento da rede, era BTC 50, tendo sido reduzido à metade em novembro de 2012 e novamente dividido por dois em julho de 2016, chegando aos atuais BTC 12,5. No futuro próximo, esse valor será BTC 6,25. A uma razão de 1/2, os termos dessa progressão geométrica serão reduzidos a ponto de o crescimento do estoque de BTC ficar estagnado em um patamar de pouco menos de BTC 21 milhões, o que seria alcançado por volta do ano de 2140 (quando a remuneração chegar a cerca de 1 satoshi = BTC 10^{-8}) (ANTONOPOULOS, 2017, Capítulo 10).

O termo "mineração" foi escolhido para essa atividade pela analogia com o esforço despendido para ser remunerado pela extração de metais preciosos, que se torna menos lucrativa ao longo do tempo, pelo exaurimento dos metais preciosos nas minas. Mas o objetivo preponderante da atividade de mineração é garantir o caráter descentralizado da validação e compensação de operações. Graças à mineração, a rede pode prescindir de uma autoridade central e, apesar da desconfiança em cada nó individualmente considerado, podemos confiar no funcionamento da rede como um todo.

Temos que a base de dados consiste em uma sequência de blocos encadeados entre si, daí a denominação *blockchain* (cadeia de blocos). Note que o protocolo Bitcoin é implementado segundo o paradigma *blockchain*, mas outros protocolos podem usar a mesma lógica, por isso ouvimos falar também a expressão "protocolo *blockchain*". Esse arranjo também é designado sob o rótulo de tecnologias descentralizadas ou então de registro distribuído – *distributed ledger technologies* (DLT), que significa literalmente "livro-razão distribuído", denotando o fato de que os nós da rede contêm cópias dos registros, como um banco de dados distribuído.

A validação se dá por meio de um *algoritmo de consenso* (por essa razão, mencionamos anteriormente o problema dos generais bizantinos). O processo de mineração assegura que as transações sejam íntegras, isto é, que as partes sejam quem realmente afirmam ser e que realmente quem transfere tenha saldo para fazê-lo. Mas como a integridade é garantida ao longo do tempo, isto é, como prevenir que os dados sejam alterados posteriormente?

Cada bloco é identificado por um código *hash* e contém uma referência ao *hash* que identifica o bloco que o precedeu (o primeiro de todos os blocos é denominado *genesis block*). Cada bloco só pode ter um único ascendente (*parent block*).

O código *hash* do bloco depende do seu conteúdo. Como vimos anteriormente, uma mudança nos parâmetros fornecidos para uma função *hash* altera significativamente o resultado. Logo, se o conteúdo de um bloco é alterado, seu *hash* passa a ser diferente. Como esse código *hash* é transmitido ao seu descendente direto, alterando o conteúdo deste, fazendo com que seu *hash* mude, devendo ser transmitido ao seu descendente e assim por diante. Portanto, quanto mais antigo for o bloco (quanto mais descendentes tiver), maior será o número de blocos a serem alterados, o que pode se revelar uma tarefa computacionalmente difícil ou mesmo impossível.

Desta lógica resulta a característica de *imutabilidade* do registro das transações, garantindo que a integridade seja mantida ao longo do tempo (no exemplo dos cadernos detidos pelos membros da comunidade, seu conteúdo ficaria imune a adulterações posteriores, prevenindo rasuras).

9. Síntese

Neste capítulo, procuramos descrever os conceitos básicos que consideramos essenciais para a compreensão do que é o universo das criptomoedas e dos criptoativos. Ainda, descrevemos a lógica de funcionamento de aplicações descentralizadas, associadas ao termo *blockchain*.

Vimos que há problemas relevantes do nosso dia a dia, como transferência de recursos e prova de propriedade imobiliária para os quais recorremos a uma autoridade central, a qual normalmente detém poderes outorgados pelo Estado (caso dos bancos e dos cartórios para os exemplos indicados, respectivamente).

Iniciamos nossa exposição com a recapitulação de conceitos essenciais da teoria dos contratos, a fim de introduzir a noção de contratos inteligentes (*smart contracts*) e como sistemas de informação podem auxiliar na execução de contratos. Em busca de uma solução tecnológica para esse problema, deparamo-nos com a necessidade da implementação de uma moeda digital, a fim de permitir o adimplemento de obrigações cujas prestações envolvem o pagamento de quantias. Nesse contexto, propusemos uma aproximação entre as moedas digitais e os títulos de crédito.

Optamos por essa abordagem porque o desenvolvimento das ideias que conduziram à criação do Bitcoin foi impulsionado pela busca de soluções de contratos inteligentes, com requisitos de autenticidade e integridade das transações. Discutimos, então, como poderíamos trabalhar coletivamente em uma rede descentralizada na qual podemos confiar, embora não confiemos em cada participante individualmente considerado.

Graças à criptografia, somos capazes não apenas de comunicar mensagens de forma segura e sigilosa, mas também conseguimos garantir e verificar a identidade das partes envolvidas na comunicação, bem como assegurar a integridade do conteúdo das mensagens. Munidos de noções de bancos de dados, redes de computadores (protocolos e redes P2P) e criptografia, pudemos, então, compreender a solução proposta por Satoshi Nakamoto para criar o Bitcoin, discorrendo sobre os conceitos de chaves, *wallets*, UTXO, mineração, *Proof-of-Work*, blocos, *hash*, *distributed ledger* e *blockchain*.

Com isso, esperamos ter contribuído para que profissionais do direito e de outras áreas possam ter um vocabulário mínimo comum e, dessa forma, possam construir uma comunidade capaz de propor soluções para problemas relevantes por meio de aplicações *blockchain* (sem garantir, contudo, que novos problemas sejam criados em decorrência disso – dizem que a tecnologia é a arte de resolver problemas que não tínhamos antes de termos tecnologia).

REFERÊNCIAS

AMARAL, Francisco. *Direito Civil*: Introdução. 8. ed. Rio de Janeiro: Renovar, 2014.

ANTONOPOULOS, Andreas. *Mastering Bitcoin*: Unlocking digital cryptocurrencies. 2. ed. Sebastopol: O'Reilly Media, 2017.

AZEVEDO, Antonio Junqueira de. *Negócio Jurídico*: Existência, Validade e Eficácia. 4. ed. São Paulo: Saraiva, 2002.

BRASIL. Banco Central do Brasil. *A taxa de câmbio de referência Ptax*. Estudo Especial nº 42/2019. Brasília, 2019. Disponível em: https://perma.cc/6D3V-YL65. Acesso em: 11 fev. 2020.

BRASIL. Supremo Tribunal Federal. STF inicia audiência pública que discute bloqueio judicial do WhatsApp e Marco Civil da Internet. *Notícias STF*, Brasília, 2 jun. 2017. Disponível em: http://www.stf.jus.br/portal/cms/verNoticiaDetalhe.asp?idConteudo=345369. Acesso em: 11 fev. 2020.

CARVALHO, Fernando J. Cardim de et al. *Economia monetária financeira*: teoria e política. Rio de Janeiro: Elsevier, 2007.

CHOHAN, Usman W. *The double-spending problem and cryptocurrencies*. University of New South Wales. Discussion Paper. Canberra: Dec. 19 2017. Disponível em: https://ssrn.com/abstract=3090174. Acesso em: 11 fev. 2020.

COMER, Douglas E. *Internetworking with TCP/IP*. Principles, Protocol and Architecture. 6. ed. Boston: Pearson, 2014. v. 1.

COSTA, Isac. Direito, computação e a magia da codificação. *JOTA*, 16 jul. 2018. Disponível em: https://www.jota.info/carreira/direito-computacao-e-a-magia-da-codificacao-16072018. Acesso em: 30 jan. 2020.

DATE, Christian J. *An Introduction to Database Systems*. 8. ed. *S. l.*: Addison-Wesley, 2003.

DONEDA, Danilo; MACHADO, Diego (coord.). *A criptografia no direito brasileiro*. São Paulo: Revista dos Tribunais, 2019.

DRESCH, Márcia de Fátima Leardini Vidolin; SILVA, Douglas Rodrigues da. Lavagem de dinheiro: um estudo sobre a teoria da cegueira deliberada e a possibilidade de responsabilização do advogado. *In*: GUARAGNI, Fábio André; BACH, Marion (coord.). *Direito Penal Econômico*. Administrativização do direito penal, criminal compliance e outros temas contemporâneos. Londrina: THOTH, 2017.

1. "VOCÊ TEM ALGUNS MINUTOS PARA OUVIR A PALAVRA DO *BLOCKCHAIN*?"

FARINA, Elizabeth Maria Mercier Querido; AZEVEDO, Paulo Furquim de; SAES, Maria Sylvia Macchione. *Competitividade*: Mercado, Estado e Organizações. São Paulo: Singular, 1997.

FRIDGEN, Gilbert *et al*. A Solution in Search of a Problem: A Method for the Development of Blockchain Use Cases. *Twenty-fourth Americas Conference on Information Systems*, New Orleans, 2018. Disponível em: https://www.researchgate.net/publication/324603293_A_Solution_in_Search_of_a_Problem_A_Method_for_the_Development_of_Blockchain_Use_Cases. Acesso em: 30 jan. 2020.

GOMES, Orlando. *Contratos*. Atualizado por Antonio Junqueira de Azevedo e Francisco Paulo de Crescenzo Marino. 26. ed. Rio de Janeiro: Forense, 2007.

GRAEBER, David. *Debt*. The First 5,000 Years. London: Melville House, 2014.

GREENBERG, Andy. Silk Road Creator Ross Ulbricht Sentenced to Life in Prison. *Wired*, May 29 2015. Disponível em: https://www.wired.com/2015/05/silk-road-creator-ross-ulbricht-sentenced-life-prison/. Acesso em: 10 fev. 2020.

GRUPENMACHER, Giovana T. *As plataformas de negociação de criptoativos*: Uma análise comparativa com as atividades das corretoras e da Bolsa sob a perspectiva da proteção do investidor e da prevenção à lavagem dinheiro. Dissertação (Mestrado em Direito dos Negócios) – Escola de Direito de São Paulo da Fundação Getulio Vargas, São Paulo, 2019. Disponível em https://bibliotecadigital.fgv.br/dspace/handle/10438/27595. Acesso em: 02 fev. 2020.

KATZ, Jonathan; DELL, Yehuda. *Introduction to Modern Cryptography*. Boca Raton: Chapman & Hall/CRC, 2008.

LAMPORT, Leslie; SHOSTAK, Robert; PEASE, Marshall. The Byzantine Generals Problem. *ACM Trans. Program. Lang. Syst.*, v. 4, n. 3, 1982.

ROSA JR., Luiz Emygdio F. da. *Títulos de Crédito*. 7. ed. Rio de Janeiro: Renovar, 2011.

SCHNEIER, Bruce. *Applied Cryptography*. Protocols, algorithms and source code in C. 20th anniversary edition. Indianapolis: Wiley, 2015.

SCHREIBER, Anderson. *Novos paradigmas da responsabilidade civil*: da erosão dos filtros da reparação à diluição dos danos. 2. ed. Rio de Janeiro: Atlas, 2009.

SPINELLI, Luís F. Os títulos de crédito eletrônicos e as suas problemáticas nos planos teórico e prático. *Revista do Ministério Público do RS*, n. 67, set./dez. 2010.

SZABO, Nick. Formalizing and securing relationships on public networks. *First Monday*, v. 2, n. 9, Sep. 1997. Disponível em: https://firstmonday.org/ojs/index.php/fm/article/view/548. Acesso em: 30 jan. 2020.

TANEMBAUM, Andrew S. *Computer Networks*. 4. ed. Upper Saddle River: Perason, 2003.

PARTE 2
REGULAÇÃO

2. ATIVOS VIRTUAIS NO BRASIL: O QUE SÃO E COMO REGULAR? RECOMENDAÇÕES AO PROJETO DE LEI N. 2.060/2019[1]

Camila Villard Duran, Daniel Fideles Steinberg e *Marcelo de Castro Cunha Filho*

Introdução

O presente estudo é uma versão atualizada de um *policy brief* apresentado à Comissão Especial de Moedas Virtuais da Câmara dos Deputados (Decom), cujo propósito era debater os Projetos de Lei (PL) n. 2.060/2019 e 2.303/2015. O objetivo daquele documento era tratar dos principais aspectos jurídicos a serem considerados pela Decom na redação final do PL n. 2.060/2019, que incorporou as emendas do antigo PL n. 2.303/2015. Na presente versão revisada, foi possível detalhar as reflexões sobre a regulamentação de "ativos virtuais", sobretudo as referentes a pontos debatidos pela própria Decom.

Adota-se a expressão "ativos virtuais" em preferência ao termo "criptoativos". Embora esse último tenha sido a opção do legislador para a primeira redação do projeto de lei (PL n. 2.060/2019), preferimos o termo mais amplo, que engloba diferentes tecnologias. O intuito é ampliar o alcance do dispositivo jurídico a quaisquer ativos virtuais, que representem direitos intangíveis, para além dos criptoativos, que recorrem à criptografia. Entendemos também que seria importante adotar uma abordagem jurídica neutra em relação à tecnologia, para garantir que ativos e atividades econômicas semelhantes estejam sujeitos aos mesmos padrões,

---

[1] Os autores agradecem os comentários preciosos e inestimáveis de Tiago Severo. Este capítulo também procurou incorporar as contribuições do rico debate promovido durante a Audiência Pública organizada pela Comissão Especial de Moedas Virtuais da Câmara dos Deputados, em 23 de outubro de 2019, e os excelentes comentários recebidos de membros do Banco Central do Brasil em debate virtual organizado pelo Procurador Marcel Mascarenhas, em 26 de junho de 2020.

independentemente de seu "formato" tecnológico. Ademais, "ativos virtuais" foi a denominação escolhida pelo Grupo de Ação Financeira contra a Lavagem de Dinheiro e o Financiamento do Terrorismo (GAFI/FATF), órgão intergovernamental do qual o Brasil é membro, com o objetivo de harmonizar seus padrões normativos no que se refere a novas tecnologias (Recomendação 15, FATF, 2019).

Os ativos virtuais vêm ganhando cada vez mais destaque na economia de mercado. Se esses ativos não pudessem ser objeto de relações jurídicas de propriedade, haveria uma divergência imprópria entre o funcionamento do sistema jurídico e as expectativas de agentes econômicos. O tratamento jurídico adequado tende a criar um ambiente de segurança jurídica favorável ao crescimento do mercado e à sua integridade, assim como sustentar princípios constitucionais e legais como a proteção do consumidor, a proteção da poupança popular e o combate à lavagem de dinheiro e ao financiamento ao terrorismo.

Este estudo visa responder a três questões fundamentais relacionadas ao mercado de ativos virtuais brasileiro: (1) Por que e como regular ativos virtuais?; (2) Quais são as áreas de atenção e foco para regulação pelo Direito?; e (3) Que medidas jurídicas devem ser tratadas pelos projetos de lei, em debate no Poder Legislativo, para assegurar a integridade do mercado, a proteção ao consumidor-investidor e a estabilidade financeira?

Para além desta introdução, há mais quatro seções. São elas: "O que são ativos virtuais? Por que e como regular?" (Seção 2); "Fronteiras da regulação: ativos regulados e não regulados" (Seção 3); "Desenho jurídico para o mercado de ativos virtuais: qual modelo a ser adotado? As *Exchanges* como foco" (Seção 4); "Monitoramento da evolução do mercado de ativos virtuais no tempo: a criação do Comitê de Monitoramento da Inovação Financeira (Comif)" (Seção 5); e "Conclusão" (Seção 6). O Anexo 1 apresenta uma tipologia comparada de ativos digitais e moedas virtuais.

1. O que São Ativos Virtuais? Por que e como Regular?

Ativo virtual é qualquer representação digital de um valor, seja ele criptografado ou não, que é aceito ou utilizado por pessoas físicas ou jurídicas como meio de troca, de pagamento ou de investimento, e que possa ser transferido, armazenado ou transacionado eletronicamente. Geralmente, eles são emitidos e transferidos por sistemas de registro eletrônico do tipo distribuído ("DLT") ou *blockchain*.² Para fins do mencionado projeto de lei, o conceito de ativo virtual não compreende representações digitais de valor emitidas ou reguladas pelo Banco Central do Brasil (moeda fiduciária nacional ou moeda eletrônica) ou qualquer autoridade pública estrangeira (moeda estrangeira). Também não incluem representações digitais de valores mobiliários e outros ativos financeiros submetidos pelo ordenamento jurídico à regulação setorial.

O *token*, por sua vez, representa um ativo digital, emitido por uma entidade e passível de negociação, que pode ser oferecido a investidores durante uma oferta pública ou privada denominada *Initial Coin Offering* (ICO). Para fins do mencionado projeto de lei, *tokens* são ativos virtuais intangíveis, que representem, em formato digital, bens, serviços ou um ou mais direitos, que possam ser emitidos, registrados, retidos, transacionados ou transferidos por meio de dispositivo eletrônico compartilhado. Dependendo do contexto econômico de sua emissão e dos direitos atribuídos ao investidor, eles podem vir a se enquadrar, contudo, no conceito de valor mobiliário, disposto no art. 2° da Lei n. 6.385, de 7 de dezembro de 1976. Nesse caso, sua regulação deve ser submetida à Comissão de Valores Mobiliários (CMV).³

A Tabela 1 apresenta uma classificação de ativos virtuais a partir de sua funcionalidade econômica. O Anexo 1 apresenta uma tipologia comparada de ativos e moedas virtuais.

---

[2] Os sistemas DLT são sistemas de registros eletrônicos que permitem que entidades independentes estabeleçam um sistema de governança sem a dependência de um coordenador central para validar e gerir esses registros. Há um livro-razão que é gerido de forma consensual pelos "nós" (servidores) do sistema. Para um texto referência em DLT, consulte RAUCHS (2018).

[3] De acordo com o Comunicado da CVM de 11 de outubro de 2017, "[p]odem-se compreender os ICOs como captações públicas de recursos, tendo como contrapartida a emissão de ativos virtuais, também conhecidos como tokens ou coins, junto ao público investidor. Tais ativos virtuais, por sua vez, a depender do contexto econômico de sua emissão e dos direitos conferidos aos investidores, podem representar valores mobiliários, nos termos do art. 2º, da Lei 6.385/76".

Tabela 1 – Classificação de ativos virtuais a partir de sua funcionalidade econômica

Ativos virtuais de troca e/ou pagamento	Costumam ser denominados "criptomoedas". São usados como meio de pagamento ou de troca, sendo passíveis de aceitação por credores. Exemplos: Bitcoin e Litecoin. Esse conceito também abrange as *stablecoins*, isto é, as criptomoedas lastreadas em moedas oficiais e/ou outros valores mobiliários denominados em unidades de conta nacionais. Exemplo: a Libra do Facebook.
Ativos virtuais de investimento (*security*)	Os títulos podem representar direitos de propriedade, participação em contratos de investimento, direto a participação societária ou de recebimento de dividendos, entre outros. Exemplos: a emissão inicial de *tokens* pela Bankera. Nessa categoria, também estão compreendidos os criptoativos "derivativos" (swap, opção e contratos futuros). Exemplo: a negociação de contratos futuros de Bitcoin lançada pela *Chicago Board Options Exchange* e pela *Chicago Mercantile Exchange* (CME).
Ativos virtuais de captação	Os ativos virtuais de captação servem como veículos para aumento de capital. Os ativos dessa natureza são geralmente lançados no mercado por meio de uma ICO. Eles permitem que sociedades levantem fundos mediante a venda de criptoativos, que representam normalmente direito a voto, participação nos lucros, acesso a produtos e serviços, entre outros. Essa modalidade de ativo digital pode ter natureza jurídica de valor mobiliário. Exemplo: Mastercoin.
Ativos virtuais de utilidade	Os ativos de utilidade permitem acesso a produtos e serviços específicos, a serem usufruídos em data futura. Exemplo: facilitação de acesso ou compra dentro de um sistema *cloud* ou jogo.
Ativos virtuais híbridos	É um *token* de investimento, que pode também ser usado como meio de pagamento ou de troca. Exemplo: Bitcoin.

Fonte: Elaborada pelos autores a partir de adaptação de Blandin (2019, p. 33).

As "criptomoedas" (Tabela 1) não são propriamente "moedas", porque não detêm o atributo jurídico do poder liberatório, ou seja, sua aceitação não é obrigatória de forma a liberar o devedor de uma obrigação jurídica.[4] Esse é

---

[4] Há certo consenso entre os bancos centrais do Grupo dos 20 (G20) que ativos digitais são muitos voláteis para se constituírem também enquanto efetiva reserva de valor. Há ainda restrições de circulação e limites para sua utilização enquanto unidade de conta. Ver, por exemplo: 'The future of money – speech by Mark Carney', Bank of England, 2018, Disponível em: https://www.bankofengland.co.uk/speech/2018/mark-carney-speech-to-the-inaugural-scottish-economics-conference; e 'Communiqué – Finance Ministers and Central Bank Governors', G20, 2018. Disponível em: https://g20.org/sites/default/files/media/communique_-_fmcbg_march_2018.pdf.

o caso somente da *moeda fiduciária nacional*, o Real, que tem curso legal e forçado de acordo com a legislação brasileira (Lei n. 9.069/1995 e Decreto-lei n. 857/1969). Somente uma moeda virtual, a ser no futuro eventualmente emitida pelo próprio Banco Central do Brasil (Bacen), terá curso legal e forçado em território nacional. As criptomoedas também não se configuram como moeda eletrônica, nos termos da Lei n. 12.865, de 9 de outubro de 2013. Moeda eletrônica é uma representação digital de crédito denominado em Reais, que está submetida à regulamentação pelo Bacen.

Credores de uma obrigação jurídica podem, contudo, aceitar outros bens (como os ativos virtuais) como forma de pagamento em substituição ao pagamento em dinheiro, o papel-moeda estatal. Trata-se de "dação em pagamento" e é uma forma de extinção de dívidas.[5] Ela depende do acordo de vontade entre as partes e o objeto não pode ser ilegal, de acordo com a ordem jurídica vigente.

Esse arranjo jurídico de direito privado pode sustentar o uso de diferentes ativos virtuais como meios de pagamento ou de troca. Ele é, contudo, distinto daquele aplicado à moeda escritural bancária, representada por depósitos de bem fungível (moeda). Depósitos bancários são, propriamente, uma moeda eletrônica emitida por bancos comerciais, denominada em reais, e que são usados como se dinheiro (moeda estatal) fossem.[6] Configuram-se como moeda privada e representam, propriamente, obrigações jurídicas de entrega de moeda estatal (dinheiro) à vista.[7]

As criptomoedas, por sua vez, podem representar obrigações correspondentes de entidades emissoras (*stablecoins*), ou se aproximar do tratamento jurídico de *commodities* (como Bitcoin), que não representam obrigações de

---

[5] Conforme arts. 356 a 359 do Código Civil brasileiro. No caso dos ativos digitais denominados *stablecoins*, talvez a melhor analogia seja a do art. 358, segundo o qual "se for título de crédito a coisa dada em pagamento, a transferência importará em cessão". Em se tratando de ativo digital que represente um bem e não um crédito contra seu emissor (é o caso do Bitcoin), o art. 357 aplica-se: "determinado o preço da coisa dada em pagamento, as relações entre as partes regular-se-ão pelas normas do contrato de compra e venda".

[6] Para uma explicação didática da configuração jurídica da moeda nacional, ver Capítulo 2 de Duran (2015).

[7] Sob a ótica jurídica, os depósitos bancários estão regulados pelo art. 645 do Código Civil brasileiro que dispõe o seguinte: "Art. 645. O depósito de coisas fungíveis, em que o depositário se obrigue a restituir objetos do mesmo gênero, qualidade e quantidade, regular-se-á pelo disposto acerca do mútuo". Trata-se, segundo Orlando Gomes, de depósito irregular de bem fungível. Nesse caso, a propriedade é efetivamente transferida ao depositário. (GOMES, 2008, p. 415). Ver também OLIVEIRA (2009, p. 157).

ente emissor, mas "circulam" como bens que extinguem dívidas (como o ouro ou a prata, em tempos mais remotos). No primeiro caso (*stablecoins*), estabelece-se uma relação de crédito entre o ente emissor da moeda privada e seu detentor.[8] No último caso (Bitcoin, por exemplo), porém, a extinção da obrigação subjacente se opera pela entrega do objeto, que extingue a obrigação original do devedor. Frise-se, contudo, que a livre disposição dos ativos virtuais (guarda, transferência ou pagamento) decorre da posse da chave privada de acesso. Sendo assim, somente quem detém a chave privada pode armazenar, transferir ou dar em pagamento os referidos ativos.[9]

2. Fronteiras da Regulação: Ativos Regulados e Não Regulados

Recomenda-se que legisladores e reguladores adotem uma *abordagem funcional* no tratamento jurídico de ativos virtuais, em vez de proceder a análises puramente formais baseadas em sua denominação. A abordagem funcional tem a vantagem de permitir um tratamento jurídico que supera dois tipos de fronteiras: a primeira, relacionada aos limites entre setores regulados e não regulados, e, a segunda, relativa a fronteiras de jurisdições nacionais. Essa abordagem permite o diálogo com outros reguladores de mercado, inclusive em jurisdições distintas, notadamente para o tratamento de implicações cambiais e relacionadas ao movimento de capitais internacionais,[10] além do combate à lavagem de dinheiro.

As propostas de política pública, trazidas por esse documento, pressupõem a distinção entre os ativos (1) passíveis de regulação setorial (notadamente, financeira e de mercado de capitais); e (2) não submetidos à *regulação* por autoridades estatais, mas que demandam certos mecanismos de *regulamentação* jurídica. Essa caracterização está intimamente atrelada à definição da funcionalidade econômica e jurídica do ativo virtual.

---

[8] Esse regime jurídico é semelhante à moeda escritural bancária, principal meio de extinção de obrigações em economias avançadas. No entanto, o ativo virtual usado como meio de pagamento não é denominado em unidade de conta nacional e não está, a princípio, submetido à regulação setorial pelo BCB.

[9] A chave privada é composta por até 78 números aleatórios, ou 256 bits na linguagem computacional.

[10] Nesse sentido, seria importante haver diálogo entre os projetos de lei sobre ativos digitais e o Projeto de Lei n. 5.387/2019, que dispõe o sobre mercado de câmbio brasileiro, o capital brasileiro no exterior, o capital estrangeiro no país e a prestação de informações ao Bacen. Afinal, ativos digitais podem se configurar como veículos internacionais de transferência de capital.

A despeito de qualquer suporte tecnológico, são considerados ativos *regulados* aqueles que se configurem efetivamente como *valores mobiliários*. De acordo com o art. 2º da Lei n. 6.385/1976 (alterado pela Lei n. 10.303/2001), são considerados valores mobiliários "quando ofertados publicamente, quaisquer outros títulos ou contratos de investimento coletivo, que gerem direito de participação, de parceria ou de remuneração, inclusive resultante de prestação de serviços, cujos rendimentos advêm do esforço do empreendedor ou de terceiros". Nenhuma oferta pública de ativos digitais (i.e., ICO) representativos de valores mobiliários poderá ser distribuída sem prévio registro na Comissão de Valores Mobiliários (CVM), entendendo-se por atos de distribuição a venda, promessa de venda, oferta à venda ou subscrição, aceitação de pedido de venda ou subscrição de valores mobiliários.

São também ativos regulados aqueles que se enquadram na definição jurídica de *moeda eletrônica*. Como exposto, moedas eletrônicas são recursos armazenados em dispositivo ou sistema eletrônico (inclusive e eventualmente, criptográfico), que permitem ao usuário final efetuar transação de pagamento denominada em *moeda nacional*, conforme Lei n. 12.865/2013 e regulamentação infralegal de responsabilidade do Bacen.

Não estão alcançados pela mencionada lei os arranjos de pagamento "em que o volume, a abrangência e a natureza dos negócios, a serem definidos pelo Banco Central do Brasil, conforme parâmetros estabelecidos pelo Conselho Monetário Nacional, não forem capazes de oferecer risco ao normal funcionamento das transações de pagamentos de varejo" (art. 6º, § 4º). Esse entendimento é aplicado às diferentes moedas locais sociais emitidas no Brasil, que têm como objetivo o desenvolvimento da economia solidária (a moeda emitida pelo Banco Palma em Fortaleza é uma delas). Esse comando jurídico tende a prevalecer também no caso de ativos virtuais, que apresentem a mesma funcionalidade: a regulação setorial deve se impor se o volume e/ou natureza desses ativos forem capazes de gerar riscos à estabilidade financeira.

Por outro lado, quaisquer ativos virtuais que *não* se configurem como valor mobiliário ou moeda eletrônica, no sistema jurídico brasileiro, são não regulados. Essa categoria inclui aqueles de utilidade (cf. Tabela 1), assim como como Bitcoin, Litecoin e outros. Esses ativos foram, notadamente, projetados para serem utilizados como um meio de troca. No entanto, eles têm servido sobretudo como veículos de investimento.[11] O projeto de lei, ora em debate no

---

[11] Cf. LAMBRECHT e LARUE (2018). Ver também GLASER *et al.* (2014).

Poder Legislativo brasileiro, tem como objetivo estabelecer parâmetros legais de funcionamento do mercado de ativos virtuais não regulados, de modo a instituir um regime jurídico de direito privado específico para esses ativos.

3. Desenho Jurídico para o Mercado de Ativos Virtuais Não Regulados: Qual Modelo a Ser Adotado? As *Exchanges* como Foco

Do ponto de vista funcional, a maioria dos ativos virtuais não regulados, que são negociados em mercado, pode ser mais adequadamente caracterizada como ativo especulativo e de investimento do que como um meio de pagamento ou de troca. Por essa razão, nossa análise tem como foco a regulamentação das sociedades responsáveis pela distribuição e pela custódia desses ativos. De modo a construir uma harmonização com a linguagem jurídica adotada pelo Gafi, propomos que o projeto de lei recorra ao termo de "fornecedor de serviços de ativos virtuais" (FATF, 2019, p. 57), ou "exchange".

3.1. Organização Empresarial do Fornecedor de Serviços de Ativos Virtuais: Quais Regras?

O fornecedor de serviços de ativos virtuais, ou *exchange*, é a pessoa jurídica, que não está submetida, a princípio, à regulação setorial, e que, como sociedade empresarial, realiza uma ou mais das seguintes atividades ou operações por, ou em nome de, uma pessoa física ou jurídica: (1) a troca entre ativos virtuais e moedas fiduciárias; (2) a troca entre uma ou mais formas de ativos virtuais; (3) a transferência de ativos virtuais; (4) a guarda e/ou a administração de ativos ou instrumentos virtuais, que permitam controle sobre ativos virtuais; e (5) a participação e a prestação de serviços financeiros relacionados à oferta de um emissor e/ou venda de um ativo virtual (FATF, 2019, p. 57). No contexto desses ativos, entende-se transferência como a transação conduzida em nome de uma pessoa jurídica ou física que transmita um ativo virtual de uma chave ou conta de ativo virtual para outra.

Um dos principais focos de atenção para a regulamentação deve recair sobre essas sociedades, uma vez que elas representam o ponto do mercado mais efetivamente passível de ser regulado pelo direito. Como os consumidores-investidores regulares (não profissionais) tendem a custodiar e a negociar seus ativos por meio de *exchanges*, é possível organizar e disciplinar a circulação de ativos virtuais de forma indireta.

As atividades das *exchanges* diferenciam-se das atividades de bancos e das demais instituições financeiras autorizadas a operar pelo BCB. A principal delas diz respeito ao fato de que as *exchanges* não administram ativos denominados em unidade de conta nacional (o Real), em carteira própria. Elas costumam recorrer a bancos comerciais para gerir seus ativos em Reais. Sua expertise técnica e sua atividade econômica estão concentradas na negociação de ativos virtuais.

Entende-se que, enquanto essa atividade *não* atingir volume que ofereça riscos à estabilidade financeira, não haveria necessidade de incluir as *exchanges* dentro do Sistema Financeiro Nacional (SFN) e regulá-las como se instituições financeiras fossem. Isso *não significa*, contudo, que (1) as atividades desenvolvidas não devam ser monitoradas por órgãos competentes; e (2) as sociedades do ramo devam estar isentas de qualquer tipo de regulamentação pelo direito. Defende-se que um regime jurídico especial seja criado para monitorar o desenvolvimento dessas atividades e regulamentá-las no tempo.

As sociedades empresariais do setor devem, por exemplo, poder se organizar da forma que melhor atenda às suas estratégias de mercado e seu modelo de negócios. A nossa recomendação é a de que as *exchanges* se constituam como pessoas jurídicas, sociedades limitadas ou anônimas. Recomenda-se, contudo, evitar o recurso às Empresas Individuais de Responsabilidade Limitada (Eireli) de forma a aumentar a percepão de segurança institucional para credores, consumidores e mercado.

Considerando que as *exchanges* diferenciam-se de outros tipos de atividade econômica, a criação de código específico na Classificação Nacional de Atividades Econômicas (CNAE) é necessária para identificação e singularização nos cadastros e nos registros da Administração Pública brasileira. Essa individualização é especialmente relevante para tratamento de questões fiscais relativas aos ativos virtuais.[12]

Em virtude de sua especificidade e, sobretudo, de seu crescimento econômico no Brasil, essas sociedades devem, além de contar com um CNAE específico, integralizar capital social mínimo. O capital social é uma garantia proporcionada pela sociedade empresarial a seus credores e ao mercado. Ele é instrumental para gerar confiança de que a sociedade irá cumprir com as obrigações decorrentes de sua atividade econômica.[13] Propõe-se que obser-

---

[12] Em maio de 2020, um CNAE específico foi criado para esse tipo de sociedade (6619-3/99).

[13] O capital social é conceito distinto do patrimônio da sociedade. Esse último compreende as posições jurídicas da sociedade empresarial redutíveis a um valor econômico, ou seja, é o conjunto de bens e direitos de natureza patrimonial da pessoa jurídica.

vem um valor a ser definido legalmente ou, de forma regulamentar por meio de delegação de poderes ao Conselho Monetário Nacional (CMN), que possa ser eventualmente revisto por sugestão do Comitê de monitoramento do mercado de ativos virtuais (ver Comitê de Monitoramento da Inovação Financeira, o Comif, apresentado em detalhes no item 4).[14]

Finalmente, as *exchanges* submetem-se ao regime de recuperação judicial, extrajudicial ou falência nos termos da Lei n. 11.101/2005 (Lei de Recuperação de Empresas e Falência – LRF). Na prática, isso significa que a insolvência dessas sociedades não será regulada ou disciplinada pelo Bacen ou outra autarquia especializada, ficando, portanto, sob a égide do regime geral. Assim, para o pedido de recuperação (judicial ou extrajudicial) ou falimentar, devem-se cumprir todos os requisitos da LRF, observada a segregação de ativos dos consumidores-investidores.

3.2. Proteção à Integridade do Mercado e ao Consumidor-Investidor: Quais Regras?

Garantir a segurança dos investidores de ativos virtuais é preocupação relevante para a sustentação da integridade do mercado. Uma primeira medida, que deve ser implementada por legislação específica, é a definição jurídica de que o depósito dos ativos virtuais junto às *exchanges* deve ser considerado como hipótese especial de *contrato de depósito regular de coisas fungíveis*. Assim, os ativos virtuais depositados nas *exchanges* não poderiam ser considerados como de propriedade das *exchanges*, mas, sim, dos consumidores-investidores.

Diferentemente de um banco, as *exchanges* não podem, juridicamente, autorização para se servir dos ativos depositados para fins de investimento, alavancagem ou multiplicação financeira. Os ativos em sua custódia não são de sua propriedade. A propriedade dos ativos custodiados permanece sendo do depositante, isto é, do consumidor-investidor. O mero controle da chave privada e a possibilidade de terceirização do depósito, por motivo de segurança, não transferem a propriedade para o depositário. Essa disciplina jurídica é essencial ao projeto de lei e diferencia a atividade dessas sociedades daquela dos bancos, que são depositários de coisa móvel fungível, classificada pelo Código Civil como depósito "irregular". O contrato de depósito bancário

---

[14] As sociedades de crédito direto (SCD) e as sociedades de empréstimo entre pessoas (SEP), conforme definidas pela Resolução do CMN n. 4.656/2018, podem, por exemplo, servir como base para avaliação e definição desse capital social mínimo.

transfere a propriedade do bem depositado (a moeda) ao depositário (o banco) e se regula pelas normas jurídicas do mútuo.[15]

O depósito dos ativos virtuais nas *exchanges* deve ser considerado hipótese especial de contrato de depósito *regular* de coisas fungíveis, à semelhança dos contratos de depósitos agrícolas, disciplinados pelo art. 627 do Código Civil[16] e pela Lei n. 9.973/2000. Esse regime jurídico também se aproxima daquele criado pela Lei n. 12.865, de 9 de outubro de 2013, que disciplina os arranjos de pagamento do sistema brasileiro.[17] Não pode, assim, o depositário (no caso, a *exchange*) valer-se dos ativos virtuais para desenvolver sua própria atividade empresarial, ou utilizá-los para qualquer outro fim que não o contratado.

De igual maneira, os ativos depositados não devem também estar sujeitos à recuperação judicial ou à falência da própria *exchange*. O entendimento jurisprudencial definido no Conflito de Competência do Superior Tribunal de Justiça (STJ) n. 147.927-SP, envolvendo depósito de produtos agrícolas, é um caso paradigmático.[18] De acordo com o entendimento do tribunal, a custódia de produtos agrícolas não caracteriza a propriedade da depositária, motivo pelo qual tais produtos não poderiam ser usados por ela para giro da empresa, para pagamento de seus credores ou para qualquer outro fim distinto do contratado.[19] O fundamento legal dessa decisão é o art. 640 do Código Civil brasileiro, que prevê que a depositária não pode servir-se da

---

[15] Conforme o art. 645 do Código Civil brasileiro ("O depósito de coisas fungíveis, em que o depositário se obrigue a restituir objetos do mesmo gênero, qualidade e quantidade, regular-se-á pelo disposto acerca do mútuo") combinado com o art. 587 da mesma lei ("Art. 587. Este empréstimo [mútuo] transfere o domínio da coisa emprestada ao mutuário, por cuja conta correm todos os riscos dela desde a tradição").

[16] Conforme art. 627 do Código Civil brasileiro, "[p]elo contrato de depósito recebe o depositário um objeto móvel, para guardar, até que o depositante o reclame".

[17] Nos termos do art. 12 da Lei n. 12.865, "[o]s recursos mantidos em conta de pagamento I – constituem patrimônio separado, que não se confunde com o da instituição de pagamento; II – não respondem direta ou indiretamente por nenhuma obrigação da instituição de pagamento nem podem ser objeto de arresto, sequestro, busca e apreensão ou qualquer outro ato de constrição judicial em função de débitos de responsabilidade da instituição de pagamento; III – não compõem o ativo da instituição de pagamento, para efeito de falência ou liquidação judicial ou extrajudicial; e IV – não podem ser dados em garantia de débitos assumidos pela instituição de pagamento".

[18] Cf. STJ, Conflito de Competência n. 147.927-SP (2016/0201177-2), Relator Ministro Ricardo Villas Bôas Cueva, julgado em 22.3.2017, *DJe* 10.4.2017.

[19] Cf. fls. 16 do Voto-Vista da Ministra Isabel Gallotti: "No caso de depósitos de produtos agropecuários - depósito clássico, regular, típico - a propriedade do bem depositado não se transfere ao armazém. **Não tem o depositário, sem licença expressa do depositante, o direito de servir-se da coisa depositada (Código Civil, art. 640)**" (grifos nossos).

coisa depositada.[20] Os produtos agropecuários, depositados em armazéns, não são bens de propriedade da sociedade em recuperação e, portanto, não estão abrangidos pelo processo de recuperação judicial. Assim, a sociedade não pode se servir deles para o giro de seus negócios ou para arcar com sua dívida junto a credores.

Em segundo lugar, para garantir a segurança de investidores, é preciso informá-los de *forma clara e transparente* sobre os riscos, financeiros e outros, inerentes aos ativos virtuais.[21] Essa proteção deve ser estendida não apenas a investidores mais vulneráveis (geralmente, de varejo), como também a investidores qualificados, ou seja, aqueles que, por conta de sua formação, experiência ou capital, tenham condições efetivas para avaliar os riscos desse mercado específico.[22] Recomenda-se também que determinadas categorias de ativos de investimento somente tenham sua comercialização autorizada para investidores qualificados. Por exemplo, a comercialização de criptoativos derivativos (subcategoria mencionado na Tabela 1), modalidade de ativo regulado, deveria ser expressamente proibida[23] para consumidores de varejo.[24]

Assim, as sociedades empresariais devem seguir regras específicas de transparência e prestação de contas sobre os riscos inerentes a esses ativos. Especificamente, pode-se referir como as obrigações mais relevantes: (1) fornecer a clientes informações claras, precisas e não enganosas sobre os ativos virtuais, inclusive sobre obrigações fiscais, riscos financeiros, de mercado e de liquidez, bem como riscos relativos à higidez desse ativos; (2) não fornecer a clientes informações de caráter promocional que possam

---

[20] Conforme o art. 640 do Código Civil brasileiro ("Sob pena de responder por perdas e danos, não poderá o depositário, sem licença expressa do depositante, servir-se da coisa depositada, nem a dar em depósito a outrem. Parágrafo único. Se o depositário, devidamente autorizado, confiar a coisa em depósito a terceiro, será responsável se agiu com culpa na escolha deste").

[21] Essa avaliação foi elaborada a partir da análise da experiência regulatória europeia, cf. EUROPEAN BANKING AUTHORITY (2019).

[22] De acordo com a Instrução CVM n. 539/2013, art. 9º-B, investidores qualificados são: investidores profissionais; pessoas naturais ou jurídicas que possuam investimentos financeiros em valor superior a R$ 1.000.000,00 (um milhão de reais) e que atestem por escrito essa condição mediante termo próprio; as pessoas naturais que tenham sido aprovadas em exames de qualificação técnica ou possuam certificações pertinentes aprovadas pela CVM e clubes de investimento.

[23] A autoridade reguladora no Reino Unido (Financial Conduct Authority) propôs a proibição de venda de criptoderivados para consumidores de varejo em julho de 2019 (Disponível em: https://www.fca.org.uk/news/press-releases/fca-proposes-ban-sale-crypto-derivatives-retail-consumers).

[24] Uma proposta de lista de ativos digitais de comercialização restrita deveria ser produzida e revista de forma periódica por um futuro Comitê de monitoramento do mercado brasileiro (ver COMIF, no item 4) e encaminhada às autoridades competentes.

induzi-los a decisões não fundamentadas ou imprecisas relacionadas a ativos virtuais, ou abordá-los de forma agressiva por qualquer meio de comunicação, inclusive digital; (3) informar clientes sobre a inexistência de regra geral de seguro para investimentos em ativos virtuais (tal como o Fundo Garantidor de Crédito, no âmbito do sistema financeiro nacional), a não submissão à regulação setorial e a inexistência de regime especial de insolvência para as mencionadas sociedades empresariais; e (4) publicar e comunicar de forma transparente a política de cobrança de tarifas e outros preços a seus clientes.

Finalmente, recomenda-se também estabelecer em lei como obrigações das *exchanges*: (1) a necessidade de formalização de contratos com seus clientes de contratos, que definam de forma transparente suas obrigações, suas responsabilidades e seus objetivos; (2) a abstenção do uso de ativos virtuais ou chaves criptográficas mantidas em nome de seus clientes, exceto com o consentimento prévio e expresso destes; (3) o estabelecimento de mecanismos necessários para a devolução o mais rapidamente possível de ativos virtuais, ou o acesso a esses ativos mantidos em nome de seus clientes, quando solicitado; e (4) a implementação de políticas de gerenciamento de reclamações de clientes, com garantia de processamento imediato destas e estabelecimento de canais de diálogo com instituições de proteção e defesa do consumidor (as sociedades empresariais devem ser fortemente incentivadas por lei a aprimorar o diálogo institucional com órgãos públicos de defesa do consumidor, tais como o Procon).

3.3. A Proteção de Dados Pessoais: Desafios e Propostas

Os ativos virtuais baseiam-se na tecnologia DLT, que permite a descentralização do armazenamento e do processamento de dados. Esse ambiente tende a gerar dificuldades operacionais para a aplicação das regras de proteção de dados, sobretudo da Lei n. 13.079, de 14 de agosto de 2018 – Lei Geral de Proteção de Dados (LGPD). Nesse novo ecossistema, em que as informações não fluem linearmente dos usuários para os provedores e vice-versa, a conformidade com a LGPD pode oferecer desafios.

Os principais desafios a serem enfrentados pelas *exchanges* são: (1) a anonimização dos dados pessoais (não há garantias de que a tecnologia DLT consiga efetivamente anonimizar os dados dos usuários de ativos virtuais) (LYONS, COURCELAS e TIMSIT, 2018); (2) a identificação de obrigações dos controladores ou dos operadores, a quem competem, respectivamente, as decisões referentes ao tratamento de dados pessoais, ou que realizam o tratamento em nome do controlador (muitas vezes, essas pessoas são de difícil identificação no ambiente *blockchain*) (LYONS, COURCELAS e TIMSIT, 2018, p. 11); e (3) o pleno exercício de direitos sobre os dados pessoais (afinal, o que pode ser apagado do *blockchain*?).

Entende-se, contudo, que há caminhos para a conciliação do DLT e da LGPD. Propõem-se três medidas a serem observadas sobretudo pelas sociedades que emitem, fazem a liquidação e/ou custódia de ativos. São elas: (1) evitar o armazenamento de dados pessoais no *blockchain* (há técnicas para essa finalidade como criptografia, *data obfuscation* e técnicas de agregação para anonimizar dados) ou, então, guardá-los somente mediante consentimento expresso, nos termos do art. 7º, I, da LGPD;[25] (2) dar preferência pela coleta de dados *off-chain* (fora da cadeia do sistema DLT) ou, caso isso não seja viável, em cadeias privadas, evitando DLTs públicas; e (3) prover a máxima medida de transparência para com os usuários, que devem assinar termos de consentimento e serem *devida e efetivamente* informados em relação à privacidade de dados pessoais.

3.4. Ativos Virtuais e a Legislação para o Combate à Lavagem de Dinheiro e ao Financiamento ao Terrorismo

O combate à lavagem de dinheiro e ao financiamento ao terrorismo é um dos principais pontos de atenção na regulamentação de ativos virtuais. Ademais, como membro do Gafi, o Brasil deve aplicar as medidas relevantes recomendadas pela entidade aos ativos virtuais e aos provedores de serviços. Essas entidades precisam ser submetidas a alguma modalidade de registro ou de licença (GAFI, 2019, p. 55).

Propõe-se incluir as *exchanges* no rol de "pessoas obrigadas" da Lei n. 9.613/1998 (art. 9º), que impõe obrigações relativas à identificação de clientes, manutenção de registros e comunicação de operações financeiras (arts. 10 e 11).[26] As sociedades devem estar ainda sujeitas especialmente à (1) identificação permanente de usuários e consumidores; (2) cooperação com as autoridades competentes, sempre que solicitada; (3) guarda de registros

---

[25] "Art. 7º O tratamento de dados pessoais somente poderá ser realizado nas seguintes hipóteses: I - mediante o fornecimento de consentimento pelo titular".

[26] Essa foi, por exemplo, a providência adotada pela União Europeia que incluiu as sociedades custodiantes de ativos virtuais como entidades sujeitas ao controle. Cf. Diretiva (UE) 2018/843 do Parlamento Europeu e do Conselho, de 30 de maio de 2018, que altera a Diretiva (UE) 2015/849 relativa à prevenção da utilização do sistema financeiro para fins de lavagem de capitais ou de financiamento do terrorismo e Diretivas 2009/138 / CE, JOE, L 156/43.

por tempo a ser determinado em lei; e (4) instituição de limite de valor para realização de operações, que esteja em adequação com o patrimônio do investidor.

De modo complementar à instituição das medidas preventivas listadas, é possível que se estabeleça um regime jurídico especial de sanções para o caso de descumprimento, a ser detalhado em lei. As medidas mais adotadas por países como Estados Unidos, Alemanha, Japão, Canadá, França, entre outros, variam da expedição de advertências à restrição de liberdade de responsáveis pelo cometimento de crimes (RODRIGUES e KURTZ, 2019). As medidas mais indicadas são listadas a seguir: expedição de advertências; multas; suspensão temporária das atividades; cassação das atividades; e pena restritiva de liberdade para funcionários responsáveis criminalmente.

4. Monitoramento da Evolução do Mercado de Ativos Virtuais no Tempo: A Criação do Comif

Para monitorar a evolução do mercado de ativos virtuais, bem como prevenir e identificar eventuais riscos à estabilidade financeira, este documento propõe a criação de um Comitê de acompanhamento e monitoramento das atividades envolvendo ativos virtuais, inclusive daqueles regulados. A criação de um Comitê justifica-se pela ausência de consenso quanto às classificações e aos riscos inerentes a esses ativos, demandando o desenvolvimento de uma estrutura de aprendizado institucional, que subsidiará decisões e regulamentações futuras no tema, a serem feitas por nova legislação ou por resoluções e portarias de órgãos competentes.

Assim, o PL n. 2.060/2019, ou outro projeto de lei que venha a substituí-lo, deve manter sua técnica legislativa de não definir *a priori* a tipologia de ativos virtuais. O Comitê pode dar subsídios e identificar sua funcionalidade no mercado, além de recomendar ações específicas ao legislador e/ou a reguladores setoriais no tempo.

Ademais, como os ativos virtuais estão em perímetro regulatório não delimitado, é possível que haja, em algum momento, sobreposição regulatória (BLANDIN, 2019, p. 33). O Comitê pode assegurar a comunicação entre órgãos estatais e monitoramento das atividades. A experiência da *"Cryptoasset Taskforce"* no Reino Unido pode ser considerada adequada ao contexto brasileiro, na medida em que possibilitou a coordenação de esforços da autoridade de regulação financeira, do Tesouro e do Banco Central inglês no monitoramento do mercado.[27]

Para o PL n. 2.060/2019, propõe-se a criação de mecanismo contínuo de monitoramento, que se constituiria em formato de Comitê, ora denominado Comitê de Monitoramento da Inovação Financeira (Comif). Ele deveria ser formado pelo Bacen, pela CVM e pela Superintendência de Seguros Privados (Susep) e ser constituído no âmbito do Ministério da Economia, que ofereceria suporte institucional e uma secretaria permanente. O Comif teria como finalidade monitorar, pesquisar, levantar e sistematizar dados sobre o mercado e as inovações relacionadas a ativos virtuais, bem como promover a coordenação e o aprimoramento da atuação das entidades da administração pública federal, que regulam e fiscalizam o mercado financeiro, de capitais e seguros privados. O principal objetivo seria identificar e gerir possíveis riscos à estabilidade financeira.

Com caráter consultivo, o Comif deve ser regulado por Portaria Conjunta do Bacen, da CVM e da Susep e integrado por: um(a) Diretor(a) do Bacen; um(a) Diretor(a) da CVM; um(a) Diretor(a) da Susep; um(a) representante do Ministério da Economia, indicado(a) pelo ministro da Economia; um membro da academia, titular efetivo de posição de professor(a) ou pesquisador(a) em universidade pública ou privada, ou em instituto independente de pesquisa, com conhecimento notório em mercado de ativos virtuais; um membro representante de interesse do mercado de ativos virtuais; e um membro representante de interesse dos consumidores desse mercado. Para cada membro titular, pode ser designado um suplente.

Os membros do Comif devem ter mandato inicial de dois anos, prorrogáveis por mais dois. No início de cada ano civil, o Comif deve elaborar seu plano de trabalho, que determinará o foco das atividades a serem desenvolvidas por

---

[27] Segundo o relatório final do comitê, "embora a prioridade imediata das autoridades seja mitigar os riscos associados à atual geração de Criptoativos, **a *Taskforce* considera que outros aplicativos do DLT têm o potencial de oferecer benefícios significativos nos serviços financeiros e em outros setores**. As autoridades não acreditam que haja barreiras regulatórias para a adoção adicional do DLT. No entanto, a tecnologia requer desenvolvimento adicional antes que possa ser usada em escala e antes que essas oportunidades possam ser realizadas" (grifos nossos). No original, "*while the authorities' immediate priority is to mitigate the risks associated with the current generation of cryptoassets, the Taskforce considers that other applications of DLT have the potential to deliver significant benefits in both financial services and other sectors. The authorities do not believe there are regulatory barriers to further adoption of DLT. However, the technology requires further development before it could be used at scale and before these opportunities could be realised*" (HM TREASURY, 2018, p. 3).

seus membros, os produtos a serem divulgados (estudos e projetos de normativos) e a periodicidade de suas reuniões.

Deve competir ao Comif (1) a coleta, o armazenamento e a sistematização de dados referentes aos ativos virtuais, trabalho a ser desenvolvido com apoio das autoridades reguladoras setoriais e do levantamento de dados junto ao mercado e ao Ministério da Economia; (2) a realização de estudos sobre o mercado de ativos virtuais (regulados e não regulados) e o avanço das tecnologias financeiras; (3) a elaboração de relatórios anuais de acompanhamento; (4) a elaboração de propostas para a regulamentação das atividades relacionadas a ativos virtuais; (5) a formalização de recomendações destinadas à autoridades reguladoras financeira, de mercado de capitais e de seguros, inclusive uma proposta de lista de ativos de comercialização restrita; (6) a instituição de um canal de comunicação entre os setores público e privado para a discussão de assuntos pertinentes ao tema; (7) o desenvolvimento do diálogo institucional e da interação com órgãos e autoridades internacionais e estrangeiras, no que se refere à regulação de ativos virtuais; (8) a elaboração de resoluções, sem poder vinculante, com o fim de aconselhar e indicar as melhores práticas de regulação de ativos virtuais; e (9) outras atribuições que a mencionada portaria conjunta venha a lhe atribuir.

Conclusão

O mercado de ativos virtuais é altamente complexo e em crescente expansão. Ele precisa ser submetido à regulamentação quanto à estrutura jurídica das sociedades empresariais, cuja atividade econômica envolva a negociação, a custódia e a liquidação desses ativos (isto é, os provedores de serviços de ativos virtuais). No caso em que os ativos assumam natureza de valores regulados, como valores mobiliários, entende-se que a estrutura jurídica das sociedades e os seus correspondentes deveres legais sejam estabelecidos levando-se em conta a regulação setorial apropriada.

No entanto, se os ativos virtuais assumem natureza de valores não submetidos à regulação setorial, acredita-se que a estruturação jurídica e os deveres dessas sociedades devam ser submetidos a um regime de direito privado com obrigações específicas definidas em lei para o setor. Na tentativa de desenhar um regime próprio de estruturação jurídica e de deveres adequados para a regulamentação das sociedades do ramo, privilegiou-se acomodar as melhores práticas internacionais à realidade brasileira, favorecendo uma moldura jurídica que não iniba a inovação, mas que, ao mesmo tempo, traga segurança jurídica a investidores e mercado.

Partindo desses pressupostos, acredita-se que as *exchanges* não precisam se submeter, por ora, à regulação por supervisor bancário ou de mercado de capitais. Porém, é indispensável a criação do Comitê de Monitoramento de Inovação Financeira (Comif), formado por membros de autarquias, governo, academia, mercado e sociedade, para acompanhamento da evolução do setor.

Além disso, recomenda-se que as *exchanges* sejam submetidas ao cumprimento de determinadas obrigações legais de proteção a investidores e mercado, e que os ativos sob sua custódia sejam considerados hipótese especial de contrato de depósito regular de coisa fungível. As *exchanges* também devem ser submetidas às obrigações relativas à identificação de clientes, à manutenção de registros e à comunicação de operações, nos termos da Lei n. 9.613/1998. A observância dessas regras visa, sobretudo, garantir um nível razoável de proteção ao consumidor e ao mercado, e se adequar a exigências legais de prevenção à lavagem de dinheiro e ao financiamento do terrorismo.

REFERÊNCIAS

BLANDIN, Apolline et al. *Global crytoasset regulatory landscape study*. Cambridge Centre for Alternative Finance, 2019.

DURAN, Camila Villard. Jurisprudência comentada: o debate judicial sobre a disciplina jurídica da moeda como padrão de valor. *Revista de Direito Bancário*, v. 70, ano 8, 2015.

EUROPEAN BANKING AUTHORITY. Report with advice for the European Commission on cryto-assets. *EBA Report*, 2019. Disponível em: https://eba.europa.eu/documents/10180/2545547/EBA+Report+on+crypto+assets.pdf. Acesso em: 21 out. 2019.

FATF. *Guidance for a Risk-Based Approach to Virtual Assets and Virtual Asset Service Providers*, FATF, Paris, 2019. Disponível em: www.fatf-gafi.org/publications/fatfrecommendations/documents/Guidance-RBA-virtual-assets.html. Acesso em: 22 jun. 2020.

GLASER, Florian; ZIMMERMANN, Kai; HAFERKORN, Martin; WEBER, Moritz; SIERING, Michael. *Bitcoin – Asset or Currency? Revealing Users' Hidden Instentions*. Twenty Second European Conference on Information Systems, Tel Aviv. 2014. Disponível em: https://www.researchgate.net/publication/286338705_Bitcoin_-_Asset_or_currency_Revealing_users%27_hidden_intentions. Acesso em: 25 set. 2018.

GOMES, Orlando. *Contratos*. 26º ed. Rio de Janeiro: Forense, 2008.

HM TREASURY. *Cryptoassets taskforce: final report*, 2018. Disponível em: https://assets.publishing.service.gov.uk/government/uploads/system/uploads/attachment_data/file/752070/cryptoassets_taskforce_final_report_final_web.pdf. Acesso em: 9 dez. 2019.

LAMBRECHT, Maxime; LARUE, Louis. After the (virtual) gold rush: is Bitcoin more than a speculative bubble? *Internet Policy Review*, v. 7, n. 4, 2018. doi: 10.14763/2018.4.1353. Disponível em: https://policyreview.info/articles/analysis/after-virtual-gold-rush-bitcoin-more-speculative-bubble. Acesso em: 12 set. 2019.

LASTRA, Rosa Maria; ALLEN, Jason Grant. Virtual currencies in the Eurosystem: challenges ahead. *The International Lawyer*, v. 52, n. 2, p. 176-232, 2019

LYONS, Tom; COURCELAS, Ludovic; TIMSIT, Ken. *Blockchain and the GDPR*. The European Union *Blockchain* Observatory and Forum. 2018. Disponível em: https://www.eu*blockchain*forum.eu/sites/default/files/reports/20181016_report_gdpr.pdf. Acesso em: 20 jan. 2020.

OLIVEIRA, Marcos Cavalcante. *Moeda, Juros e Instituições Financeiras*: Regime Jurídico. Rio de Janeiro: Forense, 2009.

RAUCHS, M et al. *Distributed Ledger Technology Systems*: A Conceptual Framework. Cambridge Centre for Alternative Finance, 2018. Disponível em: https://papers.ssrn.com/sol3/papers.cfm?abstract_id=3230013. Acesso em: 9 out. 2019.

RODRIGUES, Gustavo; KURTZ, Lahis. *Criptomoedas e regulação anti-lavagem de dinheiro no G20*, 2019. Disponível em http://irisbh.com.br/publicacoes/criptomoedas-e-regulacao-antilavagem-de-dinheiro-no-g20/. Acesso em: 20 out. 2019.

Anexo 1. Tipologia comparada: ativos e moedas virtuais

	Natureza	Emissor	Denominação	Token	Troca	Obrigação jurídica do emissor?	Cotação em outras moedas (Câmbio?)	Curso legal	Lastro em ativos?
Papel moeda estatal (Moeda fiduciária)	Pública	Banco central (geralmente)	Unidade de conta nacional	Física (papel)	Peer-to-peer	Sim (apenas contabilmente)	Sim	Sim	Não
Moeda: regime do padrão ouro	Pública	Banco central	Unidade de conta nacional	Física (papel)	Peer-to-peer	Sim	Sim	Sim	Sim. Metal (ouro)
Moeda escritural bancária (depósito bancário à vista)	Privada	Banco comercial	Unidade de conta nacional	Eletrônico	Centralizado	Sim	Sim	Não (do ponto de vista jurídico)	Sim. Reservas (moeda estatal/ moeda estrangeira)
Euro-dollar	Privada	Banco comercial	Em dólares (US$)	Eletrônico	Centralizado	Sim	Sim	Não	Sim. Reservas (moeda estrangeira)
Moeda eletrônica	Privada	Emissor licenciado	Unidade de conta nacional	Eletrônico	Centralizado	Sim	Sim	Não	Sim. Moeda estatal (dinheiro)/ moeda escritural
Paypal	Privada	Instituição de pagamento	Unidade de conta nacional	Eletrônico	Centralizado	Sim	Sim	Não	Sim. Moeda escritural
Papel moeda estrangeiro	Pública	Banco central estrangeiro	Unidade de conta estrangeira	Física	Peer-to-peer	Sim (apenas contabilmente)	Sim	Não (somente na jurisdição estrangeira)	Não
Mobile Money	Privada	Companhia de Telecom	Unidade de conta nacional ou outra	Eletrônico	Centralizado	Sim	Sim (moeda eletrônica)	Não	Sim. Moeda estatal (dinheiro)/ moeda escritural
Milhas aéreas	Privada	Companhia Aérea	Milhas	Eletrônico	N/A	Sim	Não	Não	Não
Bitcoin	Privada	Desconhecido	Bitcoin	Eletrônico	Peer-to-peer (em teoria)	Não	Não (talvez)	Não	Não
Stablecoins	Privada	Entidade emissora	Unidade de conta própria (e.g., Libra)	Eletrônico	Peer-to-peer	Sim	Não (talvez)	Não	Sim. Reservas (moeda estatal/ moeda estrangeira)
Moeda social	Privada	Bairro ou cidade	Palma (e.g. Banco Palmas)	Eletrônico (cartão magnético)	Peer-to-peer	Sim	Não	Não	Sim. Moeda estatal (dinheiro)/ moeda escritural

Fonte: Elaborado pelos autores, com adaptações a partir de: LASTRA e ALLEN (2019).

3. *OPEN BANKING* E O FUTURO DO SISTEMA FINANCEIRO NACIONAL NA ERA DIGITAL

Vitor Stevam Seriacopi Otoni e *André Castro Carvalho*

Introdução

O crescente uso de novas tecnologias aliadas à internet ao redor do mundo, somado às mudanças de perfis dos consumidores, fez com que o Brasil voltasse seu olhar a um ambiente mais inovador e competitivo interno, de modo a assumir um papel de maior relevância no cenário internacional em diversos setores. Entre eles, merece destaque o setor financeiro.

A nova economia compartilhada, com uso intensivo de *smartphones*, fez com que o setor financeiro tradicional largasse mão de sua roupagem tradicional, para se valer de novos trajes. Essa metáfora traduz a importância das mudanças que os bancos de varejo terão que promover em seus modelos de negócios. Em especial, merece destaque a adoção do conceito de *open banking*, a fim de permitir uma interação, por meio do compartilhamento de dados, entre bancos e outros serviços (financeiros ou não).

E é exatamente a respeito dessa novidade que este estudo pretende contribuir: extrair o objetivo do *open banking*, de modo a enxergá-lo como um novo modelo de negócio, avaliando os principais efeitos dele decorrentes.

Para isso, em um primeiro momento serão abordados alguns aspectos relativos à necessidade de o setor financeiro, no seu modelo de negócios, caminhar lado a lado com a tecnologia vigente (algo que já acontece faz tempo, mas tende a se intensificar como estratégia de negócio) e de se preparar para a entrada de novos atores no mercado.

Passado esse momento, o *open banking* será observado seguido de uma contextualização internacional, até se chegar à recente manifestação do Banco Central do Brasil a respeito do tema, oportunidade em que serão analisados os principais (des)incentivos que podem advir da regulamentação.

Dado esse contexto, será analisada a pesquisa feita pela Ernst & Young a respeito do potencial de adoção, pelos respectivos clientes das instituições, do *open banking* no Brasil, expondo, em seguida, possíveis estratégias que podem ser criadas pelos bancos como forma de adaptação a esse modelo, sem se esquecer, ao final, dos três pilares que devem ser considerados para que essa mudança no Sistema Financeiro Nacional se perpetue com segurança ao longo do tempo (estamos falando dos pilares da governança, segurança e responsabilidade).

1. Interligação entre Inovação e Setor Financeiro

Atualmente, os desafios das empresas no mundo globalizado vêm crescendo cada vez mais, em razão das novas tecnologias e dos novos perfis de consumidores, que trazem, como consequência, uma imprevisibilidade do modelo de negócios em que as empresas atuam e de quem são seus concorrentes. Somado a isso, surge a pressão para exploração de novas ideias e novas tecnologias a fim de atingir e manter a base de consumidores, os quais cada vez mais demandam modelos inovadores para serviços e produtos tradicionais.

Isso pode ser facilmente percebido em diversos setores de economia *peer-to-peer*, a exemplo da Uber (que revolucionou o setor de transportes, passando a concorrer diretamente com os táxis) e do Airbnb (que trouxe concorrência ao setor hoteleiro, mesmo sem ter hotéis ou imóveis).

Essas mudanças acontecem principalmente porque os novos produtos podem ser criados e desenvolvidos de qualquer lugar (pois são feitos por meio de plataformas digitais), e o potencial de alcance dos consumidores é infinitamente grande, já que as redes sociais propiciam essa difusão rápida e em escala global; ou seja, os consumidores conseguem ser atraídos para esses novos modelos de forma muito mais eficiente.

É importante perceber a diferença entre o que as empresas entendem como crescimento hoje e no passado. No século XX, de acordo com Eric Ries (2018, p. 26), o crescimento era limitado à capacidade, ou seja, se uma empresa tivesse uma capacidade extra, ela produziria mais para vender depois, e as barreiras à entrada eram altas, sendo que os concorrentes ingressavam no mercado e cresciam de modo relativamente lento.

Mas, como vimos, atualmente isso está mudando. Os consumidores têm (e querem ter) cada vez mais opções à sua disposição. A tecnologia permite alcançar mais pessoas em um curto espaço de tempo. E a concorrência mudou,

3. *OPEN BANKING* E O FUTURO DO SISTEMA FINANCEIRO NACIONAL NA ERA DIGITAL

obrigando as empresas a redesenhar seu DNA a todo momento, de modo a ter uma nova capacidade organizacional, procurando sempre uma nova fonte de crescimento, com a possibilidade, inclusive, de ingresso em novos mercados.

E essa "instabilidade" é fruto do próprio modelo capitalista. Aliás, isso vai ao encontro do pensamento de Schumpeter, que, como mencionado por José Eduardo Faria (2009, p. 298), trazia a ideia de que "o capitalismo gera inovações que rompem a ordem estabelecida, aumentam as pressões competitivas e suscitam novas ordens estabelecidas".

No mercado financeiro, não tem sido diferente. E isso não é novo: na década de 1950, surgiu o cartão de crédito, que passou a dinamizar o consumo no mundo, possibilitando, também, a entrada de outros prestadores de serviços financeiros; nos anos 1960, a criação do caixa eletrônico (ATM) possibilitou a interação, de forma direta, entre o consumidor e a máquina (no Brasil, os consumidores só tiveram acesso a caixas eletrônicos na década de 1980); nos anos 1970, acontecia a automatização dos sistemas de pagamentos; nos anos 1980, o setor financeiro internacional operava em bases eletrônicas e digitais; nos anos 1990, houve a integração das finanças brasileiras no sistema internacional, passando a aderir aos padrões regulatórios internacionais do Comitê da Basileia; no começo dos anos 2000, o Sistema de Reservas (STR) e o novo Sistema de Pagamentos Brasileiro (SPB) aceleravam o Banco Central para regular o uso de tecnologias (SALAMA e BALDUCCINI, 2019), e foi exatamente nessa época que começaram a surgir os primeiros bancos digitais no Brasil.

Até que, mais recentemente, pode-se destacar a prevalência dos serviços financeiros serem prestados de forma digital (dada a proporção crescente do uso da internet no Brasil), frente aos meios físicos (a exemplo da rede de agências). As instituições financeiras passam a pensar em desinvestimentos de estruturas físicas para maior investimento no canal digital com o seu cliente.

Inclusive, de acordo com a Pesquisa Febraban de Tecnologia Bancária, o uso de meios digitais para movimentação financeira amplia-se a cada ano. Tanto é assim que o número de contas que usam *mobile banking* saltou de 57 milhões em 2017 para 70 milhões em 2018, enquanto os usuários que realizam pelo menos 80% das transações por esse canal passaram de 16,3 milhões em 2017 para 26,8 milhões em 2018 (FEBRABAN, 2019). É conveniente destacar que, no mesmo ano, o setor financeiro investiu R$ 19,6 bilhões em tecnologia.

Ilustrando o que foi mencionado anteriormente, os bancos, sob a perspectiva do consumidor, sempre tiveram que adequar o seu desenvolvimento com a evolução tecnológica. É, talvez, um dos setores mais afetados pela evolução tecnológica, tanto para o bem (aumentando a bancarização e o volume de transações e negócios) como para o mal (com ataques cibernéticos e ações de *hackers* promovendo fraudes e outros ilícitos).

2. O Surgimento de *Fintechs* e *Big Techs* e sua Regulação

As *fintechs*, de acordo com o Banco Central do Brasil (BRASIL, s.d.), são empresas que inovam no mercado financeiro, oferecendo serviços digitais inovadores relacionado ao setor *por meio do uso intenso de tecnologia*. Elas têm potencial para criar novos modelos de negócios, sendo sua atuação feita essencialmente por meio de plataformas *on-line*. Elas podem ser classificadas de vários tipos a depender de sua atividade: de crédito, de pagamento, de gestão financeira, entre outras.

Já as *big techs* são as grandes empresas de tecnologia norte-americanas, dentre as quais é possível citar a Amazon, o Facebook, a Google e a Apple, e que podem, em um curto espaço de tempo, oferecer serviços financeiros até então prestados exclusivamente pelos bancos. Exemplos disso são a libra, a criptomoeda do Facebook, as intensas parcerias da Google com instituições financeiras para oferecer contas-correntes (GOOGLE..., 2019) e o próprio pagamento via WhatsApp, que, embora tenha sido suspenso em 23 de junho de 2020 pelo Banco Central e pelo Conselho Administrativo de Defesa Econômica (Cade), há um intenso debate entre essas autoridades e a empresa responsável pelo aplicativo, de modo a implementá-lo o quanto antes, especialmente pelo fato de poder potencializar os Pix (pagamentos instantâneos do Banco Central – considerados um novo meio de pagamento), se houver uma integração entre as plataformas (PAGAMENTO..., 2020).

A necessidade de competição no mercado financeiro tem por objetivo principal, entre outros aspectos,[1] reduzir as taxas de juros no país, possibilitando que uma maior parcela da população tenha acesso a crédito, garantindo, com isso, uma maior inclusão financeira. Mas, em conjunto com essa competição, está a necessidade de o regulador trazer legitimidade e segurança ao mercado. O que vem sendo feito, como no caso das *fintechs*, é que o Conselho Monetário Nacional já as regulou, possibilitando que sejam constituídas na

---

[1] A exemplo da melhoria na jornada e nos produtos e serviços que são disponibilizados ao consumidor, decorrentes da sua personalização, agilidade e simplicidade.

forma de Sociedade de Empréstimo entre Pessoas (SEP), oportunidade em que aproximará credores e devedores, mas sem conceder crédito em nome próprio, ou Sociedade de Crédito Direto (SCD), as quais poderão emprestar recursos próprios, de forma mais simplificada.[2]

Porém, do ponto de vista do Banco Central do Brasil, a regulamentação das *fintechs*, em si, não bastou para que houvesse uma efetiva competitividade no país, na medida em que esses novos atores do mercado financeiro têm dificuldade em expandir seus negócios na velocidade esperada pelos consumidores e pelo desenvolvimento tecnológico. Caso diferente é dos bancos incumbentes, que são instituições muito bem estabelecidas no mercado e que já possuem uma estrutura robusta (tanto sistêmica quanto de dados), podendo construir modelos inovadores de forma mais rápida e segura – além de potencializar as chances de um novo modelo de negócio ser aceito pela sociedade com mais facilidade.

Em decorrência dos novos desejos dos consumidores – que querem uma experiência fluida, integrada e segura – e da intenção de todos os setores se tornarem cada vez mais competitivos, surgiu a ideia de *open banking* no contexto do mercado financeiro. É o que se analisará a seguir.

3. *Open Banking* como um Novo Modelo de Negócios no Sistema Financeiro

De forma geral, o *open banking* é um ecossistema baseado na interação entre bancos e outros serviços (que podem ser financeiros ou não financeiros), por meio de APIs (*Application Programming Interface*) padronizadas, que objetivam especificar como deve ser feita a interação entre os componentes de software (OPEN BANKING, 2019a).

Ou seja, o *open banking* implica o compartilhamento (seguro e padronizado) de dados e serviços pelas instituições, sempre a critério dos clientes, a fim de que eles possam definir quais produtos serão adquiridos, e de quais instituições esses produtos poderão ser contratados.

Na prática, é a possibilidade que o cliente tem de compartilhar todas as suas informações (que foram criadas a partir do relacionamento com um

---

[2] Ambas foram reguladas pela Resolução CMN n. 4.656/2018. E, além disso, há o Decreto n. 9.544/2018, que possibilita (e estimula) a participação estrangeira em até 100% no capital das *fintechs*.

banco) com outra instituição, sem que ele tenha que iniciar seu relacionamento novamente "do zero", aumentando as chances de que essa nova instituição forneça produtos e serviços personalizados – com base, por exemplo, em seu histórico.

O conceito por trás disso é que a visão do *open banking* só é sustentada quando há observância ao princípio dos três "O's". O primeiro deles, refere-se ao *open standards*, que determina padrões de APIs abertas para que terceiros consigam desenvolver produtos e serviços ao redor das instituições. Já o segundo diz respeito ao *open data*, que determina a abertura dos dados, a pedido dos titulares, objetivando aumentar a transparência financeira. E, por fim, o *open source*, que é a tecnologia para garantir a execução dos dois primeiros de forma segura, rápida e econômica (OPEN BANKING, 2019b).

Tem-se, com isso, que os principais efeitos esperados com o *open banking*, são: (a) estabelecer, de uma vez por todas, que o titular dos dados é o cliente, e não os bancos; portanto, é ele quem deve ter controle do fluxo de suas informações; e (b) estimular a competição entre os atores do mercado financeiro e bancário por meio deste fluxo.

O primeiro efeito está alinhado com as leis sobre privacidade e proteção de dados. Um exemplo disso é a Lei n. 13.709/2018, a Lei Geral de Proteção de Dados Pessoais – LGPD, que traz como um de seus fundamentos a autodeterminação informativa. Conforme descreve Thiago Luís Sombra (2019, p. 173), "é o instrumento capaz de empoderar os titulares dos dados pessoais de modo a viabilizar a equalização das relações de poder e ampliar as possibilidades de maior controle", sendo, portanto, "o elemento crucial para que os demais direitos tenham uma matriz axiológica sempre voltada aos melhores interesses dos titulares dos dados pessoais".

Tanto é assim que a premissa para que ocorra o compartilhamento dos dados, no âmbito do *open banking*, é o consentimento do titular, que é uma das bases legais e principais que legitimam o tratamento dos dados no âmbito da LGPD.

Já o segundo efeito é consequência do primeiro, uma vez que, tendo o titular o controle sobre os seus dados, há um estímulo para que o mercado se torne mais competitivo no acesso a novos produtos e serviços aos clientes, reduzindo, por exemplo, as taxas de juros e outros custos suportados pelos clientes.

Contudo, para que esse novo ecossistema – que objetiva transformar o setor financeiro tradicional, principalmente em questões competitivas – alcance o resultado esperado sob uma perspectiva econômica, surge a necessidade de se regular o assunto.

3. *OPEN BANKING* E O FUTURO DO SISTEMA FINANCEIRO NACIONAL NA ERA DIGITAL

A respeito disso, é importante levar em conta que a União Europeia foi a precursora na regulação do *open banking*, por meio da Diretiva EU 2015/2366, também conhecida como PSD2. A PSD2 revogou a Diretiva 2007/64/EC, que havia criado um mercado único de pagamentos em toda a União Europeia, a fim de que os serviços fossem mais seguros e inovadores. Isso, à época, culminou em benefícios substanciais para toda a economia europeia, ajudando, inclusive, a Área Única de Pagamentos em Euros (SEPA).[3]

Porém, dada a modernização e a complexidade com que o mercado de pagamento se desenvolve (principalmente o de pagamentos eletrônicos), serviços como os de iniciação de pagamentos (algo novo à época) não fazia parte do escopo da Diretiva, surgindo a necessidade, portanto, de atualizá-la.[4]

Foi então que surgiu a PSD2, a qual, dentre outros aspectos, ampliou o escopo da Diretiva anterior, passando a estabelecer que os bancos devem prover as informações de seus clientes para terceiros, quando solicitados por eles, em uma clara intenção de que haja uma maior competição entre os atores do mercado financeiro.

E, concretizando o que foi debatido anteriormente, o *open banking* passaria a ser um instrumento que traria uma efetiva competitividade no mercado financeiro, possibilitando que os novos bancos tivessem acesso ao mercado de forma igualitária (com possibilidade, inclusive, de crescimento). Com isso, mitigava-se o que foi constatado no relatório de 2016 da Competition and Markets Authority (CMA), no sentido de que os bancos maiores e mais antigos não precisavam competir pelos clientes, já que os novos bancos sentiam muita dificuldade em acessá-los (OPEN BANKING, 2019c).

É fato que a Europa elevou o conceito de *open banking* a outro patamar. Tanto é assim que a CMA criou o Open Banking Implementation Entity (OBIE), que é gerida por ela e pelos nove maiores bancos (OPEN BANKING, 2019c), e isso fez com que, desde março de 2017, esses bancos fossem obrigados a compartilhar dados com outras instituições quando autorizado pelo cliente.

Esse modelo acabou por influenciar outros países a discutir a necessidade de também regulamentar o *open banking*, a exemplo de Canadá, Estados Unidos, Austrália, Japão, Israel, Singapura, México, Nova Zelândia, Nigéria, conforme se pode depreender do estudo feito pelo Open Bank Project (2019).

---

[3] Cf. EUROPEAN COMMISSION (2018).
[4] Cf. EUROPEAN COMMISSION (2018).

É certo que existem ligeiras diferenças entre as regulamentações, como no caso da Austrália, que objetiva criar a interoperabilidade de dados financeiros entre diversos setores (inclusive o de energia e telecomunicações), e do México, que tem por fim possibilitar maior inclusão financeira (KAVAKAMA, 2019). Porém, todos os países têm em comum a necessidade de criar um ambiente de compartilhamento das informações.

Seguindo essa tendência internacional – no sentido de transformar o funcionamento do sistema financeiro, incrementando inovação e competitividade no setor –, o Banco Central do Brasil divulgou o Comunicado n. 33.455 de 24 de abril de 2019, estabelecendo as principais diretrizes que norteariam o processo de implementação do *open banking* no Brasil (BRASIL, 2019a).

O atual presidente do Banco Central, em um workshop promovido pela autarquia logo após o Comunicado, apontou os seguintes fatores que impulsionam a iniciativa desse novo ecossistema do sistema financeiro, corroborando o que foi exposto anteriormente: (i) uso cada vez mais intensivo e inteligente de dados por diversos setores da economia, fazendo com que sejam alcançados novos modelos de negócios; (ii) inovações tecnológicas, aprimorando, de forma rápida e constante, os modelos atuais do mercado financeiro; (iii) a demanda da sociedade por um maior empoderamento de suas informações, em consonância com legislações que asseguram que os clientes são donos de seus dados, a exemplo das leis sobre proteção de dados; e (iv) a entrada de novos *players*, como as *fintechs*, prestando serviços financeiros de forma competitiva com os bancos incumbentes, que traz como consequência aos reguladores a necessidade de adaptar os seus regramentos, para que haja, enfim, um desenvolvimento sustentável, sólido e eficiente do mercado (BRASIL, 2019b).

À época, foi divulgada a notícia pelo Banco Central alertando que, no segundo semestre de 2019, seriam submetidas à consulta pública minutas de atos normativos sobre o tema, contendo, inclusive, o cronograma de implementação (BRASIL, 2019a).

4. Regulamentação do *Open Banking* no Brasil

Em novembro de 2019, o Banco Central publicou a Consulta Pública n. 73, a qual veiculava duas propostas de atos normativos – uma Resolução e uma Circular – para implementação do *open banking* no Brasil por parte das instituições financeiras e demais instituições autorizadas a funcionar pelo Banco

Central. Excluindo, naquele primeiro momento, as *big techs* (por terem outra regulação e fiscalização incidente sobre suas atividades).

Após um curto período de discussão com o mercado acerca das duas propostas de atos normativos, o Banco Central e o Conselho Monetário Nacional publicaram, em maio de 2020, a Resolução Conjunta n. 01, que dispõe sobre o *open banking*, também chamado de Sistema Financeiro Aberto, e a Circular n. 4.015, que dispõe sobre o escopo de dados e serviços objeto do *open banking*.

De acordo com regulamentação, o objetivo do *open banking* é incentivar a inovação, promover a concorrência, aumentar a eficiência do Sistema Financeiro Nacional, além de promover a inclusão financeira, e, para fins de cumprimento desses objetivos, as instituições devem conduzir suas atividades com ética e responsabilidade, observando, também, os princípios da transparência, da segurança e privacidade de dados, da qualidade dos dados, do tratamento não discriminatório, reciprocidade, além da interoperabilidade.[5]

Além de trazer as definições, objetivos e princípios do *open banking*, a regulamentação traz as principais diretrizes e regras de funcionamento, o escopo mínimo de dados e serviços abrangidos, as instituições participantes, os requisitos para a obtenção do consentimento do cliente e sua autenticação, aspectos relacionados à responsabilidade das instituições participantes e à convenção a ser celebrada entre elas para definir os padrões técnicos e os procedimentos operacionais para implementação do *open banking* (BRASIL, 2020).

O conceito de *open banking* tratado na Resolução pode ser refletido da seguinte forma: compartilhamento padronizado de dados (relativos aos canais de atendimento, produtos e serviços, cadastro de clientes e de seus representantes e transações) e serviços (de iniciação de transação de pagamento e de encaminhamento de proposta de operação de crédito) por meio de interfaces dedicadas ao compartilhamento, as quais deverão ser padronizadas de acordo com o que for deliberado pela Convenção.[6]

---

[5] Arts. 3º e 4º da Resolução Conjunta n. 01 de 2020.
[6] A Circular n. 4.015 de 2020 detalha o escopo de dados, o que pode gerar discussão, inclusive, a respeito da propriedade dos dados (se é do cliente ou da instituição), a exemplo da disponibilização das modalidades de limite de crédito total, que em alguns casos abrange o valor utilizado e o disponível. Porém, não abordaremos esse assunto neste texto, por se tratar uma discussão mais afeta à LGPD e não ao *open banking*.

4.1. Compartilhamento de Dados e Consentimento do Cliente

Para que haja o compartilhamento na forma proposta pelo *open banking*, é necessário que a instituição obtenha o consentimento do cliente, o qual, segundo a própria Resolução e a LGPD, deve ser uma manifestação livre, informada, prévia e inequívoca da vontade do cliente.

A respeito disso, é importante considerar que, como bem ensina Caio César Lima (2019, p. 180-181), para que o consentimento seja livre, "os titulares devem ter escolha efetiva sobre quais tipos de dados serão tratados em cada operação", sendo necessário observar, também, os aspectos granulares relativos a ele, não podendo ser válido "o consentimento manifestado no formato de tudo ou nada".

Não obstante, para que o consentimento seja informado, os titulares devem ser amplamente informados acerca do ciclo de vida dos seus dados, guardando bastante relação com o princípio da transparência, sendo igualmente relevante informar ao titular (de forma prévia) os riscos a que ele está sujeito (LIMA, 2019, p. 182).

Já em relação à necessidade de que o consentimento seja inequívoco, isso serve para que, de fato, a instituição consiga demonstrar que foi o cliente quem solicitou o compartilhamento dos dados. Somente depois de cumpridos esses requisitos, é possível chegar ao que se costuma denominar de *processo de tomada de decisão*, tornando o consentimento válido.

A própria Resolução trouxe alguns requisitos em que o compartilhamento é admissível, entre os quais podemos destacar: (i) deve visar uma finalidade determinada, sendo necessário discriminar quais os dados ou serviços que serão objeto de compartilhamento; (ii) o seu prazo de validade deve ser compatível com a sua finalidade, limitado a 12 meses – salvo no caso de transações de pagamento sucessivas, em que o cliente, a seu critério, poderá definir prazo superior; (iii) não poderá ser obtido por meio de contrato de adesão, formulário previamente preenchido ou de forma presumida.

Extrai-se, assim, que "a inovação e os modelos de negócios da economia digital encontram nos dados pessoais a sua base de sustentação", fazendo com que o consentimento adquira um papel central, a ponto de a proteção de dados ser equiparada ao direito de autogerenciamento das informações pessoais do indivíduo (BIONI, 2015, p. 43).

4.2. Participantes do *Open Banking*

Com o intuito de que o *open banking* seja realmente implementado e adotado pelos bancos incumbentes em favor dos bancos menores e dos novos entrantes,

3. *OPEN BANKING* E O FUTURO DO SISTEMA FINANCEIRO NACIONAL NA ERA DIGITAL

a Resolução determinou que as instituições integrantes dos conglomerados prudenciais S1 e S2[7] serão obrigadas a participar desse ecossistema no caso de compartilhamento de dados.

Ao mesmo tempo em que essas instituições serão obrigadas a participar, o Banco Central do Brasil publicou a Circular n. 4.032 de 2020, alterada pela Circular n. 4.037 de 2020, que disciplina a estrutura inicial responsável pela governança da implementação do *open banking* no país, a qual foi formalizada em julho de 2020, por meio de contrato firmado entre as associações participantes, e que deverá ser substituída por uma estrutura definitiva até a última fase do *open banking* (25 de outubro de 2021), conforme decisão do Conselho Deliberativo.

Essa norma estabelece que a estrutura inicial responsável pela governança do *open banking* será composta por três níveis: (1) estratégico, representado pelo Conselho Deliberativo, que será responsável pela definição do regimento interno da estrutura inicial, por aprovar propostas para padrões tecnológicos, procedimentos operacionais e outros aspectos necessários à implementação no país do *open banking*; (2) administrativo, representado pelo Secretariado, que fará toda a organização e a coordenação dos trabalhos, entre outras atividades administrativas; e (3) técnico, composto pelos Grupos Técnicos, que serão encarregados da elaboração de estudos e propostas técnicas para a implementação do *open banking*, entre outras atividades.

Vale ressaltar que o Conselho Deliberativo da estrutura inicial, mencionado anteriormente, será composto por até sete conselheiros com direito a voto nos processos deliberativos, divididos nos seguintes grupos:

I – Grupo 1: até três conselheiros indicados por associações, que tenham representação significativa de instituições que prestam serviços relacionados

---

[7] De acordo com a Resolução CMN n. 4.553/2017:
a) O S1 é composto pelos bancos múltiplos, bancos comerciais, bancos de investimento, bancos de câmbio e caixas econômicas que:
I – tenham porte igual ou superior a 10% (dez por cento) do Produto Interno Bruto (PIB); ou
II – exerçam atividade internacional relevante, independentemente do porte da instituição.
b) O S2 é composto:
I – pelos bancos múltiplos, bancos comerciais, bancos de investimento, bancos de câmbio e caixas econômicas, de porte inferior a 10% (dez por cento) e igual ou superior a 1% (um por cento) do PIB; e
II – pelas demais instituições de porte igual ou superior a 1% (um por cento) do PIB.

com conta de depósitos ou operações de crédito de varejo, enquadradas nos seguintes segmentos de que trata a Resolução CMN n. 4.553/2017:

a) Subgrupo 1.1: Segmentos 1 (S1) e 2 (S2), representado pela FEBRABAN.
b) Subgrupo 1.2: Segmentos 3 (S3) e 4 (S4), à exceção das sociedades de crédito direto e das sociedades de empréstimo entre pessoas, representado pela ABBC.
c) Subgrupo 1.3: Segmento 5 (S5), à exceção das sociedades de crédito direto e das sociedades de empréstimo entre pessoas, representado pela OCB.

II – Grupo 2: até três conselheiros indicados por associações ou grupos de associações, que tenham representação significativa de:

a) Subgrupo 2.1: instituições que prestam serviços de pagamento, representadas pela Associação Brasileira das Empresas de Cartões de Crédito e Serviços (Abecs), e que: i) participam de conglomerados prudenciais enquadrados no segmento S1 ou no S2; ou ii) sejam controladas por instituição enquadrada no segmento S1 ou no S2.
b) Subgrupo 2.2: instituições de pagamento autorizadas a funcionar pelo Banco Central que não estejam enquadradas na definição de que trata a alínea "a", representadas pelo grupo de associações composto pela Associação Brasileira de Instituições de Pagamentos (Abipag), Associação Brasileira de Internet (Abranet) e Câmera Brasileira de Comércio Eletrônico (Câmara-e.net).
c) Subgrupo 2.3: sociedades de crédito direto e de sociedades de empréstimo entre pessoas, representadas pelo grupo de associações composto pela Associação Brasileira de Crédito Digital (ABCD) e Associação Brasileira de Fintechs (ABFintechs).

III – Grupo 3: Um conselheiro independente.[8]

Tem-se, assim, que as instituições que serão obrigadas a participar (a exemplo de S1 e S2, no caso de compartilhamento de dados) terão a mesma representatividade que outras instituições que podem optar por tal

---

[8] A representação das associações e grupo de associações nos subgrupos aqui mencionados leva em conta a eleição de julho de 2020.

3. *OPEN BANKING* E O FUTURO DO SISTEMA FINANCEIRO NACIONAL NA ERA DIGITAL

participação, o que pode ensejar alguns desdobramentos, conforme analisaremos em seguida.

Isso se intensifica quando a regulamentação estabelece que as decisões do Conselho Deliberativo serão tomadas por maioria simples de votos dos conselheiros, exceto em relação à aprovação do orçamento da estrutura, contratação de serviços e alteração da estrutura responsável pela governança, que deverão ser decididas por maioria qualificada.[9]

Somado a isso está o fato de que essa mesma Circular estabeleceu que o Conselho Deliberativo poderá definir sistemática para custeio das atividades de manutenção da estrutura inicial responsável pela governança com base na proporcionalidade entre a parcela dos custos devidos por cada instituição e o seu patrimônio líquido.

Ou seja, o fato de as instituições com maior patrimônio líquido serem as mesmas que serão obrigadas a participar do *open banking*, as quais terão a mesma representatividade que as demais, é possível haver um descasamento na assunção de riscos desse novo ecossistema.

E o Banco Central foi além, admitindo a possibilidade de existir o ressarcimento de despesas entre as instituições participantes, decorrentes do compartilhamento de dados e serviços, exceto nas seguintes hipóteses: (i) por quaisquer chamadas de interface com relação aos serviços de iniciação de transação de pagamento; (ii) por, no mínimo: (a) duas chamadas de interface ao mês, por instituição participante, por cliente e por assinatura de método, acerca dos dados de cadastro e; (b) 120 chamadas de interface ao mês, por instituição participante e por cliente, no que se refere aos dados de transações.

Resumidamente, de acordo com a regulamentação, as instituições integrantes dos conglomerados prudenciais S1 e S2 serão obrigadas a participar do *open banking*, além de terem que arcar com os custos de implementação da estrutura desse ecossistema. Pelo critério de proporcionalidade estabelecido, apenas as grandes instituições (especialmente S1 e S2) serão oneradas, já que deverão pagar quase integralmente os custos para implementação desse novo modelo;[10] já as instituições que têm patrimônio líquido menor serão praticamente isentas desse custo. Todavia, as grandes instituições incumbentes terão uma limitação para o ressarcimento dos custos.

---

[9] Art. 14 da Circular n. 4.032 de 2020.
[10] Essa afirmação foi feita com base na Central de Demonstrações Financeiras do Sistema Financeiro Nacional, que é disponibilizada pelo Banco Central do Brasil (BRASIL, 2019c).

Isso, de certo modo, pode gerar um desincentivo aos bancos incumbentes na adoção desse novo ecossistema. Poderá ser similar ao que aconteceu no Reino Unido, em que o modelo inicial de *open banking* não envolveu cobrança entre os participantes, gerando uma ineficiência na implementação, dada a falta de incentivos para investir na solução com o intuito de divulgação do novo modelo, gerando, com isso, baixa adesão por parte dos clientes.[11] É evidente que o *open banking* no Brasil é inevitável (BRASIL, 2019b), porém deve-se ter cuidado para que essa tendência liberalizante do Banco Central – no sentido de promover a concorrência a qualquer custo – não cause uma assimetria de mercado, de modo a desconsiderar, inclusive, a própria higidez e solidez do setor financeiro, tendo como consequência um possível impacto negativo no papel social desse setor.

É forçoso ressaltar, ainda, que o cronograma para implementação do *open banking* é curto, considerando a complexidade operacional relacionada ao tema, especialmente pelo fato de que todas as instituições tiveram que revisar suas prioridades, de modo a implantar programas emergenciais decorrentes da pandemia de Covid-19, além, é claro, da necessidade em se realizar desenvolvimentos e testes em um período curto, o que pode prejudicar eventual controle para mitigar falhas. Isso porque, embora divido em quatro fases,[12] a primeira acontecerá até 30 de novembro de 2020 e a última fase (conclusão da implementação inicial) ocorrerá até 25 de outubro de 2021; nessa última fase, o escopo de compartilhamento será ampliado para operações de câmbio, serviço de credenciamento em arranjos de pagamento, investimentos, seguros e previdência complementar aberta.

Assim, levando em conta a inevitabilidade do modelo de *open banking* em um curto espaço de tempo, cabe aos atores do mercado financeiro enxergá-lo como uma janela de oportunidades, refletindo sobre como poderão se tornar mais eficientes com essa regulação e o quanto poderão se beneficiar dela em seus respectivos negócios. É por esse motivo que passaremos analisar eventuais modelos de negócios que podem surgir no mercado financeiro brasileiro, como consequência da implementação do *open banking*.

4.3. Possíveis Modelos de Negócios Decorrentes do *Open Banking*

De acordo com pesquisa feita pela Ernst & Young (2019), a percepção dos brasileiros em relação a essa transformação do sistema financeiro brasileiro

---

[11] Cf. KAVAKAMA (2019).
[12] Art. 55 da Resolução Conjunta n. 01 de 2020.

por meio do *open banking* é positiva. Tanto é assim que a pesquisa demonstra que os consumidores brasileiros estão no topo do *ranking* global de sentimento relacionado ao compartilhamento de dados financeiros.

Porém, a mesma pesquisa evidencia que, no Brasil, os consumidores estão polarizados, sendo o quarto maior sentimento positivo e também o primeiro maior sentimento negativo. Segundo o levantamento, quando os consumidores brasileiros foram questionados a respeito dos aspectos positivos relacionados ao *open banking*, 30% citaram a possibilidade de conseguir acessar mais produtos e serviços bancários com o seu dispositivo, 29% entenderam que esse novo modelo pode ajudá-los a conseguir melhores taxas em serviços bancários e 27% entendem que o grande fator é a existência de mais serviços inovadores sendo criados.

De outro lado, em relação às maiores preocupações identificadas pelos consumidores, 36% pretendem manter privados seus dados bancários o máximo possível, 31% mencionaram os riscos cibernéticos e 30% disseram que estariam mais expostos às fraudes em pagamentos.

Outro ponto interessante dessa mesma pesquisa é que, quando os consumidores foram questionados acerca do que os tornaria mais propensos a utilizar os serviços de *open banking* no futuro, 55% disseram que é o fato de o banco ter responsabilidade e restituí-lo no caso de qualquer perda incorrida mediante o uso de serviços bancários abertos de empresa de terceiros; 53% utilizariam o *open banking* se tivessem garantias mais fortes de que seus dados pessoais estariam protegidos.

Isso tudo serve para ilustrar como o *open banking* tem um grande potencial de ser aceito pelos consumidores brasileiros, sendo necessário, portanto, que os atores do mercado financeiro, principalmente os bancos incumbentes, adaptem-se a esse novo mercado e se estruturem para explorá-lo como uma grande oportunidade de negócios. Nessa linha, é possível imaginar que os bancos incumbentes tenham quatro opções estratégicas para lidar com o *open banking*.[13]

A primeira opção estratégica é o banco ser um provedor de oferta completa. Ou seja, é a instituição gerando e distribuindo o próprio produto, com pouca (ou nenhuma) integração via API com os terceiros (parecido com o que acontece hoje no mercado brasileiro).

Embora na perspectiva do *open banking* essa estratégia não tenha tanta efetividade na criação de valor, talvez ela possa ser interessante em bancos que

---

[13] Essas quatro opções estratégicas foram descritas pela Deloitte (DELOITTE, 2017).

têm nichos ou produtos muito específicos, visto que eles poderão diferenciar seus produtos daqueles que estão disponíveis no mercado. Será necessário, nesse caso, melhorar cada vez mais a experiência do cliente, inclusive com adaptação de preços, para que se possa manter a competitividade.

No entanto, tendo em vista a possibilidade de negócios que o *open banking* trará no país, no sentido de que o cliente consiga contratar produtos de diversas instituições por meio de uma mesma plataforma, a segunda estratégia (e mais desafiadora) é o banco atuar como interface. Nesse caso, os bancos continuariam sendo o principal ponto de interação dos clientes. Além de permitir que os clientes contratem os seus próprios produtos, os bancos passariam a distribuir produtos e serviços de vários fornecedores (a exemplo de outros bancos ou *fintechs*), permitindo que os clientes escolham o que contratar e com quem preferem contratar.

Para essa estratégia, a receita dos bancos passaria a ser a cobrança pela utilização da API. Por isso a importância de que os bancos possam ser ressarcidos por eventual disponibilização da plataforma para uso de terceiros. Além disso, a receita do banco será a própria agregação de valor ao cliente final, na medida em que eles poderão atrelar produtos financeiros a outros produtos não financeiros.

Essa estratégia vai ao encontro do próprio objetivo do *open banking*: (a) maior empoderamento do consumidor, pois ele terá mais opções de produtos e serviços; (b) aumento na competitividade, haja vista que a base da concorrência passaria a ser experiência proporcionada ao cliente, a plataforma tecnológica utilizada e a criação constante de novos modelos de negócios.

Alguns exemplos (ainda que embrionários) da aplicação dessa estratégia na prática podem ser vistos nas plataformas de investimento de varejo, como no caso do Banco do Brasil, que criou a Portal do Desenvolvedor, cujo objetivo é firmar parcerias com outras empresas (a exemplo da Conta Azul). Outro exemplo é o do Banco Bradesco, que criou o MEI.Bradesco, uma plataforma integrada com terceiros (a exemplo da Dicas MEI e da Market Up).

A terceira estratégia é o banco atuar como provedor. Essa possibilidade retira dos bancos o controle da interação direta com o cliente, permitindo que terceiros distribuam seus produtos e serviços nas respectivas plataformas. Essa é uma ótima oportunidade para que os bancos possam alcançar mercados e clientes que dificilmente conseguiriam se estivessem em um ambiente "fechado".

A quarta estratégia é o banco atuar como plataforma, fornecendo produtos e serviços de terceiros para outros terceiros e deixando, com isso, de ter a interface com o usuário e com os produtos e serviços bancários. Ou seja, é o banco atuando como um *marketplace*.

Evidentemente, essas opções estratégicas são apenas exemplos de como as instituições podem atuar nesse novo mercado. É importante ressaltar que as opções estratégicas não são excludentes, de maneira que cada banco poderá atuar em mais de uma delas, levando em conta o cliente como centro das decisões. Isso possibilitará a criação de produtos cada vez mais eficientes e adequados ao perfil dos clientes, gerando um diferencial competitivo em relação aos demais.

Além disso, é preciso considerar que os novos atores do mercado financeiro – a exemplo das *fintechs* – também podem se beneficiar dessas opções estratégicas, firmando parcerias com os bancos incumbentes,[14] de forma a agregar valor ao seu modelo de negócio e ao cliente, tornando-se cada vez mais competitivo no mercado. Apesar dessa opção, esses novos atores podem, simplesmente, querer atuar como protagonistas desse novo mercado, oferecendo benefícios e vantagens em relação aos produtos e serviços bancários existentes. Ou seja, as possibilidades estão abertas.

É preciso considerar que, independentemente da estratégia adotada pelas instituições, há um forte estímulo para que esse novo ecossistema entre no mercado o quanto antes, principalmente em razão da pressão exercida pelo modelo de negócio das *fintechs*, dos consumidores que querem melhorar a sua experiência e daqueles que pretendem se tornar pioneiros no setor.

Todavia, ainda existem diversos entraves que precisam ser muito bem delimitados para que a experiência negativa de outros países não se repita no Brasil. Para isso, questões relacionadas à segurança e aos custos para implementação do *open banking* devem ser definidas de forma equilibrada entre todos os participantes.

Deve-se refletir, por exemplo, se todo o custo relativo a esse novo modelo de negócio deve ser substancialmente atribuído às instituições incumbentes, haja vista que elas despenderam recursos (financeiros, tecnológicos e de dados) durante longos anos para que o país pudesse ter a atual configuração robusta do Sistema Financeiro Nacional, o que trouxe como consequência uma maior segurança e operabilidade entre os atores do setor.

---

[14] O que, aliás, é uma estratégia interessante inclusive para os bancos incumbentes.

5. Três Pilares Desafiadores do *Open Banking* no Sistema Financeiro Nacional

É possível afirmar que existem três pilares que devem ser avaliados para que o *open banking* assuma o papel desejado por todos, tornando-se duradouro, benéfico e seguro para todos do ecossistema (abrangendo instituições participantes e clientes).

O primeiro deles é a governança. Esse pilar requer que os participantes do *open banking* sejam tratados de forma equilibrada, evitando possíveis assimetrias no mercado. A premissa do *open banking*, como vimos anteriormente, é promover a livre concorrência no setor, além de ser um elemento incentivador de modelos de negócios inovadores.

Situações em que apenas algumas instituições teriam que arcar com fatia expressiva dos custos relativos à implementação desse novo modelo de negócio, entre outras, podem acontecer – como é o caso de os conglomerados prudenciais S1 e S2 serem obrigados a compartilhar dados por meio do *open banking*, não refletindo essa obrigatoriedade no poder de decisão que as instituições terão dentro da governança que foi criada – e podem refletir na criação de desincentivos ao objetivo do *open banking*.

À guisa de exemplificação, instituições que não são obrigadas a participar do *open banking* e que não terão que arcar (ou que terão que arcar minimamente) com os custos de sua implementação podem defender um cronograma reduzido de prazo para implementação, sem necessariamente avaliar a sua viabilidade. Ainda, essas mesmas instituições podem optar por um apetite maior por riscos; no entanto, caso entendam que o resultado não foi o esperado, podem optar por não participar desse ecossistema no primeiro momento, em detrimento do interesse coletivo.

Ou seja, situações como essas podem gerar um desalinhamento de incentivos das tomadas de decisões, ao possibilitar que os novos entrantes não ponderem suas decisões em relação aos impactos financeiros, acarretando prejuízos sistêmicos que, em última instância, poderão inviabilizar esse novo modelo de negócio.

Levando isso em conta, é possível dizer que algumas soluções podem (e devem) ser tomadas nesse primeiro momento, de forma colaborativa entre todos os participantes e objetivando mitigar eventuais riscos que podem advir desse modelo de negócio, a saber: (a) a representatividade na governança deve ser refletida levando em consideração a representatividade das instituições no mercado financeiro; (b) o rateio dos custos para implementação do *open banking* deve ser compatível com o critério de divisão de cadeiras dentro da governança que foi criada, ou seja, se as instituições têm a mesma representatividade/responsabilidade, deveriam, portanto, arcar de igual modo.

São essas as medidas que, por serem associadas ao controle dos riscos, podem criar maiores garantias e um maior aproveitamento de oportunidades dentro desse ecossistema, tornando-o mais eficiente e perene, além de benéfico, do ponto de vista econômico-social para o país.

Um dos mais inquietantes aspectos de análise do *open banking* envolve o pilar da segurança. Isso porque, dados o aumento no fluxo de dados e a crescente quantidade de participantes esperada por esse ecossistema, esse pilar abrange situações críticas, na medida em que qualquer violação (fraudes ou falhas) que ocorra dentro desse modelo de negócios pode colocar em risco os clientes e os participantes, além de levar à possível degradação da imagem e reputação do *open banking*, acarretando seu insucesso.

Essa é a importância da estruturação do *open banking* dentro de padrões técnicos (a exemplo da rastreabilidade) passíveis de garantir a segurança da informação e a segurança no tratamento de dados em todos os momentos, bem como de assegurar a integridade, a autenticidade e a confidencialidade de seus sistemas. Ademais, não se pode olvidar da necessidade de que o consentimento e a autenticação sejam simples e desburocratizados ao máximo, porém, bastante seguros, a fim de que sejam utilizados como meios para assegurar a individualização de seus responsáveis.

E é exatamente aqui que reside o terceiro pilar, o da responsabilidade (MEIRELLES, 2019). Diante da complexidade que é o arcabouço jurídico brasileiro, o pilar da responsabilidade deve ser muito bem estruturado, considerando que as instituições não serão responsáveis apenas pelos seus próprios negócios. A responsabilidade prevista na legislação em vigor (a exemplo do Código de Defesa do Consumidor e da LGPD) é objetiva e solidária em algumas situações. Logo, se houver qualquer incidente dentro de uma instituição menor, a responsabilidade poderá recair também sobre as grandes instituições, já que elas terão condições de arcar com eventuais indenizações, por exemplo.

Ocorre que esse raciocínio – de responsabilidade solidária – não deveria ser seguido para esse modelo de negócios de *open banking*. É necessário adaptar os critérios de responsabilidade, com base, por exemplo, nos critérios de rastreabilidade, evitando que a instituição que transferiu os dados seja responsabilizada por eventuais usos indevidos e futuros dos dados tratados pela instituição receptora.[15]

Esse pilar é desafiador, inclusive, para áreas de *compliance*, jurídica e de riscos das instituições, porquanto eventual insegurança jurídica decorrente dos critérios para responsabilização das instituições pode gerar passivos substanciais no longo prazo.

Nesse sentido, em um contexto cheio de dúvidas que é o *open banking*, dado o seu incipiente debate no Brasil, a existência dos três pilares é uma das poucas certezas que deve ser levada em conta para a implementação de um ecossistema seguro.

Uma coisa é certa: o caminho a ser seguido pelo *open banking* é longo, mas a escolha feita nesse momento para torná-lo seguro, com todos os participantes cooperando entre si dentro das suas responsabilidades e com base em uma governança equilibrada, dependerá das definições atuais, as quais, aliás, projetarão o sucesso ou insucesso desse novo modelo de negócio como um todo. Por isso a importância de se estabelecer um ecossistema inovador, porém seguro, responsável e equilibrado entre todos.

Conclusão

Pouco mais de dez anos depois da crise econômica de 2008, surge para o mercado financeiro e bancário a necessidade de ajustar seus modelos de negócios ao *open banking*, a fim de estimular a abertura econômica, competitiva e inovadora, o que, na sua essência, tende a tornar o setor interoperável e diversificável.

Contudo, o contexto é desafiador, pois, se de um lado esse ecossistema deve ser visto como uma janela de oportunidade, de outro, se houver desequilíbrio e tratamentos assimétricos entre os seus diversos atores, poderá não se mostrar próspero e acabar inviabilizado.

Há várias formas de uma instituição explorar o *open banking*, de modo a se tornar (ou se manter) competitiva: seja atuando como provedor de oferta completa, ou como interface, provedor ou mesmo como uma plataforma. Porém, independentemente da estratégia adotada pela instituição, é evidente que

---

[15] Há que se considerar também as regras de responsabilidade – e sua limitação – existente na LGPD, em especial o art. 43. Mas entendemos que a especificidade do *open banking* requereria regras específicas para a definição dessas responsabilidades.

há uma grande pressão de atores do setor financeiro para que o *open banking* passe a vigorar no Brasil com a maior brevidade possível. Isso faz com que a normatização do assunto pelo Banco Central surja para dar a resposta na mesma velocidade. Porém, a pressão e a rapidez desejada por todos para implementação desse modelo de negócio não podem se sobrepor ao equilíbrio e à institucionalidade vigentes, na medida em que qualquer desequilíbrio nesse momento (inclusive entre os participantes, custos, etc.) pode prejudicar sobremaneira o futuro desse ecossistema.

Por isso, em que pese existirem muitas dúvidas e ser muito cedo para haver clareza de como será efetivamente o futuro do sistema financeiro com o *open banking*, o modo pelo qual está se estabelecendo a competitividade pode influenciar drasticamente o setor. É necessário, portanto, que todos os participantes cooperem entre si para que as decisões estratégicas de hoje, consideradas a partir de um contexto interno que pede por um sistema aberto, não influenciem (de forma negativa) as fases futuras, que requererão responsabilidades de todos, evitando um risco sistêmico e prejudicando o que foi construído até então.

Essa é a razão pela qual o mercado como um todo precisa ter definições claras a respeito, principalmente, dos pilares de governança, segurança e responsabilidade; assim, o *open banking* poderá conquistar a confiança dos consumidores, atraindo um maior número de adeptos desse novo conceito de sistema financeiro, tornando-o mais eficiente, competitivo e inovador.

REFERÊNCIAS

BRASIL. Banco Central do Brasil. *Fintechs*. Brasília, s.d. Disponível em: https://www.bcb.gov.br/estabilidadefinanceira/fintechs. Acesso em: 26 dez. 2019.

BRASIL. Banco Central do Brasil. *Resolução CMN n. 4.553/2017*. Brasília, 30 jan. 2017. Disponível em: https://www.bcb.gov.br/pre/normativos/busca/downloadNormativo.asp?arquivo=/Lists/Normativos/Attachments/50335/Res_4553_v2_P.pdf.

BRASIL. Banco Central do Brasil. *Resolução CMN n. 4.656/2018*. Brasília, 26 abr. 2018. Disponível em: https://www.bcb.gov.br/pre/normativos/busca/downloadNormativo.asp?arquivo=/Lists/Normativos/Attachments/50579/Res_4656_v1_O.pdf.

BRASIL. Banco Central do Brasil. *Comunicado n. 33.455/2019*. Brasília, 24 abr. 2019a. Disponível em: https://www.bcb.gov.br/estabilidadefinanceira/exibenormativo?tipo=Comunicado&numero=33455.

BRASIL. Banco Central do Brasil. Apontamentos do Presidente do Banco Central do Brasil, Roberto Campos Neto. *Workshop Open Banking*. Brasília, 15 maio 2019b. Disponível em:

https://www.bcb.gov.br/conteudo/home-ptbr/TextosApresentacoes/Apontamentos%20do%20Presidente_Open%20Banking%20v1.pdf. Acesso em: 28 dez. 2019.

BRASIL. Banco Central do Brasil. *Central de Demonstrações Financeiras do SFN*. Brasília, 2019c. Disponível em: https://www.bcb.gov.br/estabilidadefinanceira/encontreinstituicao. Acesso em: 25 ago. 2020.

BRASIL. Banco Central do Brasil. *Banco Central inicia processo de implementação do Open Banking (Sistema Financeiro Aberto) no Brasil*. Brasília, 24 abr. 2019d. Disponível em: https://www.bcb.gov.br/detalhenoticia/16733/nota. Acesso em: 28 dez. 2019.

BRASIL. Banco Central do Brasil. *Conselho Monetário Nacional e Banco Central regulamentam o Open Banking no país*. Brasília, 4 maio 2020. Disponível em: https://www.bcb.gov.br/detalhenoticia/448/noticia. Acesso em: 25 ago. 2020.

BIONI, Bruno Ricardo. *Xeque-Mate:* o tripé de proteção aos dados pessoais no jogo de xadrez das iniciativas legislativas no Brasil. GPoPAI/USP, 2015. Disponível em: https://www.researchgate.net/publication/328266374_Xeque-Mate_o_tripe_de_protecao_de_dados_pessoais_no_xadrez_das_iniciativas_legislativas_no_Brasil. Acesso em: 28 dez. 2019.

DELOITTE. *Open banking:* Como florescer num futuro incerto. Londres, 2017. Disponível em: https://www2.deloitte.com/pt/pt/pages/financial-services/articles/future-banking-open-banking-flourish-uncertainty.html#. Acesso em: 29 dez. 2019.

ERNST&YOUNG. *EY Open Banking Opportunity Index:* Entendendo o potencial do Open Banking globalmente e no Brasil. Jun. 2019. Disponível em: https://cmsportal.febraban.org.br/Arquivos/documentos/PDF/13_06%20-%2014h45%20-%20Open%20bank%20o%20potencial%20de%20ado%C3%A7%C3%A3o%20-%20Rafael%20Dan%20Schur.pdf. Acesso em: 28 dez. 2019.

EUROPEAN COMMISSION. *Payment Services Directive*: frequently asked questions. Brussels, 12. jan. 2018. Disponível em: https://ec.europa.eu/commission/presscorner/detail/en/MEMO_15_5793. Acesso em: 26 dez. 2019.

FARIA, José Eduardo. Poucas certezas e muitas dúvidas: o direito depois da crise financeira. *Revista Direito GV*, n. 5. v. 2. p. 297-324, jul.-dez. 2009.

FEBRABAN. *Pesquisa Febraban de Tecnologia Bancária 2019*. Disponível em: https://cmsportal.febraban.org.br/Arquivos/documentos/PDF/Pesquisa-FEBRABAN-Tecnologia-Bancaria-2019.pdf. Acesso em: 22 dez. 2019.

GOOGLE faz parceria com banco e quer criar conta-corrente para usuários. *Folha de S. Paulo*. 13 nov. 2019. Disponível em: https://www1.folha.uol.com.br/tec/2019/11/google-faz-parceria-com-banco-e-quer-criar-conta-corrente-para-usuarios.shtml. Acesso em: 3 jan. 2020.

KAVAKAMA, Joaquim. *Open banking*: oportunidades, desafios e aprendizados. 2 out. 2019. Disponível em: https://noomis.febraban.org.br/especialista/joaquim-kavakama/open-banking-oportunidades-desafios-e-aprendizados. Acesso em: 28 dez. 2019.

LIMA, Caio César Carvalho. Art. 7º. *In*: MALDONADO, Viviane Nóbrega; BLUM, Renato Opice (coords.). *LGPD*: Lei Geral de Proteção de Dados comentada. São Paulo: Thomson Reuters Brasil, 2019. p. 180-181.

MEIRELLES, Guilherme. *Modelo de open banking será 100% com cara de Brasil*. 21 nov. 2019. Disponível em: https://noomis.febraban.org.br/temas/open-banking/modelo-de-open-banking-sera-100-com-cara-de-brasil. Acesso em: 6 jan. 2020.

3. *OPEN BANKING* E O FUTURO DO SISTEMA FINANCEIRO NACIONAL NA ERA DIGITAL

OPEN BANKING. *Website Glossary*. 2019a. Disponível em: https://www.openbanking.org.uk/about-us/glossary/. Acesso em: 26 dez. 2019.

OPEN BANKING. *Frequent asked questions*. 2019b. Disponível em: https://www.openbankproject.com/faq/. Acesso em: 27 dez. 2019.

OPEN BANKING. *About us*. 2019c. Disponível em: https://www.openbanking.org.uk/about-us/. Acesso em: 26 dez. 2019.

OPEN BANK PROJECT. *Regulating Open Banking*. 2019. Disponível em: https://www.openbankproject.com/reports/RegulatingOpenBanking/. Acesso em: 27 dez. 2019.

PAGAMENTO instantâneo está no radar do brasileiro. *Noomis CIAB Febraban*. 29 jun. 2020. Disponível em: https://noomis.febraban.org.br/noomisblog/pagamento-instantaneo-esta-no-radar-do-brasileiro. Acesso em: 27 ago. 2020.

RIES, Eric. *O estilo Startup*. Tradução de Carlos Szlak. Rio de Janeiro: LeYa, 2018.

SALAMA, Bruno Meyerhof; BALDUCCINI, Bruno. Fintechs 2.0. *Valor Econômico*, São Paulo, 17 mai. 2019. Disponível em: https://valor.globo.com/opiniao/coluna/fintechs-2-0.ghtml. Acesso em: 22 dez. 2019.

SOMBRA, Thiago Luís. *Fundamentos da regulação da privacidade e proteção de dados pessoais*: pluralismo jurídico e transparência em perspectiva. São Paulo: Thomson Reuters Brasil, 2019.

4. *BLOCKCHAIN* E DEFESA DA CONCORRÊNCIA: O CASO DAS *EXCHANGES* DE CRIPTOMOEDAS NO CONSELHO ADMINISTRATIVO DE DEFESA ECONÔMICA (CADE)

Gabriel Lochagin e Adriana Martins Ferreira

Introdução

Embora as transformações de instituições já consolidadas, como os bancos tradicionais e outras tantas que fazem parte do sistema financeiro, não ocorram de forma abrupta, há momentos que parecem consolidar as tendências mais fortes acumuladas ao longo do tempo e, por isso mesmo, marcam pontos de inflexão. A crise financeira global de 2008 é um desses eventos de significado histórico. As imensas operações governamentais de resgate dos bancos, o crescimento das garantias públicas a bancos e fundos "grandes demais para falir", a falta de contrapartidas regulatórias e, mais amplamente, a insuficiência das ferramentas convencionais dos bancos centrais na condução da política monetária deixaram à mostra ao menos duas grandes transformações: as atividades bancárias tradicionais perderam fôlego e, na exata medida em que as atividades bancárias paralelas cresceram, os efeitos inovadores da tecnologia da informação mostraram os limites das regras do jogo tradicionais do sistema financeiro.[1]

Na vaga de inovação do setor, nem sempre os novos modelos de negócios garantiram transparência. O sistema bancário paralelo (*shadow banking*) opera na região mais opaca do sistema. De outro lado, as *fintechs* (que trazem já no nome escolhido a pretendida fusão entre finança e tecnologia, via plataformas digitais) lideraram mudanças nos mercados financeiros com imensa facilitação do crédito sem sacrificar, necessariamente, a transparência. De quebra, o poder originalmente detido pelas autoridades governamentais para a criação e distribuição de moeda se inclinava para maior descentralização e, talvez, para processos mais transparentes e acessíveis.

---

[1] O argumento aqui exposto é explorado em McMillan (2018).

Ao observar esses movimentos iniciais do pós-crise, qualquer observador teria boas razões para crer que a criação de moedas virtuais por *fintechs* promoveria a desconcentração do controle sobre o dinheiro (MAGNUNSON, 2018, p. 1183-1184).

Magnunson (2018, p. 1183-1184) aponta que, de certo modo, o dinheiro é virtual e digital há algum tempo – cita como exemplo a proliferação dos cartões de crédito e débito, que permitiu a troca sem o envolvimento de qualquer moeda física. A verdadeira inovação das *fintechs*, nesse sentido, foi remover por completo as moedas governamentais do processo – o que foi possível mediante o emprego de tecnologias como o *blockchain*.

As criptomoedas, formas digitais de moeda baseadas em códigos (BUTTON, 2019, p. 3), ganharam espaço desde sua criação, com destaque para a bitcoin, que só em 2017 alcançou o valor de US$ 20.000,00 dois dias após o primeiro lançamento de títulos da moeda em uma *exchange* norte-americana (CHAVES-DREYFUSS, 2017). Nos últimos anos, muitos foram os debates acerca dessa criptomoeda, especialmente no tocante à sua adoção em âmbitos cada vez mais abrangentes (FINNEY, 2018, p. 709): de redes de cafeteria (LEISING, 2019) a grandes bancos multinacionais.

O mercado brasileiro de criptoativos ainda é tímido no cenário mundial – por exemplo, movimenta-se apenas 1,1% do volume do bitcoin global (HONORATO, 2019). Já no cenário regional, o Brasil é considerado o maior mercado de criptomoedas da América Latina. Só em 2019 foram negociados mais de 2,5 bilhões de dólares (LIU, 2019).

A despeito do crescente mercado dessas moedas no país, ainda há muita desconfiança em relação a tais ativos, embasada, sobretudo, na ausência de regulamentação e na escassez de informações a seu respeito. Todavia, a inovação trazida pela criação das criptomoedas é inegável e seria de se supor que seu desenvolvimento imprimisse um grau de concorrência que dificilmente seria atingido no contexto dos serviços financeiros tradicionais.

O desenvolvimento da concorrência no sistema financeiro após o crescimento das *fintechs* não opera, no entanto, de maneira linear. Há diversos caminhos pelos quais os bancos tradicionais mantêm sua força atrativa. Sem pretensão de esgotá-los: os riscos do crédito direto são integralmente arcados por aqueles que neles investiram, ao passo que os bancos tradicionais apresentam-se como mais confiáveis em vista das garantias governamentais a sua solvência; fazer com que as novas tecnologias operem em favor do serviço bancário pode ser mais lucrativo do que desenvolvê-las com o intuito de competição; e simplesmente porque as instituições financeiras tradicionais também apresentam estratégias de reação para preservar sua participação no mercado, o que pode dificultar consideravelmente o acesso a mercados concentrados.[2]

O propósito deste capítulo é mostrar que o caso das corretoras de criptomoedas no CADE ilustra bem o argumento de que as inovações do sistema financeiro não se traduzem, imediatamente, em elevação dos níveis de concorrência no setor. Parte dos elementos desse problema está exposta no caso apresentado pela Associação Brasileira de Criptomoedas e *Blockchain* (ABCB) ao Conselho Administrativo de Defesa da Economia (CADE) no Inquérito Administrativo (IA) n. 08700.003599/2018-95 (BRASIL; CONSELHO ADMINISTRATIVO DE DEFESA ECONÔMICA, 2018).

A representação que originou o inquérito denunciou que os bancos estariam a prejudicar as *exchanges* por meio da não autorização para a abertura de conta bancária, pela recusa em mantê-las ou então pelo encerramento de contas já existentes. Sem acesso a essas contas, os negócios das corretoras sofreriam perdas significativas, pois não poderiam intermediar as operações de compra e venda de criptoativos. Essas operações, em algum momento, deveriam ser convertidas em moeda corrente e, para isso, é essencial que as corretoras tenham contas bancárias.

O argumento jurídico gira em torno, portanto, da recusa em contratar e da negativa de acesso à infraestrutura alegadamente essencial por parte de instituições financeiras tradicionais. Após a manifestação das partes e da instrução processual, a Superintendência-Geral do CADE (SG) emitiu um parecer opinando pelo arquivamento do feito, acatado em 23 de dezembro de 2019.

A discussão travada no curso do IA e, sobretudo, seu recente desfecho levantam o debate acerca do tratamento dado às atividades das *exchanges* de criptomoedas e, principalmente, do papel exercido pela legislação antitruste no desenvolvimento de novas tecnologias no setor financeiro. Sob esse aspecto, o presente capítulo visa a apresentar os principais aspectos do caso em voga e delinear os problemas correntes do mercado brasileiro de criptoativos, do ponto de vista das normas de defesa da concorrência.

---

[2] A competição, a colaboração e mesmo a substituição promovida pelas insurgentes em face das instituições financeiras incumbentes evidenciam um grau de fragmentação dos serviços financeiros sem precedentes. A propósito, ver BRUMMER e YADAV (2019, p. 277).

1. Os Elementos Centrais do Caso

1.1. Os Fatos

Em 7 de junho de 2018, a ABCB apresentou uma representação perante o CADE para denunciar condutas do Banco do Brasil e apresentar documentos referentes a condutas similares dos bancos Itaú, Santander, Inter e Sicredi em face de suas associadas. O caso partiu originalmente da recusa do Banco do Brasil em manter a conta-corrente da *fintech* Atlas, atuante no ramo de corretagem de criptomoedas. Conforme alegou a Representante, a conta era utilizada para o recebimento de depósitos e de transferências dos clientes da corretora que desejassem adquirir bitcoins, além da utilização para pagamento de tributos.

A mesma situação foi vivenciada por outras corretoras como CoinBr, Foxbit, Mercado Bitcoin e Walltime. Os bancos em operação, sob o argumento de que estavam amparados nas políticas de prevenção à lavagem de dinheiro e da segurança e estabilidade do Sistema Financeiro, têm se recusado a manter ou mesmo abrir contas-correntes para empresas que atuem com a corretagem de criptomoedas. Em alguns casos, as empresas afetadas recorreram ao Poder Judiciário.

O exemplo mais emblemático foi a ação movida pela Mercado Bitcoin contra o Itaú Unibanco, cuja discussão foi apreciada pelo Superior Tribunal de Justiça no Recurso Especial n. 1.696.214 (BRASIL; SUPERIOR TRIBUNAL DE JUSTIÇA, 2018). No julgado, os argumentos suscitados foram de natureza consumerista e referiam-se aos direitos básicos do consumidor e à configuração de prática abusiva. A Terceira Turma, no entanto, decidiu por negar provimento ao recurso, afastando a aplicabilidade do Código de Defesa do Consumidor.

A ministra Nancy Andrighi foi a única julgadora que reconheceu a conta-corrente como infraestrutura essencial para a atividade comercial das corretoras de criptomoedas, de modo que seu fechamento configuraria abuso de direito. Os demais julgadores, partindo da compreensão de que tal fundamento não teria sido apreciado pelas demais instâncias, deixaram ao CADE a tarefa de definir a ilicitude da conduta.

Na ocasião do julgamento, o Inquérito Administrativo já se encontrava em andamento. Até o momento, todavia, o CADE não diferiu do STJ ao entender, agora sob a ótica concorrencial, que as condutas investigadas não configuram práticas ilícitas. Para melhor compreensão do caso, passa-se à exposição dos argumentos levantados pelas partes e à análise final da SG que culminou no arquivamento do inquérito em voga.

1.2. Argumentos a Favor da Ilicitude das Condutas dos Bancos

A Representante, bem como as empresas corretoras oficiadas a se manifestar no inquérito, descreveram a utilização de serviços de acesso ao Sistema Financeiro tradicional como "infraestrutura essencial à própria sobrevivência de qualquer agente econômico numa economia capitalista". No caso das contas-correntes, encerradas ou sequer abertas por recusa dos Representados, as *exchanges* necessitavam de seu acesso para transacionar com seus clientes e para realizar o pagamento de tributos, não havendo alternativa viável para tanto.

Alegou-se a ilegalidade da recusa de contratar, sobretudo diante da ausência de justificativa objetiva. A Representante interpretou tais condutas como uma série de reações à concorrência oferecidas pelas corretoras em relação aos bancos incumbentes, indicando jurisprudência internacional que corroboraria a tese de ilegalidade das práticas.

Dentre a jurisprudência apresentada, destaca-se o caso Swift, no qual se estabeleceu que o acesso ao Sistema de Pagamentos é considerado uma infraestrutura essencial caso seja necessária para que os agentes concorram no mercado relevante. Por infraestrutura essencial, entendeu-se aquela instalação sem a qual os concorrentes não conseguem prestar serviços aos seus clientes, de modo que a limitação ou o óbice ao seu uso pode constituir significativa barreira à entrada de novos concorrentes.

Em complemento à argumentação inicial traçada pela Representante, o Parecer Econômico (SEI n. 0605107), solicitado pela ABCB e elaborado pelo professor Paulo Furquim de Azevedo, acrescentou algumas considerações à discussão. Em primeiro lugar, apontou que os bancos têm encerrado as contas-correntes de corretoras de criptomoedas concomitantemente à demonstração de interesse em atuar nesse ramo. De fato, grandes bancos têm estabelecido parcerias para a venda de criptomoedas no Brasil, tais como a XRP, terceira maior criptomoeda do mundo, controlada pela empresa Ripple, que já trabalha com bancos como Santander, Bradesco e Banco Rendimento e pretende estender sua parceria para bancos digitais em 2020 (GOUVEIA, 2019).

Além da contradição de interesses apontada, o parecer indicou que os criptoativos ameaçam a posição dominante dos bancos incumbentes em grande parte pelo seu potencial disruptivo em relação às atividades de intermediação financeira. Contudo, suas operações ainda necessitam do sistema financeiro tradicional para a conversão em moeda corrente, razão por que a detenção de contas-correntes para operações das *exchanges* é imprescindível e determinante para capacidade competitiva dessas *fintechs*.

Ademais, o mercado de criptomoedas é caracterizado pela presença de efeitos de rede – à similitude das plataformas abertas de investimentos, nas quais tanto investidores como consumidores atribuirão maior valor à plataforma quanto maior o número de participantes dos dois lados do negócio (ROCHET e TIROLE, 2003). Nessa lógica, são favorecidos os concorrentes com maior base de clientes, ainda que estes tenham se originado de outros nichos de mercado.

Os bancos, sob esse aspecto, poderiam dificultar o desenvolvimento de novas corretoras a fim de facilitar sua própria entrada no mercado de corretagem de criptoativos valendo-se da já consolidada carteira de clientes. Com a criação de óbices à entrada dessas corretoras no mercado, os incumbentes tenderiam a reproduzir a posição dominante do mercado bancário, o que resultaria na perda de pressão competitiva.

Embora a representação tenha narrado o caso específico da corretora Atlas em face do Banco do Brasil, a Representante anexou uma lista de ações judiciais que indicou a ocorrência das mesmas condutas em detrimento de outras corretoras. No curso do inquérito, apontaram-se novas corretoras e bancos envolvidos em casos análogos. Essas empresas foram oficiadas para prestar informações e, em resposta, reiteraram os impactos negativos da dificuldade de abertura ou manutenção de contas correntes para o desenvolvimento de sua atividade.

Além da impossibilidade de continuar os negócios em razão das funções desempenhas por meio das contas-correntes, referida dificuldade resultaria potencialmente na perda de clientes, que optariam por operar com corretoras que tivessem conta em seu banco de preferência, e no prejuízo à imagem da empresa com os bloqueios dos recursos dos clientes em decorrência do encerramento das contas. Tais obstáculos ensejariam lentidão na movimentação de recursos, em expressivo descompasso com o dinamismo do mercado de criptomoedas.

1.3. As Justificativas dos Representados

As respostas oferecidas pelos Representados Banco do Brasil, Santander, Bradesco, Itaú Unibanco, Inter e Sicredi tiveram, em sua maioria, conteúdo análogo, salvo argumentos específicos apresentados singularmente por alguns dos bancos oficiados.

O primeiro ponto levantado dizia respeito à ausência de código específico para a atividade de corretagem de criptomoedas na Classificação Nacional de Atividades Econômicas (CNAE), atrelada à falta de regulamentação da atividade. Para os Representados, a falta do código impossibilitaria a identificação dos clientes que efetivamente desempenhariam atividade de corretagem de criptomoedas, de modo que o encerramento das contas não estaria relacionado à discriminação dessas empresas.

Em decorrência da falta de regulação, afirmou o Itaú Unibanco não serem possíveis a comprovação e a rastreabilidade da criptomoeda, o que geraria riscos para o banco. Acrescentou que essas moedas estão comumente associadas à sua utilização na *deep web*. Citou o exemplo do uso das criptomoedas no financiamento de grupos terroristas, pagamentos de sequestros e instrumentalização da corrupção.

Dentre os crimes supostamente possibilitados pelo uso das criptomoedas, o mais citado foi a lavagem de dinheiro. Os bancos embasaram-se em normativas do próprio Bacen para justificar o encerramento das contas como procedimento-padrão em caso de violação das Normas de Prevenção à Lavagem de Dinheiro (Circular n. 3.461/2009). A movimentação de recursos incompatível com a capacidade econômico-financeira do correntista poderia configurar indícios de crime (Circular n. 3.452/2009). Tais normativas foram o ponto central da argumentação do Sicredi.

O Banco Santander acrescentou a obrigação dos bancos de evitar contratos e operações que pudessem comprometer a integridade do Sistema Financeiro Nacional. Na medida em que a aplicação do *know your client* permite à instituição verificar o preenchimento dos requisitos de compatibilidade com a legislação e a regulamentação bancária, é possível que o relacionamento seja travado apenas com aqueles que efetivamente os preencham.

Para o Bradesco, os encerramentos se deram, ainda, em virtude da falta de demonstração da licitude das movimentações realizadas pelas corretoras de criptomoedas e da irregularidade das informações prestadas. O Banco Inter, a propósito, ressaltou que não há interesse comercial em vedar a abertura de contas-correntes de quaisquer clientes, de modo que os procedimentos adotados visam tão somente à segurança do sistema.

O Itaú Unibanco foi pragmático ao afirmar que, de fato, não abre contas para empresas de criptomoedas, na medida em que essas não conseguem comprovar a origem e o destino dos recursos detectados em movimentações suspeitas. Ainda que tais empresas consigam burlar o filtro inicial do banco e abrir contas, a incompatibilidade na movimentação de recursos é investigada tão logo detectada.

Por fim, descartou-se a possibilidade das atividades de *exchanges* serem concorrentes do oferecimento dos produtos de investimentos dos bancos tradicionais, o que reiteraria a ausência de conduta anticompetitiva.

1.4. Posicionamento da Superintendência-Geral

Em primeira análise, referente à decisão de instauração do Inquérito Administrativo, a SG reconheceu o acesso ao Sistema Financeiro como fundamental para qualquer atividade comercial, sendo indispensável no caso das criptomoedas. Esse acesso permite o controle e o rastreamento da origem e do destino dos recursos das corretoras, o que contribui para a coibição de condutas ligadas à lavagem de dinheiro. Nesse sentido, a restrição dos bancos traz inegáveis prejuízos às corretoras.

Com relação às justificativas apresentadas pelos Representados, a SG, nesse exame inicial, reconheceu que o encerramento das contas sem a devida verificação das medidas de segurança adotadas pelas corretoras e das políticas de *compliance* implicaria a pressuposição de ilicitude *per se* por partes dos bancos. Acrescentou-se que a suposta impossibilidade de verificar a origem e o destino dos recursos nas transações dessas empresas não era plausível, na medida em que os recursos são movimentados por transferência bancária.

Quanto à ausência de CNAE, a SG afirmou que "a falta de uma classificação própria e de regulamentação de um setor não o torna ilícito". Essa falta não deve servir como fundamento para tolher a livre-iniciativa, prevista no art. 170, parágrafo único, da Constituição Federal. Asseverou-se que o surgimento de novos mercados antecedente à intervenção do Estado é natural.

Ademais, foi suscitada a discussão acerca do aumento significativo no nível de inovação nos mercados mundiais, sobretudo no mercado financeiro. Esse movimento tem beneficiado os consumidores com a ampliação da oferta e da qualidade dos serviços financeiros. Contudo, incumbentes e agentes tradicionais, destacou-se, buscam formas de barrar essas iniciativas, por considerá-las "ameaças reais às suas atividades". O papel do CADE, nesse contexto, é de proteger os movimentos de inovação e impedir que o processo de surgimento de novos competidores seja coibido.

> Resta claro que a autoridade antitruste, nesse cenário, tem um papel protagonista, como guardião do princípio constitucional da livre-iniciativa, no sentido de estar atento a movimentos que visem a obstrução da inovação, o retardamento do processo de surgimento de novos competidores, novas tecnologias que, em geral, elevam o nível de bem-estar de uma sociedade. (p. 8, item 76)

Por fim, a medida preventiva pugnada não foi concedida, pois considerou-se que os indícios das práticas apontadas seriam, naquele momento, insuficientes para se concluir pelo dano iminente e irreversível ao Representante.

2. Os Conceitos do Direito Antitruste Aplicados ao Caso

O caso em análise joga luz sobre alguns conceitos essenciais do direito antitruste que foram empregados para sua elucidação. O principal deles é a ideia de mercado relevante, cuja aplicação trouxe consequências importantes para a opinião da Superintendência Geral.

A recusa de contratar e a discussão sobre a essencialidade do acesso fazem com que o caso seja tratado como o de uma restrição de vertical em função de relação de fornecimento. As práticas verticais são aquelas em que há o concurso de empresas situadas em etapas distintas da cadeia de produção e comercialização, as quais restringem o comportamento de seus agentes por meio de contratos explícitos ou tácitos.[3]

Dessa maneira, as partes apresentam alguma forma de compromisso para limitar, ainda que parcialmente, suas ações, o que pode ocorrer, por exemplo, por meio da fixação de preços de revenda, da segmentação dos mercados em regiões geográficas ou em função da clientela, do compromisso de exclusividade na aquisição de bens ou serviços, ou em função da recusa no fornecimento de insumos essenciais para concorrentes efetivos ou potenciais, dentre outras. Essa última conduta se caracteriza como a imposição unilateral de uma restrição, com impacto sobre o nível de concorrência do setor.

Esse enquadramento permite situar o problema das corretoras de criptomoedas nos seguintes termos: de forma a configurar a restrição vertical como produtora de efeitos anticompetitivos, é necessário que se demonstre que o não fornecimento do insumo reduz a concorrência do mercado, de tal maneira que o seu sentido possa ser identificado unicamente com o propósito de prejudicar a competitividade do setor.

Este é o sentido que se apresenta a partir da afirmação das *exchanges* de que a recusa em abrir contas, ou encerrar as já existentes, caracteriza ilícito concorrencial, pois tem como resultado os efeitos previstos nos incisos I a IV do art. 36 da Lei n. 12.529/2011: I – limitar, falsear ou de qualquer forma prejudicar a livre concorrência ou a livre-iniciativa; II – dominar mercado relevante

---

[3] Tal como a definição é apresentada por Colomá (2009, p. 247).

de bens ou serviços; III – aumentar arbitrariamente os lucros; e IV – exercer de forma abusiva posição dominante.

As condutas que afetam a concorrência do mercado exigiram uma resposta a esta que talvez seja a mais importante e tradicional (embora constantemente sob crítica) pergunta da análise concorrencial: de que mercado, afinal, se fala? Para que se concluísse pela ilicitude da prática dos bancos, seria necessário que ela afetasse, afinal, a concorrência do setor – o que não seria possível caso as Representadas não estivessem em relação de concorrência com os bancos. Assim, é fundamental definir qual é o mercado relevante.

A Superintendência Geral ofereceu a resposta nos seguintes termos: do lado da oferta (isto é, no mercado a montante), os produtos financeiros podem ser cada vez menos definidos como uma cesta de produtos. Isso talvez se observasse quando o sistema financeiro era ainda mais fechado e integrado, com pouca possibilidade de diversificação das firmas atuantes. Com as plataformas abertas, no entanto, surgiram vários fornecedores de produtos distintos, os quais não pertencem, necessariamente, à mesma firma ou a um único grupo responsável pela provisão de todos os serviços ao mesmo tempo.

Assim, os produtos questionados na denúncia, que são a contas-correntes e os serviços acessórios a elas (como as transferências bancárias) constituem um produto à parte, isto é, que fazem parte de um mercado específico. O mercado relevante a montante do produto é, portanto, na avaliação da SG, o mercado de contas-correntes e serviços acessórios.

Pela dimensão geográfica, por sua vez, é um mercado de abrangência nacional, pois as políticas financeiras e de prevenção a lavagem de dinheiro, sob as quais os bancos acabam por legitimar a prática de recusa de acesso às corretoras, são políticas definidas nacionalmente.

Do lado da demanda pelos produtos mencionados (isto é, no mercado a jusante), o produto para o qual o acesso às contas-correntes e serviços acessórios é alegadamente essencial constitui-se na intermediação da compra e venda de criptomoedas. Pela dimensão geográfica, trata-se igualmente de um mercado de abrangência nacional, mesmo porque os criptoativos são conversíveis em real, a moeda doméstica brasileira.

Os bancos estariam afetando o mercado do produto a jusante? De acordo com a Superintendência Geral, a resposta é negativa. Para isso, considerou que os pagamentos com criptomoedas são ainda incipientes no país, em relação às transações operadas por meio de moeda corrente. Com isto, a concorrência entre bancos e corretoras de criptomoedas não seria significativa, de forma que não haveria prejuízo à concorrência setorial. O mesmo quanto

4. *BLOCKCHAIN* E DEFESA DA CONCORRÊNCIA

às operações das corretoras junto a investidores, pois a aquisição de criptomoedas por fundos de investimento não é permitida no país (Ofícios Circulares n. 1 e n. 11 da CVM, de 2018).

Ainda, a Superintendência levou adiante a análise das condutas para verificar se havia, nessa análise preliminar, poder de mercado dos bancos, conforme alegado pelas *exchanges*. Estas aduziram que, conquanto a participação individual de cada instituição financeira seja individualmente reduzida, elas agem de forma similar, em grupo. E a fatia de mercado das Representadas em conjunto seria, esta sim, elevada e significativa.

Também para essa pergunta a resposta da SG é negativa. Não haveria possibilidade de exercício de poder de mercado, em primeiro lugar, porque bastaria acesso a uma única conta-corrente por parte das corretoras para que ela aproveitasse de toda a infraestrutura do Sistema Financeiro Nacional, para seus depósitos ou para a intermediação de transferências.

Assim, os bancos denunciados não teriam condições de restringir o acesso ao insumo, pois elas não constituem a totalidade do sistema bancário nacional e sempre haveria a possibilidade de que, em algum outro banco, as corretoras mantivessem alguma conta-corrente. Isso seria o suficiente para atingirem o mercado a montante, isto é, para terem acesso à oferta do produto pretendido e a todo o sistema financeiro.

As *exchanges* contra-argumentaram que a limitação do acesso ao insumo traria, no entanto, considerável prejuízo, pois elevaria seus custos de transação. Não seria satisfatório ter acesso apenas a instituições bancárias menores, em que seus clientes não têm contas de depósito e que apresentam maiores dificuldades de acesso no território nacional.

A esse respeito, a Superintendência considerou que, embora seja possível considerar que haveria, de fato, elevação dos custos de transação, esta seria uma inconveniência, mas não um bloqueio no acesso ao mercado. Afastou, portanto, a ideia de uma infraestrutura essencial cuja contratação se recusa. No mesmo sentido, não haveria indícios de ação coordenada dos bancos para atingir as mesmas empresas em datas similares – o encerramento ou a recusa de abertura de contas não se deu em conjunto, pelo que não encontrou comprovação de ação articulada para limitação de acesso. Chegou mesmo a sugerir que, ao pretender direito de acesso ilimitado à infraestrutura de transferências mantidas pelos bancos representados, as corretoras poderiam estar se comportando como *free riders*.

Conclusões e Comentários Finais

O caso traz à luz algumas questões de suma relevância para a compreensão da análise antitruste em situações nas quais novas tecnologias pautadas pela inovação disruptiva estejam envolvidas. Verificou-se que a crescente utilização das criptomoedas em transações financeiras está se tornando uma realidade cada vez mais patente. Ainda que pouco expressiva em relação ao contexto global, a participação brasileira tende a ocupar maior espaço nos próximos anos. O desenvolvimento desse mercado no Brasil, contudo, ainda dependerá da adequada regulamentação e de cautela por parte das autoridades monetária e concorrencial para não coibir sua expansão.

Tendo isso em vista, a posição adotada pela SG, nesse primeiro momento, apresenta alguns pontos que merecem análise. Em primeiro lugar, examina-se o fundamento atinente à ausência de poder de mercado dos Representados. Do ponto de vista da demanda, a SG entendeu que o poder não se verificaria, pois "qualquer banco entre as dezenas deles instalados no país pode fornecer uma conta-corrente". Sem a possibilidade de restringir esse "insumo", não haveria que se falar em ilícito antitruste. Além disso, o acesso a inúmeras contas-correntes como vantagem concorrencial seria, na concepção da SG, irrazoável e muito próximo do conceito de *free rider*.

Alguns elementos levam a concluir pelo elevado volume de operações realizadas pelos bancos denunciados. Entre eles encontram-se os quatros maiores do país (Itaú Unibanco, Bradesco, Banco do Brasil e Santander). Vale destacar que, em que pese a queda nos níveis de concentração entre 2016 e 2018, os maiores bancos do Brasil ainda detêm 81,2% dos ativos totais (BRASIL, 2019).

Esses elementos não levaram, no entanto, a concluir pela existência de poder de mercado. Com efeito, serviços como a manutenção de conta-corrente são oferecidos por inúmeras instituições financeiras autorizadas no Brasil. A limitação do acesso parece ter sido tratada no caso, no entanto, como mero custo para o acesso à oferta, mas não uma barreira capaz de prejudicar a concorrência do setor.

Diante desse cenário, não é possível deixar de cogitar que a tolerância de condutas como o encerramento de contas-correntes por parte dos bancos, sob premissas de segurança do sistema que ainda devem ser objeto de maior escrutínio, abre a possibilidade de que outros bancos poderão se valer das mesmas razões adotadas para cercear o acesso das corretoras aos seus serviços – sobretudo valendo-se dos riscos presentes nas atividades envolvendo criptomoedas.

4. *BLOCKCHAIN* E DEFESA DA CONCORRÊNCIA

Cumpre salientar que a pressuposição dos bancos em relação às criptomoedas parte de alguma de suas características primordiais: presença de dados criptografados que possibilitam o anonimato entre as partes negociantes; impossibilidade de congelamento ou confisco pelas autoridades e ausência de pré-requisitos ou limites, sejam materiais, sejam territoriais, para as transações. Em razão disso, as criptomoedas são recorrentemente utilizadas no contexto da *dark web* – ambiente virtual criado com base em protocolos de alta segurança e anonimato (BRAGA e LUNA, 2018, p. 278), o qual acaba sendo palco para prática de crimes de lavagem de dinheiro, terrorismo, tráfico humano, dentre outros.

Não obstante, não há ilicitude *per se* sem a devida análise singular das medidas adotadas pelas corretoras com a finalidade de prevenir a prática de crimes como os supracitados. A própria SG reconheceu, na Nota Técnica n. 39/2018 (SEI n. 0526889), que tal conduta é drástica e potencialmente prejudicial ao desenvolvimento do mercado nascente das criptomoedas.

> De fato, atividades ilícitas, como as citadas, devem ser evitadas e esta SG entende que os bancos devem tomar medidas restritivas quando há indícios de prática de crimes por parte de seus correntistas. Contudo, não parece razoável que os bancos apliquem medidas restritivas a priori, de forma linear a todas as empresas de criptomoedas, sem analisar o nível de *compliance* e as medidas antifraude adotadas por cada corretora, individualmente, conferindo um tratamento de ilegalidade per se à atividade de corretagem de criptomoedas.

Tal entendimento não foi mantido na Nota Técnica proferida em dezembro de 2019, a qual opinou pelo arquivamento do IA. Fundamentou-se que, de fato, as atividades relacionadas às criptomoedas podem conter alto risco "independente da ausência de regulação, mas inerentemente ligado às possibilidades que envolvem criptomoedas", reiterando a absurda aplicação da ilicitude *per se* a essas atividades.

De um modo geral, observou-se que a posição defensiva dos bancos em relação ao mercado de criptomoedas valeu-se do manto protecionista de estabilidade e segurança do Sistema Financeiro Nacional para justificar condutas anticoncorrenciais. Entretanto, a proteção, embora válida, já não é mais a singular agenda que a autoridade monetária brasileira busca cumprir. A exemplo da BC#, que traz temas como *open banking*, *sandbox* regulatório, entre outras discussões atuais, a proposta é trazer ao setor financeiro maior competitividade (BC..., 2019). Desde a criação do Departamento de Competição e de Estrutura do Mercado Financeiro (Decem), o Bacen tem demonstrado seu interesse em atingir as metas da agenda com eficiência.

O CADE, como órgão central do Sistema Brasileiro de Defesa da Concorrência, também (e evidentemente) tem o papel de assegurar a competitividade em todos os setores da economia. Foram anos de disputas judiciais até que a autarquia chegasse a um consenso com o Bacen para também atuar na análise antitruste do setor financeiro, com a celebração do Memorando de Entendimentos referente aos atos de concentração econômica no Sistema Financeiro Nacional (BRASIL; BANCO CENTRAL DO BRASIL, 2018).

Considerando que o setor financeiro atualmente se encontra em um processo de constantes transformações, ensejado pela ascensão das *fintechs* e a inovação disruptiva por elas trazida, a autoridade concorrencial deve adotar cautela na análise de condutas que potencialmente obstem o desenvolvimento desses novos mercados. Esse alerta foi dado pela própria SG na ocasião em que se determinou a instauração do Inquérito Administrativo analisado.

O mercado das criptomoedas é caracterizado por rápidas mudanças tecnológicas. Mercados com essa característica sofrem impactos muito mais expressivos com a exclusão de potenciais competidores por meio das barreiras à entrada do que os mercados estabelecidos com tecnologia já consolidada (HEMPHILL e WU, 2011, p. 1212).

O caso das criptomoedas ainda aguarda seu desfecho na esfera administrativa. Ante o não esgotamento da via recursal, certamente a discussão será objetivo de análise do CADE. Qualquer que seja a decisão dos Conselheiros julgadores, é certo que seu conteúdo terá um significativo impacto no desenvolvimento das atividades das *exchanges* brasileiras de criptoativos, que, como se vê, não encontrou ainda a guarida da legislação antitruste brasileira.

REFERÊNCIAS

BC faz reestruturação e terá unidade voltada à competição. Brasília, 7 jun. 2019. Disponível em: https://www.bcb.gov.br/detalhenoticia/352/noticia. Acesso em: 3 jan. 2020.

BRAGA, Romulo Rhemo Palitot; LUNA, Arthur Augusto Barbosa. Dark web and bitcoin. *Direito e Desenvolvimento*, João Pessoa, v. 9, n. 2, p. 270-285, ago./dez. 2018.

BRASIL. Banco Central do Brasil. *Memorando de Entendimentos relativo aos procedimentos de cooperação na análise de atos de concentração econômica no Sistema Financeiro Nacional.* Brasília, 2018. Disponível em: https://www.bcb.gov.br/content/estabilidadefinanceira/Documents/Organizacao/memorando_cade_bc_28022018.pdf. Acesso em: 4 jan. 2020.

4. BLOCKCHAIN E DEFESA DA CONCORRÊNCIA

BRASIL. Banco Central do Brasil. *Relatório de Economia Bancária*. Brasília, 2019. Disponível em: https://www.bcb.gov.br/publicacoes/relatorioeconomiabancaria. Acesso em: 12 ago. 2019.

BRASIL. Conselho Administrativo de Defesa Econômica. *Inquérito Administrativo 08700.003599/2018-95*. Representante: Associação Brasileira de Criptomoedas e *Blockchain*. Representado: Banco do Brasil S/A. Brasília, 2018.

BRASIL. Superior Tribunal de Justiça. Recurso Especial n. 1.696.214/SP, 3ª Turma, Relator Ministro Marco Aurélio Bellizze, j. 9 out. 2018.

BRUMMER, Chris; YADAV, Yesha. Fintech and the innovation trilemma. *Georgetown Law Journal*, v. 102, n. 2, p. 235-308, 2019.

BUTTON, Chelsea D. The forking phenomenon and the future of cryptocurrency in the law. *UIC Review of Intellectual Property Law*, Chicago, v. 19, n. 1, p. 1-37, 2019.

CHAVES-DREYFUSS, G. Bitcoin hits another record high in march towards $20,000. *Reuters*, Londres, 12 dez. 2017. Disponível em: https://www.reuters.com/article/uk-markets-bitcoin/bitcoin-hits-another-record-high-in-march-towards-20000-idUSKBN1E60PE. Acesso em: 29 dez. 2019.

COLOMÁ, German. *Defensa de la Competencia*. 2. ed. Buenos Aires: Ciudad Argentina, 2009, p. 247.

FINNEY, Brad. *Blockchain* and antitrust: new tech meets old regs. *The Tennesse Journal of Business Law*, v. 19, n. 2, p. 709-736, 2018.

GOUVEIA, J. Bancos digitais receberão parceria para venda de criptomoeda. *FDR*, Recife, 31 dez. 2019. Disponível em: https://fdr.com.br/2019/12/31/bancos-digitais-receberao-parceria-para-venda-de-criptomoeda/. Acesso em: 4 jan. 2020.

HEMPHILL, C. Scott; WU, Tim. Parellel exclusion. *Yale Law Journal*, v. 122, n. 5, p. 1182-1253, 2011.

HONORATO, I. As principais *exchanges* de bitcoin do Brasil. *Cointimes*, São Paulo, jan. 2019. Disponível em: https://cointimes.com.br/as-7-principais-*exchanges*-de-bitcoin-do-brasil/. Acesso em: 2 jan. 2020.

LEISING, M. App to literally buy a cup of coffee with bitcoin set for 2020. *Bloomberg*, 28 out. 2019. Disponível em: https://www.bloomberg.com/news/articles/2019-10-28/starbucks-crypto-consumer-app-targeted-for-first-half-of-2020. Acesso em: 6 jan. 2020.

LIU, B. Regulamentação incentivará mercado de criptomoedas. *Estadão*, São Paulo, 3 dez. 2019. Disponível em: https://politica.estadao.com.br/blogs/fausto-macedo/regulamentacao-incentivara-mercado-de-criptomoedas/. Acesso em: 2 jan. 2020.

MAGNUNSON, William. Regulating Fintech. *Vanderbilt Law Review*, Nashville, v. 71, n. 4, p. 1167-1226, mai. 2018.

MCMILLAN, Jonathan. *O fim dos bancos*: moeda, crédito e revolução digital. São Paulo: Portfolio Penguin, 2018.

ROCHET, Jean-Charles; TIROLE, Jean. Plataform Competition in Two-Sisded Markets. *Journal of the European Economic Association*, v. 1, n. 4, p. 990-1029, jun. 2003. Disponível em: https://www.rchss.sinica.edu.tw/cibs/pdf/RochetTirole3.pdf. Acesso em: 19 set. 2019.

5. *BLOCKCHAIN*: JURIDICIDADE DE SUAS APLICAÇÕES PELO DIREITO BRASILEIRO

Tiago Severo Pereira Gomes

Introdução

O direito brasileiro possui bases e fundamentos teóricos suficientes para chancelar a juridicidade das aplicações em *blockchain*, que combinam a interação entre a rede e o homem. A confiabilidade da tecnologia *blockchain* não pode ser confundida com a prestação do serviço em si, mas deve ser vista apenas como meio para a concretização do negócio digital. A validade da relação contratual constituída eletronicamente depende da (i) integridade e autenticidade de seus termos e (ii) identificação das partes signatárias (autoria).

1. A Origem: *Blockchain*

O *blockchain* é rede pública de registro de transações de transferência de valores, em que todos os participantes são iguais e todos auditam as contas de todos os outros automaticamente. A conjunção dos termos *"block"* e *"chain"* deriva do fato de que as transações ficam organizadas em blocos, que, por sua vez, são conectados entre si, como os blocos numéricos em um boleto bancário. O *blockchain* faz parte da nova internet, a "internet dos valores".

O marco inicial para o seu surgimento tem a ver com a criptomoeda bitcoin, a partir da publicação do artigo intitulado "A peer-to-peer electronic cash system", em 2008 (NAKAMOTO, 2009).

O bitcoin foi lançado e idealizado por um programador não identificado, conhecido apenas pelo nome (ou pseudônimo) Satoshi Nakamoto. Foi a primeira criptomoeda que nasceu no ambiente pós-crise financeira global de 2007-2008 e teve como objetivo propiciar tanto a troca de valores entre pessoas naturais, sem a intermediação de terceiros, quanto permitir a efetuação de pagamentos, um "meio de pagamento", também sem a intermediação de qualquer autoridade central (AMMOUS, 2018). A descentralização (FILLIPI e WRIGHT, 2018) das relações é reflexo da nova Ética (SUSSKIND, 2018) e nova Democracia (POSNER, 2011), nascidas da Era Digital.

Os usuários de bitcoins possuem chaves que permitem provar a propriedade e as transações dos seus criptoativos, colocando assim o controle totalmente nas mãos de cada usuário. Dessa forma, a transferência de valores se dá pela transferência de propriedade. O protocolo do bitcoin está disponível como código aberto, de livre acesso. O bitcoin introduziu uma nova arquitetura, em que a confiança é garantida de forma descentralizada baseada em consenso, o *blockchain*.

Independentemente da criptomoeda que lhe deu origem, o *blockchain* abre o caminho para novos modelos de negócios e inovações nos mais variados setores da economia. Isso porque a rede também pode ser utilizada em outras aplicações, como no registro de imóveis, certificação de documentos, substituição de softwares de logística integrada, etc.

O *blockchain* é dividido em "blocos" que são análogos às páginas de um livro contábil. Cada bloco possui dígitos verificadores, ou *hash*, que tornam possível detectar adulterações, como se fossem uma marca d'água. Os blocos incorporam ainda os dígitos verificadores da página anterior, criando um "elo" ou "cadeia" que permite ter certeza de que todas as páginas do livro contábil não foram adulteradas. Assim, qualquer participante do sistema pode conferir todas as contas e determinar que o registro é íntegro e que não houve fraudes ou falsificações.

Em 2015, os bancos Barclays, JP-Morgan, Credit Suisse, Goldman Sachs, State Street, UBS, Royal Bank of Scotland, BBVA e Commonwealth Bank of Australia anunciaram um plano para colaborar em normas comuns para a tecnologia *blockchain*, apelidado de consórcio R3. De lá para cá, outros bancos aderiram a esse consórcio, hoje reunindo aproximadamente 80 bancos (TIGO, 2019). O governo da Índia, por exemplo, está desenvolvendo projeto-piloto para a implementação de suas próprias aplicações e soluções via *blockchain* (KHATRI, 2019).

Novas soluções estão surgindo, se beneficiando dos conceitos instituídos pelo **blockchain**: (i) a empresa alemã Ascribe[1] (2015) se transformou na BigchainDB[2] para desenvolver produtos e serviços com foco no segmento de registro de propriedade intelectual para que artistas possam localizar o uso de suas obras na web; (ii) a brasileira OriginalMy[3] cria soluções para a assi-

---

[1] Mais informações em: https://www.ascribe.io/.
[2] Mais informações em: https://www.bigchaindb.com/.
[3] Mais informações em: https://originalmy.com/.

5. *BLOCKCHAIN*: JURIDICIDADE DE SUAS APLICAÇÕES PELO DIREITO BRASILEIRO

natura digital, certificação e registro para fins de garantir a autenticidade de operações, negócios e atos jurídicos; (iii) a *start-up* norte-americana Common Accord,[4] por sua vez, foca suas atividades no registro de documentos legais e se compromete a, no futuro, prestar serviços em todas as línguas e jurisdições pelo mundo; (iv) a Nasdaq Linq, um projeto-piloto de autoria da Bolsa NASDAQ, tem como objetivo promover digitalmente, sem "papel e caneta", a utilização de plataformas de ***private-market trading***, como bolsas de valores; (v) a estatal sueca Lantmäteriet tem a pretensão de automatizar o registro de terras e da propriedade em seu país; e (vi) o Centro de Tecnologia & Assuntos Globais (*Centre for Technology & Global Affairs*) da Universidade de Oxford emitiu um ***working paper*** sobre a utilização do *blockchain* para Serviços Governamentais (MARTOINOVIC *et al.*, 2017), abordando os princípios de design, aplicações e estudos de caso.

Em janeiro de 2017, a sociedade de telecomunicações financeiras interbancárias mundial, ou Swift, passou também a se utilizar da tecnologia *blockchain* em seus próprios produtos para construir um *proof-of-concept*, ou "PoC", que poderia substituir as contas *nostro*, uma espécie de conta-corrente. O PoC é parte do serviço *global payments innovation*, ou "GPI", da Swift a partir de um novo padrão para pagamentos transfronteiriços (SWIFT, 2019).

Além disso, já existem propostas de legislação no Estado de Nova York, com o intuito de reconhecer a execução de transações em *blockchain*. Por exemplo, o Projeto de Lei n. 8.780, de 27 de novembro de 2017, *Assembly Bill 8780* (USA, 2017), que pretende alterar a lei estatal de tecnologia para permitir assinaturas, registros e contratos garantidos através da tecnologia *blockchain*, como registros eletrônicos e assinaturas válidos, e para reconhecer a validade legal do uso de contratos inteligentes no comércio.

No Brasil, a Superintendência de Seguros Privados (Susep) alterou, no ano de 2017, a sua Resolução CNSP n. 294/2013, para admitir que as emissões de apólices de seguro e de certificados individuais pudessem a ser emitidos virtualmente, desde que por meio de infraestrutura de chaves públicas, Public Key Infrastructure (PKY), à qual o *blockchain* se refere, como se verá a seguir.

Partindo dessa breve contextualização, fica claro perceber que a confiabilidade da tecnologia *blockchain* é um pré-requisito não jurídico que vem sendo sedimentado à medida que mais usuários o utilizam como solução tecnológica, indo muito além da criptomoeda que lhe deu origem.

---

[4] Mais informações em: https://www.accordproject.org/.

2. Na Prática, o que é *Blockchain*?

O *blockchain* surgiu da combinação de três tecnologias (BAUERLE, 2017) já existentes: (i) da criptografia de chave privada, ou *PKY*, (ii) uma rede distribuída P2P, ou *peer-to-peer distributed network*, e (iii) do mecanismo de consenso. A interação entre esses elementos tecnológicos deu origem à matriz operacional que possibilita a validação de registros sem a necessidade de uma autoridade central, com a infraestrutura de chaves públicas brasileira – ICP-Brasil. A Figura 1, a seguir, apresenta as três tecnologias que compõem o *blockchain*.

Figura 1 – As três tecnologias que compõem o *blockchain*

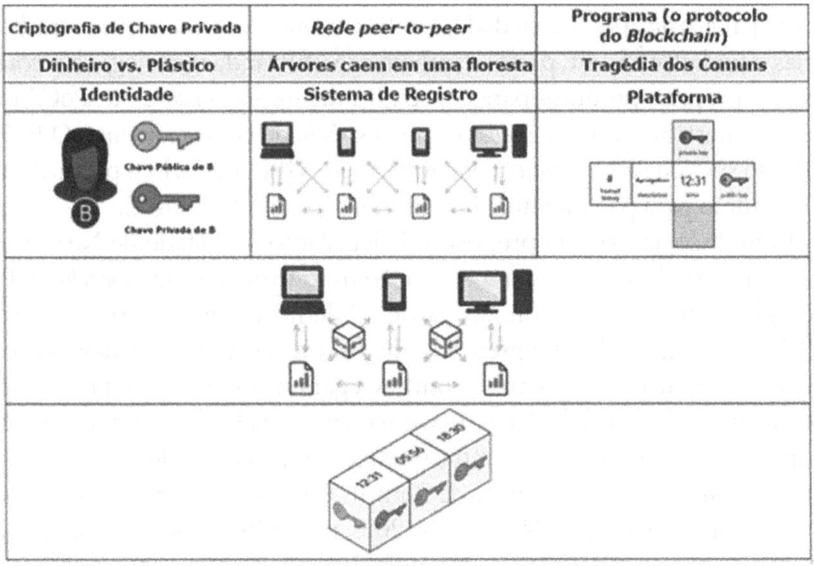

Fonte: Great Wall of Numbers. Disponível em: https://www.ofnumbers.com/2017/02/27/a-brief-history-of-r3-the-distributed-ledger-group/. Acesso em: 25 ago. 2020 (tradução do autor).

Os *"ledgers"* são "livro-razão", um "diário" que mantém o histórico de todas as "operações", "transações" ou um conjunto de saldos de uma "conta" vinculada à uma determinada criptomoeda. Para facilitar a visualização, a Figura 2, a seguir, apresenta um diagrama com as "camadas" contidas em cada *ledger* (SWANSON, 2017).

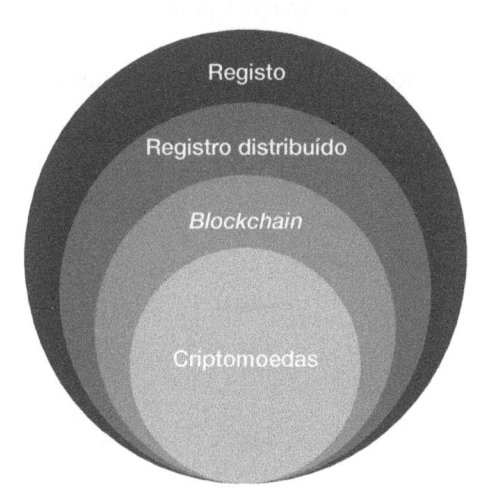

Figura 2 – Diagrama de Euler alternativo

(Registo / Registro distribuído / *Blockchain* / Criptomoedas)

Fonte: Great Wall of Number. Disponível em: https://www.ofnumbers.com/2017/02/27/a-brief-history-of-r3-the-distributed-ledger-group/. Acesso em: 25 ago. 2020 (tradução do autor).

O *blockchain* pode ser entendido como uma espécie de "livro-razão" distribuído que mantém o histórico de todas as operações/transações, o qual é único e replicado em todos os participantes do sistema, isto é, todas as transações do sistema estão replicadas em centenas de nós, distribuídos geograficamente em diversas partes do planeta. Desse modo, a indisponibilidade de um nó ou vários deles não compromete a integridade dos dados do sistema.

As transações no *blockchain*, por sua vez, são agrupadas em blocos, em que cada bloco faz referência a um bloco anterior. Os novos blocos criados são replicados para todos os participantes da rede, mantendo-os atualizados e mutuamente auditados. Essa forma de registrar as informações permite que uma transação seja imutável em seu conteúdo ou forma, visto que para alterar uma informação seria necessário alterar todos os blocos subsequentes, o que é computacionalmente extremamente caro, quando não impossível.

A confiança e a segurança são alcançadas pela arquitetura descentralizada do sistema, graças à combinação do mecanismo de consenso e a utilização de criptografia. Novos conceitos de carimbos e papel em um cartório de registro públicos, por exemplo.

A conferência e a validação das transações são realizadas de forma independente por cada um dos participantes, ou "nós" – leia-se os participantes da rede –, por meio de um mecanismo de "consenso"[5] descentralizado, ou forma de verificação das informações pela própria rede (Figura 3).

Figura 3 – Registros distribuídos em múltiplos nós

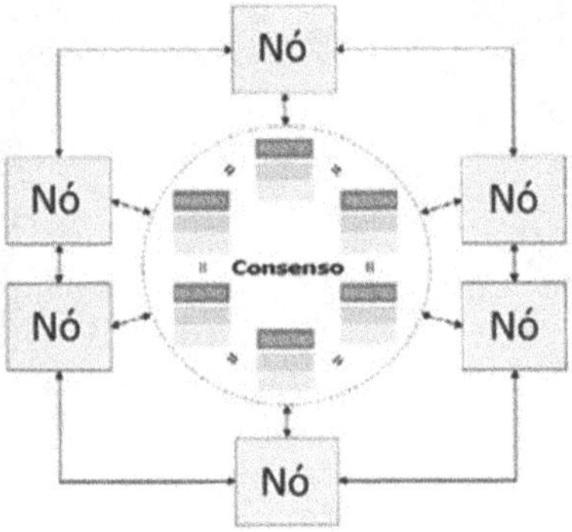

Fonte: Bank for International Settlements. Disponível em: https://www.bis.org/cpmi/publ/d157.pdf. Acesso em: 25 ago. 2020 (tradução do autor).

O consenso descentralizado pode ser resumido em três passos: (i) verificação das transações: cada nó avalia de forma independente cada transação; (ii) criação dos blocos: cada nó (*mining node*) agrega as transações em blocos juntamente com sua verificação computacional através de um algoritmo de *proof-of-work*; e (iii) verificação dos blocos: todos os nós verificam um novo bloco gerado e o incluem no *blockchain*, dando por finalizada aquela "rodada" de verificação por consenso.

Ou seja, cada nó processa cada transação e, pela rede, chega a suas próprias conclusões; depois disso, há uma deliberação em que se "vota" acerca

---

[5] Cf. BANK FOR INTERNATIONAL SETTLEMENTS (2017): "*Consensus. The consensus mechanism is the process by which the nodes in a network agree on a common state of the ledger. This process typically relies on cryptographic tools, a set of rules or procedures reflected in the protocol, and either economic incentives (applicable to any network configuration) or governance arrangements. Consensus generally involves two steps: (i) Validation: each validator identifies state changes that are consistent according to the rules of the arrangement (that is, assets are available to the originator, and the originator and beneficiary are entitled to exchange the assets). In order to do so, each validator needs to rely on a record of previous states, either as a "last agreed state" or as a "chain of previous states". (ii) Agreement on ledger updates: nodes agree to state changes to the ledger. This stage of the consensus process involves mechanisms or algorithms that resolve conflicting changes to the ledger. The key challenge is to ensure that valid changes are made once and only once, by ensuring that state changes are synchronised across the distributed ledger*".

do "consenso". Cada nó exercerá diferentes papéis diante do fluxo necessário para se atingir o "consenso" da rede.

Os nós da rede podem assumir diversos papéis técnicos. Exemplos desses papéis, que não são mutuamente excludentes, incluem: (i) administrador do sistema: é o vigilante que controla o acesso ao sistema e fornece certos serviços para o arranjo, inclusive funções notariais, de resolução de disputas, nivelamento de configuração e reportes regulatórios; (ii) emissor de ativos: nó autorizado a emitir novos ativos, criptomoedas, por exemplo; (iii) proponente: nó autorizado a propor atualizações no registro; (iv) validador: nó autorizado a confirmar a validade das mudanças de estado propostas; e (v) auditor: nó autorizado a analisar o registro, mas não a fazer atualizações.

Além disso, os nós podem variar em sua habilidade de analisar as gravações feitas no registro e, principalmente, no que diz respeito às permissões que possuem diante de cada registro. Por exemplo, é possível que um nó possua autorização da rede para apenas analisar operações em que é uma das contrapartes, mesmo que ele guarde cópia completa do registro criptografado.

Observe-se, a seguir, a esse respeito, a Figura 4.

Figura 4 – Registro distribuído em múltiplos nós com funções e permissões variadas

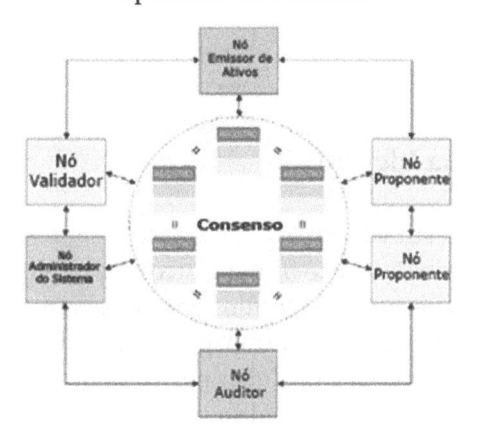

Fonte: Bank for International Settlements. Disponível em: https://www.bis.org/cpmi/publ/d157.pdf. Acesso em: 25 ago. 2020 (tradução do autor).

Uma vez que se obtenha o necessário "consenso", o sistema é atualizado, todos os nós incorporam o bloco recém-aprovado e a transação será operacionalizada. Cite-se o exemplo de transação que o Bank for International Settlements (BIS) utilizou para explicar esse processo. Neste exemplo, a transação envolve os três passos descritos anteriormente (Figura 5).

Figura 5 – Fluxo estilizado de um sistema de pagamentos *DLT-based*

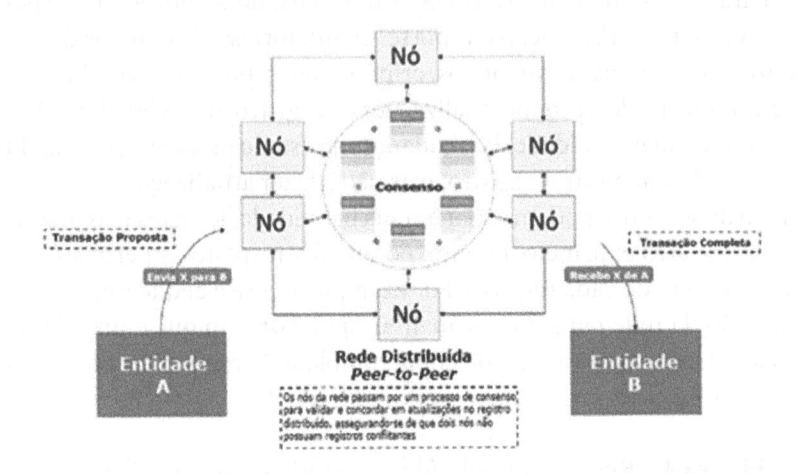

Fonte: Bank for International Settlements. Disponível em: https://www.bis.org/cpmi/publ/d157.pdf. Acesso em: 25 ago. 2020 (tradução do autor).

3. *Blockchain* e sua Identidade

As principais características do *blockchain*, podem ser resumidas em: (i) descentralização e distribuição: não há um banco de dados ou entidade central, em vez disso os blocos estão replicados em todos os nós da rede, situados em qualquer lugar do mundo; (ii) transparência: todo o livro-razão, desde a sua criação está disponível e qualquer pessoa pode acessá-lo, sem a possibilidade de modificar a validade dada a partir do consenso; (iii) confiabilidade e segurança: as transações realizadas não podem sofrer alterações, para que isso fosse possível todos os blocos subsequentes teriam que ser forçosamente recalculados, operação que requereria um enorme, por vezes inacessível, poder computacional; (iv) privacidade e propriedade: cada transação é assinada digitalmente por uma chave privada. Somente o proprietário dela tem o poder de transferir a propriedade do ativo; e (vi) consenso: a conferência e a validação das transações são realizadas de forma independente, por cada um dos participantes, ou "nós", por meio de um mecanismo de "consenso" descentralizado. Mantendo o grande livro-razão constantemente auditado.

Por conta disso, o *blockchain* já funciona pelo mundo como "validador" de assinaturas e registro de contratos entre partes, de propriedade intelectual, de certificados de posse e/ou de fatos e ou atos publicáveis a documentos diversos, nos moldes de uma infraestrutura PKI, isto é, uma estrutura descentralizada, o oposto do ICP-Brasil, que é uma autoridade centralizadora como um cartório.

4. Como Direito Brasileiro Está Preparado?

As aplicações tecnológicas para a formação de contratos eletrônicos geram um verdadeiro "hibridismo" na formação da relação jurídica contratual, rede e homem, e o Direito brasileiro possui bases e fundamentos teóricos suficientes para chancelar a sua juridicidade.

Independentemente da aplicação tecnológica atribuída ao produto ou serviço a ser prestado para o cliente, a validade jurídica de negócios virtuais precisará passar por cinco teses para se afira a sua juridicidade: (i) a declaração de vontade das partes deve atender à forma especial, nos termos do art. 107, do Código Civil de 2002; (ii) o contratante e o contratado devem ser identificados, além de possuírem poderes específicos para compor a relação contratual; (iii) a autonomia da vontade das partes deve ser facilmente verificada ou demonstrada como prova judicial; (iv) o processamento, o registro e a validação, realizados por meio eletrônico, dos termos e condições pactuados devem ser imutáveis e só poderão ser alterados por meio de termo aditivo ao contrato principal ou guarda-chuva; e (v) o registro descentralizado deve ter condições de preservar o sigilo bancário dos dados.

Pelo lado da rede, o ambiente virtual, uma transação é representada pelo conteúdo dos termos e condições contratuais por meio de um documento eletrônico; pelo lado humano, a autonomia da vontade e a boa-fé de contratar são eletronicamente válidas.

A confiabilidade das aplicações tecnológicas não pode ser confundida com a prestação do serviço em si, nos termos do Código de Defesa do Consumidor, mas deve ser vista apenas como meio para a concretização do negócio digital.

A validade da relação contratual constituída eletronicamente depende (i) da integridade e autenticidade de seus termos e (ii) da identificação das partes signatárias (autoria).

Por conta disso, as aplicações tecnológicas na formação de negócios jurídicos, que ocorrem independentemente da vontade das partes contratantes ou da entidade que as utiliza, fazem com que, no plano legal, essas ferramentas funcionem como "fato jurídico" em sentido estrito, uma vez que independem da vontade humana para produzir efeitos juridicamente relevantes. É dizer: ao optar pela formação virtual de um contrato, o proponente declara a sua vontade de se vincular aos seus termos. A ferramenta tecnológica utilizada para a sua formalização servirá apenas como meio para a materialização do aceite e o consequente registro (sentido *lato*).

Vale ressaltar: o ato jurídico que interessa analisar será sempre o ato lícito,[6] sendo este o que tiver por finalidade imediata adquirir, resguardar, transferir, modificar e/ou extinguir direitos, nos termos do que preceitua o Código Civil Brasileiro de 2002 (CC/02). Esse parâmetro jurídico mínimo servirá de alicerce para a realização de qualquer negócio jurídico oriundo de quaisquer das aplicações em *blockchain*. E o negócio jurídico, por sua vez, surge da manifestação de vontade entre pessoas, **fora da rede**, e é, em sentido estrito, dividido em três planos distintos: (i) o da existência; (ii) o da validade; e (iii) o da eficácia (AZEVEDO, 2002).

No plano da existência, há três elementos distintos que precisarão ser atendidos: (i.1) para os elementos gerais, têm-se a forma, o objeto, as circunstâncias negociais, o tempo, o lugar e o agente; (i.2) para aqueles elementos "categoriais", os tipos de negócios; (i.3) para os elementos particulares, entendem-se a condição, o termo e o encargo e todas cláusulas que resultam da vontade das partes. Assim, se presentes esses elementos, ter-se-á um negócio jurídico existente.

A validade tem o seu fundamento nos requisitos previstos no art. 104 do CC/02, quais sejam: (ii.1) o agente precisar ser capaz, observado o que disciplina o Capítulo da personalidade e capacidade no CC/02; (ii.2) o objeto deve ser lícito, possível, determinado ou determinável; e (ii.3) o negócio jurídico deve revestir-se de forma prescrita ou não contrária à lei.

Por fim, a eficácia do negócio jurídico pode ser analisada mediante três classes de fatores: (iii.1) aqueles sem os quais o ato praticamente nenhum efeito produz; (iii.2) aqueles indispensáveis para que um negócio, que já é de algum modo eficaz, entre as partes, venha a produzir exatamente os efeitos

---

[6] Leia-se, aqui, aqueles atos jurídicos originários de fatos jurídicos voluntários lícitos provenientes de ações materiais que recaiam sobre coisas do mundo físico (ou digital), ou afetem a situação material de quem as pratica, como preceitua Rao (1981, p. 22).

por ele visados; e (iii.3) aqueles que agem sobre um negócio, já com plena eficácia, inclusive produzindo exatamente os efeitos visados, e dilata seu campo de atuação, tornando-se oponível a terceiros ou, até mesmo, a qualquer um (*erga omnes*).

Ainda que o entendimento definido via REsp n. 605.928/RS,[7] de relatoria do ministro Francisco Falcão, o Superior Tribunal de Justiça (STJ) firma entendimento que chancela a validade de documentos eletrônicos. Ou seja, conforme o STJ, documento eletrônico pode sim ser considerado meio válido para comprovar a concretização de um negócio jurídico.

Assim, para os fins de ofertar produtos ou serviços que tenham por objetivo a formação contratual pelo meio digital, tem-se que: (i) a chancela eletrônica concedida pode ser considerada meio válido de certificação de que ocorreu o negócio jurídico; e (ii) a manifestação da vontade pela submissão de proposta é válida também quando feita pela via eletrônica, para fins de assinatura de documentos.

A Circular n. 3.829, de 9 de março de 2017, emitida pelo Banco Central do Brasil (Bacen), alterou o regime geral sobre o mercado de câmbio para permitir que contratos de câmbio pudessem ser assinados eletronicamente. Os requisitos regulatórios para a validade do negócio estão previstos no art. 42 da Circular.[8]

---

[7] Ementa: PROCESSUAL CIVIL. EXECUÇÃO FISCAL. CERTIDÃO DE DÍVIDA ATIVA. CHANCELA MECÂNICA OU ELETRÔNICA. I – O termo de inscrição em Dívida Ativa da União, a Certidão de Dívida Ativa dele extraída e a petição inicial da execução fiscal poderão ser subscritos por chancela mecânica ou eletrônica (art. 25, da MP nº 1.542, de 07/08/1997 e art. 25, da Lei nº 10.522, de 19/07/2002). II – Tais recursos mecânicos e eletrônicos são resguardados por medidas de segurança e visam agilizar o processo de cobrança dos tributos, devendo ser atribuído aos respectivos registros impressos, a priori, a mesma credibilidade conferida a um documento subscrito manualmente. Surgindo fundada dúvida acerca da autenticidade, o executado poderá suscitar incidente de falsidade. III – Recurso especial improvido.

[8] Art.42. (...) I – é permitido o uso de assinatura eletrônica; (...) § 1º Considera-se assinatura eletrônica, para fins do disposto no inciso I do caput, as seguintes formas de identificação inequívoca do signatário:
I – certificados digitais emitidos no âmbito da Infraestrutura de Chaves Públicas (ICP-Brasil); ou
II – **outros meios de comprovação de autoria e integridade de documentos de forma eletrônica**, inclusive os que utilizem certificados não emitidos pela ICP-Brasil, **desde que admitidos pelas partes como válidos, na forma da legislação em vigor**.
§ 2º No caso de utilização de assinatura eletrônica, **é de exclusiva responsabilidade da instituição autorizada a operar no mercado de câmbio** assegurar o cumprimento da legislação em vigor, garantindo a autenticidade e a integridade do documento eletrônico, bem como das respectivas assinaturas eletrônicas, incluindo-se a alçada dos demais signatários (grifos nossos).

Essa é a posição atual do Bacen sobre contratos e assinaturas eletrônicas, que, de forma geral, pode ser utilizada para demais produtos e/ou serviços financeiros, desde que não exista previsão legal proibindo, nos termos do art. 107, do CC/02.

No Quadro 1, a seguir, é possível verificar os instrumentos jurídicos da cédula de crédito bancário, CCB eletrônica, das duplicatas virtuais, bem como a assinatura digital em contratos de câmbio, para demonstrar a sua validade jurídica seja para fins de caracterização do negócio jurídico, seja para fins de sua exequibilidade em sede de contratos digitais.

Quadro 1 – Cenário jurídico atual envolvendo contratos eletrônicos

Instrumento	Fundamento	Requisitos: Validade	Exequibilidade
CCB eletrônica	Art. 889, § 3º, do CC/02	Arts. 27-A, 28 e 29, Lei n. 10.931/2004, alterada pela MPV n. 897/2019	Novo CPC REsp n. 1.283.621/SP
Duplicata Virtual	Art. 8º, da Lei n. 9.492/1997	Art. 8º, § 1º, Lei n. 9.492/1997 c.c. Art. 3º, Lei n. 13.775/2018	Novo CPC REsp n. 1.024.691/PR[9]
Contrato de câmbio digital	Circular Bacen n. 3.691/2013, alterada pela Circular Bacen n. 3.829/2017	Art. 42, I, da Circular n. 3.691/2013	Novo CPC

Fonte: Elaboração do autor.

Conclusão

A operacionalização descentralizada do *blockchain*, que ocorre independentemente da vontade das partes contratantes ou da entidade que o utiliza, faz com que, no plano legal, ele funcione como "fato jurídico" em sentido estrito, uma vez que independe da vontade humana para produzir efeitos juridicamente relevantes.

É dizer: ao optar por uma das aplicações do *blockchain*, o proponente declara a sua vontade de se vincular aos seus termos. A partir daí, o *blockchain* servirá apenas como meio até a materialização do aceite, ou "consenso", e a consequente notarização do *hash* único do contrato.

Após dez anos do manifesto de Satoshi, é possível concluir que o direito brasileiro tem bases e fundamentos teóricos suficientes para chancelar a juridicidade necessária para quaisquer das aplicações em *blockchain*. A confiabilidade da tecnologia *blockchain* não pode ser confundida com a prestação do serviço em si, mas deve ser vista apenas como meio para a concretização do negócio digital. A validade da relação contratual constituída eletronicamente depende da (i) integridade e autenticidade de seus termos e (ii) identificação das partes signatárias (autoria).

No Reino Unido, o Poder Judiciário lançou consulta pública para receber contribuições acerca das definições sobre criptoativos, redes distribuídas (*DLTs*), contratos inteligentes (*Smart Contracts*), etc.[9] A consulta procura se antecipar às demandas judiciais no que toca às imprecisões e à imprevisibilidade envolvendo o mundo digital e suas relações contratuais.

REFERÊNCIAS

AMMOUS, Saifedean. *The Bitcoin Standard*: The Decentralized Alternative to Central Banking. [*S. l.*]: Wiley, 2018.

AZEVEDO, Antonio Junqueira de. *Negócio Jurídico*: existência, validade e eficácia. 4. ed. São Paulo: Saraiva, 2002.

BANK FOR INTERNATIONAL SETTLEMENTS. Committee on Payments and Market Infrastructures. *Distributed ledger technology in payment, clearing and settlement*. An analytical framework. Feb. 2017. Disponível em: http://www.bis.org/cpmi/publ/d157.pdf. Acesso em: 2 fev. 2020.

BAUERLE, Noran. Whats is *Blockchain* technology. *CoinDesk*, 9 Mar. 2017. Disponível em: https://www.coindesk.com/learn/*blockchain*-101/what-is-*blockchain*-technology. Acesso em: 2 fev. 2020.

FILIPPI, Primavera de; WRIGHT, Aaron. *Blockchain and the Law*: The Rule of Code. [*S. l.*]: Harvard University Press, 2018.

KHATRI, Yogita. India is developing a national *blockchain* strategy. *The Block*, Nov. 27 2019. Disponível em: https://www.theblockcrypto.com/post/48590/india-is-developing-a-national-*blockchain*-strategy. Acesso em: 2 fev. 2020.

MARTINOVIC *et al*. *Blockchains for Governmental Services:* Design Principles, Applications, and Case Studies. Centre for Technology & Global Affairs. University of Oxford. Working Paper Series n. 7. Dec. 2017. Disponível em: https://www.ctga.ox.ac.uk/sites/default/files/ctga/documents/media/wp7_martinovickellosluganovic.pdf. Acesso em: 2 fev. 2020.

---

[9] Disponível em: https://www.judiciary.uk/announcements/have-your-say-new-consultation-launched-on-cryptoassets/.

NAKAMOTO, Satoshi. *Bitcoin*: A Peer-to-Peer Electronic Cash System. Oct. 31 2009. Disponível em: https://nakamotoinstitute.org/bitcoin/. Acesso em: 21 jan. 2020.

POSNER, Richard A. *The Crisis of Capitalist Democracy*. [S. l.]: Harvard University Press, 2011.

RÁO, Vicente. *Ato Jurídico*: noção, pressupostos, elementos essenciais e acidentais, o problema do conflito entre os elementos volitivos e a declaração. 3. ed. São Paulo: Saraiva, 1981.

SUSSKIND, Jamie. *Future Politics*: Living Together in a World Transformed by Tech. [S. l.]: Oxford University Press, 2018.

SWANSON, A brief history of R3 – the Distributed Ledger Group. *Great Wall of Numbers*, Feb. 27 2017. Disponível em: https://www.ofnumbers.com/2017/02/27/a-brief-history-of-r3-the-distributed-ledger-group/. Acesso em: 2 fev. 2020.

SWIFT. *The future of payments*: instant, accessible, ubiquitous. Sep. 2019. Disponível em: https://www.swift.com/future-of-payments. Acesso em: 2 fev. 2020.

TIAGO, Ediane. Bancos firmam consórcio para operar rede. *Valor Econômico*, São Paulo, 24 jun. 2019. Disponível em: https://valor.globo.com/financas/noticia/2019/06/24/bancos-firmam-consorcio-para-operar-rede.ghtml. Acesso em: 2 fev. 2019.

UNITED STATES OF AMERICA – USA. New York State Senate. *Assembly Bill A8780*. 2017-208 Legislative Session. Nov 27, 2017. Disponível em: https://www.nysenate.gov/legislation/bills/2017/a8780. Acesso em: 2 fev. 2020.

6. GOVERNABILIDADE E DEMOCRACIA EM MOEDAS DIGITAIS

Isabela Ruiz Roque da Silva, Jessica Barbara da Silva Ribas e Nizam Omar

Introdução

Este capítulo tem por objetivo apresentar uma contribuição ao tema "moedas digitais e/ou criptomoedas" sob a visão de governabilidade e democracia e, por consequência, a dependência e interdependência entre pessoas, instituições financeiras e Estados.

A moeda é um ativo que possui três características: meio de troca; unidade de conta; e unidade de entesouramento. Uma moeda tem sua valoração circunscrita a um território onde ela é aceita. Ao longo do tempo, a moeda foi sendo transformada em ativos tanto circulantes como contábeis na forma de depósitos e créditos nos sistemas financeiros nacionais e internacionais (MARX, 1984; OLIVEIRA, 1977; TAVARES; FIORI, 1993; CHESNAIS, 1996; VIANA, 2003).

O surgimento das criptomoedas, com o advento do Bitcoin, seguido de muitas outras, trouxe ao cenário mundial um novo tipo de ativo financeiro, como meio de troca, alternativo aos meios de pagamento usuais. Esse fenômeno fez surgir um ativo multinacional com governabilidade distribuída e própria, independente de governos, instituições ou pessoas tendo a sua gestão gerenciada por um sistema de confiança (*blockchain*, por exemplo) (NAKAMOTO, 2009; BUTERIN, 2014; ANTONOPOULOS, 2017).

O capítulo está dividido em cinco seções, além da introdução: na Seção 1, sobre moedas e instrumentos de troca, é apresentado um breve histórico sobre como as primeiras moedas surgiram e seu papel fundamental para a evolução da sociedade. Na Seção 2, disserta-se sobre as variadas formas de pagamentos digitais no Brasil e no plano a longo prazo do Banco Central do Brasil da implantação de pagamentos diretos. Na Seção 3, abordam-se as tecnologias de confiança e consenso: como estão sendo empregadas atualmente por grandes empresas e como elas funcionam. Na Seção 4, são apresentadas as criptomoedas, de sua criação a sua utilidade como reserva de valor. Por fim, na última seção são apresentadas as conclusões do capítulo.

1. Moedas e Instrumentos de Troca

Desde os primórdios da sociedade os seres humanos realizam trocas uns com os outros com o intuito de obter algum objeto ou bem que necessitem. Na antiga Mesopotâmia (atualmente a região do Iraque e Egito), foi encontrada a primeira versão do que se seria um livro de registros de contabilidade. Era uma peça de argila com registros de taxas e bens recebidos e trocados entre pessoas (conceito conhecido como escambo), conforme mostra a Figura 1. Os arqueólogos acreditam que o sistema criado para guardar informações de trocas nas peças de argila foi um impulso para a criação da confiança entre a população e posteriormente o desenvolvimento das primeiras formas de moedas (SCHMANDT-BESSERAT, 1992).

Figura 1 – Escrita cuneiforme

Fonte: Met Museum. Disponível em: https://www.metmuseum.org/toah/works-of-art/1988.433.1/. Acesso em: 25 ago. 2020.
Crédito: Purchase, Raymond and Beverly Sackler Gift, 1988.

Antes da criação do dinheiro, o escambo era o método utilizado, porém não o mais eficiente: duas pessoas teriam que negociar o que cada uma queria e identificar se era possível realizar a troca. O conceito de dinheiro sempre esteve presente através dos milênios, evoluiu de objetos trocados para papéis e atualmente chegou em sua versão digital. Além das trocas entre pessoas, outra funcionalidade é servir como meio de pagamento entre diversas pessoas ao redor do mundo e também como meio de armazenar valores (SUROWIECKI, 2012, p. 44-79).

As primeiras moedas oficiais que surgiram utilizavam os metais preciosos em seu estado bruto, por serem fáceis de armazenar. Para que existisse apenas uma medida entre os metais na hora de trocar o seu valor por uma mercadoria, eles eram medidos e pesados de maneira que ocorria uma autenticação do valor do objeto. Na China, o conceito de moeda surgiu com o formato do objeto ou ferramenta a ser trocado em bronze e logo depois formou-se um padrão mais arredondado para ser guardado nos bolsos. Já na Lydia (onde atualmente é a Turquia), as moedas eram feitas de um material chamado de Electrum, com ilustrações desenhadas. Essa foi a primeira moeda a ser utilizada oficialmente por uma entidade centralizadora. A ideia do rei Alyattes da Lydia era facilitar o comércio entre diversas nações estrangeiras, devido a sua localização geográfica e também facilitar a coleta de tributos na população (cf. BEATTIE, 2019; SCHAPS, 2006).

Existem diversos benefícios na utilização de moedas em vez de escambo: um deles é a facilidade da troca delas em vez de objetos. Por exemplo, ao trocar gado ou algum animal vivo, o animal envelhece, perdendo seu valor, e condições climáticas também podem matá-lo. Com moedas, o valor é intrínseco e não envelhece. Por outro lado, com a criação de uma moeda única a desigualdade social foi acentuada e pode ser medida mais facilmente, pois quem tem mais moedas controla o mercado por possuir um maior poder de compra do que as pessoas que têm pouco dinheiro, consideradas pobres pela sociedade (SUROWIECKI, 2012).

Por exemplo, no Brasil, durante a época do coronelismo, existia um método de pagamento diferente para os trabalhadores das fazendas, denominado "vale". Em vez de pagarem os salários dos empregados por meio da moeda vigente, os coronéis pagavam com uma espécie de folha de pagamento todo mês ou semanalmente que só poderia ser utilizada nas vendas e/ou quitandas parceiras dos coronéis, sendo uma forma de manter o dinheiro em apenas uma mão (LEITE, 2013). Essa forma de pagamento pode ser considerada uma moeda local, pois não havia maneira de utilizar o vale em outros lugares a não ser em lugares predeterminados pelos coronéis. Por outro lado, a moeda global é utilizada em qualquer lugar do mundo desde que possa haver uma paridade entre valores, por exemplo, trocar reais por dólares para comprar um anel ao viajar para os Estados Unidos.

Com o passar do tempo, as moedas foram conquistando o mundo: todas as nações tinham sua moeda, com seus respectivos brasões ou soberano, simplificando assim a maneira de trocar itens e valorar bens ou serviços de qualquer pessoa. O dinheiro apenas possui valor quando existe uma nação ou um grupo de nações dizendo o quanto vale a sua moeda, existe um valor simbólico de acordo com o poderio dessa nação (BOURDIEU e DELSAUT, 2006).

O acordo de Bretton Woods estabeleceu um sistema de trocas que tinha o dólar americano como referência e este estava atrelado a uma paridade com o ouro. Esse sistema foi muito importante na reconstrução do pós-guerra, porém os Estados Unidos exageraram na emissão de dólares, levando a uma valoração da moeda com relação às moedas europeias. França e Inglaterra resolveram resgatar o ouro correspondente a suas reservas em dólares, o que levou a uma declaração unilateral dos Estados Unidos de encerrar essa paridade. A partir de então Estados Unidos e Japão, as duas grandes economias à época, praticamente estabeleceram os padrões monetários mundiais.

Com o surgimento das criptomoedas levantou-se a questão do seu valor em relação às moedas já existentes no mundo, atreladas a algum país, pois geralmente as criptomoedas não são atreladas a um determinado país ou moeda-base. Sua valoração ocorre como a de qualquer outro ativo: figurinhas de beisebol, por exemplo, têm um valor estabelecido de acordo com quem está querendo comprar ou vendê-las. Uma figurinha do Honus Wagner, do começo da década de 1900, foi vendida por U$ 1,32 milhões de dólares (SCHILKEN, 2015). Existem diversos colecionadores que colecionam esses cartões (de outros jogos também) para manter uma reserva de valor, pois a tendência das cartas com os jogadores é a valorização (WEIL, 2019).

Ao compararmos as criptomoedas a esses ativos, o princípio de valoração é o mesmo. Hoje (2020) o Bitcoin possui o valor de aproximadamente R$ 29.416,40, pois no mercado há pessoas acreditando no potencial da moeda e a utilizando como uma reserva de valor para uma possível crise financeira no futuro (KASHYAP, 2016).

2. Pagamentos Digitais

As formas de pagamento evoluíram conforme a humanidade também evoluiu: das moedas até o cartão de crédito ou débito e as criptomoedas. O cartão de débito surgiu como uma alternativa à utilização de dinheiro físico em notas ou moedas para a realização de compras em estabelecimentos comerciais. Um

6. GOVERNABILIDADE E DEMOCRACIA EM MOEDAS DIGITAIS

dos seus maiores benefícios em relação ao cartão de crédito é a conveniência de utilizar uma máquina de cartões e a facilidade de receber a transação realizada de forma automática, já que o saldo do usuário é debitado (WEINER, 1999, p. 53-64). O cartão de crédito possui uma característica de empréstimo de valor ao seu usuário. Por exemplo, ao comprar uma roupa no cartão de crédito, a pessoa está financiando o valor para o pagamento em apenas uma prestação ou em diversas prestações, o que pode acarretar em uma perda do controle financeiro, já que o dinheiro não está saindo ao mesmo tempo em que as compras são realizadas (LEE e ABDUL-RAHMAN, 2007).

Apesar de vir na forma de um cartão de plástico, o dinheiro da forma como é conhecido ainda está sendo utilizado, seja em real, dólar ou qualquer outra moeda estatal. O dinheiro utilizado nos cartões de débito está em uma conta no banco e é uma reserva de valor de cada cidadão, ele que decide gastá-lo ou não.

Nesse contexto, ainda há a presença de um terceiro para realizar toda a cadeia de transações: o emissor do cartão. Ele autentica os dados enviados através da máquina de cartão; comunica-se com o banco do cliente para verificar o saldo da conta ou crédito e comunica-se com o banco do comerciante, deduzindo as taxas do processo e enviando o dinheiro para o comerciante, conforme exemplificado na Figura 2.

Figura 2 – Ilustração do processo de transação com cartão de crédito ou débito

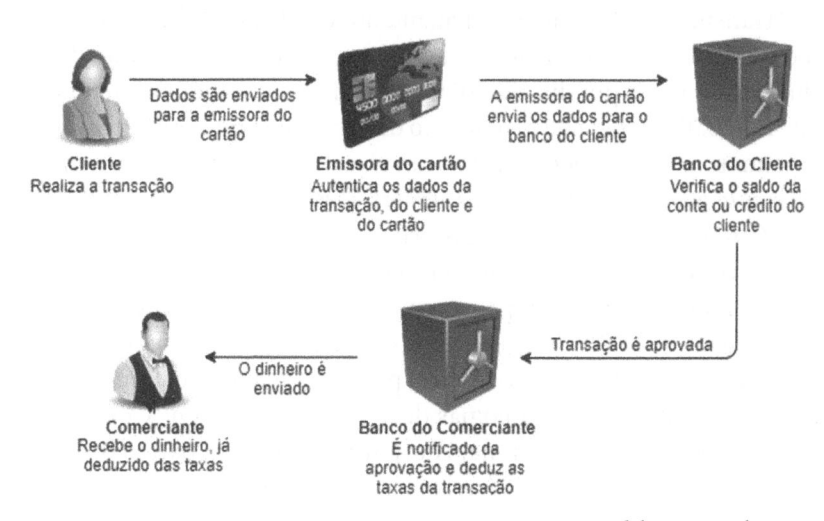

Fonte: Elaboração pelos autores.

Além das formas de pagamentos citadas anteriormente, os usuários de bancos no Brasil podem utilizar a Transferência Eletrônica Disponível (TED), o Documento de Ordem de Crédito (DOC) e o *Book transfer* (BRASIL, 2019). A TED é uma transferência de valores entre diferentes instituições financeiras, normalmente liquidada no mesmo dia (se a mesma for realizada até às 17 horas do mesmo dia) e não há limite de valor. Esse tipo de transação é equivalente a EFT (*Eletronic Funds Transfer*) realizada nos bancos estrangeiros (BANKRATE, 2020).

O DOC foi o primeiro tipo de transferência de valores entre contas de bancos diferentes utilizado no Brasil; seu funcionamento é parecido com o da TED, com algumas peculiaridades: o limite de transação é até R$ 4.999,99 por transação; é utilizado para transferir valores de uma instituição financeira para outra e a operação pode ser realizada até as 21 horas e 59 minutos do dia. No entanto, a maior diferença entre a TED e o DOC é o quão rápido o pagamento sai de uma conta e entra em outra: na TED, o valor a ser transacionado pode entrar na conta de destino no mesmo dia, enquanto no DOC ocorre no próximo dia útil (BRASIL, 2020).

O *Book Transfer* é a transferência de valores entre contas do mesmo banco e possui duas vantagens: não há o horário limite para realizar a transação e todas as regras para essa transação são definidas pela instituição financeira (BRASIL, 2019).

Recentemente, o Banco Central do Brasil (Bacen) iniciou o projeto de pagamentos diretos, no qual as transferências monetárias eletrônicas permitem a "transmissão da ordem de pagamento e a disponibilidade de fundos para o usuário recebedor ocorre em tempo real e cujo serviço está disponível durante 24 horas por dia, sete dias por semana e em todos os dias no ano" (BRASIL, 2020). A ideia de pagamento direto ou instantâneo em transações financeiras tem como objetivo facilitar as transferências de valores entre: pessoas (*peer to peer*); pessoas e comerciantes (*person to business*); entre comerciantes (*business to business*); entre governo e pessoas (*government to person*) ou governo e comerciantes (*government to business*).

Com a implementação dos pagamentos diretos, as transferências poderão ser feitas de modo rápido e seguro, todos os dias da semana, reduzindo taxas pagas a terceiros. Além disso, o usuário poderia pagar de qualquer lugar utilizando um celular com tecnologias de aproximação ou QR Code entre os contatos cadastrados no telefone. A estrutura proposta para o Sistema de Pagamento Instantâneos (SPI) é apresentada na Figura 3.

6. GOVERNABILIDADE E DEMOCRACIA EM MOEDAS DIGITAIS

Figura 3 – Estrutura do sistema de pagamentos instantâneos de acordo com o Banco Central do Brasil

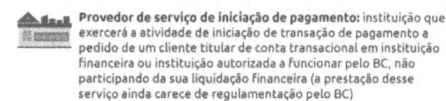

Base de dados de endereçamento (base de dados centralizada que serve para identificar os dados das contas dos recebedores de forma fácil e simplificada)

Pagador → Provedor de serviço de pagamento que provê conta transacional → Participante indireto no SPI[1] 1 → Participante direto no SPI 1 → Infraestrutura única de liquidação LBTR 24/7 (SPI) ---- STR/Selic[2] → Participante direto no SPI 2 → Participante indireto no SPI 2 → Recebedor

Provedor de serviço de pagamento que provê serviço de iniciação de pagamentos

Provedor de serviço de iniciação de pagamento: instituição que exercerá a atividade de iniciação de transação de pagamento a pedido de um cliente titular de conta transacional em instituição financeira ou instituição autorizada a funcionar pelo BC, não participando da sua liquidação financeira (a prestação desse serviço ainda carece de regulamentação pelo BC)

Participante indireto: instituição que oferece uma conta transacional para um usuário final, mas que não é titular de conta PI no BC nem possui conexão direta com o SPI. Utiliza os serviços de um liquidante no SPI para fins de liquidação de pagamentos instantâneos

Participante direto: instituição autorizada a funcionar pelo BC que oferece uma conta transacional para um usuário final e que, para fins de liquidação de pagamentos instantâneos, é titular de conta PI

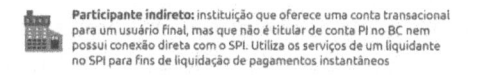

BC: responsável por desenvolver e gerenciar a base única e centralizada de endereçamento e a infraestrutura única e centralizada de liquidação das transações, que funcionará 24 horas por dia

[1] **SPI:** Sistema de Pagamentos Instantâneos   [2] **STR e Selic:** possíveis fontes de liquidez

Fonte: Bacen.

O SPI irá centralizar as informações de todos os participantes de uma transação financeira, como o pagador, o recebedor, o provedor de serviços de pagamento, os participantes diretos e indiretos. Contudo, não haverá exposição dos participantes entre eles. Para que haja uma transferência monetária entre duas pessoas hoje, há a necessidade de que que a pessoa que envia o dinheiro, saiba os dados bancários (banco, agência, número da conta e tipo de conta) e o CPF (Cadastro de Pessoa Física). Com o novo sistema, o pagador não precisa saber os dados bancários do recebedor para enviar o dinheiro.

3. Tecnologias de Consenso e Confiança

Livros de registros ou *ledgers* contêm informações sobre transações financeiras entre duas ou mais pessoas, e desde os primórdios foram utilizados para registrar despesas e bens recebidos entre pessoas. Com o seu avanço foi possível criar registros com entradas de débito e crédito, criando o primeiro sistema centralizado de confiança, que é a maneira como os bancos funcionam atualmente (CARRUTHERS e ESPELAND, 1991).

No contexto de transações bancárias e validação de informação, as tecnologias de confiança e consenso são importantes para manter a segurança em qualquer tipo de transações ocorrem entre pessoas de maneira descentralizada, gerando assim uma rede de valor e propriedade na qual as pessoas podem confiar e utilizar (NAKAMOTO, 2009; POPOV, 2016).

Com o surgimento de novas tecnologias como o *blockchain* e o Tangle, as quais trabalham com os conceitos de confiança e consenso dentro de uma rede para aprovar ou rejeitar transações, utilizam-se protocolos de segurança, por exemplo, Prova de Trabalho (NAKAMOTO, 2009), com o intuito de obter uma rede interconectada baseada apenas na confiança, na qual diversos algoritmos de criptografia são implementados (NAKAMOTO, 2009; ANTONOPOULOS, 2017; POPOV, 2016).

O *blockchain* resolveu o problema dos generais bizantinos em computação (LAMPORT, SHOSTAK e PEASE, 1982, p. 382-401): a ideia por trás desse problema é como saber se todos os generais que estão realizando um cerco em uma cidade podem confiar uns nos outros para todos atacarem ou não a cidade. Nesse caso, essa seria a definição de confiança e segurança: como saber se todos os nós da rede são confiáveis (ZHENG, 2017, p. 557-564)?

Diversas empresas estão implementando essas tecnologias em áreas diferentes: pagamentos *on-line*, logística de produtos em rota, controle de fraude, propriedade intelectual e muitas outras aplicações que estão revolucionando a maneira tradicional de controlar esses processos, sem intermediários. Um dos exemplos mais recentes é o da empresa varejista Carrefour, que aumentou o número de vendas ao permitir que clientes pudessem ver informações sobre produtos e garantir a qualidade e confiança no produto utilizando *blockchain* na cadeia logística (THOMASSON, 2019) e a Jaguar que incentiva usuários de seus carros a compartilhar informações como tráfego e congestionamento doando IOTAs (CHAVEZ-DREYFUSS, 2019).

Baseando-se nos conceitos de consenso e confiança, para que a rede de uma determinada criptomoeda que utiliza *blockchain* possa se autogerir, regras foram estabelecidas a fim de que todos os nós da rede entrem em comum acordo.

Essas regras são chamadas de protocolos e envolvem diversos aspectos, da recompensa dos blocos de mineração ao tamanho que um bloco tem ou terá. Como a rede de *blockchain* é algo mutável por ser um *software*, para que atualizações sejam realizadas para melhorar o protocolo ou corrigir erros, é necessário que a comunidade participe do processo: a maioria dos usuários da rede deve concordar em seguir o novo protocolo; se concordar em seguir o novo protocolo, a *blockchain* antiga é substituída pela nova. Se concordarem em manterem as duas, duas novas *blockchains* são criadas. Em agosto de 2017, houve um *fork* da rede Bitcoin, que criou a criptomoeda Bitcoin Cash, as duas redes continuaram a coexistir (KIM e ZETLIN-JONES, 2019).

As atualizações são divididas em dois tipos: *soft fork* e *hard fork*. O *soft fork* realiza uma mudança na rede de modo compatível com versões anteriores dos blocos, é algo sutil, enquanto o *hard fork* é uma medida mais drástica em relação ao outro *fork*, pois altera o protocolo da *blockchain* de uma maneira mais rígida, impedindo compatibilidade com os blocos anteriores à atualização. Esse último, no mundo das criptomoedas, gera uma nova moeda e quem possuir a criptomoeda anterior também recebe a mesma quantia na moeda nova (BINANCE, 2020).

4. Criptomoedas

As criptomoedas são um meio de obter e trocar valor a partir da tecnologia *blockchain*, criada em 2008 por Satoshi Nakamoto, em meio a uma das maiores crises financeiras mundiais. Juntamente com a *blockchain*, a primeira criptomoeda foi minerada e criada: o Bitcoin, no dia 3 de janeiro de 2009. Após sua criação e a adoção cada vez maior por diversas pessoas e entidades, diversas outras criptomoedas surgiram com projetos interessantes e disruptivos (BUTERIN, 2014; VAN SABERHAGEN, 2013; SCHWARTZ, YOUNGS e BRITTO, 2014).

Atualmente, é possível comprar frações de criptomoedas (não há necessidade de comprá-la inteiramente) utilizando corretoras que possuem as moedas ou realizando a compra via *peer-to-peer*. Nessa última, a pessoa interessada em adquirir criptomoedas realiza uma transferência entre contas para quem possui, por exemplo, o Bitcoin. Então, a troca é realizada (NAKAMOTO, 2009).

Vale destacar que as criptomoedas são muito voláteis e o preço pode tanto subir ou cair, por isso, sua cotação tende a variar razoavelmente durante o dia, até mesmo entre corretoras diferentes. Olhando por esse lado, a arbitragem (compra e venda do mesmo ativo em diferentes ambientes) pode ser lucrativa em casos específicos (KOKES e BEJCEK, 2016). Por exemplo, na Tabela 1, há uma comparação entre o preço do Bitcoin entre corretoras brasileiras no dia 6 de janeiro de 2020. Pode-se perceber que, dependendo do valor da taxa de transação e da transferência de Bitcoins, é possível obter um lucro com essa abordagem.

Figura 4 – Variação do preço do bitcoin entre corretoras brasileiras do dia 06/01/2020

VALOR DO BITCOIN NAS EXCHANGES DO BRASIL

EXCHANGE	ÚLTIMO (R$)	Variação	VOLUME BTC	VOLUME R$	COMPRA (R$)	VENDA (R$)
Mercado Bitcoin	30.600,00	1,83%	128	3.887.537	30.600,00	30.698,99
BitcoinTrade	30.796,69	2,06%	39	1.195.457	30.695,00	30.796,69
BitCambio	30.668,96	0,81%	21	626.682	30.740,22	30.772,31
Braziliex	30.350,00	2,12%	13	396.936	30.350,00	30.490,10
Walltime	30.800,10	2,39%	2	69.633		
Bitsquare	30.472,45	-3,85%	0	1.255		

Fonte: bitValor.

Com o aumento da popularidade das criptomoedas, também surgiram diversos esquemas que visam a captação de recursos das pessoas a partir de recompensas para quem entrar no processo – esquema conhecido como pirâmide (NAT e KEEP, 2002, p. 139-51). À medida que mais pessoas entram no esquema, os usuários mais antigos recebem o valor que investiram, mais as indicações de quem entrar (BENSON, 2009, p. 18-25). Esse tipo de estrutura é parecido com um esquema Ponzi, nome dado devido ao seu criador Charles Ponzi que começou a aplicar esse tipo de golpe no início da década de 1920. A diferença entre eles é que no esquema de pirâmide é necessário sempre recrutar membros novos para a continuidade da pirâmide e receber a comissão, já o Ponzi normalmente é apresentado como um serviço de gestão financeira, oferecendo ganhos excepcionais que não são verdadeiros (PERKINS, 2005, p. 141-142). Tanto a pirâmide quanto o Ponzi são puníveis pela lei, pois se trata de esquemas criminosos para aplicar golpes e roubar o dinheiro dos usuários.

Apesar de ser uma prática contra a lei, ainda existem diversos esquemas como esses com criptomoedas mundo afora (ver, por exemplo, RIGGS, 2019; MATOS, 2019). No final do ano de 2019, a PlusToken, uma empresa chinesa que permitia

6. GOVERNABILIDADE E DEMOCRACIA EM MOEDAS DIGITAIS

que usuários investissem dinheiro com ganhos absurdos em criptomoedas, sumiu com o dinheiro de milhões de pessoas na China – algo em torno de 45 mil bitcoins e 800 mil ethers – e liquidou no mercado aproximadamente 2 bilhões de dólares em criptomoedas, o que acarretou (além de outros fatores) uma rápida decaída no preço do Bitcoin no mundo todo (KHARIF e HUANG, 2019).

Apesar de as criptomoedas estarem em um crescimento constante desde sua criação, ainda há aspectos no mundo financeiro que no momento atual não conseguiriam ser englobados por elas. O *US Debt Clock*, por exemplo, uma ferramenta que apresenta as dívidas de alguns países, entre eles, os Estados Unidos, possuía uma dívida nacional de aproximadamente 23 trilhões de dólares até o dia 8 de janeiro de 2020. Se compararmos essa dívida pública com o total circulante de bitcoins no mercado e acrescentarmos outros países com grandes dívidas internas, atualmente não há uma maneira de utilizar bitcoins para pagar essa dívida, especialmente se levarmos em consideração os outros países listados na Figura 4.

Ao compararmos as Figuras 4 e 5, pode-se observar o cenário descrito, apesar de algumas pessoas acreditarem que as moedas digitais podem ser utilizadas como reserva de valor para os países pagarem dívidas, ainda é necessário que o valor das moedas suba de modo considerável.

Figura 4 – Ilustração das maiores dívidas nacionais entre os países analisados pela ferramenta até dia 08/01/2020

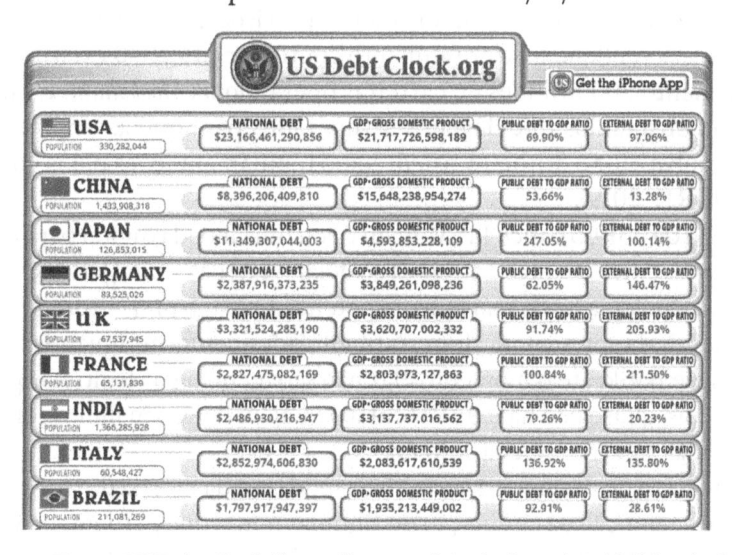

Fonte: US Debt Clock (https://www.usdebtclock.org/world-debt-clock.html).

Figura 5 – Ilustração com a capitalização de mercado, preço e volume das cinco maiores criptomoedas

#	Nome	Cap. de Mercado	Preço	Volume (24h)	Fornecimento Circulante
1	Bitcoin	$142.716.126.619	$7.862,80	$24.289.636.704	18.150.812 BTC
2	Ethereum	$14.926.976.638	$136,68	$7.679.288.423	109.208.405 ETH
3	XRP	$8.825.561.094	$0,203512	$1.354.924.645	43.366.238.611 XRP *
4	Tether	$4.638.348.560	$1,01	$27.657.756.246	4.611.062.758 USDT *
5	Bitcoin Cash	$4.256.411.626	$233,69	$1.866.165.312	18.213.600 BCH

Fonte: CoinMarketCap (https://coinmarketcap.com/pt-br/).

Alguns bancos realizaram relatórios de pesquisa com previsões para os próximos anos e a próxima década sobre como o mundo pode se comportar em diversos pontos, e um desses pontos é a respeito das criptomoedas. O Deutsche Bank, em seu relatório sobre previsões, detalhou em um capítulo que se a tendência de crescimento continuar, até 2030 existirão aproximadamente 200 milhões de carteiras operando na *blockchain*. E também delineou obstáculos que devem ser superados para que as criptomoedas possam substituir o dinheiro físico, como regulamentações pelos governos (LABOURE, 2019).

No ano de 2019, o banco J.P. Morgan criou uma moeda digital para realizar pagamentos entre clientes e atrelá-la ao dólar – é a JPM Coin (J. P. MORGAN, 2019). A tecnologia *blockchain* tem um potencial a longo prazo, porém, as criptomoedas ainda apresentam algumas fragilidades, conforme igualmente citou o Deutsche Bank: até o momento elas não são tecnologias legítimas perante os governos, quase não há regulamentações, além de serem muito voláteis se comparadas a outras moedas estatais.

O processo de desmonetização visa a mudança da moeda de troca de uma nação ou a remoção da circulação de algumas notas, que perdem seu valor de mercado. Normalmente esse processo é realizado para combater a lavagem de dinheiro ou para combater a inflação elevada em um país. Existem diversos exemplos do processo de desmonetização:

- A troca das moedas nos países pertencentes à União Europeia para o euro em 2002 (UE 2020), criando a Zona do Euro (DYSON, 2000);
- Na Venezuela, em 2016, as notas de 100 bolívares foram desmonetizadas com o intuito de obter estabilidade do preço (BRICEÑO e HURTADO, 2019);
- No ano de 2019, o governo indiano retirou as notas de 500 e 1.000 rupias indianas do mercado visando o combate a corrupção, financiamento de atos de terrorismo e a alta inflação (RASEL *et al.*, 2019, p. 1-12). Após esse processo, surgiram diversas *start-ups* de criptomoedas, com capitalização diária de mais de 1 milhão de dólares em bitcoins, como a ZebPay, Coinsecure e Unocoin (KASHYAP, 2016).

Com essa corrida para o Bitcoin, estima-se que a taxa de crescimento desse segmento de mercado foi de 20-50% para 40-70%, segundo o Conselho de Pagamentos da Índia (MUMBAI, 2018; DORBALA, 2018, p. 364--374).

Apesar da crescente popularidade das criptomoedas entre o povo de nações diferentes, ainda existem inúmeros países que não regularizaram ou proibiram transações utilizando moedas digitais. Acredita-se que o motivo para isso é a soberania do dinheiro: como posso controlar meu país se não posso controlar meu próprio dinheiro (MARTIN, 2014)?

Após o anúncio do Facebook sobre sua própria criptomoeda chamada de libra, diferentes nações, como a China, já estão criando suas próprias moedas ou cogitando a ideia (VEM AÍ..., 2019; RODRIGUES, 2019; AMARO, 2019).

Explorando com mais profundidade a sociedade e como ela se encontra atualmente, Peter Diamandis e Steven Kotler (2016) criaram um *framework* denominado 6Ds, que explica como a tecnologia pode avançar até seu estágio final, também conhecida como democratização, no qual todos, e não apenas os privilegiados do sistema, têm acesso à tecnologia.

Para que isso ocorra, a desmonetização é um dos passos importantes nesse processo, juntamente com a digitalização, a dissimulação, a disrupção e a desmaterialização. Todo o *framework* é representado na Figura 6.

Figura 6 – Ilustração do framework do s 6Ds.*

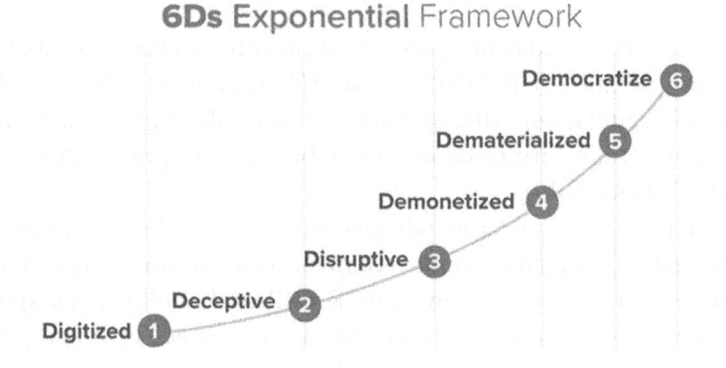

6Ds Exponential Framework

- Digitized ①
- Deceptive ②
- Disruptive ③
- Demonetized ④
- Dematerialized ⑤
- Democratize ⑥

* Tradução: digitized = digitalização; deceptive = decepção; disruptive = disrupção; demonetized = desmonetização; dematerialized = desmaterialização; democratize = democratização.

Fonte: Diamandis e Kotler (2016).

A digitalização envolve a evolução do produto para o meio digital, o que agiliza sua disseminação no mercado. Com a digitalização, pode existir o período que caracteriza outro "D" do *framework*, chamado de decepção. É o período no qual o crescimento não é tão expressivo quanto o da tecnologia original, o que pode ocasionar ao abandono da ideia disruptiva. Com a disrupção, o produto criado ou ofertado transforma o meio no qual ele está inserido, fazendo a diferença no mercado em que se insere e levando-o para a desmaterialização, como pode ser o caso das criptomoedas, ao substituírem o dinheiro físico.

Além da desmonetização de notas, existe a desmonetização em relação às tecnologias, por exemplo: o AirBnb está desmonetizando os grandes hotéis ao alugar quartos e espaços ou casas para turistas; o LinkedIn desmonetizou os jornais onde as pessoas procuravam emprego.

Conclusões

Analisando o cenário das relações entre os governos e a sociedade como um todo, cada vez mais as moedas digitais estão ganhando espaço como uma reserva de valor para os que desejam se precaver durante os períodos de crises financeiras em seus países ou apenas um investimento de curto ou longo prazo. Como algo novo e disruptivo, elas ainda sofrem com a descrença de diversos governos que estão receosos em perder sua soberania no dinheiro.

Mesmo com um certo grau de ceticismo por parte grande parte dos governos, as criptomoedas podem contribuir com a democracia e governabilidade mundiais em diversos aspectos, como por exemplo, a facilidade transacionar a moeda de maneira rápida em qualquer lugar do mundo, com a possibilidade de seu rastreamento. Outro exemplo é a democratização da filantropia: removendo taxas em doações e deixando as transações transparentes por meio da *blockchain*. Todos podem contribuir com a rede, todos podem participar de votações a respeito de alguma mudança no protocolo da rede.

Apesar de ainda existirem fragilidades nesse sistema, as moedas digitais ainda são jovens quando comparadas às outras moedas estatais, por isso apresentam um potencial de crescimento para se tornarem cada vez mais aceitas pela sociedade na realização de troca de produtos e/ou serviços de maneira rápida e segura.

REFERÊNCIAS

Aglietta, Michel. O Sistema Monetário Internacional: Em busca de novos princípios. *Economia e Sociedade*, v. 4, n. 1, 1995.

AMARO, Lorena. Presidente do Irã propõe uso de criptomoedas a nações muçulmanas como alternativa ao dólar. *Criptofacil*, 21 dez. 2019. Disponível em: https://www.criptofacil.com/presidente-do-ira-propoe-uso-de-criptomoedas-a-nacoes-muculmanas-como-alternativa-ao-dolar/. Acesso em: 22 jan. 2020.

Antonopoulos, Andreas M. *Mastering Bitcoin*: Programming the Open *Blockchain*. 2. ed. Sebastopol, CA: O'Reilly, 2017.

BRASIL. Banco Central do Brasil – Bacen. *TED, DOC e Book Transfer:* Entenda como funcionam os tipos de transferências entre contas. Brasília, 20 fev. 2019. Disponível em: https://www.bcb.gov.br/detalhenoticia/327/noticia. Acesso em: 21 jan. 2020.

BRASIL. Banco Central do Brasil – Bacen. *Pagamentos instantâneos*. Brasília, 2020. Disponível em: https://www.bcb.gov.br/estabilidadefinanceira/pagamentosinstantaneos. Acesso em: 21 jan. 2020.

BANKRATE. *Electronic Funds Transfer*. New York, 2020. Disponível em: https://www.bankrate.com/glossary/e/electronic-funds-transfer/. Acesso em: 21 jan. 2020.

Beattie, Andrew. The History of Money: From Barter to Banknotes. *Investopedia*, May 13 2019. Disponível em: https://www.investopedia.com/articles/07/roots_of_money.asp . Acesso em: 21 jan. 2020.

BENSON, Sandra S. Recognizing the Red Flags of a Ponzi Scheme: Certified Public Accountant. *The CPA Journal*, v. 79, n. 6, 2009.

BINANCE. O Que São Hard Forks e Soft Forks? *Binance Academy*, 2020. Disponível em: https://www.binance.vision/pt/*blockchain*/hard-forks-and-soft-forks. Acesso em 22 jan. 2020.

BITVALOR. *Valor do Bitcoin nas exchanges do Brasil*, 2020. Disponível em: https://bitvalor.com/. Acesso em: 6 jan. 2020.

Bourdieu, Pierre; DELSAUT, Yvette. *A produção da crença*: Contribuição para uma economia dos bens simbólicos. Porto Alegre: Zouk, 2006.

Briceño, Alberto J. H.; HURTADO, Sadcidi Z. Impact of Demonetization 2016 on Venezuelan Economy. *Global Journal of Management and Business Research: Economics and Commerce*, n. 19, 2019.

BUTERIN, Vitalik *et al*. Ethereum: A Next-Generation Smart Contract and Decentralized Application Platform. *Github*, 2014. Disponível em: https://github.com/ethereum/wiki/wiki/White-Paper. Acesso em: 21 jan. 2020.

Carruthers, Bruce; Espeland, Wendy. Accounting for Rationality: Double-Entry Bookkeeping the Rhetoric of Economic Rationality. *American Journal of Sociology*, n. 97, Jul. 1991.

Chavez-Dreyfuss, Gertrude. Jaguar Land Rover Planning to Allow Helpful Car Drivers to Earn Cryptocurrency. *Thomson Reuters*, June 3 2019. Disponível em: https://www.reuters.com/article/us-crypto-currencies-jaguar/jaguar-land-rover-planning-to-allow-helpful-car-drivers-to-earn-cryptocurrency-idUSKCN1S40UD. Acesso em: 22 jan. 2020.

Chesnais, François. *A mundialização do capital*. São Paulo: Xamã, 1996.

COINMARKETCAP. *Top 100 criptomoedas por capitalização de mercado*. 2020. Disponível em: https://coinmarketcap.com/pt-br/. Acesso em: 16 jul. 2020.

Diamandis, Peter H.; KOTLER, Steven. *Bold:* How to Go Big, Create Wealth and Impact the World. [*S. l.*]: Simon & Schuster, 2016.

DORBALA, Rajesh *et al*. The Orphaned Status of Cryptocurrencies in India. *ZENITH International Journal of Multidisciplinary Research*, v. 8, n. 10, Oct. 2018.

DYSON, Kenneth. *The Politics of the Euro-Zone: Stability or Breakdown?* Oxford: OUP, 2000.

J. P. MORGAN. J. P. Morgan Creates Digital Coin for Payments. *J.P. Morgan News*, Feb 2019. Disponível em: https://www.jpmorgan.com/global/news/digital-coin-payments. Acesso em: 22 jan. 2020.

Kashyap, Karan. India's Demonetization Is Causing Bitcoin to Surge Inside the Country. *Forbes*, Dec. 22 2016. Disponível em: https://www.forbes.com/sites/krnkashyap/2016/12/22/indias-demonetization-is-causing-bitcoin-to-surge-inside-the-country/. Acesso em: 21 jan. 2020.

KHARIF, Olga; HUANG, Zheping. Chinese Crypto Scam Unwind Suggests Bitcoin Risks Extending Drop. *Bloomberg*, 16 Dec. 2019. Disponível em: https://www.bloomberg.com/news/articles/2019-12-16/chinese-crypto-scam-unwind-suggests-bitcoin-risks-extending-drop. Acesso em: 22 jan. 2020.

KIM, Tae Wan; Zetlin-Jones, Ariel. The Ethics of Contentious Hard Forks in *Blockchain* Networks with Fixed Features. *Frontiers in Blockchain*, n. 2, Aug. 2019.

Kokes, Josef; Bejcek, Michal. Control Strategy to Trade Cryptocurrencies. *Proceedings of the 4th Business & Management Conference*. Istanbul, 2016. Disponível em: https://iises.net/proceedings/4th-business-management-conference-istanbul/table-of-content/detail?article=control-strategy-to-trade-cryptocurrencies. Acesso em: 22 jan. 2020.

LABOURE, Marion. *Konzept – Deutsche Bank Imagine 2030*. Deutsche Bank, 2019.

Lamport, Leslie; Shostak, Robert; PEASE, Marshall. The Byzantine Generals Problem. *ACM Trans. Program. Lang. Syst*, v. 4, n. 3, 1982.

LEE, Jinkook; Abdul-Rahman, Fahzy; KIM, Hyungsoo. Debit Card Usage: An Examination of Its Impact on Household Debt. *Financial Services Review*, v. 16, n. 1, 2007.

LEITE, Ana. 2013. Acumulação de Capital, Mobilização Regional do Trabalho e Coronelismo No Brasil. *Cuadernos de Geografía: Revista Colombiana de Geografía*, n. 23, dez. 2013.

MARTIN, Felix. *Money*: The Unauthorized Biography. New York: Knopf, 2014.

MARX, Karl. *El Capital*: Crítica de La Economía Política. 14. ed. México DF/Madrid/Buenos Aires: Siglo Veintiuno Editores, 1984.

MATOS, Gino. OneCoin: O esquema bilionário de pirâmide financeira que caiu por terra. *We Bitcoin*, 09 mar. 2019. Disponível em: https://webitcoin.com.br/onecoin-o-esquema-de-piramide-bilionario-que-caiu-por-terra-mar-9/. Acesso em: 22 jan. 2020.

Mumbai, PTI. Digital Transactions Shoot up Post Demonetisation. *The Hindu Business Line*, Jan 9 2018. Disponível em: https://www.thehindubusinessline.com/money-and-banking/digital-transactions-shoot-up-post-demonetisation/article9944062.ece. Acesso em: 22 jan. 2020.

NAKAMOTO, Satoshi. *Bitcoin*: A Peer-to-Peer Electronic Cash System. Oct. 31 2009. Disponível em: https://nakamotoinstitute.org/bitcoin/. Acesso em: 21 jan. 2020.

NAT, Peter; KEEP, William. Marketing Fraud: An Approach for Differentiating Multilevel Marketing from Pyramid Schemes. *Journal of Public Policy & Marketing*, n. 21, March 2002.

NOZAKI, William Vella. Moedas nacionais e reservas internacionais: relações monetário-financeiras entre centro e periferia no início do século XXI. *Cadernos do Desenvolvimento*, v. 7, n. 10, 2018.

Oliveira, Francisco de. *A economia da dependência imperfeita*. Rio de Janeiro: Graal, 1977.

OLIVEIRA, Giuliano Contento de; MAIA, Geraldo Maia; MARIANO, Jefferson. O Sistema de Bretton Woods E a Dinâmica Do Sistema Monetário Internacional Contemporâneo. *Pesquisa & Debate. Revista do Programa de Estudos Pós-Graduados em Economia Política*, v. 19, n. 2, 2008.

PERKINS, Edwin J. Ponzi: The Man and His Legendary Scheme. *Business History Review*, v. 79, n. 1, 2005.

POPOV, Serguei. The Tangle. *IOTA Whitepaper*, 2016. Disponível em: https://www.iota.org/research/academic-papers. Acesso em: 22 jan. 2020.

RASEL, Md et al. Demonetization in India: An Evaluation. *Asian Journal of Economics, Business and Accounting*, n. 12, Aug. 2019.

RIGGS, Wagner. Portugal: Esquema de pirâmide com criptomoedas causa prejuízo a policiais e militares. *Portal do Bitcoin*, 17 dez. 2019. Disponível em: https://portaldobitcoin.com/portugal-esquema-de-piramide-com-criptomoedas-causa-prejuizo-a-policiais-e-militares/. Acesso em: 22 jan. 2020.

RODRIGUES. 2019. Banco Central da Coreia do Sul Cogita Emissão de Criptomoeda Própria. *Criptofacil*, 27 dez. 2019. Disponível em: https://www.criptofacil.com/banco-central-da-coreia-do-sul-cogita-emissao-de-criptomoeda-propria/. Acesso em: 22 jan. 2020.

SCHAPS, David M. The Invention of Coinage in Lydia, in India, and in China. *XIV International Economic History Congress*, Helsinki 2006. Disponível em: http://www.helsinki.fi/iehc2006/papersl/Schaps.pdf. Acesso em: 21 jan. 2020.

SCHILKEN, Chuck. Buyer Gets a Bargain on $1.32-Million Honus Wagner Baseball Card. *Los Angeles Times*, Apr. 27 2015. Disponível em: https://www.latimes.com/sports/sportsnow/la-sp-sn-honus-wagner-card-20150427-story.html. Acesso em: 21 jan. 2020.

SCHMANDT-BESSERAT, Denise. *Before Writing*. From Counting to Cuneiform. Austin: University of Texas Press, 1992. v. I.

SCHWARTZ, David; YOUNGS, Noah; BRITTO, Arthur Britto. *The Ripple Protocol Consensus Algorithm*. Ripple Consensus Whitepaper, 2014. Disponível em: https://ripple.com/files/ripple_consensus_whitepaper.pdf. Acesso em: 22 jan. 2020.

SUROWIECKI, James. A Brief History of Money. *IEEE Spectrum*, n. 49, Jun. 2012.

TASKINSOY, John. 2019. Facebook's Project Libra: Will Libra Sputter Out or Spur Central Banks to Introduce Their Own Unique Cryptocurrency Projects? *SSRN Electronic Journal*, July 23 2019. Disponível em: https://ssrn.com/abstract=3423453. Acesso em: 22 jan. 2020.

TAVARES, Maria da Conceição; FIORI, José Lus. *Desajuste global e modernização conservadora*. Rio de Janeiro: Paz e Terra, 1993.

THOMASSON, Emma. Carrefour Says *Blockchain* Tracking Boosting Sales of Some Products. *Thomson Reuters*, Jun. 3 2019. Disponível em: https://www.reuters.com/article/us-carrefour-*blockchain*/carrefour-says-*blockchain*-tracking-boosting-sales-of-some-products-idUSKCN1T42A5. Acesso em: 22 jan. 2020.

UE. União Europeia. *A História do Euro*. 2020. Disponível em: https://europa.eu/euroat20/pt/a-historia-do-euro/. Acesso em: 16 jul. 2020.

Van Saberhagen, Nicolas. *CryptoNote V 2.0*, Oct 17 2013. Disponível em: https://cryptonote.org/whitepaper.pdf. Acesso em: 22 jan. 2020.

VEM AÍ o 'Yuan Virtual', a criptomoeda estatal da China, *Valor Investe*, 3 dez. 2019. Disponível em: https://valorinveste.globo.com/mercados/cripto/noticia/2019/12/03/vem-ai-o-yuan-virtual-a-criptomoeda-estatal-da-china.ghtml. Acesso em: 22 jan. 2020.

VIANA, André Rego. O Sistema Monetário Internacional e os desafios ao desenvolvimento da periferia sistêmica. *Princípios*, n. 68, jul./set. 2003. Disponível em: https://perma.cc/4V2E-XHJ6. Acesso em: 21 jan. 2020.

WEIL, Dan. The Market for Sports Memorabilia Continues to Score Big. *The Wall Street Journal*, Dec. 15 2019. Disponível em: https://www.wsj.com/articles/the-market-for-sports-memorabilia-continues-to-score-big-11576422132. Acesso em: 21 jan. 2020.

WEINER, Stuart E. *et al*. Electronic Payments in the Us Economy: An Overview. *Economic Review-Federal Reserve Bank of Kansas City*, v. 84, n. 4, Sep./Dec. 1999.

ZHENG, Zibing *et al*. An Overview of *Blockchain* Technology: Architecture, Consensus, and Future Trends. *2017 IEEE International Congress on Big Data (Bigdata Congress)*, Jun. 2017.

7. REGULAÇÃO DO MERCADO DE CAPITAIS: MANIFESTAÇÕES DA CVM SOBRE EMISSÃO E NEGOCIAÇÃO DE CRIPTOATIVOS

Rodrigo de Campos Vieira, Ellen Gonçalves Pires e Laís Monte Cláudio Fagundes

Introdução

Desde o surgimento dos criptoativos, em 2008, inúmeras foram as dúvidas, teorias e tentativas de entender e regular essa nova forma de transferência de recursos que tanto questiona os modelos financeiro, político e social das mais diversas sociedades. No Brasil, apesar de as autoridades governamentais terem se manifestado oficialmente apenas por volta de 2015, não foi diferente. Até hoje, busca-se um sopro de intuição e até inspiração para entender e encontrar uma dinâmica regulatória satisfatória a essa nova ferramenta criada pelo mercado financeiro.

Os criptoativos não são interpretados de forma unânime pelo mundo, e cada país sujeita o tema à sua própria regulação, quando existente. Atualmente, contamos com cerca de 20 países que regulam a matéria, dentre eles, Estados Unidos, Finlândia, Reino Unido, Israel e Coreia do Sul (BITCOINREGULATION.WORLD, 2019) e, ainda assim, não podemos dizer com certeza que há uniformidade no tratamento dado aos criptoativos por cada país, e muito provavelmente uma padronização ou unanimidade nunca seja atingida.

Em 2013, a Financial Crimes Enforcement Work (FinCEN) (Rede de Repressão aos Crimes Financeiros), uma agência derivada do U.S. Department of Treasury dos Estados Unidos, emitiu diretrizes para que as instituições que negociam criptoativos sigam as mesmas medidas de combate à lavagem de dinheiro que outras instituições monetárias (FinCEN, 2013).

A Securities and Exchange Comission (SEC) até o presente momento não emitiu nenhum regulamento sobre o assunto e, enquanto isso, a Commodity Futures Trading Commission (CFTC) determinou que, caso o criptoativo seja utilizado como um contrato derivativo, será designado como uma *commodity* e, portanto, estará sob sua jurisdição (CFTC, 2018). Assim, cada agência que emitiu regulamento sobre o tema assumiu, individualmente, seu entendimento sobre a natureza dos criptoativos e como suas respectivas competências se aplicam sobre eles.

O presente estudo propõe-se a analisar as manifestações mais relevantes acerca dos criptoativos no âmbito do mercado de capitais brasileiro emitidas pela Comissão de Valores Mobiliários (CVM), incluindo sua distribuição e oferta ao mercado.

1. Criptoativos e a Competência da CVM

A CVM definiu criptoativos como "ativos virtuais, protegidos por criptografia, presentes exclusivamente em registros digitais, cujas operações são executadas e armazenadas em uma rede de computadores" (CVM, 2018a), diferenciando-os de moedas soberanas, como o dólar ou o real, dada a inexistência de uma autoridade monetária responsável pela sua emissão, controle e garantia. Adicionalmente, para o regulador, os criptoativos não se confundem com moedas eletrônicas, conceito jurídico que atrairia a competência regulatória do Banco Central do Brasil (Bacen) (STELLA, 2017).

Embora a natureza jurídica dos criptoativos ainda não ser matéria pacífica, a competência da CVM pode ser atraída em face do conceito de valor mobiliário, trazido no art. 2º da Lei n. 6.385/1976, especialmente a definição contida no inciso IX:

> [...] quando ofertados publicamente, quaisquer outros títulos ou contratos de investimento coletivo, que gerem direito de participação, de parceria ou de remuneração, inclusive resultante de prestação de serviços, cujos rendimentos advêm do esforço do empreendedor ou de terceiros.

Ao apreciar a oferta pública do criptoativo Niobium, relacionado às atividades da Bolsa de Moedas Digitais Empresariais de São Paulo (Bomesp), a CVM utilizou a definição legal de valor mobiliário para concluir que aquele criptoativo não possuía a natureza jurídica de valor mobiliário na feição de contrato de investimento coletivo e sua oferta pública não atrairia a competência da autarquia (CVM, 2018b).

Não demorou muito para que o mundo pudesse perceber outras finalidades para a utilização da tecnologia por trás dos criptoativos, dentre elas, a realização de uma oferta inicial de criptoativos, as Initial Coin Offerings (ICO). Por meio das ICOs, *start-ups* ou projetos em estágio inicial podem levantar recursos financeiros junto ao público.

Agora o dilema evoluiu para, como regular uma oferta inicial de criptoativos sem necessariamente regular o criptoativo em si? Ao apreciar o caso Niobium, referido *supra*, a CVM verificou se a ICO seria uma oferta de contrato de investimento coletivo (CIC), com base em requisitos definidos no precedente do Processo Administrativo n. RJ 2007/11593 (CVM, 2008):

a) a existência de um investimento;
b) a formalização do investimento em um título ou contrato, pouco importando, contudo, a natureza jurídica do instrumento ou do conjunto de instrumentos adotados;
c) O caráter coletivo do investimento;
d) O direito, decorrente do investimento a alguma forma de remuneração;
e) Que essa remuneração tenha origem nos esforços do empreendedor ou de terceiros que não o investidor; e
f) Que os títulos ou contratos sejam objeto de oferta pública.

Tais critérios têm sido bastante utilizados para emissão de *stop orders* pela CVM em ICOs de criptoativos, por se tratar de uma oferta irregular de valor mobiliário, pela ausência de registro da oferta e do emissor. Esse foi, por exemplo, o caso da Atlas Quantum,[1] empresa que oferecia publicamente investimento em arbitragem de criptoativos.

Inicialmente, a CVM entendeu que a Atlas Quantum atuava apenas como uma plataforma de gestão e custódia de ativos, os quais, não sendo valores mobiliários, não atrairiam a competência regulatória da autarquia. A oferta de serviços pela Atlas Quantum não seria sequer um CIC, uma vez que (CVM, 2019a):

> [...] claramente o produto ofertado é um robô para identificar oportunidades de arbitragem e fazer tais operações; ademais, há no site da AP os disclaimers de praxe sobre os riscos envolvidos e alertando que o bom desempenho passado da AP não é garantia de bom rendimento para sempre.

---

[1] Por exemplo, a Deliberação CVM n. 826 de 13.8.2019, envolvendo a Atlas Quantum (CVM, 2019b).

A Atlas Quantum argumentou no sentido de que desempenhava uma simples atividade de gestão ativa de carteira em bitcoin, por meio de arbitragem. Ao apreciar uma denúncia subsequente envolvendo a Atlas Quantum, a CVM reviu seu entendimento:

> Realmente arbitragem consiste em uma operação de compra e venda de valores negociáveis, realizada com o objetivo de ganhos econômicos sobre a diferença de preços existente, para um mesmo ativo, entre dois mercados. Logo, a arbitragem pura e simples de criptomoedas realizada pelo próprio investidor não seria matéria afeita à CVM. Contudo, verifica-se que o site da Atlas Quantum está oferecendo publicamente mais do que apenas uma plataforma que permita a negociação de criptomoedas entre diferentes mercados, sendo necessário o devido aprofundamento investigativo.

Reproduzimos a seguir o raciocínio adotado pela CVM para caracterização da oferta de investimento, pela Atlas Quantum, como CIC (CVM, 2019c, grifos no original):

> **Há investimento?** Sim, conforme consta no website https://atlasquantum.com/ o investimento é feito por meio de transferência de recursos à plataforma para realizar a compra de bitcoins [...], que seriam remunerados por meio de algoritmo de compra e venda automática de criptomoedas [...]. Ainda que em momento inicial tais rendimentos se deem em bitcoins, os investidores aportam recursos em sentido amplo, além disso, essas criptomoedas podem posteriormente ser convertidos em moeda corrente (por meio de corretoras especializadas). Na página do website [...] é possível visualizar a seguinte informação sobre a Atlas Quantum:
> "Somos uma empresa de serviços financeiros que utiliza tecnologia para gerar patrimônio por meio de criptomoedas. Nosso principal produto é o Quantum, um algoritmo que faz arbitragem financeira com bitcoins, com rentabilidade diária."
> **Esse investimento é formalizado por um título, ou por um contrato? Sim**, por meio do Aceite dos Termos de Uso [...].
> **O investimento é coletivo?** Sim, na medida em que é oferecido indistintamente e pode ser adquirido por vários investidores, de modo que os esforços do empreendedor são padronizados e direcionados à coletividade,

7. REGULAÇÃO DO MERCADO DE CAPITAIS

conforme se nota no tratamento conferido ao usuário nos Termos de Uso [...]:

> "4.2. Após o CADASTRO, o USUÁRIO deverá gerar um endereço que será usado para a transferência de BITCOIN para o QUANTUM, com a recomendação de um valor mínimo de investimento de 0,025 BITCOIN. Após isso, o QUANTUM iniciará automaticamente as operações de compra e venda.
>
> 4.3. Os lucros obtidos nas operações de arbitragem serão computados e alocados diariamente na conta do USUÁRIO, após as 23 horas e 59 minutos (GMT) e o saldo atual e rendimento do dia podem ser verificados no histórico.
>
> 5.1. A ATLAS não cobra taxas para depósito, custódia ou saques no QUANTUM. A taxa cobrada é a taxa de performance sobre o lucro gerado com a operação de arbitragem, no percentual de 50% sobre o lucro obtido."

Alguma forma de remuneração é oferecida aos investidores? Sim. De acordo com as informações apresentadas no website https://atlasquantum.com/ houve rendimento de 37,6% em 2017, de 62,3% em 2018 e de 70,88% nos últimos 12 meses. A remuneração oferecida, seria variável e teria rentabilidade diária, conforme os itens 4.1 e 5.1 dos Termos de Uso e do supramencionado website[...]:

> "4.1 O USUÁRIO está ciente de que a arbitragem de moeda é uma operação de risco inerente à atividade de investimento e que a ATLAS não tem como garantir qualquer lucro, não obstante apresente estatística do rendimento passado no SITE para fins de mera informação do USUÁRIO. [...]
>
> 5.1. A ATLAS não cobra taxas para depósito, custódia ou saques no QUANTUM. A taxa cobrada é a taxa de performance sobre o lucro gerado com a operação de arbitragem, no percentual de 50% sobre o lucro obtido. [...]
>
> Nosso principal produto é o Quantum, um algoritmo que faz arbitragem financeira com bitcoins, com **rentabilidade diária**." (grifo nosso)

A remuneração oferecida tem origem nos esforços do empreendedor ou de terceiros? Sim, conforme se verifica do conteúdo do website [...]

> "**Nosso algoritmo de investimento**, o Quantum, trabalha em mais de 11 corretoras internacionais de Bitcoin, identificando as melhores oportunidades de compra e venda da criptomoeda. Quando identifica a chance de realizar uma operação de arbitragem (isto é, comprar o bitcoin onde está barato e vender onde está mais caro), ele executa automaticamente a ordem. Assim, **operamos com uma estratégia segura, mas que ao mesmo tempo entrega rentabilidade e valor para os nossos clientes!**" (grifo nosso)

A segunda etapa a ser enfrentada é o enquadramento da captação de valores realizada pela Atlas Quantum como oferta pública de valores mobiliários. Quanto aos elementos objetivos da oferta, quais sejam, os meios e instrumentos utilizados para fazer chegar sua emissão aos potenciais investidores, podemos verificar que se enquadra no inciso III do § 3º do art. 19 da Lei nº 6.385/76 regulamentado pelo artigo 3º, inciso IV da Instrução CVM nº 400/2003:

> IV - a utilização de publicidade, oral ou escrita, cartas, anúncios, avisos, especialmente **através de meios de comunicação de massa ou eletrônicos (páginas ou documentos na rede mundial ou outras redes abertas de computadores e correio eletrônico)**, entendendo-se como tal qualquer forma de comunicação dirigida ao público em geral com o fim de promover, diretamente ou através de terceiros que atuem por conta do ofertante ou da emissora, a subscrição ou alienação de valores mobiliários. (grifo nosso)

No presente caso, nota-se um esforço considerável por parte da Atlas Quantum para divulgar seus investimentos, pois além de se valer do website [...] para esta finalidade, houve a divulgação de vídeos comerciais em canais de TV à cabo e por streaming, inclusive com a participação de atores conhecidos, distribuição de vouchers de descontos para investir na plataforma Atlas Quantum [...] e divulgação de publicidade em jornais influentes [...]. Caracterizando, portanto, a distribuição pública de valor mobiliário. Conforme pode ser observado, esses anúncios, carecem de uma linguagem serena e moderada, advertindo os potenciais investidores para os riscos do investimento.

Desse modo, a CVM editou a Deliberação CVM n. 826 de 13.8.2019 (CVM, 2019b), alertando o público em geral que a Atlas Quantum não seria habilitada a ofertar publicamente títulos ou contratos de investimento coletivo cuja remuneração estaria atrelada à compra e venda automatizada de criptoativos por meio de algoritmo de arbitragem e determinando que a oferta pública deveria ser cessada.

2. Criptoativos e Fundos de Investimento

Em janeiro de 2018, a CVM (2018c) emitiu um Ofício-Circular acerca do questionamento gerado pelo mercado sobre a possibilidade de fundos de investimento adquirirem criptoativos ou que pudessem investir em veículos estrangeiros localizados em jurisdição que permitisse o investimento em criptoativos.

No referido Ofício-Circular, a CVM limitou-se a definir que os fundos regulados pela autarquia não poderiam investir em ativos que não fossem financeiros e que, por ora, o regulador estava avaliando as variáveis relacionadas a esse tipo de investimento, de modo que administradores e gestores aguardassem nova manifestação da autarquia a esse respeito. Destacamos os seguintes trechos da manifestação do regulador:

> Como sabido, tanto no Brasil quanto em outras jurisdições ainda tem se discutido a natureza jurídica e econômica dessas modalidades de investimento, sem que se tenha, em especial no mercado e regulação domésticos, se chegado a uma conclusão sobre tal conceituação.
> Assim e baseado em dita indefinição, a interpretação desta área técnica é a de que as criptomoedas não podem ser qualificadas como ativos financeiros, para os efeitos do disposto no artigo 2º, V, da Instrução CVM nº 555/14, e por essa razão, sua aquisição direta pelos fundos de investimento ali regulados não é permitida. [...]
> Assim, no entendimento da área técnica é inegável que, em relação a tal investimento, há ainda muitos outros riscos associados a sua própria natureza (como riscos de ordem de segurança cibernética e particulares de custódia), ou mesmo ligados à legalidade futura de sua aquisição ou negociação. [...]
> Por fim, diante dessas circunstâncias, julgamos conveniente que os administradores e gestores de fundos de investimento aguardem

manifestação posterior e mais conclusiva desta superintendência sobre o tema para que estruturem o investimento indireto em criptomoedas conforme descrito, ou mesmo em outras formas alternativas que busquem essa natureza de exposição a risco.

Poucos meses depois, em setembro de 2018, foi emitido novo Ofício-Circular (CVM, 2018d), direcionado aos administradores e gestores de fundos regulados pela CVM sobre investimentos indiretos em criptoativos. A CVM manteve sua conclusão anterior de que criptoativos não seriam ativos financeiros – razão pela qual não seria permitido o investimento direto – porém, ponderou sobre o investimento indireto desde que observadas determinadas diligências pelos administradores e gestores, com destaque para os seguintes trechos:

> [...] no cumprimento dos deveres que lhe são impostos pela regulamentação, cabe aos administradores, gestores e auditores independentes observar determinadas diligências na aquisição desses ativos.
> [... Há] possibilidade de financiamento, direta ou indiretamente, de operações ilegais nesse mercado como a lavagem de dinheiro, práticas não equitativas, realização de operações fraudulentas ou de manipulação de preços, dentre outras práticas similares.
> [...] uma forma adequada de atender a tais preocupações é a realização de tais investimentos por meio de plataformas de negociação ("*exchanges*"), que estejam submetidas, nessas jurisdições, à supervisão de órgãos reguladores que tenham, reconhecidamente, poderes para coibir tais práticas ilegais, por meio, inclusive, do estabelecimento de requisitos normativos. [...]
> é importante que o gestor verifique se determinado criptoativo não representa uma fraude, como, aliás, tem sido visto com grande recorrência, por exemplo, nas operações recentes de ICO pelo mundo.
> Exemplos importantes nessa avaliação são (i) se o software base é livre e de código fonte aberto (free open source software) ou fechado; (ii) se a tecnologia é pública, transparente, acessível e verificável por qualquer usuário; (iii) se há arranjos que suscitem conflitos de interesse ou a concentração de poderes excessivos no emissor ou promotor do criptoativo, ou o uso de técnicas agressivas de venda, (iv) a liquidez de negociação do criptoativo, (v) a natureza da rede, dos protocolos de consenso e validação, e do software utilizados, ou (vi) o perfil do time de desenvolvedores, bem como seu grau de envolvimento com o projeto. [...]

7. REGULAÇÃO DO MERCADO DE CAPITAIS

De outro lado, outro fator de risco associado aos criptoativos é o de que posições em custódia nesses ativos estejam sujeitas a ataques frequentes por parte de especialistas em invasões a sistemas de informação, os conhecidos "hackers". [...]

é prudente que os administradores e gestores de fundos com tais estratégias deixem claro, nos documentos do fundo, quais políticas adotarão em relação a [*forks* ou *airdrops*]. [...]

Um último ponto de preocupação em relação à aplicação em tais criptoativos está relacionado à dificuldade estrutural de precificação, a valor justo, desses investimentos, em especial quando se tratarem de alternativas menos líquidas. [...]

Um parâmetro possível, nesse sentido, é o investimento em criptoativos que contem com a divulgação permanente de índices de preços globalmente reconhecidos, elaborados por terceiros independentes, e que por sua vez seja calculado com base em efetivos negócios realizados pelos investidores em tais criptoativos.

Por sua estrutura e dinâmica de mercado, os criptoativos podem ser utilizados para fins ilícitos. Em virtude da ausência de lastro, a valorização dos criptoativos traz alguns riscos, pela criação de bolhas especulativas, além das possíveis operações ilegais como lavagem de dinheiro e manipulação de preços.

O art. 23 da Instrução CVM n. 558/2015[2] prevê que é responsabilidade do gestor monitorar, mensurar e ajustar os riscos inerentes a cada carteira de valores mobiliários que gere, estabelecendo os procedimentos necessários para identificar e acompanhar os riscos relacionados a mercado, liquidez, de concentração, de contraparte, operacionais e de crédito. Ao adquirir cotas de um fundo de investimentos estrangeiro é seu dever fazer a análise de risco do próprio fundo em relação aos critérios ora mencionados.

Não obstante, estamos tratando de criptoativos, os quais ainda não têm uma definição homogênea quanto a sua natureza e tampouco quanto a seu tratamento. Assim, a CVM exige também que haja uma auditoria mais rigorosa sobre esses ativos, não somente sobre o fundo, mas também se ele adota

---

[2] "Art. 23. O gestor de recursos deve implementar e manter política escrita de gestão de riscos que permita o monitoramento, a mensuração e o ajuste permanentes dos riscos inerentes a cada uma das carteiras de valores mobiliários" (CVM, 2015).

práticas e medidas de mitigação de risco adequadas e que o próprio gestor adotaria se estivesse investindo diretamente nos criptoativos.[3]

Considerações Finais

Muito há que se discutir ainda acerca da natureza dos criptoativos, do nível de envolvimento das autoridades governamentais para se manter a segurança do mercado e das dinâmicas regulatórias que seriam adequadas para permitir o acesso a esses ativos pelos investidores.

Mesmo com toda a movimentação global em volta do tema, ainda não há uma regulamentação específica ou sequer uma ideia até mesmo sobre como definir esse novo ativo, de modo que a CVM opta por atuar de forma subsidiária, em relação a sua forma de distribuição ao público, ou seja, quando se enquadra como um CIC.

As autoridades do mercado financeiro devem se reunir para alinhar-se quanto à definição da natureza econômica e jurídica dos criptoativos, para, em conjunto, construírem um novo mercado para os criptoativos no qual seria possível obter uma certa segurança sem comprometer a livre circulação ou criação desses ativos.

REFERÊNCIAS

BITCOINREGULATION.WORLD. *Map of Bitcoin Regulation*, 2019. Disponível em: https://www.bitcoinregulation.world/. Acesso em: 19 jan. 2020.
COMISSÃO DE VALORES MOBILIÁRIOS – CVM. *Processo RJ2007/11593*, Voto do Diretor Marcos Barbosa Pinto, j. 22 jan. 2008. Disponível em: http://www.cvm.gov.br/decisoes/2008/20080122_R1/20080122_D01.html. Acesso em: 19 jan. 2020.

---

[3] "No caso dos criptoativos representativos, aqui qualificados como aqueles que representam outro ativo, direito ou contrato subjacente, cabe ao gestor do fundo avaliar também outros aspectos decorrentes da concentração de risco vista na figura do emissor do criptoativo em tais hipóteses, o que exige uma due diligence especialmente rigorosa sobre esse emissor; as análises de risco naturalmente associadas também ao próprio ativo, direito ou contrato subjacente a que o criptoativo se refere; e por fim, se tal criptoativo deve ser considerado ou não como um valor mobiliário, e em caso positivo, se conta com eventual registro prévio exigido.
Mostra-se natural que, no caso de investimento indireto realizado por meio de fundos de investimento constituídos no exterior e geridos por terceiros, caiba ao administrador e ao gestor avaliar, nas condições exigidas pelas circunstâncias, se o gestor do fundo investido adota práticas e medidas de mitigação de risco equivalentes às que o gestor do fundo investidor adotaria em sua posição" (CVM, 2018d).

COMISSÃO DE VALORES MOBILIÁRIOS – CVM. Instrução n. 558/2015. Disponível em: http://www.cvm.gov.br/legislacao/instrucoes/inst558.html. Acesso em: 27 ago. 2020.

COMISSÃO DE VALORES MOBILIÁRIOS – CVM. *Criptoativos*. Série Alertas. Rio de Janeiro, maio 2018a. Disponível em: http://www.cvm.gov.br/menu/investidor/alertas/ofertas_atuacoes_irregulares.html. Acesso em: 19 jan. 2020.

COMISSÃO DE VALORES MOBILIÁRIOS – CVM. *Processo 19957.010938/2017-13*. Rio de Janeiro, 30 jan. 2018b. Disponível em: http://www.cvm.gov.br/decisoes/2018/20180130_R1.html. Acesso em: 19 jan. 2020.

COMISSÃO DE VALORES MOBILIÁRIOS – CVM. *Ofício-Circular CVM/SIN 01/18*. Esclarecimentos acerca do investimento, pelos fundos de investimento regulados pela Instrução CVM 555/14, em criptomoedas. Rio de Janeiro, 12 jan. 2018c. Disponível em: http://www.cvm.gov.br/legislacao/oficios-circulares/sin/oc-sin-0118.html. Acesso em: 19 jan. 2020.

COMISSÃO DE VALORES MOBILIÁRIOS – CVM. *Ofício-Circular CVM/SIN 11/18*. Esclarecimentos sobre o investimento indireto em criptoativos pelos fundos de investimento. Rio de Janeiro, 19 set. 2018d. Disponível em: http://www.cvm.gov.br/legislacao/oficios-circulares/sin/oc-sin-1118.html,. Acesso em: 19 jan. 2020.

COMISSÃO DE VALORES MOBILIÁRIOS. *Memorando n. 93/2019-CVM/SRE/GER-3*. Rio de Janeiro, 12 ago. 2019a. Disponível em: http://www.cvm.gov.br/noticias/arquivos/2019/20190813-4.html. Acesso em: 19 jan. 2020.

COMISSÃO DE VALORES MOBILIÁRIOS – CVM. *Deliberação CVM n. 826*. Rio de Janeiro,13 ago. 2019b. Disponível em: http://www.cvm.gov.br/noticias/arquivos/2019/20190813-4.html. Acesso em: 19 jan. 2020.

COMISSÃO DE VALORES MOBILIÁRIOS – CVM. *Oferta irregular de contratos de investimento coletivo*. Rio de Janeiro, 12 ago. 2019c. Disponível em: http://www.cvm.gov.br/noticias/arquivos/2019/20190813-4.html. Acesso em: 19 jan. 2020.

COMMODITY FUTURES TRADING COMMISSION – CFTC. *CFTC Backgrounder on Oversight of and Approach to Virtual Currency Futures Markets*. Washington, Jan 4, 2018. Disponível em: https://www.cftc.gov/Bitcoin/index.htm. Acesso em: 19 jan. 2020.

FINANCIAL CRIMES ENFORCEMENT NETWORK – FinCEN. *Application of FinCEN's Regulations to Persons Administering, Exchanging, or Using Virtual Currencies*. Washington, Mar 18, 2013. Disponível em: https://www.fincen.gov/resources/statutes-regulations/guidance/application-fincens-regulations-persons-administering. Acesso em: 19 jan. 2020.

STELLA, Julio Cesar. Moedas Virtuais no Brasil: como enquadrar as criptomoedas. *Revista da Procuradoria Geral do Bacen*, v. 11, n. 2 – dez. 2017. Disponível em: https://revistapgbc.bcb.gov.br/index.php/revista/issue/view/26. Acesso em: 19 jan. 2020.

PARTE 3
APLICAÇÕES

8. *SMART CONTRACTS* E A TEORIA DOS CONTRATOS

Rodrigo Fernandes Rebouças

Introdução

Até onde se tem conhecimento, a expressão *smart contract* foi inicialmente cunhada por Nick Szabo em artigo datado de 1994 e reforçado em outro artigo do mesmo autor em 1997 sob o título de *Formalizing and Securing Relationships on Public Networks* (SZABO, 1997a).

O principal intuito do autor era prever a possibilidade de um contrato que fosse autoexecutável e que trouxesse segurança jurídica para as partes envolvidas, já que as pessoas firmam instrumentos contratuais para respaldar a prova do que foi efetivamente pactuado e garantir, de alguma forma, documento hábil para futura execução ou cobrança em caso de inadimplemento. Demonstrando uma certa insatisfação do autor com a falta de cumprimento dos contratos, muitas vezes resultante do livre-arbítrio das partes, ou ainda, da falta de clareza na redação de cláusulas e textos jurídicos que acabam por ser ambíguos e fonte de interpretações.

O instrumento contratual é a materialização de um acordo de vontades firmado entre duas ou mais partes (contrato), com o objetivo de dar uma veste jurídica a determinada operação econômica (ROPPO, 2009, p. 11).

Em sua previsão inicial, basicamente houve a preocupação com duas variáveis: a primeira seria converter o instrumento contratual em linguagem de programação, portanto, inteligível por uma máquina e em linguagem universal, resultando no fim da ambiguidade de seu texto e em necessária transparência; a segunda variável, é a autoexecução do contrato sem a necessidade de intermediários com fonte de segurança jurídica para a sua execução, vale dizer, sem a possibilidade de inadimplemento (REVOREDO, 2019; NYBO, 2019, p. 91-113).

Embora o termo tenha sido cunhado a mais de duas décadas, são poucas as notícias sobre a sua efetiva utilização nesse período, sendo que, somente com avanço da tecnologia e novas formas de desenvolvimento com o surgimento da *blockchain*, a partir de 2009, passou-se a observar uma aplicação mais expandida.

Conforme nos lembra Primavera De Filippi e Aaron Wright, o *smart contract* nada mais é do que a pura evolução dos sistemas de contratos eletrônicos iniciados no pós-Segunda Guerra Mundial e início da Guerra Fria por necessidades militares. Posteriormente, foi aplicado ao setor privado, inicialmente pela DuPont, em 1965, com a implementação dos contratos de Electronic Data Interchange (EDI), os quais, em seu início, significavam enviar uma ordem de compra e do respectivo despacho entre a DuPont e seus fornecedores, convertendo a ordem de compra em linguagem tecnológica (na época em Telex), a qual era recebida e novamente convertida em linguagem tradicional e no idioma do receptor que executava o comando contratual (FILIPPI e WRIGHT, 2018, p. 72-88).

Obviamente, esse sistema evoluiu muito nas últimas décadas com grande utilização nas relações B2B e, especialmente, nas relações interbancárias, como se verifica no sistema de compensação de pagamentos dos bancos, o qual nada mais é do que uma sequência de ordens de crédito e débito interbancárias processadas eletronicamente e, posteriormente, convertidas em linguagem clássica para conhecimento de seus respectivos clientes.

Mas, exatamente, o que são os denominados *smart contracts* e qual o seu alcance e aplicação?

1. Desmistificando os *Smart Contracts*

Para entender o que são os *smart contracts*, cumpre dizer o que não representa um *smart contract*, embora seja um exemplo muito utilizado e de forma equivocada. Vejamos.

Como dito, um conceito equivocado apresentado por boa parte da literatura especializada em direito digital, e que, infelizmente, já se tornou clássico, é equiparar um *smart contract* a uma *vending machine*. Com o devido respeito aos que assim pensam, discordamos integralmente do exemplo utilizado, especialmente pelo fato de ser equivocado e induzir os leitores e estudiosos em grave erro. Nesse sentido foi a advertência do próprio Nick Szabo (1997b):

> *Smart contracts go beyond the vending machine in proposing to embed contracts in all sorts of property that is valuable and controlled by digital means. Smart*

8. *SMART CONTRACTS* E A TEORIA DOS CONTRATOS

contracts reference that property in a dynamic, often proactively enforced form, and provide much better observation and verification where proactive measures must fall short.

E por que motivo o exemplo está equivocado?

Entre outros motivos, pelo fato de que os *smart contracts* são contratos eletrônicos e que devem ser autoexecutáveis e intersistêmicos na sua fase de eficácia contratual (execução do contrato). Já uma *vending machine*, embora detenha grande parte da sua atividade automatizada, não representa um contrato de execução automatizada (autoexecutável), tampouco intersistêmico. Esse equipamento só funciona pela provocação e interação do usuário e com a necessária relação entre o usuário e a máquina.

Muito semelhante ao que se verifica em uma plataforma de e-commerce, uma *vending machine* depende sempre, ou quase sempre, de provocação do usuário e atenderá apenas aos comandos pré-programados na medida da solicitação do usuário, não há uma pré-programação de vendas. A cada compra, o usuário deverá escolher o produto que lhe apetece. Se o usuário do e-commerce não tiver limite disponível no seu cartão de crédito ou não dispuser de outro meio de pagamento, não concluirá a compra, tal como se dá com a *vending machine*. Dependerá também da escolha pelo usuário, conforme a sua vontade em determinado momento, sobre a bebida ou alimento escolhido. Portanto, é uma clara relação entre um usuário e uma máquina/programa, tal como ocorre nas relações interativas.

Portanto, não é correto, sob qualquer aspecto, comparar uma *vending machine* com um *smart contract*.

Um *smart contract* nada mais é do que um contrato eletrônico, firmado em linguagem de programação de sistemas e autoexecutável, podendo conter todos os termos e condições de uma operação econômica ou ser complementar a um outro contrato.

A preocupação do estudo e aplicação do *smart contract* repousa muito mais no plano da eficácia contratual, ou seja, na garantia de sua execução e adimplemento tal como previsto pelas partes.

Vale relembrar a escada Pontiana do negócio jurídico, a qual inicia pelo plano da existência do negócio jurídico, para, na sequência, atingir o plano de validade do negócio jurídico e, finalmente, atingir o plano de eficácia do negócio jurídico. Portanto, repita-se, ao falar em *smart contract*, estamos muito mais preocupados com o plano da eficácia do contrato do que com os planos anteriores do negócio jurídico, os quais, presume-se, já tenham sido suplantados.

Quando falamos de contratos eletrônicos, estamos diante de uma forma de contratação, ou seja, uma forma eletrônica do instrumento contratual e da manifestação de vontade das partes no ato da formação do contrato ou na sua execução (REBOUÇAS, 2018, p. 32 e 159).

> Assim, em nosso entender, o contrato eletrônico deve ser conceituado como o negócio jurídico contratual realizado pela manifestação de vontade, das posições jurídicas ativa e passiva, expressada por meio (= forma) eletrônico no momento de sua formação. Portanto, a manifestação de vontade por meio eletrônico sobrepõe a sua instrumentalização, de maneira que não é uma nova categoria contratual, mas sim, forma de contratação por manifestação da vontade expressada pelo meio eletrônico. [...]
> Nos contratos intersistêmicos, como vimos, haverá duas fases, sendo a primeira de definição de um contrato (físico ou eletrônico), v.g. de fornecimento de produtos para a rede de distribuição, como se dá com os supermercados em relação aos produtores industriais. A segunda fase é representada por uma sequência de sucessivos contratos de compra e venda realizados diretamente entre os respectivos sistemas de informática de cada uma das empresas, onde, havendo saída do estoque da distribuidora (o supermercado), haverá a imediata realização de uma nova compra do produtor industrial para a sua reposição. Toda a transação se dá de forma automatizada, sem que exista qualquer formalização de propostas e/ou aceites, apenas um pedido de remessa com a posterior entrega e faturamento do pedido. Não houve qualquer aceite e/ou manifestação expressa quanto a contratação.
> Este ciclo contratual estabelecido pelos usos e pelas circunstâncias desta contratação, resulta na aplicação direta do artigo 111 do Código Civil, onde, enquanto não houver a manifestação expressa do distribuidor (o supermercado) para cessar o fornecimento de novas remessas, ou ainda, a manifestação expressa do produtor industrial de que não atenderá mais pedidos daquele produto, haverá a continuidade de sucessivos contratos de compra e venda.
> Já para os interpessoais, poderemos ter semelhante situação da acima apontada, porém, realizada pela troca de e-mails. Como exemplo, podemos citar a hipótese de uma pessoa enviar um e-mail ao seu advogado questionando quanto a possibilidade de prestar serviços para a revisão de determinadas cláusulas contratuais. Como a relação entre este cliente e seu advogado já existia anteriormente, poderá não ter um aceite expresso

da contratação, simplesmente o advogado executa o trabalho e devolve o e-mail ao cliente com as cláusulas já revisadas e o posterior faturamento dos honorários.

Adicionalmente, sobre *smart contracts*, já tivemos a oportunidade de nos manifestarmos da seguinte forma: "[...] entendemos que tal forma de contratação pode ser denominada como de característica mista entre os contratos intersistêmicos e os contratos interpessoais" (REBOUÇAS, 2018, p. 62).

Os *smart contracts* são caracterizados por uma prévia programação de dados, atualmente utilizando linguagens de programação que possam garantir a inviolabilidade por um sistema de criptografia e verificação pública, tal como se dá com a *blockchain*, a qual representa uma "tecnologia descentralizada de registro de dados [...] atualmente considerada com uma das tecnologias mais promissoras no sector financeiro, sendo habitualmente sublinhada a possibilidade de viabilizar alterações muito consideráveis nas estruturas, métodos operacionais e até modelos de negócio existentes" (CORREIA, 2017, p. 69).

Uma vez realizada a prévia programação de todo o instrumento contratual e dos respectivos direitos e obrigações das partes (fase interpessoal), os quais serão eletronicamente verificados, como o pagamento e/ou a entrega de determinado bem ou serviço, haverá a automática execução eletrônica de todas as demais obrigações contratuais, como a liberação de garantias, pagamento do preço, remessa do produto ao comprador, etc. (fase intersistêmica).

Portanto, acreditamos que o *smart contract* é uma forma de contratação eletrônica mista, sendo o seu primeiro momento formalizado sob a característica de contrato interpessoal e, no momento subsequente concluído (execução do contrato), sob a característica de contrato intersistêmico, execução automática e integralmente eletrônica (REBOUÇAS, 2018, p. 143-147).

A forma de declaração da vontade automatizada ocorrerá nas chamadas contratações intersistêmicas que, conforme visto, são em maior número voltadas para as relações interempresariais, porém, com a possibilidade de que em um curto espaço de tempo essa modalidade de contratação também seja viável e economicamente acessível às relações ditas de consumo.

A exteriorização da vontade de contratar será realizada automaticamente entre dois sistemas interligados, seja por meio da internet ou por meio de uma rede privada de transmissão de dados. Não há a interferência direta e interativa do sujeito de direito, apenas o contato entre dois sistemas. "Existe um intercâmbio de mensagens eletrônicas automáticas que podem ser consideradas documentos, mas não à assinatura digital. A voluntariedade do sujeito é manifestada por haver ele instalado o serviço informático em sua empresa, porém não no ato concreto, já que o computador funciona automaticamente" (LORENZETTI, 2008, p. 557). Uma das principais formas de exteriorização da vontade automatizada ocorre pela utilização dos chamados Electronic Data Interchange (EDI), que, por representar uma complexa infraestrutura de tecnologia da informação, composta por softwares previamente programados para essa finalidade, hardwares de alta performance, rede de comunicação entre diversos outros equipamentos e serviços, minimiza drasticamente o risco pela ocorrência de falhas e erros.

    Assim, quando todas as entidades da cadeia comercial estão interligadas a um sistema de EDI, a passagem de um produto pela leitora óptica da caixa registradora de um supermercado emite um comando eletrônico para o sistema de estoques da empresa, o qual está programado para, ao atingir determinado nível, emitir um comando eletrônico para o sistema de compras que, por sua vez, emite um comando para o sistema de vendas do fornecedor daquele produto. Este, também em razão de prévia programação, emite comando de resposta ao primeiro e, em dele recebendo a ordem de fornecimento eletrônica, emite comandos aos sistemas de controle de faturamento e de entregas, os quais emitirão os respectivos comandos para o sistema de contas a pagar do supermercado, e para os sistemas de fornecimento de empresa transportadora e de seguradora, e assim sucessivamente, os sistemas aplicativos das diferentes entidades se intercomunicarão até que todas as operações envolvendo o fornecimento, pagamento e entrega do produto estejam consumadas.

    Nesse contexto, as ações humanas dos representantes das entidades envolvidas ocorreram quando os sistemas aplicativos foram programados e atualizados para operarem na forma acima. Nenhuma ação humana ocorre quando da emissão dos documentos que efetivam as relações jurídicas. Assim, há que se admitir que a manifestação volitiva de cada parte envolvida nas operações efetuadas – supermercado, fornecedor, transportadora, seguradora, banco e outras, conforme o caso – ocorre no momento em que os sistemas aplicativos são programados para a realização de cada uma das comunicações eletrônicas. (SANTOS e ROSSI, 2000, p. 105 ss.)

Relevante observar que, ressalvadas as possibilidade de relação de consumo, usualmente essa forma de declaração de vontade é precedida por um outro contrato que será formalizado entre as duas empresas ou pessoas

8. SMART CONTRACTS E A TEORIA DOS CONTRATOS

contratantes, de forma que eventuais problemas e/ou dúvidas quanto a efetiva contratação ou a emissão de ordens de compra equivocadas devam ser tratada diretamente nesse primeiro contrato, no qual as partes poderão expressar as suas intenções e definir as consequências para cada uma das respectivas situações, sem que restem dúvidas quanto as atos praticados de forma automatizada, os quais deverão ser considerados existentes, válidos e eficazes.

A "nova" forma de contratos eletrônicos denominados de *smart contracts*, como os demais contratos eletrônicos, não é uma nova classificação e/ou nova modalidade contratual, mas tão somente uma nova forma de contratação, ou seja, uma nova forma de aceite (exteriorização da vontade de contratar e da autonomia privada) e de execução das obrigações contratuais. Conforme apontado, entendemos que essa forma de contratação pode ser denominada como de característica mista entre os contratos intersistêmicos e os contratos interpessoais.

Os *smart contracts* são caracterizados por uma prévia programação de dados realizada pelas partes, atualmente utilizando linguagens de programação que possam garantir a inviolabilidade por um sistema de criptografia e verificação pública, tal como se dá com a *blockchain*, a qual representa uma "tecnologia descentralizada de registro de dados [...] atualmente considerada com uma das tecnologias mais promissoras no sector financeiro, sendo habitualmente sublinhada a possibilidade de viabilizar alterações muito consideráveis nas estruturas, métodos operacionais e até modelos de negócio existentes" (CORREIA, 2017, p. 69).

Uma vez realizada a prévia programação de todo o instrumento contratual e dos respectivos direitos e obrigações das partes (fase interpessoal), essas obrigações serão eletronicamente verificadas, mediante o pagamento e/ou a entrega de determinado bem ou serviço, resultando na automática execução eletrônica de todas as demais obrigações contratuais, como a liberação de garantias, o pagamento do preço, a remessa do produto ao comprador, etc. (fase intersistêmica). O principal ponto que deve ser destacado quanto ao contrato eletrônico *smart contracts* refere-se ao liame entre o validamento da declaração de vontade na contratação e na sua respectiva validade.

Uma vez que tais contratos têm utilizado linguagens e plataformas de grande segurança, como ocorre com o uso da *blockchain*, é possível afirmar que nessa forma de contratação haverá mais tranquilidade quanto à comprovação da efetiva contratação e sua respectiva declaração de vontade, a qual estará respaldada pela gravação de uma série de informações importantes para a segurança jurídica da validade do contrato.

Os *smart contracts* desenvolvidos com a utilização da *blockchain* terão assegurados os critérios de descentralização da informação, multilateralidade, encriptação e validação temporal. Nesse sentido:

> É descentralizada na medida em que prescinde de um registro central ou de um responsável único (ou hierarquicamente superior) pelos dados introduzidos e armazenados no sistema, assentando antes na distribuição de responsabilidade pelos respetivos participantes, como característica essencial. Com efeito, cada participante é responsável pela manutenção e atualização de uma parte (ou da totalidade) da base de dados, e a validade dos registros decorre da coerência entre as inscrições individuais de cada membro, ao invés de assentar num critério hierárquico. Este carácter (necessária e intencionalmente) multilateral evita que a base de dados possa ser corrompida por um único participante, ou que um ou mais participantes exerçam uma posição dominante, tornando os demais reféns.
> Assim, a introdução de novos dados na base depende da validação da nova informação pelos demais participantes, sendo por isso assente num consenso multilateral. Uma vez atingido esse consenso multilateral, a nova informação é acrescentada à base de dados, e a partir daí não pode ser alterada ou eliminada, senão com base num novo consenso.
> Como terceiro aspecto distintivo, cumpre assinalar que a maioria das tecnologias assentes em *Blockchain* utiliza métodos de encriptação de dados e de validação temporal (através da aposição de selos temporais nos momentos-chave de introdução, alteração e eliminação de dados).
> (CORREIA, 2017)

Acreditamos que o *smart contract* é uma forma de contratação eletrônica mista e de grande segurança jurídica quanto a sua validade jurídica, sendo o seu primeiro momento formalizado sob a característica de contrato interpessoal e no momento subsequente concluído (execução do contrato) sob a característica de contrato intersistêmico, de execução automática e integralmente eletrônica.

Porém, conforme apontado, o *smart contract* faz com que a linguagem tradicional seja convertida em linguagem de programação, por meio de código-fonte e algoritmos, em última análise, é convertido em uma espécie de software, o que, em tese, impediria a ocorrência de ambiguidades. Dizemos "em tese" pois, como é sabido, nenhum software está imune a erros. Quanto maior for o número de operações e transações realizadas pelo software, maior será a possibilidade de erros, já que qualquer programação é feita por seres humanos e, portanto, sujeita a erros de programação.

Considerando a complexidade da maioria dos contratos e muitas vezes a necessidade de manutenção da privacidade e do sigilo de determinadas operações, o que tem sido verificado, até o momento (2020) frente a tecnologia existente[1] é a aplicação de *smart contracts* para operações mais simples, como locação de veículos, compra e venda, contratação de seguros, contratação do compromisso de arbitragem, etc. (REVOREDO, 2019, p. 230 ss.).

Essa realidade se dá pelo fato de que é extremamente difícil converter todas as potenciais cláusulas contratuais e condições de uma contratação em linguagem de programação. Aliás, é razoavelmente frequente que as cláusulas contratuais tenham previsões de eventos futuros, incertos e pendentes de novas circunstâncias negociais. Ou seja, resultam nos denominados contratos incompletos. Considerando a tecnologia comercialmente utilizada e conhecida até os dias atuais (primeiro semestre de 2020), essa prática não é viável de ser aplicada em linguagem binária de programação de sistemas.

Portanto, e repita-se, até onde a tecnologia avançou nessas primeiras duas décadas do século XXI, algumas questões contratuais devem ficar em instrumentos apartados aos *smart contracts*, como a definição de distribuição de lucros condicionada a performance que, em determinada operação, sujeita a verificação por uma empresa de auditoria. Isso acaba por criar uma contratação híbrida, sendo parte regida por uma *smart contract* e parte por outra forma de contratação, a qual pode ser igualmente eletrônica ou física.

2. *Smart Contracts* e a Teoria Geral dos Contratos – Requisitos de Validade e a Cláusula *Solve Et Repete*

Pela teoria geral dos contratos prevista em nosso ordenamento jurídico, como regra geral, não há a exigência de forma específica para os instrumentos contratuais e deve-se seguir a forma livre como padrão, a qual, inclusive, é a regra geral prevista nos arts. 107 e 212 do Código Civil e, como tal, deve ser analisada no caso concreto (princípio da concretude), conforme o comportamento habitual das partes envolvidas. Não se admite, portanto, que após

---

[1] Essa realidade pode sofrer profunda evolução com a supremacia quântica (computação quântica) conforme chegamos a apontar em AI (Inteligência Artificial) – novas habilidades jurídicas e a supremacia quântica (REBOUÇAS, 2019).

uma duradoura relação contratual desenvolvida por contratações eletrônicas, caso haja um mês sem a inclusão de certificados digitais, uma das partes da relação contratual venha a sustentar a falta de validade de tal forma de contratação, pela ausência de certificado digital ou pelo uso de linguagem de programação, como se observa nos *smart contracts*.

A necessária aplicação dos usos e costumes à interpretação dos contratos eletrônicos e dos *smart contracts* é igualmente fundamentada pelos impactos econômicos diretamente envolvidos nessa veste jurídica (relação contratual).

Portanto, seja qual for a sua forma ou solução tecnológica, não há o que se contestar os planos de existência e validade do negócio jurídico.

Os demais requisitos que devem ser observados são referentes aos de validade do negócio jurídico, portanto, os do art. 104 do Código Civil: agente capaz; objetivo lícito, possível, determinado ou determinável; e o requisito de forma, que já foi previamente analisado.

Tal como se dá em qualquer outro negócio jurídico, esses requisitos devem ser igualmente analisados e suplantados.

Lembrando, um *smart contract* não é tecnologia e tampouco uma nova classificação, categoria ou tipo contratual. Ele se vale da tecnologia como ferramenta para representar um contrato, *v.g.*, de compra e venda, locação, garantia, etc. Estamos frente a uma forma de contratação que seguirá uma programação de sistemas ou ainda com o emprego da *blockchain* ou outra solução que venha a aparecer nos próximos anos.

A questão que se coloca é justamente a que se refere à sua autoexecução e impossibilidade de interrupção por uma das partes, mesmo para os contratos considerados híbridos, nos quais apenas uma parcela da obrigação contratual, ou apenas uma parte do contrato, como as garantias, estaria sujeita a um *smart contract*, ocasião em que as partes não terão qualquer possibilidade de interromper e/ou suspender a sua autoexecução.

Pela lógica de uma *smart contract*, tão logo seja atendido e/ou atingido um determinado estágio e/ou obrigação contratual, haverá o consequente e automático efeito previamente programado e idealizado pelas partes, mesmo que as situações e condições tenham sofrido alguma alteração durante o tempo de execução do contrato, ou seja, seria uma forma de renúncia à conhecida cláusula da exceção do contrato não cumprido, prevista nos arts. 476 e 477 do Código Civil (*exceptio adimpleti contractus*).

> Em outras palavras, a referida exceção serve para assegurar ao contratante a possibilidade de sobrestar a execução da respectiva prestação antes

> ter recebido a contraprestação. [...] opera no plano da eficácia, ao subordinar a exigibilidade de dada prestação à realização da contraprestação. [...] A disciplina legal tem caráter supletivo, de modo que as partes podem dispor diversamente, sempre que julgarem apropriado. (ZANETTI, 2019, p. 771-773)

Pela regra geral da cláusula do contrato não cumprido, qualquer das partes poderia interromper a eficácia contratual até o adimplemento pela outra parte. Como dito anteriormente, o objetivo do *smart contract* é justamente evitar tais situações. Ou seja, evitar cláusulas ambíguas e/ou interpretativas e evitar o rompimento da fase da eficácia contratual.

Em situações envolvendo contratos civis ou empresariais, não nos parece que haja dificuldade quanto a sua plena validade e eficácia jurídica. Trata-se de uma condição disponível e que está no campo da autonomia privada das partes, portanto, suscetível a sua plena renúncia, desde que não caracterize enriquecimento sem causa de uma das partes.

Outra opção usualmente utilizada nas relações contratuais empresariais é a aplicação da cláusula *solve et repete*. Nessa hipótese, conforme previsão contratual (condição obrigacional), é possível que a autoexecução do contrato seja mantida, operando todos os efeitos programados no respectivo *smart contract*, garantindo-se que, após a sua eficácia, perdurando qualquer necessidade indenizatória e/ou prejuízo à parte, esta poderá pleitear, conforme previsão contratual ou judicialmente, a respectiva diferença e/ou indenização.

> Por meio deste instituto, a parte abre mão do direito de resistir, pela oposição da exceção, às investidas do contratante inadimplente visando ao recebimento da contraprestação. No entanto, uma vez tendo cumprido regularmente a obrigação que assumiu, nada o impede de investir contra o outro contratante, ainda inadimplente, total ou parcialmente, com o fito de obter o cumprimento forçado da obrigação ainda pendente.
>
> Na prática, pode-se dizer que a cláusula *solve et repete* cria, às avessas, uma sucessividade entre as prestações das partes, de modo a impedir o contratante atingido pelos seus efeitos de invocar a exceção do contrato não cumprido. Cria, além disso, um caráter de abstração das obrigações, antes ligadas a um forte elemento causal, derivado do próprio vínculo sinalagmático.
>
> Embora geralmente válida, essa renúncia pode transbordar para o campo da ilicitude, quando violar preceitos de maior relevância social.

Sua validade depende da igualdade substancial entre as partes e da existência de um mínimo de liberdade na negociação. Em suma, deve ocorrer nos contratos paritários. (GAGLIARDI, 2010, p. 175)

Tal como destacado, sua validade e sua eficácia serão mais garantidas nas relações civis e empresariais, especialmente após a edição da Lei da Liberdade Econômica (Lei n. 13.874/2019), com o maior grau de amplitude à autonomia privada das partes, sendo considerada abusiva nas situações envolvendo relações de consumo e/ou situações jurídica em que haja expressa vedação legal.

Ainda sobre o enfoque da autonomia privada nas relações civis e empresariais, cumpre esclarecer que concordamos parcialmente com o autor anteriormente citado, especialmente considerando o sentido de que estas devem observar os preceitos de maior relevância social. A concordância é parcial pois, entendemos que a caracterização de "maior relevância social" deva considerar os diferentes graus e a própria dinâmica da autonomia privada entre autonomia privada máxima, média e mínima, tal como defendemos em nossa tese posterior publicada sob o título *Autonomia privada e análise econômica do contrato* (REBOUÇAS, 2017), na qual sustentamos que:

> Nesse sentido é o necessário reconhecimento da dinâmica da autonomia privada, como técnica que viabiliza a aplicação gradual da autonomia privada em pelo menos três escalas, mínima, média e máxima. Pelo reconhecimento e aplicação desse processo dinâmico é possível que o contrato cumpra a sua função socioeconômica quanto ao fluxo de geração e circulação de riquezas, a alocação de riscos, a análise quanto ao custo de transação e previsibilidade das relações jurídicas conforme diretrizes da teoria da confiança e da lealdade.[2]

A gradação da aplicação da autonomia privada, além de representar a aplicação da função socioeconômica e jurídica do contrato, também, é diretamente influenciada pelo comportamento das partes ao longo do processo obrigacional.[3] Uma atuação comportamental que viole a boa-fé

---

[2] TIMM (2015, p. 203).
[3] "Quando se fala de direito, o comportamento humano é sempre um comportamento social, ou seja, referido ao outro e à comunidade dos outros. A consciência jurídica dirige as suas exigências no sentido de um comportamento para com o outro de cimento de que nos interessa a nós e ao próximo; que a sua pessoa possa substituir umas com as outras. Isto pressupõe o conhecimento de que nos interessa a nós e ao próximo; que a sua pessoa e a minha pertençam a uma estrutura de responsabilização comum". Cf. WIEACKER (1993, p. 710).

8. SMART CONTRACTS E A TEORIA DOS CONTRATOS

objetiva trará uma mitigação nos efeitos da autonomia privada e da força vinculante do contrato. O mesmo se aplica apara eventual violação função social do contrato (socialidade). [...]

No caso brasileiro, o direito dos contratos deve seguir a própria filosofia imposta pelo Código Civil de 2002 (eticidade,[4] operabilidade e socialidade), ou seja, ser igualmente flexível, dinâmica e adaptável às transformações da sociedade tal como se dá com a aplicação dos conceitos legais indeterminados e as cláusulas gerais da função social e da boa-fé objetiva. Ignorar tal realidade representa a manutenção da aplicação de uma teoria dos contratos apenas sob a ótica jurídica e em total desprezo às demais ciências sociais, especialmente a ciência econômica, tornando o contrato estático e dissociado da realidade socioeconômica que deveria representar, tal como ele é, uma "veste jurídica de uma operação econômica".

Frente à necessidade de suprimir a lacuna atualmente existente pela aplicação binária da autonomia privada e da força vinculante do contrato, é a proposta defendida ao longo da presente obra quanto à gradação da autonomia privada, como um verdadeiro processo dinâmico conforme o processo obrigacional, o comportamento das partes e a Análise Econômica do Direito conciliada com os pilares do Capitalismo Consciente conforme será abordado na sequência como forma de consolidar as ideias apresentadas. Retomando a matriz proposta no capítulo destinado a contextualização da problemática e das hipóteses da presente tese, será demonstrada a técnica proposta da dinâmica da autonomia privada.

---

[4] "No caso do Direito, os procedimentos, isto é, a administração das ações, delimitam ao racional com respeito a fins, a atuação das partes em conflito e a sua decisão. Apenas a título indicativo: embora se busque a obtenção de um determinado objetivo e as questões éticas permaneçam apartadas, por princípio, da determinação da estratégia ótima, nada há que impeça a mantença de um firme propósito de fidelidade a determinados princípios, uma ética de princípios como norteadora da escolha das ações a tomar nem, é claro, assumir o custo da influência de tais princípios éticos para o alcance da decisão. Nem mesmo, é necessário excluir, em benefício dessa estratégia ótima, o mais profundo respeito pelo outro: basta incluir esse fator ético como fator limitante para as escolhas. Deve-se, entretanto, indicar que mesmo a Ética será o resultado de uma reflexão, no domínio da Cultura, sobre as práticas socioculturais conducentes a um melhor equilíbrio entre pares. Cabe apontar, ainda, que a sua concretização, através da sanção civilizada da Moral, dependerá de decisões comunitárias aptas a escolher um subconjunto de regras morais entre os preceitos gerais de Ética". Cf. PUGLIESI (2009, p. 188-189).

Portanto, estando presentes os requisitos de validade do negócio jurídico (art. 104, CC/2002) e afastadas as situações em que haja relação de consumo e/ou relações contratuais com grau de autonomia privada mínima, não há o que se falar em impossibilidade de aplicação da forma de contratação por meio dos *smart contracts*, sendo sua autoexecução e forma plenamente válidas pela legislação pátria. Vale dizer, estamos diante de uma forma de contratação e não de um novo tipo e/ou tecnologia – apenas mais uma forma de contratação valendo-se dos clássicos institutos do direito privado.

Conclusão

Com base em todo o exposto, entendemos que os denominados *smart contracts* nada mais são do que uma das modalidades de contratação eletrônica, sendo a sua principal característica a conversão do texto do instrumento contratual para linguagem de programação e/ou da *blockchain*, ou ainda outra tecnologia que venha a ser aplicada nos próximos anos, garantido, além da transparência das relações contratuais, a ausência (pelo menos em tese) de ambiguidades nas condições e obrigações previstas em tal modalidade contratual, bem como a sua autoexecução. Portanto, estamos falando de forma e não de tipo contratual e/ou classificação, apenas o instrumento utilizado para exteriorizar e registrar as condições jurídicas de determinada operação econômica.

Para as situações que envolvam contratos civis e/ou empresariais, com grau de autonomia privada máxima ou média, a aplicação da condição de autoexecução e da respectiva cláusula *solve et repete* não afeta sua validade e eficácia, muito pelo contrário, é forma de garantir a eficácia, preservando o direito de eventuais prejudicados em apurar, em momento futuro, eventuais prejuízos, sem que isso resulte em qualquer suspensão e/ou interrupção as condições de um *smart contract*.

E, finalmente, reiterando o quanto apontado no início, um *smart contract* não se confunde, em hipótese alguma, com uma *vending machine*. Trata-se de forma de contratação muito mais sofisticada, que representa um contrato eletrônico necessariamente de autoexecução e intersistêmico no plano da eficácia do negócio jurídico contratual.

REFERÊNCIAS

CORREIA, Francisco Mendes. A tecnologia descentralizada de registro de dados (*Blockchain*) no sector financeiro. *In:* MENEZES CORDEIRO, António; OLIVERIA, Ana Perestrelo de; DUARTE, Diogo Pereira (org.). *FinTech*: desafios da tecnologia financeira. Coimbra: Almedina, 2017.

FILIPPI, Primavera De; WRIGHT, Aaron. *Blockchain and the law*: the rule of code. Cambridge, Massachusetts: Harvard University Press. 2018.

GAGLIARDI, Rafael Villar. *Exceção do contrato não cumprido*. São Paulo: Saraiva, 2010 (Coleção Agostinho Alvim, Coordenação Renan Lotufo).

LORENZETTI, Ricardo Luis. Contratos Eletrônicos. Trad. Edson L. M. Bini. *In*: LUCCA, Newton de; SIMÃO FILHO, Adalberto (coords.). *Direito & Internet* – Aspectos jurídicos relevantes. v. II. São Paulo: Quartier Latin, 2008.

NYBO, Erik Fontenele. Os efeitos econômicos da introdução dos Smart Contracts no direito. *In*: ARAUJO, Luz Nelson Porto; DUFLOTH, Rodrigo V. (orgs.). *Ensaios em Law & Economics*. São Paulo: LiberArs, 2019.

PUGLIESI, Márcio. *Teoria do direito*. 2. ed. São Paulo: Saraiva, 2009.

REBOUÇAS, Rodrigo Fernandes. *Autonomia Privada e Análise Econômica do Contrato*. São Paulo: Almedina, 2017.

REBOUÇAS, Rodrigo Fernandes. *Contratos Eletrônicos*. 2. ed. Almedina: São Paulo, 2018.

REBOUÇAS, Rodrigo Fernandes. AI (Inteligência Artificial) – novas habilidades jurídicas e a supremacia quântica. *The Legal Hub*, 23 out. 2019. Disponível em: https://comunidade.thelegalhub.com.br/blog/ai-e-novas-habilidades-e-supremacia-quantica. Acesso em: 2 fev. 2020.

REVOREDO, Tatiana. *BLOCKCHAIN*: tudo o que você precisa saber. Amazon: The Global Strategy, 2019.

ROPPO, Enzo. *O Contrato*. Coimbra: Almedina, 2009.

SANTOS, Manoel J. Pereira; ROSSI, Mariza Delapieve. Aspectos legais do Comércio Eletrônico – contratos de adesão. *Revista de Direito do Consumidor*, v. 36, out. 2000.

SZABO, Nick. Formalizing and Securing Relationships on Public Networks. *First Monday*, v. 2, n. 9, Set./1997a. Disponível em: https://firstmonday.org/ojs/index.php/fm/article/view/548/469. Aceso em: 6 jan. 2020.

SZABO, Nick. *The idea of smart contracts*. 1997b. Disponível em: https://nakamotoinstitute.org/the-idea-of-smart-contracts/. Acesso em: 06 jan. 2020.

TIMM, Luciano Benetti. *Direito contratual brasileiro*: críticas e alternativas ao solidarismo jurídico. 2. ed. São Paulo: Atlas, 2015.

ZANETTI, Cristiano de Sousa. *In*: NANNI, Giovanni Ettore (coord.). *Comentários ao Código Civil*: direito privado contemporâneo. São Paulo: Saraiva, 2019.

WIEACKER, Franz. *História do direito privado moderno*. Trad. António Manuel Botelho Hespanha. 2. ed. Lisboa: Fundação Calouste Gulbenkian, 1993.

9. APONTAMENTOS SOBRE O USO DA TECNOLOGIA *BLOCKCHAIN* NOS CONTRATOS DE CONCESSÃO DE SERVIÇO PÚBLICO

Daniel Becker e Frederico Becker

Introdução

A última década tem se mostrado verdadeiro marco na história político--econômica brasileira, em que a esperança em uma economia que firmemente suportou o tranco da crise de 2008 deu lugar à desesperança, calcada em desemprego massivo e desprezo crescente pelas instituições.

No âmbito político, a deflagração da Operação Lava Jato e a corrida presidencial de 2014, a mais polarizada da história do país até então, davam amostras pomposas do que estava por vir. Ambas refletiam um anseio do brasileiro médio por uma mudança – bem-intencionado, porém destituído de grandes reflexões sobre o destino final, o que acabou por deixar um grande rastro de arrasamento no país, consubstanciado na queda acentuada do Produto Interno Bruto (PIB) brasileiro, no biênio 2015-2016, e em consequentes efeitos colaterais perversos no campo social, como o aumento acelerado do desemprego e a queda da renda dos trabalhadores (PEREIRA, 2017, p. 124).

Dita expectativa do povo brasileiro deu-se na medida em que Dilma Rousseff reproduziu o acervo de medidas, outrora prósperas, de incentivos ao grande empresariado aliado ao governo, que acabou por verificar, no médio prazo, um maligno efeito colateral de corrupção institucionalizada e ineficiência administrativa aterradora.

Cabe ressaltar que, de maneira alguma, pretende-se colocar em xeque a legitimação do combate à corrupção e das boas práticas de governança trazidas à tona pela Lava Jato. Entretanto, como consequência inevitável, viu--se, na outra ponta, a devastação em cascata de setores como construção civil, indústria petrolífera e naval.

Some-se a isso a queda vertiginosa da demanda mundial – em especial, chinesa – pelas *commodities* brasileiras para chegar ao solo fértil para infertilidades do Brasil atual.

Em outra frente, a ruptura da população com os governos de esquerda, em virtude do descumprimento de promessas sociais democratas como a reforma agrária, universalização do acesso à saúde e democratização da imprensa, ocasionou não somente a ascensão meteórica de uma classe política de direita, mas principalmente uma desconfiança antes pouco vista nas instituições democráticas como um todo.

Ainda, em uma espiral cadente, momentos de tamanha instabilidade como esses escancaram as portas para a fuga de capitais estrangeiros (e até mesmo nacionais), tornando crucialmente mais penosa a recuperação do país.

Inegavelmente, os acontecimentos expostos até aqui dão o tom do cenário assolador político-econômico em que o Brasil se encontra atualmente. Ainda assim, colocá-los como causa única pode ser considerado ingênuo e, até mesmo, leviano. Isso porque a ausência de boas práticas, a anacrônica burocracia e a consequente ineficiência da máquina estatal não são atributos contemporâneos da década de 2010. O problema é muito, mas muito anterior.

Dessa maneira, vê-se facilmente que contratar com o Poder Público brasileiro pode vir a ser uma tarefa árdua e, por vezes, bastante ingrata. Um exemplo que contempla tal assertiva é a sistemática dos contratos de concessão. Como em outrora lecionou Nelson Eizirik (1994, p. 43):

> [...] períodos de acentuada inflação, sucessivos (e malogrados) planos de estabilização econômica, em que congelamentos de tarifas eram realizados. discricionariamente, têm causado, aos empresários privados, justificado temor de efetuar investimentos de vulto na realização de obras e na execução de serviços públicos.

Nada obstante sua obra datar de 1994, seus apontamentos não poderiam ser mais atuais.

Já na seara de gestão propriamente dita, a título de exemplo, referido contrato administrativo percebe como atributo relevante a mutabilidade, que confere ao Poder Público (concedente) poderes de alterá-lo e rescindi-lo unilateralmente. Portanto, sob um véu de legalidade e busca de interesse público, pode-se traduzir uma via basilar para a atuação de agentes político-econômicos corruptores e para a perpetuação de más práticas de gestão.

E, por óbvio, não é só. Tal aspecto, aliado a uma execução extremamente burocrática e a não tão improvável inadimplência do Poder Concedente, atualmente em profunda crise, torna o contrato excessivamente oneroso e desvantajoso para o concessionário. Afasta-se, assim, um importante ponto focal de investimentos privados, fundamental para o atendimento a necessidades coletivas e implementação de políticas públicas, especialmente em face da chamada crise fiscal do Estado (JUSTEN FILHO, 2003a).

Ainda, a população acaba por perceber um serviço de qualidade questionável, por uma contraprestação desproporcionalmente alta, sendo a utilização de uma infraestrutura clandestina a saída financeiramente mais viável, muito embora despreze parâmetros de segurança e retorno econômico para a sociedade.

Abram-se parênteses para lembrar que as ponderações críticas feitas até aqui não devem ser confundidas com destruição, da mesma forma que defender não é sinônimo de adorar. Criticar, sem o intuito de destruir, mas com o propósito de mudar e reerguer, define o exercício da boa razão.

Buscando soluções, o brocardo inglês *"in with the new, out with the old"* (tradução livre: utilizar do novo e deixar para trás o antigo) pode vir muito bem a calhar. De certo, os contratos contêm, na sua forma clássica, linguagem jurídica passível de múltiplas interpretações. Além disso, sua validação depende de terceiros – que, no caso dos contratos de concessão, é a própria Administração Pública – e está sujeita ao crivo do Poder Judiciário que, muitas vezes, é caro, demorado e ineficiente.

Abram-se parênteses novamente para destacar que, não à toa, nota-se a proliferação de cláusulas compromissórias de arbitragem nos contratos administrativos, sobretudo após a reforma da Lei de Arbitragem, impulsionada por múltiplas decisões do Superior Tribunal de Justiça, bem como a criação de comitês de resolução de conflitos (*dispute boards*) (GARCIA, 2016).

Com vistas à necessidade de pensar a Administração Pública de maneira inovadora e disruptiva, abandonando o ímpeto burocrata das contratações, propõe-se analisar os benefícios da aplicabilidade da emergente tecnologia da *blockchain*, e seus derivados *smart contracts*, na sistemática dos contratos de concessão de serviço público.

1. A Tecnologia *Blockchain* e os *Smart Contracts*

Defende-se que o uso da tecnologia da *blockchain* pode ser muito bem-vindo no processo de lapidar as concessões de serviço público e, para isso, é necessário realizar uma exposição acerca de seu conceito e, consequentemente, de seu potencial.

A tecnologia *blockchain* é um banco de dados *on-line* e público utilizado para armazenamento descentralizado de informações ou, por assim dizer, transações que podem ser, mas não se limitando a,[1] monetárias. É um livro--razão global, criptografado, imutável e auditável, com cópias distribuídas entre vários computadores conectados à sua rede (DONEDA e FLORES, 2019, p. 191). Dessa maneira, cada transação entre duas partes (*peer-to--peer*) constituirá um bloco criptografado que será adicionado à uma cadeia (RODRIGUES, 2017, p. 148).

Tomando, por exemplo, prestações continuadas por previsão contratual, estas ocorrerão de maneira sequencial e cronológica. Tal assertiva pode ser considerada um truísmo entretanto, é fundamental para o entendimento da sistemática da *blockchain*, visto que nesta se sucederá da mesma maneira: cada bloco – ou seja, cada operação – estará ligado a apenas um bloco anterior a ele, resultando em um alinhamento cronológico perfeito e, nessa esteira, na imutabilidade e na validação das transações previamente realizadas (FERREIRA, PINTO e SANTOS, 2017, p. 109).

Para fins deste capítulo, considera-se relevante a validação oriunda da aceitação das duas partes envolvidas na transação, cujos dados serão processados por computadores conectados à internet.

Como se verifica facilmente, a *blockchain* se apresenta como um método de registro praticamente inalterável, haja vista sua criptografia e a validação pela própria rede, e essencialmente público, dado que acessível por qualquer um que detenha um computador com acesso à internet (REED, 2016, p. 17-18).

Desde o advento da *blockchain* em 2008, com o artigo de Satoshi Nakamoto "Bitcoin: A Peer-to-Peer Electronic Cash System" – que para muitos pode ser considerado até mesmo um manifesto –, uma miríade de tecnologias emergiu, possibilitadas por essa estrutura de blocos impenetrável. O bitcoin, cuja popularidade disparou na última década, é uma delas. Porém, neste momento, cabe ressaltar outra tecnologia, de imenso potencial e aplicabilidade no âmbito do direito contratual, seja privado ou público: os *smart contracts* ou contratos inteligentes.

A ferramenta consiste em um protocolo eletrônico e informatizado de transações que executa uma série de instruções previamente programadas;

---

[1] De fato, pode ser propriedade física, imaterial – como músicas –, ativos financeiros, etc.

o objetivo geral é diminuir erros na execução do contrato, sejam maliciosos ou acidentais, bem como minimizar a necessidade de intermediários de confiança (TAPSCOTT e TAPSCOTT, 2016, p. 140). É um grande redutor de custos de transação que, no palavreado de *law and economics*, podem ser definidos como o

> [...] dispêndio de recursos econômicos para planejar, adaptar e monitorar as interações entre os agentes, garantindo que o cumprimento dos termos contratuais se faça de maneira satisfatória para as partes envolvidas e compatível com a sua funcionalidade econômica. (PONDÉ, FAGUNDES e POSSAS, 1997, p. 124)

Ainda, os contratos inteligentes ostentam significativa dinamicidade quando comparados a seus tradicionais pares impressos. Os sistemas implementados na *blockchain* podem ser vinculados a fontes confiáveis de informações – como os relatórios de taxa de juros emitidos pelo Banco Central, por exemplo –, tornando factíveis reajustes nas prestações contratuais em algo próximo ao tempo real. Tais fontes são usualmente conhecidas como oráculos (DE FILLIPI e WRIGHT, 2018, p. 74-75).

A desnecessidade de terceiros para a execução autônoma e automática do contrato é, além de um grandioso benefício para transações, a consagração do brocardo *pacta sunt servanda*. Ainda, como dito há pouco, serão códigos predefinidos que darão o verdadeiro tom no cumprimento do contrato, que se dará nos exatos termos programados sem qualquer possibilidade de inatividade, censura, fraude ou interferência de terceiros, garantindo-se, assim, a aplicação e autonomia do objeto pactuado (DIVINO, 2018, p. 2784-2785).

A doutrina clássica define contrato como

> [...] o acordo de duas ou mais vontades, na conformidade da ordem jurídica, destinado a estabelecer uma regulamentação de interesses entre as partes, com o escopo de adquirir, modificar ou extinguir relações jurídicas de natureza patrimonial. (DINIZ, 2008, p. 30)

Por isso, é importante destacar que a expressão "*smart contracts*" é imprecisa, uma vez que essas aplicações não consistem em contratos, mas tão somente "uma representação em código desses negócios jurídicos, ou seja, a faceta executável ou executada da contratação" (BAIÃO, 2018).

Além disso, os contratos inteligentes, diferentemente de sua variação clássica, não constituem um documento escrito, sendo, na verdade, um código de *software* incorporado na plataforma *blockchain*. São totalmente digitais e escritos em linguagem de programação inalterável. Além de estabelecer obrigações e consequências da mesma forma que o documento físico habitual, o código pode ser automaticamente executado. Isso porque, nesse plano contratual, serão os códigos, os algoritmos e as operações matemáticas que forjarão os termos, condições e encargos desse contrato.

Portanto, observando através do prisma proposto – a concessão do serviço público –, tem-se a inovadora vantagem de se parametrizarem dados realmente relevantes para o interesse público através dos já mencionados "oráculos", tornar público o acesso às informações pelos usuários do serviço e pela população de modo geral, bem como garantir a segurança de todas as partes envolvidas, cujos dados e transações estarão guardados em uma rede inalterável e impossível, por conta da rigidez da criptografia, de ser fraudada.

Porém, antes de adentrar em hipóteses de aplicabilidade dessa sistemática, faz-se necessário tecer algumas considerações acerca da concessão de serviço público e o contrato do qual ela é objeto.

2. A Concessão de Serviço Público

Como as boas definições fundamentam as opiniões sobre o tema, convém definir doutrinariamente a concessão de serviço público. Concessão de serviço público, consoante a doutrina, é o instrumento

> [...] pelo qual a Administração Pública delega a outrem a execução de um serviço público, para que o execute em seu próprio nome, por sua conta e risco, assegurando-lhe mediante tarifa paga pelo usuário ou outra forma de remuneração decorrente da exploração do serviço. (DI PIETRO, 2005, p. 279)

Reputa dizer, ainda no liame dessa conceituação, que a concessão será sempre precedida de licitação. A sistemática, tanto dos procedimentos licitatórios prévios à concessão como das especificidades de referido contrato, está disposta no art. 175 da Constituição da República e, de maneira mais detida, nos liames das Leis n. 8.987 e 9.074, ambas de 1995.

9. APONTAMENTOS SOBRE O USO DA TECNOLOGIA *BLOCKCHAIN* NOS CONTRATOS DE...

A *raison d'être* dos contratos de concessão pode ser entendida, em linhas gerais, como a percepção pela Administração Pública da necessidade de prestar determinados serviços à sociedade e, ao mesmo tempo, da incapacidade técnica para prestá-los com excelência e/ou da indisponibilidade de recursos hábeis a realizar melhorias inerentes ao serviço em questão. É uma questão de capacidade institucional (WERNECK e LEAL, 2011).

Contudo, é necessário deixar claro que, muito embora a execução do serviço seja delegada – via concessão – ao concessionário, este em momento algum deterá a titularidade do serviço, sendo sempre o Poder Público seu detentor. Isto porque está se tratando de um "serviço indispensável, diretamente relacionado com a satisfação de necessidades essenciais à integridade do ser humano" (JUSTEN FILHO, 2003b, p. 47), cuja prestação adequada, por conseguinte, é direito da sociedade.

Essa dita titularidade traduz-se em uma série de prerrogativas do Estado sobre o serviço concedido, como promover intervenções, alterar condições de sua prestação e exercer controle sobre das tarifas cobradas pelo concessionário (ARAGÃO, 2009).

Outro aspecto importante acerca da titularidade é que dela emana a noção de que a concessão de serviço público e seu objeto estarão sob a égide do regime de Direito Público. Com efeito, esse regime impõe a estrita observância aos princípios da legalidade, da continuidade, da universalidade, da impessoalidade, da adaptabilidade e da modicidade das tarifas destinadas a remunerá-lo.

Com efeito, quando a execução dos serviços não se atém ao atendimento desses princípios, sobrevirá a aplicação de penalidades que podem originar, inclusive, a extinção da concessão, multas e a incapacidade da empresa concessionária de participar de licitações.

Não espanta a vasta quantidade de deveres atribuídos ao concessionário. De fato, os serviços prestados nada menos são que direitos básicos da sociedade, como água, luz e transportes. Mesmo assim, cabe ressaltar que o concessionário goza de direitos e prerrogativas, sendo o único risco que suportará sozinho consubstanciado nos casos em que atuar canhestramente, procedendo com ineficiência ou imperícia (MELLO, 1987, p. 47-48). Ainda, na seara de seus direitos, o concessionário fará jus ao recebimento da remuneração, ao equilíbrio econômico-financeiro do contrato de concessão e à inalterabilidade do objeto propriamente dito.

3. Um Olhar do Futuro sobre Problemas Recorrentes nos Contratos de Concessão de Serviços Públicos

Neste momento, pede-se licença para analisar alguns dos controversos aspectos do contrato de concessão, a fim de propor soluções e direções, não à direita ou à esquerda, mas à frente, ao futuro. Há claro intento legislativo na Lei de Concessões (Lei n. 8.987/1995) em fazer valer o equilíbrio econômico-financeiro da relação concedente-concessionário (GUIMARÃES, 2012, p. 249). Um exemplo claro é a disposição do art 9º, e seus incisos, sobre a tarifa correlata ao serviço, percebida pelo concessionário, e a possibilidade de revisão de seu valor.

Ocorre que, muitas das vezes, enquanto o foco do reajuste monetário permanece voltado para as partes do contrato, a sociedade arca com preços altíssimos que não condizem com a qualidade do serviço prestado. A título de exemplo, o Ministério Público do Estado do Rio de Janeiro ajuizou, em 21 de fevereiro de 2019, ação civil pública com o fim de anular o contrato de concessão entre o Município do Rio e as empresas de ônibus, dados o sucateamento da frota regular e os irregulares reajustes nas tarifas, ocasionados, na opinião do *parquet*, em virtude de "iniciativas e omissões do Município do Rio de Janeiro em benefício das empresas".[2]

O caso, retrato de um cenário que se repete diuturnamente nas cidades brasileiras, revela que reajustes tarifários nem sempre guardam um intento de equilíbrio contratual, podendo, através desse véu de legalidade, conter vieses ilícitos.

Uma alternativa interessante apta a manter a saúde financeira do concessionário e a evitar a promiscuidade entre o Poder Público e o empresariado, simultaneamente, é o uso dos já explanados *smart contracts*. Isso porque a essência desses contratos é o uso de códigos computadorizados para que sua execução seja o mais fiel possível ao ideal, *id est* ao interesse público.

No caso específico, elementos como a margem de uso do serviço público, determinados aspectos macroeconômicos da população e a quantificação dos investimentos efetivamente realizados pelo concessionário no objeto do contrato farão as vezes de oráculos dos contratos inteligentes. Com o perdão da repetição, diga-se que a constante atualização desses parâmetros relevantes, a partir de fontes confiáveis, atribuirá dinamicidade ao preço do serviço público, tornando-o mais justo e real.

---

[2] Com base nos Inquéritos Civis n. 2013.00368764 e 2017.00761882. Cf. ÁVILA (2019).

Convém mencionar, em parênteses, que não somente de dinamicidade vive a justiça. Rechaçar a interferência de agentes corruptores também é fundamental e, como visto, é uma das aptidões dos contratos inteligentes, dado seu aspecto descentralizador e (muito) pouco dependente de autoridades e demais terceiros (SWAN, 2015, p. 7).

No mais, é de se comentar o papel dos oráculos na promoção e viabilização do equilíbrio da equação econômica – pressuposto fundante do instituto da concessão (MARQUES NETO, 2002, p. 106) – entre concessionário e concedente. Ora, se é correto afirmar que "os fatos imprevisíveis, aí incluídas as eventuais alterações unilaterais do contrato, trazem consigo, ao revés, a figura da revisão contratual" (ARAGÃO, 2013, p. 42), correta também é a assertiva de que a revisão contratual dificilmente se dará de forma célere e consensual. Com a inserção de parâmetros, via oráculo, o contrato se equilibrará independentemente de vontade das partes, de maneira instantânea.

Como visto desde o início deste capítulo, o crescimento econômico de um país depende de boas práticas de gestão que consigam afastar a corrupção da equação. Dessa noção, chama-se a atenção para o conceito de *accountability*. O termo é cunhado a partir de um ideal de responsividade, onde, paralelamente, o Poder Público responderia por seus atos perante a sociedade (*accountability* vertical) e perante o controle recíproco dos poderes ou de agências estatais (*accountability* horizontal) (O'DONNELL, 2019). O que se busca com o fortalecimento desse instituto é a transparência da atuação pública, atribuindo-se-lhe um verdadeiro dever de prestação de contas. E, para isso, a tecnologia *blockchain* pode ser uma aliada de peso, haja vista ser capaz de dotar de transparência radical os termos, condições e encargos contratuais (TAPSCOTT e TAPSCTOTT, 2016, p. 148).

Com efeito, os investimentos realizados pelo concessionário, bem como fomentos feitos a este pelo ente federativo em questão, se realizados em forma de transação na *blockchain*, estarão registrados, de maneira pública e imutável, na rede. O fluxo de recursos, portanto, deverá seguir uma ordem lógica sob justificativas legais, tornando natimortas tentativas de desvio ou mau uso de dinheiro público.

A ideia, portanto, é criar uma versão digital do panóptico, um sistema de vigilância, idealizado por Jeremy Bentham, em 1787, estruturado na forma de uma torre, que permite um agente observar todos indivíduos que estão a sua volta, sem que estes saibam se estão sendo vigiados ou não. O receio e a sensação de estarem sendo fiscalizados, então, levariam os indivíduos a adotarem o comportamento desejado pelo observador (FERRARI, 2019, p. 139).

Engana-se, entretanto, aquele que acredita que recursos monetários são os únicos ativos cujo mau uso pelas empresas concessionárias pode resultar em danos significativos à sociedade. Os dados, que ganharam notoriedade após escândalos internacionais envolvendo a National Security Agency (NSA) americana (BOFF e FORTES, 2016) e as empresas Facebook e Cambridge Analytica (ASSUMPÇÃO, SANTANA e SANTOS, 2015), são outros que merecem menção.

Afinal de contas, para contar com serviços de necessidade primária – como água e luz – o usuário submete um cadastro repleto de dados pessoais que passarão ao domínio do concessionário. À primeira vista, dados como residência, valores pagos pelo serviço e margem de adimplemento das prestações podem não aparentar um potencial danoso significativo. Entretanto, quando se coloca a hipótese de terceiros não autorizados acessarem esses dados, contempla-se a criação de padrões socioeconômicos com fins bastante funestos.

A título exemplificativo, o Ministério Público do Distrito Federal, ao longo do ano de 2018, conduziu investigações sigilosas acerca do fim dado aos cadastros de pessoa física (CPF) levantados nas compras em farmácia. O pilar dos inquéritos do *parquet* estava no potencial que os dados contidos no histórico de compras no âmbito farmacêutico teriam em eventual comercialização da condição de cada consumidor com terceiros (FREITAS e SPINASSÉ, 2018).

E, nessa esteira, caso referidos dados sejam comercializados com uma empresa que comercializa planos de saúde, esta pode deduzir uma condição médica grave a partir dos remédios que uma pessoa compra e, ato contínuo, elevar o valor do plano. Outra hipótese é a venda de dados para empresas de análise de crédito, que podem interpretar a compra de muitos remédios como um risco de vida e, consequentemente, incapacidade de arcar com dívidas. Com efeito, perceberia juros altíssimos ou até mesmo empréstimos negados.

De certo, a frequência de ocorrências, como a supracitada, deverá encontrar um valioso freio nas disposições da Lei n. 13.709/2018, alterada pela Medida Provisória n. 869/2018: a chamada Lei Geral de Proteção de Dados (LGPD). Em síntese, a LGPD foi concebida com o objetivo de conferir às pessoas físicas, chamadas titulares de dados, maior controle e autonomia sobre seus dados pessoais. Estes, por sua vez, somente poderão ser coletados, usados, processados e armazenados nos estritos liames das normas nelas previstas, privilegiando, assim, direitos fundamentais de liberdade e privacidade (SIQUEIRA, 2019, p. 30).

Com o intento de promover maior segurança para os usuários de serviços públicos, no que tange ao atendimento dos paradigmas da LGPD, o armazenamento dos dados em uma rede derivada da *blockchain* pode ser uma opção acertada.

Primeiro, porque a criptografia imbuída nessa forma de registro torna os dados inacessíveis por terceiros não autorizados. E, por se tratar, na problemática agora analisada, de dados sensíveis à própria pessoa e não a ativos financeiros, é possível configurar os códigos da *blockchain* para que a rede seja privada entre as partes interessadas (no caso dos contratos de concessão, o Poder Público e o concessionário) e sigilosa. Isso em razão da alta plasticidade desse tipo de tecnologia. Por fim, cumpre lembrar que, além desses refinos, a imutabilidade do registro deverá ser ajustada para atender o direito do usuário, preconizado no art. 18, inciso IV,[3] da LGPD, de ter seus dados excluídos do banco, mediante requisição.

Conclusão

O propósito deste capítulo é sugerir alternativas para problemas que há muito convivem com a sociedade brasileira, na esfera dos contratos de concessão. Seja pela mão do Poder Público, com o qual é tarefa árdua contratar, seja pela mão de concessionários já entremeados em uma agenda corruptora e ineficiente, os usuários de serviços tão essenciais se veem reféns das liberalidades dos dois primeiros.

Porém, nem tudo está perdido. Com algumas proposições, como aquelas defendidas neste capítulo, é possível eliminar burocracias – tornando os contratos autoexecutáveis – e tornar recursos públicos amplamente rastreáveis e dados pessoais totalmente sigilosos, por meio da plasticidade da *blockchain*.

Dessa maneira, será possível construir um serviço justo a todos os envolvidos, que, ao passo que cativará o grande empresariado a investir em um serviço sério e adequadamente parametrizado, atrairá usuários pela segurança do serviço e sua excelência, advinda do investimento privado. A tecnologia pode não ser a panaceia de todos os males brasileiros, mas, certamente, é um ótimo norte para começar.

---

[3] Art. 18. O titular dos dados pessoais tem direito a obter do controlador, em relação aos dados do titular por ele tratados, a qualquer momento e mediante requisição: [...] VI – eliminação dos dados pessoais tratados com o consentimento do titular, exceto nas hipóteses previstas no art. 16 desta Lei.

REFERÊNCIAS

ARAGÃO, Alexandre dos Santos de. Delegações de Serviço Público. *Revista Eletrônica de Direito Administrativo Econômico*, n. 16, 2009.

ARAGÃO, Alexandre Santos de. A Evolução da Proteção do Equilíbrio Econômico-Financeiro nas Concessões de Serviçoes Públicos e nas PPPs. *Revista de Direito Administrativo*, v. 263, 2013.

ASSUMPÇÃO, Fabrício Silva; SANTANA, Ricardo Cesar Gonçalves; SANTOS, Plácida Leopoldina Ventura Amorim da Costa. Coleta de dados a partir de imagens: considerações sobre a privacidade dos usuários em redes sociais. *Em Questão*, n. 2, 2015.

ÁVILA, Edmilson. MP pede à Justiça nova licitação das linhas de ônibus do Rio e redução de tarifa. *G1*, 13 mar. 2019. Disponível em: https://g1.globo.com/rj/rio-de-janeiro/blog/edimilson-avila/post/2019/03/13/mp-pede-a-justica-nova-licitacao-das-linhas-de-onibus-do-rio-e-reducao-de-tarifa.ghtml. Acesso em: 5 de jan. 2020.

BAIÃO, Renata. Smart contracts são contratos inteligentes? *Medium*, 25 abr. 2018. Disponível em: https://medium.com/@renatabaiao/smart-contracts-s%C3%A3o-contratos-inteligentes-48aa55e1ee2. Acesso em: 6 jan. 2020.

BOFF, Salete Oro; FORTES, Vinícius Borges. Internet e Proteção de Dados Pessoais: uma Análise das Normas Jurídicas Brasileiras a partir das Repercussões do caso NSA vs. Edward Snowden. *Cadernos do Programa de Pós-Graduação em Direito – PPGDir./UFRGS*, n. 1, 2016.

DE FILLIPI, Primavera; WRIGHT, Aaron. *Blockchain and the Law*: The Rule of Code. London: Harvard University Press, 2018.

DI PIETRO, Maria Sylvia Zanella. *Direito Administrativo*. 18. ed. São Paulo: Atlas, 2005.

DINIZ, Maria Helena. *Curso de direito civil brasileiro*. São Paulo: Saraiva, 2008. v. 3.

DIVINO, Sthéfano Bruno Santos. Smart Contracts: Conceitos, Limitações, Aplicabilidade e Desafios. *Revista Jurídica Luso-Brasileira*, ano 4, n. 6, 2018.

DONEDA, Bruno Nunes; FLÔRES, Henrique Pinhatti. Contratos inteligentes na *blockchain*: o futuro dos negócios jurídicos celebrados em códigos de programação. *In*: FEIGELSON, Bruno; BECKER, Daniel; RAVAGNANI, Giovani (coord.). *O advogado do amanhã*: estudos em homenagem ao professor Richard Susskind. São Paulo: RT, 2019.

EIZIRIK, Nelson. Concessão de serviço público. *Revista de Direito Administrativo*, v. 196, abr. 1994.

FERRARI, Isabela. O panóptico digital: como a tecnologia pode ser utilizada para aprimorar o controle da Administração Pública no Estado Democrático de Direito. *In*: FEIGELSON, Bruno; BECKER, Daniel; RAVAGNANI, Giovani (coord.). *O advogado do amanhã*: estudos em homenagem ao professor Richard Susskind. São Paulo: RT, 2019.

FERREIRA, Juliandson Estanislau; PINTO, Filipe Gutemberg Costa; SANTOS, Simone Cristiane dos. Estudo de mapeamento sistemático sobre as tendências e desafios do *blockchain*. *Revista Eletrônica de Gestão Organizacional*, v. 15, Edição Especial, 2017.

FREITAS, Caroline; SPINASSÉ, Francine. Promotores investigam se farmácias vendem CPFs de consumidores. *Tribuna Online*, 13 set. 2018. Disponível em: https://tribunaonline.com.br/promotores-investigam-se-farmacias-vendem-cpfs-de-consumidores. Acesso em: 23 jun. 2019.

GARCIA, Flávio Amaral. O Dispute Board e os Contratos de Concessão. *Direito do Estado*, 23 jun. 2016. Disponível em: http://www.direitodoestado.com.br/colunistas/flavio-amaral-garcia/o-dispute-board-e-os-contratos-de-concessao. Acesso em: 8 jan. 2020.

GUIMARÃES, Fernando Vernalha. *Concessão de Serviço Público*. São Paulo: Saraiva, 2012.

JUSTEN FILHO, Marçal. As diversas configurações da concessão de serviço público. *Revista de Direito Público da Economia*, jan./mar. 2003a.

JUSTEN FILHO, Marçal. *Teoria Geral das Concessões de Serviço Público*. São Paulo: Dialética, 2003b.

MARQUES NETO, Floriano de Azevedo. Breves considerações sobre o equilíbrio econômico-financeiro nas concessões. *Revista de Direito Administrativo*, v. 227, 2002.

MELLO, Celso Antônio Bandeira de. *Prestação de Serviços Públicos e Administração Indireta*. 2. ed. São Paulo: RT, 1987.

O'DONNELL, Guillermo. Accountability horizontal e novas poliarquias. *Lua Nova*, n. 44, 1998. Disponível em: http://www.scielo.br/pdf/ln/n44/a03n44.pdf. Acesso em: 21 jun. 2019.

PEREIRA, José Matias. Avaliação dos efeitos da crise econômica-política-ética nas finanças públicas do Brasil. *Revista Ambiente Contábil*, v. 9, n. 2, 2017.

PONDÉ, João Luiz; FAGUNDES, Jorge; POSSAS, Mario. Custos de transação e política de defesa da concorrência. *Revista de Economia Contemporânea*, v. 1, n. 2, 1997.

REED, Jeff. *Blockchain*. [S. l.]: Lulu.com, 2016.

RODRIGUES, Carlo Kleber da Silva. Uma análise simples de eficiência e segurança da Tecnologia *Blockchain*. *Revista de Sistemas e Computação*, Salvador, v. 7, n. 2, jul./dez. 2017.

SIQUEIRA, Antonio Henrique Albani. Disposições Preliminares. *In*: FEIGELSON, Bruno; SIQUEIRA, Antonio Henrique Albani (coords.). *Comentários à Lei Geral de Proteção de Dados*. São Paulo: RT, 2019.

SWAN, Melanie. *Blockchain*: Blueprint for a new economy. [S. l.]: O'Reilly, 2015.

TAPSCOTT, Dan; TAPSCTOTT Alex. *Blockchain revolution*. SENAI: São Paulo, 2016.

WERNECK, Diego; LEAL, Fernando. O argumento das "capacidades institucionais" entre a banalidade, a redundância e o absurdo. *Direito, Estado e Sociedade*, n. 38, jan./jun. 2011.

10. CAPTE-ME, RAPTE-ME, ADAPTE-ME: A COMPLEXIDADE DA PROTEÇÃO DE DADOS PESSOAIS EM *BLOCKCHAINS*

Bruno Feigelson e *Bernardo Araujo*

1. Capte-me: introdução

Cada tecnologia tem a sua especial maneira de produzir transformações na forma com que o ser humano vive. Contudo, algumas têm a capacidade de impactar nos fundamentos estruturais das sociedades, revolucionando a vida com tamanho dinamismo que as ideias viram fatos e os fatos produzem o perecimento do sentido dos conceitos: a vida como é simplesmente deixa de ser. Devido ao seu potencial impacto nas formas de organização, confiança e governança, a tecnologia *blockchain* pode ser considerada uma dessas tecnologias revolucionárias.[1]

As *blockchains* são sistemas que se utilizam de tecnologias de "registros distribuídos" (Distributed Ledgers Technology – DLT) que permitem transações entre dois ou mais agentes sem a presença de um terceiro (ou de uma instituição confiável).[2] Consistem em uma tecnologia de contabilidade digital distribuída e permanente, dita resistente a violações e realizada coletivamente por todos os nós (*nodes*) do sistema. A inovação[3] introduzida é que a rede pode

---

[1] As aplicações da *blockchain* – e mais geralmente das Distributed Ledgers Technologies – possuem alto potencial disruptivo devido às possíveis aplicações em diversas áreas, como em *fintechs* e bancos, e-*government*, serviços notariais, saúde e indústria, incluindo gerenciamento de suprimentos em cadeia, inteligência artificial (IA), Internet das Coisas (IoT) e aplicativos Machine-to-Machine. Dependendo do contexto do uso, do design e da implementação, as vantagens da governança baseada em *blockchain*s são reconhecidas como significativas para importantes classes de serviços (ATZORI, 2017).

[2] Cf. VILLANI (2018).

[3] Os principais benefícios das *blockchain* estão relacionados à promoção de transparência, segurança e *accountability*, reduzindo fraudes e corrupção, bem como aumentando a rastreabilidade. Nesse sentido, a imutabilidade, a inviolabilidade e a resiliência são alguns dos principais fatores que fomentam o entusiasmo acerca da tecnologia. Para uma visão abrangente do tema, ver ITS-RIO e IRIS BH (s.d.).

ser aberta e os participantes não precisam conhecer ou confiar um no outro para interagir: as transações eletrônicas são verificadas e registradas automaticamente pelos nós da rede, sem que haja necessária intervenção humana, autoridade central, ponto de controle ou terceiros (como governos, bancos, instituições financeiras ou outras organizações). Naturalmente, essa última característica é a que mais impacta nas estruturas sociais de governança.[4]

Figura 1 – Redes centralizadas, descentralizadas e distribuídas*

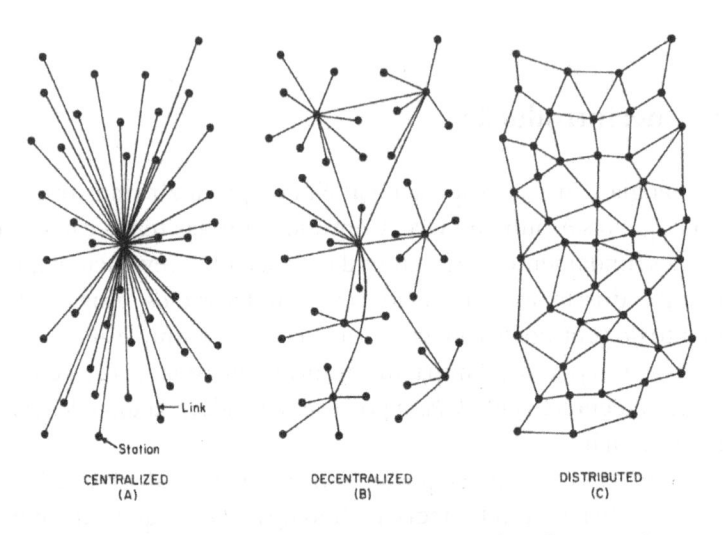

* Tradução: "Link" = Link; "Station" = Estação; "Centralized" = Centralizada; "Descentralized" = Descentralizada; "Distributed" = Distribuída.
Fonte: BARAN (1964, p. 1-2 *apud* BERRYHILL, BOURGERY e HANSON, 2018).

---

[4] O termo "governança" é popular, mas impreciso, e o uso moderno não assume governança como sinônimo de governo. O conceito não se restringe aos aspectos gerenciais e administrativos do Estado, tampouco apenas ao funcionamento eficaz do aparelho. A governança também pode se referir a padrões de articulação e cooperação entre atores sociais e políticos, e entre arranjos institucionais, incluindo-se os mecanismos tradicionais de agregação e articulação de interesses. Ou seja, enquanto a expressão governabilidade teria uma dimensão essencialmente estatal, vinculada ao sistema político-institucional, a expressão governança opera em dimensões extensas, englobando a sociedade como um todo e seus arranjos institucionais. Também pode ser útil descrever o que significa governança no contexto da regulação da autogovernança. Nesse caso, a governança seria os vários recursos que descrevem com precisão a interação entre o usuário e o serviço: um processo legislativo dinâmico e interativo: termos de uso e políticas de privacidade constantemente alterados.

No cenário "c" (BARAN, 1964, p. 1-2 *apud* BERRYHILL, BOURGERY e HANSON, 2018),[5] mesmo que alguns nós não sejam confiáveis, mostrem-se desonestos ou maliciosos, a rede seria capaz de verificar as transações e proteger o "livro-razão" de adulteração e fraude por meio de um mecanismo matemático chamado de *proof-of-work*,[6] o qual tornaria desnecessária a intervenção humana ou a autoridade de controle. Aqui, os conceitos de verificação e autenticação antes postos são ampliados para novos horizontes.

Quando os dados pessoais são processados pela *blockchain*, eles podem ser replicados em vários *nodes* do livro-razão, podendo ser lá armazenados desde que a *blockchain* esteja operacional (e possivelmente para *backup*). Do ponto de vista do General Data Protection Regulation (GDPR) da União Europeia (Regulamento 2016/679) e da Lei n. 13.709/2018 – Lei Geral de Proteção de Dados (LGPD), esse simples fato já levanta uma série de questionamentos em relação à conformidade com os ordenamentos.

Diante do escopo delimitado, este estudo apresenta os aspectos da proteção de dados que, até o momento, provaram ser os mais relevantes em relação às *blockchain*s. Isso inclui o escopo territorial e material dos ordenamentos, a definição de responsabilidade por meio da determinação de quais atores podem se qualificar como controladores de dados, a aplicação dos princípios fundamentais do processamento de dados pessoais às cadeias de blocos, a implementação dos direitos dos titulares de dados nessas redes, as transferências de dados internacionais e a provável necessidade de avaliações de impacto na proteção de dados em aplicações *blockchain*.

Como a voz de Caetano Veloso na música "Rapte-me camaleoa", nos inclinamos *"para o lado do sim"* da adaptação: *blockchain*s, *ne me quitte pas*![7]

---

[5] BARAN, Paul. *On Distributed Communications*: Introduction to Distributed Communications Networks, United States Air Force Project Rand, 1964, p.1-2.
[6] *"The proof-of work consists of a difficult and time-consuming mathematical puzzle, required to the networks nodes called "miners" as a condition to be reliable, verify the transactions of the network and get a reward. The whole process is called "mining". The proof-of-work is difficult to produce, but easy for other nodes to verify."* (ATZORI, 2015). Sobre o tema, ver também: *"This mechanism proves highly effective in slowing the creation of new blocks. Back to the example of Bitcoin, it takes close to ten minutes for each new block to be created, in which time the necessary proof of work is calculated and a new block is added to the chain. This means that when a block is tampered with, not only must each subsequent hash be recalculated; the proof-of-work for all the following blocks will need to be recalculated as well, which is a lengthy, complicated and near impossible process."* (BERBERICH e STEINER, 2016).
[7] *"Rapte-me camaleoa/ Adapte-me a uma cama boa/ Capte-me uma mensagem à-toa / De um quasar pulsando loa/ Interestelar canoa/ Leitos perfeitos/ Seus peitos direitos me olham assim/ Fino menino me inclino pro lado do sim/ Rapte-me, adapte-me, capte-me, it's up to me, coração/ Ser querer, ser merecer, ser um camaleão/ Rapte-me camaleoa/ Adapte-me ao seu ne me quitte pa"*. Letra de "Rapte-me camaleoa". Composição de Caetano Veloso.

2. Rapte-me: Apontamentos sobre Regulações de Risco e Leis de Proteção De Dados

É importante observar que as *blockchains* são uma classe de tecnologia. Não há apenas uma versão dessa tecnologia.[8] Em vez disso, o termo refere-se a uma multiplicidade de formas diferentes de banco de dados que apresentam variação em seus arranjos técnicos, de governança e de complexidade. Consequentemente, isso faz com que as tentativas de criação de normas para regular *blockchains* sofram das mesmas dificuldades sentidas pelas demais regulações para ambientes disruptivos: a relação entre a tecnologia e o arcabouço legal não pode ser determinada de uma maneira geral, mas somente em análise de caso concreto.

Para o escopo das DLTs, a compatibilidade entre o livro-razão distribuído e uma lei de proteção de dados (se não várias) só poderia ser avaliada com base em uma análise detalhada do caso, a qual considera o design técnico específico e o cumprimento das configurações de governança (FINCK, 2019).

O GDPR é visto por muitos como um marco no contexto da proteção de dados, pois define um nível de proteção para o titular dos dados antes inédito. Ele não apenas define princípios de conformidade no que diz respeito ao processamento de dados pessoais, mas também concede aos titulares de dados um conjunto de direitos que lhes dá mais controle sobre como seus dados são processados. Um direito digno de nota para o tema analisado é o direito ao esquecimento (*right to be forgotten*): em uma sociedade digitalizada, em que qualquer informação parece destinada a ser armazenada para sempre em algum servidor, esse direito concede aos titulares a possibilidade de excluir seus dados uma vez que não sejam mais necessários aos fins

---

[8] Na prática, existem vários tipos de *blockchains* que usam diferentes níveis de permissão para diferentes categorias de participantes. Para fins de sistematização, é possível utilizar a seguinte classificação: (1) *blockchains* públicas; (2) *blockchains* permissionadas; (3) *blockchains* privadas. As *blockchains* públicas são acessíveis a todos, em qualquer lugar do mundo. Qualquer pessoa pode registrar uma transação, participar da validação dos blocos ou acessar uma cópia deles. As permissionadas têm regras que estabelecem quem pode participar do processo de validação ou registrar transações. Podem, dependendo do caso, ser acessíveis a todos ou restritas. Já as *blockchains* "privadas" são controladas por um ator único que supervisiona a participação e a validação. Segundo alguns especialistas, estes parâmetros das DLT privadas não respeitariam as propriedades tradicionais das cadeias, como descentralização e validação compartilhada. Em qualquer caso, as *blockchains* privadas levantam menos questões específicas em relação à conformidade com as leis de proteção de dados, pois, na prática, apresentam-se como bancos de dados distribuídos "tradicionais".

para os quais foram coletados. Isso significa que as organizações precisam ter a capacidade de excluir dados de todos os seus sistemas, mediante solicitação (incluindo os sistemas de outras empresas para as quais os dados foram transferidos).

O objetivo do GDPR é essencialmente duplo. Por um lado, procura facilitar a livre circulação de dados pessoais entre os vários Estados-membros da União Europeia (UE). Por outro, estabelece um quadro de proteção dos direitos fundamentais, baseado no direito à proteção de dados positivado no art. 8 da Carta dos Direitos Fundamentais da UE. A estrutura legal cria obrigações que dependem dos controladores de dados, as entidades que determinam os meios e os propósitos do processamento de dados. Também aloca direitos aos titulares dos dados – as pessoas físicas a quem os dados pessoais se relacionam – que poderão ser aplicados através desses controladores de dados.

Por seu turno, de forma bastante resumida, a LGPD também traçou princípios e regras que devem reger o tratamento de dados pessoais. Como regra, o controlador deve respeitar os princípios da finalidade e da adequação, tentando, sempre que possível, realizar a anonimização dos dados. O art. 18 da LGPD determina que o controlador deverá atender, de forma gratuita (§ 5º) às solicitações do titular dos dados – consumidor com ônus da prova invertido – realizadas mediante requerimento a qualquer agente de tratamento, garantindo-lhe (i) a confirmação da existência de tratamento de dados; (ii) acesso aos dados tratados; (iii) correção dos dados; (iv) anonimização, bloqueio ou eliminação de dados desnecessários, excessivos ou tratados em contrariedade à lei, ainda que o tratamento seja baseado em hipótese que dispensa o consentimento (§ 2º); (v) portabilidade; (vi) eliminação de dados tratados com consentimento, exceto quando permitida a conservação; (vii) informação a respeito de com quais entidades houve compartilhamento; (viii) informação sobre a possibilidade de não fornecer consentimento e sobre as consequências de negá-lo; e (ix) revogação do consentimento.

Além do setor privado, a LGPD remete-se às definições já existentes em outros diplomas para delimitar quais integrantes da administração estão sujeitos à lei. Do ponto de vista público, nota-se, em especial, que a administração deve realizar o tratamento dos dados norteado pela persecução do interesse público, visando o uso para a execução das competências próprias de cada órgão. Deve igualmente disponibilizar informações claras, atualizadas e de fácil acesso sobre os procedimentos de tratamento, indicando também os encarregados das operações.

No cenário nacional, adiciona-se uma camada ao debate: ao contrário do GDPR, a LGPD demonstra pouca flexibilidade normativa,[9] aproximando-se mais das regulações por meio de estratégias de comando e controle.[10] Devem-se considerar aqui a estrutura dos ordenamentos e o histórico de nascimento.

Uma razoável comparação entre os ordenamentos conclui que a normativa europeia regula o setor de forma mais sofisticada. Mesmo sem força normativa, os 173 *considerandos* do GDPR deixam nítida a intenção do legislador em regular o ambiente por meio de estratégias baseadas no risco (*risk based approach*), permitindo uma multiplicidade de formas de cumprimento do Regulamento.

Isso tem impacto significativo na criação de ambientes propícios e preocupados com a inovação, uma vez que regulações pelo risco tendem a ser progressivas e, por isso, potencialmente mais protetivas aos negócios em desenvolvimento. O GDPR é estruturalmente inclinado a ser implementado por meio de arranjos híbridos, como *soft law* e regulação mediante ordenamentos caracterizados por serem principiológicos (Principle Based Regulation – PBR), regulando por meio de estratégias alternativas à regulação tradicional.

Algumas das características marcantes para ambientes em constante transformação é que a responsabilidade civil objetiva é baseada no risco, sendo normalmente regulada por legislação principiológica a ser suplantada por regulamentações setoriais. Assim, embora os nortes e princípios sejam os mesmos para todos os *players*, a aplicação das regras depende das características, finalidades e do impacto das atividades específicas, além, é claro, do tamanho do dano, da quantidade de usuários dos serviços e da possibilidade

---

[9] "A partir de uma análise sistêmica da LGPD, é possível afirmar que ela implementa um arranjo institucional baseado em regulação estatal direta, exercida principalmente através da autoridade administrativa criado pelo art. 55-A (acrescentado pela MP n§ 869/2018). Apesar de contar com uma disposição que se aproxima de regimes corregulatórios no art. 50, não se verifica um compartilhamento de competências entre governo e setor privado que conte com mecanismos de transparência e accountability das atividades deste último [...]" (KELLER, 2019, p. 238).

[10] Para resumir amplo tema do direito administrativo, a regulação, segundo Gustavo Binenbojm, envolve uma atividade de interferência no exercício da liberdade privada, ou seja, atuação do Estado no domínio econômico, por meio de coerções ou de induções (poder de polícia) para ordenar as atividades privadas consoante o interesse público. Assim, o Estado regulador define competências e regras de condutas exigíveis aos administrados, conformando o comportamento dos agentes econômicos às razões do Estado (correções de falhas de mercado, de falhas de escolha ou outros fins públicos legítimos, etc.), mediante uso de força, se necessário. O autor separa os instrumentos regulatórios em três categorias: (i) regulação por normas de comando e controle; (ii) regulação por normas de indução; (iii) meios alternativos de realização de objetivos regulatórios (BINENBOJM, 2017).

fática e técnica de exigir o cumprimento de obrigações legais, sem sufocar a inovação e estendendo as mesmas requisições para aplicações similares.

Por seu turno, a lei brasileira aparenta ser um instrumento essencialmente baseado em comando e controle, com face de modelo de regulação direta exercida por autoridade administrativa, cujo desenho institucional – ainda – não se coaduna ao dos reguladores híbridos pensados para o ecossistema europeu.

O desenho traçado pelo GDPR concede às autoridades de cada Estado--membro a capacidade de operar com total independência na persecução de suas atribuições e no exercício dos poderes que lhes são atribuídos; um quadro de pessoal que goza de garantias, para evitar influências indevidas – especialmente as de natureza política –, subsistindo deveres específicos que garantam imparcialidade; com ampla independência humana, técnica e financeira. Por aqui, o texto final da LGPD estabelece – pelo menos nos dois primeiros anos –, uma autoridade com reduzida autonomia e independência funcional, administrativa e financeira, pois vinculada à Presidência da República, e criada sem aumento de despesa, dependendo de transferência de pessoal de outras entidades da administração pública federal, não necessariamente *experts* em privacidade e proteção de dados. Em suma, há considerável diferença na natureza dos comandos legais e dos cenários regulatórios.

Essas características contribuem ainda mais para a insegurança no contexto nacional. Considerando que a coerência regulatória demanda qualificadíssima expertise técnica, profunda participação da sociedade civil e da indústria na construção dos regulamentos, os quais devem respeitar a imposição de realização de consultas públicas, tal questão mostra-se crucial para aplicações de *blockchain*s, pois elas se inserem dentro do contexto das tecnologias disruptivas que sofrerão impactos das novas ondas regulatórias.

Por isso, (a) fundamental que eventuais normas criadas para regular diretamente as *blockchain*s observem a multissetorialidade das aplicações e a tendência mundial por *frameworks* baseados no risco. Do ponto de vista das ordenações que impactam indiretamente os sistemas, a exemplo das vindouras regulações dos algoritmos, da inteligência artificial e de outras leis que se somem ao microssistema de regulação tecnológica, (b) premente estar alinhado com as práticas legislativas que não sufocam a inovação; mas pelo contrário: incentivam o mercado e as aplicações de interesse público.

Quando falamos de contextos de urgência social e de incertezas científicas (como o contexto criado pela profusão das *blockchain*s em setores de interesse público), costumam entrar em cena mecanismos regulatórios que se propõem a antecipar e limitar as consequências prejudiciais à sociedade antes que elas ocorram; justamente os mecanismos baseados no risco da atividade. Por essa razão, pesquisadores vêm indicando que a melhor forma de lidar setorialmente com as dificuldades trazidas pelas tecnologias disruptivas é procurar respostas dentro das legislações já existentes, adequando a teoria – já posta em prática pelo Estado e pelo mercado em outros setores – às possibilidades arquitetônicas das redes.

Somado a isso, espera-se que os procedimentos decisórios no âmbito regulatório sejam desenvolvidos com ampla participação da indústria e da sociedade civil por meio de audiências públicas, consultas e outros processos deliberativos e plurais que tendem a tornar as decisões político-normativas melhores; em outras palavras: com técnica adequada e legitimidade qualificada, exigíveis a cada vez que se for regular setores complexos.

Qualquer resposta regulatória para tais ecossistemas deveria, em primeiro lugar, (c) respeitar as possibilidades técnicas do setor: ou seja, compreender o que é fazível e factível pelos agentes regulados; em segundo lugar, (d) buscar estar embasada o máximo possível em leis já existentes, para ter que lidar o mínimo possível com a criação de novas espécies legais, que talvez não se adequem ao modelo arquitetônico (código); em outras palavras, devem ser caracterizadas por intervenção minimalista em setores ainda em desenvolvimento, evitando impedir a inovação, mas garantindo a aplicação das regras de concorrência e o respeito aos direitos fundamentais.

A formulação de novas políticas regulatórias exige que as decisões político-normativas sejam informadas por evidências objetivas rigorosamente estabelecidas. Normalmente, a ação em uma questão só seria tomada após a consulta e coleta de tais evidências. Mas, em áreas inovadoras como as *distribuited ledgers*, não há pesquisa científica de longo prazo; ou tal evidência chegará tarde demais para fornecer uma medida eficaz contra os danos já percebidos e os prováveis.

A propagação rápida de serviços *blockchain* é um desafio particular para a necessidade de se obterem evidências objetivas em longo prazo, pois os serviços são recentes e estão em constante mutação. Diante dessa incerteza científica, surgem mecanismos regulatórios desenvolvidos em outros setores justamente para lidar com estes cenários de incerteza científica e urgência social, a exemplo do "princípio da precaução" (*precautionary principle*) e do "dever de cuidado" (*duty to care*); igualmente baseados em análise caso a caso das diligências adotadas.[11]

---

[11] Acerca do princípio da precaução ver DIONÍSIO (2019, p. 89-107).

Especialmente em regulações setoriais, insere-se nesse contexto o que alguns vêm chamando de o futuro da regulação, ou pelo menos do nascimento de novos *frameworks* regulatórios. As *sandboxes* consistem na criação de ambientes propícios ao teste de produtos e serviços, garantindo a possibilidade de avaliação do consumidor e o entendimento das consequências sociais de forma científica. Por serem implementadas em ambientes de teste, as *sandboxes* mostram-se interessantes para setores inovadores e disruptivos, pois têm natureza provisória e controlada, impedindo que eventuais regulações abruptamente introduzidas inviabilizem novas práticas benéficas.[12] Assim, ao mesmo tempo em que não se perde o *timing* das mudanças, também não se corre o risco de criar uma norma que não se adeque às realidades postas.

Em síntese, é possível concluir que as abordagens baseadas em risco vêm se mostrando uma tendência regulatória devido a sua capacidade de, como *camaleoa*, adaptarem-se à velocidade de transformação e à multisetorialidade do ambiente. Uma segunda tendência é a regulamentação suplementar em setores específicos, a qual pode regular as aplicações por meio de regras de conformidade mais adequadas aos usos concretos.

Adaptar-se ao ambiente, a mais antiga regra de sobrevivência.[13]

3. As Dificuldades de Cumprimento da LGPD e do GDPR: Descentralização, Requisições, Direitos dos Titulares e *Enforcement*

Nesta parte, tentaremos condensar os motivos pelos quais uma *blockchain* não seria compatível com as leis de proteção de dados. Em resumo, são apresentados os aspectos que, até o momento, mostraram-se os mais relevantes em relação à *blockchain*. Isso inclui: escopo territorial e material das leis, definição de responsabilidade por meio da determinação de quais atores podem se qualificar como controladores de dados, aplicação dos princípios fundamentais do processamento de dados pessoais às cadeias de blocos, cumprimento

---

[12] É possível extrair uma inteligência similar, ou seja, a cultura do experimentalismo (erro/aprendizado) nas disposições contidas no inciso VII do art. 3º da MP n. 881/2019.

[13] "*I am fully convinced that species are not immutable; but that those belonging to what are called the same genera are lineal descendants of some other and generally extinct species, in the same manner as the acknowledged varieties of any one species are the descendants of that species. Furthermore, I am convinced that Natural Selection has been the main but not exclusive means of modification*" (DARWIN, 1859).

dos direitos dos titulares, transferências internacionais de dados e a provável necessidade de avaliações de impacto na proteção de dados.

Como antecipamos, as leis de proteção de dados adicionam uma camada extra de complexidade a ser considerada em relação à tecnologia *blockchain*. Nesse contexto, é bom frisar que as legislações de segurança de dados são baseadas em processos contextuais e tolerantes a danos, desde que os procedimentos para minimizar os riscos tenham sido implementados *ex ante*, além de orientados pelas melhores práticas de governança. Tendem a exigir processos razoáveis que diminuam a probabilidade de dano, mesmo que as ameaças sejam remotas.

Os principais debates podem ser levantados em questionamentos.

3.1. Descentralização

Primeiro, *(1)* as leis de proteção de dados se baseiam em uma suposição subjacente de que, em relação a cada ponto de dados pessoais, há pelo menos uma pessoa física ou jurídica – o controlador de dados – a quem os titulares de dados podem se dirigir para fazer valer seus direitos. São os responsáveis pelas obrigações legais. No entanto, as *blockchain*s são bancos de dados distribuídos que geralmente buscam obter descentralização, sendo a ideia central justamente a substituição da figura de um ator unitário por muitos atores. A falta de consenso sobre como deve ser definida a controladora (*joint*) dificulta a alocação de responsabilidade e a prestação de contas; em poucas palavras, a descentralização dificulta a aplicação da lei.

Disso decorre o primeiro questionamento: quem figuraria como controlador em aplicações de *blockchain*s?

3.2. Requisições

Segundo, *(2)* as leis baseiam-se no pressuposto de que os dados podem ser modificados ou apagados quando necessário para cumprir requisições, a exemplo dos arts. 16 (*right to rectification*) e 17 (*right to be forgotten*) do GDPR. As cadeias do bloco, no entanto, tornam a modificação unilateral de dados propositadamente onerosa (ou impossível), a fim de garantir a integridade dos dados e aumentar a confiança na rede. Além disso, destacam-se os desafios de cumprir os requisitos de anonimização de dados e a limitação das finalidades dos usos.

Decorrente da primeira questão, quem deve arcar com os custos e cumprir com eventuais requisições de titulares e entidades administrativas e judiciais? E como devem fazê-lo?

3.3. Direitos dos Titulares

Terceiro, *(3)* o cumprimento dos direitos dos titulares e a gestão do consentimento temporalmente. No cenário nacional, por exemplo, a LGPD traz um rol extenso de direitos e prerrogativas, os quais ainda serão objeto de regulamentação específica pela autoridade.

Existindo direitos dos titulares aplicáveis às *blockchains*, quem é o responsável pelo seu cumprimento? E quem é o responsável por eventuais danos?

3.4. *Enforcement*

Quarto, *(4)* a complexidade da competência para o *enforcement* em *distribuited ledgers* transnacionais. No contexto, nota-se especialmente a característica de (extra)territorialidade do GDPR.

Havendo sistemas *blockchain* com usuários e *nodes* distribuídos em diferentes países, quais são as regras aplicáveis e quem é competente para sancionar descumprimentos e monitorar a aplicação das boas práticas?

4. Adapte-me: Controlador-mãe, Contratos, Finalidades e Uso de *Hash*

4.1. Quem Controla os Dados e Onde Eles São Processados?

Como dito, as leis impõem um conjunto de obrigações aos controladores, ou seja, às entidades que determinam os propósitos e os meios do processamento de dados pessoais. Se os dados forem processados diretamente dentro da *blockchain*, eles são replicados e distribuídos no livro-razão e, portanto, tecnicamente armazenados fisicamente em diferentes nós e em diferentes locais.

Embora o *manager* de um nó possa potencialmente usar os dados para um propósito diferente daquele para o qual foram originalmente coletados, a própria arquitetura da *blockchain* deveria garantir que os dados não fossem redirecionados, estando qualquer atividade registrada na cadeia. Nesse sentido, seria possível dizer que há um número de controladores diferentes (ou controladores conjuntos), mas, na prática, eles não teriam permissão para redirecionar os dados; ou teriam reduzida capacidade de fazê-lo. Assim, o controlador efetivo – o controlador-mãe – seria a organização que coletou os dados em primeiro lugar ou a que deu instruções a um processador para coletá-los e processá-los na *blockchain*.

Nota-se que já há reguladores que tentaram esclarecer o assunto. A autoridade francesa (CNIL), considerada uma das mais conservadoras, declarou que *"participants, who have the right to write on the chain and who decide to send data for validation by the miners, can be considered as data controllers".* Mais especificamente, o CNIL considera que o participante é um controlador de dados, quando: (a) no caso de pessoa natural participando do *blockchain*, a operação de processamento esteja relacionada a uma atividade profissional ou comercial (ou seja, quando a atividade não é estritamente pessoal); e (b) sendo pessoa jurídica, registre dados pessoais na cadeia. Com base nesta opinião, quem registra os dados no *blockchain* é um controlador; no entanto, nem todos os participantes da *blockchain* seriam considerados controladores, como a autoridade francesa expõe em seu *paper* "Solutions for a responsible use of the blockchain in the context of personal data".[14]

Assim, sendo possível identificar o controlador, também é possível afirmar qual lei se aplica a esse controlador. O mesmo vale para outras leis locais: por exemplo, um controlador baseado no Brasil estaria sujeito à LGPD. Crucial ter em mente que as leis podem regular a extraterritorialidade diferentemente, tornando a identificação do controlador e da sua localização uma etapa fundamental para garantir a certeza da análise.

A segunda pergunta (onde os dados são processados?) não é facilmente respondida. Quando os dados são processados por meio de uma *blockchain*, eles são replicados em diferentes blocos, que podem estar localizados fisicamente em locais fora da aplicabilidade da lei aplicável ao controlador-mãe. Considerando ser comum ao GDPR e à LGPD adicionar uma camada de restrições às hipóteses de transferência internacional de dados, em cenários de incerteza, premente guiar-se pelas melhores práticas de governança, adotando salvaguardas apropriadas para uma transferência internacional, como as cláusulas contratuais padrão (*standard contractual clauses*), as regras corporativas vinculativas (Binding Corporate Rules – BCR), os códigos de conduta ou até mecanismos de certificação.

A melhor maneira de um controlador-mãe estar minimamente compatível com as diretivas legais é ser transparente com o titular, tomando as melhores medidas possíveis para que os dados estejam seguros e que a organização esteja protegida. Em síntese, recomenda-se (i) informar o titular dos dados sobre o(s) objetivo(s) da coleta e processamento, (ii) informar o titular de que os dados podem ser transferidos para outros países,

---

[14] *"More specifically, the CNIL considers that the participant is a data controller: when the said participant is a natural person and that the personal data processing operation is related to a professional or commercial activity (i.e. when the activity is not strictly personal); when the said participant is a legal person and that it registers personal data in a blockchain."*

(iii) definir padrões de segurança mínimos para os "controladores-filho" e demais processadores, (iv) estabelecer canais de rápida comunicação e cumprimento de requisições, (v) definir contratualmente as obrigações e responsabilidades, e finalmente, (vi) garantir a existência das salvaguardas adequadas.

4.2. Como Estar em Conformidade com os Princípios de Proteção de Dados?

Digamos que um titular consentiu para que seus dados de saúde – dados estes considerados extremamente sensíveis pelos reguladores – fossem acessíveis a uma rede de médicos por meio de um aplicativo que se utiliza de tecnologia *blockchain*. Neste cenário, diferentes pessoas precisariam acessar os dados. Seria possível autorizar o acesso para que médicos forneçam aconselhamento médico, mas negar para finalidades de pesquisa? Como as finalidades seriam efetivamente limitadas?

A questão não é facilmente respondida, pois normalmente o consentimento não é estritamente necessário (exceto em casos específicos), desde que exista outra base legal para o processamento, como uma obrigação legal ou regulatória que fundamente o processamento. Para dados não sensíveis, as possibilidades de fundamentação do processamento são ainda maiores. O cenário varia e o exemplo pode não ser verdadeiro sob diferentes regulamentos de proteção de dados. Há ainda que se considerar que diferentes ordenamentos setoriais poderiam vir a funcionar como obrigação legal ou regulatória, expandindo ainda mais o leque das possibilidades de processamento.

Uma maneira de controlar essa dificuldade – pelo menos parcialmente – seria garantir contratualmente que os participantes da rede se atenham às finalidades originariamente propostas. A *blockchain* serviria ao propósito de validar as credenciais das pessoas que acessam os dados, servindo também como uma ferramenta de limitar o uso de tais dados. Isto garantiria que os dados fossem usados apenas para fins específicos, sem a necessidade de o titular fornecer consentimento a todas as partes que precisassem acessar o seu registro.

4.3. Os Dados Estão Protegidos Contra *Data Breachs*?

A *blockchain* é frequentemente considerada um dos métodos mais seguros para transferir e compartilhar informações. No entanto, independentemente de quão seguro seja o sistema, sempre há a possibilidade de uma violação, por menor que ela seja.[15] A questão aqui é: se um nó da *blockchain* estiver comprometido, de quem é a responsabilidade de garantir relatórios oportunos à autoridade? À medida que os dados são distribuídos, o controlador pode até não estar ciente de uma violação em um dos nós.

Por esse motivo, é crucial que qualquer *manager* de nó esteja ciente de sua responsabilidade de notificar o controlador assim que ocorrer uma violação. Nesse sentido, é responsabilidade do controlador-mãe garantir que qualquer controlador-filho (ou seja, qualquer *manager* de nó) esteja ciente de suas obrigações. As formas e prazos de cumprimento podem ser expressas contratualmente, por meio de cláusulas padrão a serem assinadas por qualquer participante da cadeia.

4.4. Como Tornar Exercíveis os Direitos em uma *Blockchain*?

Certos direitos podem ser facilitados pelo uso da *blockchain*, por exemplo, a conformidade com os direitos de acesso pode ser mais fácil, dada a natureza estruturada dos dados normalmente processados em tais sistemas. Por outro lado, há direitos que podem gerar desafios para o controlador. Hipóteses relativamente simples são a oposição ao processamento de dados e a revogação de consentimento. Como as requisições seriam cumpridas?

Veja-se o *"right to be forgotten"*. Suponha que haja consentimento para que dados financeiros sejam processados em uma *blockchain* quando alguém utiliza serviços que buscam as melhores taxas existentes no mercado. Diferentes entidades poderiam acessar os registros e fornecer a melhor oferta. No entanto, quando o indivíduo quiser garantir que esses dados sejam excluídos do sistema: isso seria possível? Se os dados são armazenados em um número de nós diferentes e não podem ser adulterados, como eles poderiam ser excluídos?

Os dados são registrados na cadeia e usados nas etapas subsequentes para fins de validação, não sendo possível simplesmente pedir ao sistema que pare de processar certos dados em vários nós. Observa-se que, mesmo quando os dados não são mais utilizados, o simples armazenamento na rede já é considerado processamento nos termos das legislações.

Ao que parece, a questão está em como a *blockchain* é configurada em primeiro lugar, porque quando os dados são efetivamente distribuídos pelo

---

[15] É bom lembrar que: *"there is no such thing as perfect data protection"* (RUBINSTEIN e HARTZOG, 2015, p. 706).

livro-razão, não há como excluir os dados de cada nó. Seria possível bloquear o acesso, mas eles ainda estariam lá e, como tal, potencialmente disponíveis para uso. Além disso, proceder posteriormente à anonimização não seria uma opção aqui, pois a *blockchain* não permitiria nenhum tipo de adulteração dos dados originais.

Quando a *blockchain* é usada para armazenar ou transferir dados, o registro desses dados não pode ser excluído da cadeia. Nestes casos, o controlador deve, no mínimo, informar preventivamente ao titular dos dados que seus dados nunca serão excluídos e que, usando a rede, eles estão implicitamente renunciando ao direito de serem esquecidos. Há nítida incompatibilidade entre as leis e essa questão.

Considerando que os textos legais não levam em conta essa possibilidade, haveria uma violação a uma exigência direta. Nesse sentido, para que os ordenamentos e as *blockchain* possam coexistir, exige-se uma alteração nas regulações (ou em suas interpretações) para levar em consideração a existência de uma tecnologia que simplesmente não permite o apagamento de dados. Em resumo, espera-se que essas situações sejam abordadas nas recomendações das autoridades.

Até que as leis se tornem mais flexíveis, seja por sua alteração, seja pela flexibilização concedida pelas recomendações dos reguladores para levar em conta esse tipo de tecnologia, a maneira de estar em conformidade (ou melhor, a maneira de existir o direito de apagamento de dados em uma *blockchain*) é tentar não usar a *blockchain* para armazenar ou transferir qualquer dado que poderia ser classificado como pessoal.

Explica-se essa possível abordagem em seguida.

4.5. O Uso do *Hash*, P2P e Redes Privadas

Um equívoco comum (e mau uso) de uma *blockchain* é pensar que seu melhor uso consiste no armazenamento de informações. Na realidade, as *blockchain*s são uma maneira muito cara e ineficiente de armazenar (e processar) dados. Isso ocorre simplesmente porque tudo o que acontece na *blockchain* é replicado em diferentes nós, o que se traduz em ter que utilizar mais espaço de armazenamento (e poder computacional) do que usualmente necessário com outras tecnologias tradicionais.

Se as organizações desejam alavancar a tecnologia de maneira inteligente e econômica, devem considerar o uso da *blockchain* como um meio para verificar se existem certos dados fora da cadeia, em vez de armazenar/transmitir os dados reais através da cadeia. Concretamente, isso pode ser alcançado pelo uso de chaves *hash*[16] *na blockchain*, as quais se refeririam a dados armazenados em um banco de dados externo; estes sim com os controladores mais facilmente definidos. Resultados similares também poderiam ser obtidos por meio do uso de redes de compartilhamento de dados *peer-to-peer* (P2P) e *blockchains* permissionadas privadas.

A partir dessas abordagens, os dados pessoais seriam armazenados em bancos de dados externos à *blockchain*, enquanto qualquer indivíduo ao qual esses dados pertencem seria identificável na *blockchain* apenas por meio de uma chave de *hash*. Nesse cenário, uma plataforma pode armazenar conteúdo em um servidor tradicional alugado de uma empresa de hospedagem. Mas sempre que uma nova informação é adicionada ao sistema, uma transação é registrada na *blockchain* e o documento obtém seu próprio *hash* exclusivo. Isso resulta em uma maneira mais eficiente de usar a tecnologia, facilitando também a conformidade com os ordenamentos: os dados pessoais seriam armazenados em um local físico e desde que a chave de *hash* não contenha nenhuma informação para identificar o titular dos dados, a informação pode ser armazenada em nós em qualquer lugar do mundo, sem as mesmas consequências para a conformidade com as leis de proteção de dados.

O uso da *blockchain* nesse sentido resolveria a maioria dos problemas descritos ao longo do texto: o apagamento pode ser alcançado pela exclusão dos dados fora da cadeia (sem alterar a própria chave *hash*), o controlador de dados é mais facilmente identificável, pois os dados não saem do local em que eles são armazenados, sendo as violações de dados mais fáceis de gerenciar. Na verdade, essa abordagem permite o uso da tecnologia sem ter que garantir que a *blockchain* – em si – seja compatível com as normas de proteção de dados; embora a conformidade seja sempre recomendável.

Isso porque a definição de dados pessoais determina o escopo de aplicação das leis e é, portanto, de suma importância para o tema. As leis de proteção de dados pessoais aplicam-se apenas aos dados considerados de natureza "pessoal". Não obstante, o que constitui dado pessoal é uma das principais causas de dúvida no atual contexto de proteção de dados. A dificuldade de

---

[16] "*Hash functions are one-way functions with as input a string of arbitrary length (the message) and as output a fixed length string (the hash value). The hash value is a kind of signature for that message. One-way functions work in one direction, meaning that it is easy to compute the hash value from a given message and hard to compute a message that hashes to a given hash value. They are used in a wide variety of security applications such as authentication, commitments, message integrity checking, digital certificates, digital signatures and pseudo-random generators. The security of these applications depend on the cryptographic strength of the underlying hash function*" (STEVENS, 2007).

determinar o que conta como dado pessoal está ancorada em vários fatores. Primeiro, os desenvolvimentos técnicos contínuos facilitam a identificação de indivíduos com base em dados que podem não ser pessoais, ou seja, além das possibilidades de engenharia reversa com dados anonimizados ou pseudoanonimizados, também é possível a combinação com outras informações externas. Segundo, a ampla definição de dados pessoais abrange cada vez mais pontos de dados. Terceiro, há muita incerteza a respeito das noções de pseudonimização e anonimização; e, finalmente, apesar da tendência de harmonização internacional, permanecem divergências consideráveis nas leis e políticas de cada país.

Por exemplo, o GDPR adota uma perspectiva binária entre dados pessoais e dados não pessoais e sujeita apenas os primeiros ao seu escopo de aplicação. Nos termos do considerando 26,[17] o regulamento, em regra, não se aplica a dados anonimizados. Em contraste com essa perspectiva jurídica binária, a realidade das *blockchains* podem operar em um espectro entre dados claramente pessoais, dados claramente anonimizados e qualquer classificação no meio.

Atualmente, também há crescente valor econômico derivado de dados que não são pessoais, mas podem ser considerados pessoais se um esforço suficiente for feito para revertê-los. O atual campo de batalha na definição de dados pessoais refere-se a dados que, quando coletados e processados, têm o potencial de afetar a privacidade pessoal de usuários específicos, talvez incluindo seu bem-estar econômico e emocional, a partir de dados que definitivamente não têm esse potencial. Dados que originalmente se relacionavam com uma pessoa natural, mas agora afirmam-se anonimizados em

---

[17] Nos termos do Considerando n. 26 do *General Data Protection Regulation*: "*Os princípios da proteção de dados deverão aplicar-se a qualquer informação relativa a uma pessoa singular identificada ou identificável. Os dados pessoais que tenham sido pseudonimizados, que possam ser atribuídos a uma pessoa singular mediante a utilização de informações suplementares, deverão ser considerados informações sobre uma pessoa singular identificável. Para determinar se uma pessoa singular é identificável, importa considerar todos os meios suscetíveis de ser razoavelmente utilizados, tais como a seleção, quer pelo responsável pelo tratamento quer por outra pessoa, para identificar direta ou indiretamente a pessoa singular. Para determinar se há uma probabilidade razoável de os meios serem utilizados para identificar a pessoa singular, importa considerar todos os fatores objetivos, como os custos e o tempo necessário para a identificação, tendo em conta a tecnologia disponível à data do tratamento dos dados e a evolução tecnológica. Os princípios da proteção de dados não deverão, pois, aplicar-se às informações anónimas, ou seja, às informações que não digam respeito a uma pessoa singular identificada ou identificável nem a dados pessoais tornados de tal modo anónimos que o seu titular não seja ou já não possa ser identificado. O presente regulamento não diz, por isso, respeito ao tratamento dessas informações anónimas, inclusive para fins estatísticos ou de investigação.*"

algum sentido – talvez apenas substituindo um identificador por um nome – ainda podem ser muito úteis para as empresas, além de muito intrusivos à privacidade pessoal.

Em síntese, o debate (em andamento) que seria de grande relevância no contexto em que a criptografia e o *hash* são usados é sobre se os dados pessoais podem ser manipulados para se tornarem anonimizados. Especificamente, a questão é se os dados pessoais criptografados ou com *hash* ainda se qualificam como dados pessoais ou não. Vê-se que essas tensões se desenrolam em vários domínios. Embora muitas vezes seja razoável presumir que os dados não são pessoais, em interpretações frias do ordenamento, possivelmente esses dados se qualificariam como pessoais, o que significa que as leis de proteção de dados se aplicariam onde esses dados são processados. Mais amplamente, essa análise também destaca a dificuldade em determinar se os dados que antes eram dados pessoais podem ser suficientemente anonimizados para atender ao limite de anonimização imposta pelos ordenamentos.

De acordo com a opinião do Grupo de Trabalho do Artigo 29 em *paper* ainda não encampado pela European Data Protection Board (EDPB), há três critérios diferentes que devem ser considerados para determinar se a desidentificação é irreversível ou se pode ser classificada como tão permanente e irreversível quanto um apagamento, ou seja, se (i) ainda é possível destacar um indivíduo; (ii) ainda é possível vincular registros relacionados a um indivíduo e (iii) se as informações relativas a um indivíduo ainda podem ser inferidas. Quando a resposta a essas três perguntas é negativa, os dados podem ser considerados anonimizados.[18]

A doutrina considera que uma anonimização perfeita de conjuntos de dados com informações pessoais seria impossível. Embora o debate sobre a identificação tenha sido vigoroso e produtivo, ainda não há uma direção clara para um entendimento mundialmente uniforme. Como resultado, as legislações vêm demorando a se adaptar às abordagens holísticas e às tecnologias emergentes. Por isso, a melhor maneira de avançar para além das supostas falhas do anonimização é se concentrar no processo de minimizar o risco de reidentificação e a divulgação de atributos sensíveis, impondo uma abordagem baseada em risco para determinar se os dados são qualificados como dados pessoais.

---

[18] ARTICLE 29 DATA PROTECTION WORKING PARTY (2014).

Sendo assim, quando existir um risco razoável de identificação, os dados devem ser tratados como dados pessoais. Nos casos em que o risco existente depende meramente da negligência (ou seja, a identificação provavelmente não depende de todos os meios razoavelmente passíveis de serem utilizados por agente externo, mas de algum erro interno), é possível tratá-lo como dado anonimizado, mesmo que a identificação não possa ser excluída com absoluta certeza.

Considerações Finais

As *blockchains* são tecnologias disruptivas com alto potencial transformador para as estruturas sociais. Portanto, os riscos e benefícios relacionados às suas aplicações devem ser ponderados com cautela, evitando expectativas utópicas e usos desmedidos. Por outro lado, também se deve evitar nortear-se apenas pelo raciocínio tecnocrático e pelo determinismo legal; considerando que as leis também não são à prova do tempo e das transformações sociais.

A tecnologia *blockchain* permite que os indivíduos e as comunidades reprojetem suas interações nos negócios, na política e na sociedade em geral, por meio de processos de desmediação em larga escala sem precedentes, com base em transações automatizadas e confiáveis. A magnitude disso é que esses processos de desmediação podem alterar rapidamente os princípios que sustentam os sistemas políticos e os modelos de governo existentes, questionando o papel tradicional do Estado e das instituições centralizadoras de poder. De fato, entusiastas da tecnologia afirmam que os serviços e plataformas descentralizados podem substituir algumas funções tradicionais ao Estado, fazendo com que a sociedade civil se organize e proteja seus próprios interesses de maneira colaborativa e eficaz.

Politicamente, essas novas possibilidades oferecidas pela tecnologia juntam-se à profunda insatisfação com os sistemas políticos atuais, incentivando cidadãos e empresas a criar seus próprios sistemas de governança, nos quais a centralização, a coerção e as hierarquias sejam substituídas por mecanismos de distribuição consensuais.

Se gerenciadas adequadamente, as *blockchains* são desejáveis, pois podem aumentar a funcionalidade e eficiência das organizações. A descentralização por meio de *blockchains*, no entanto, apresenta sérios riscos e desvantagens do ponto de vista da proteção de dados pessoais, os quais eventualmente podem não compensar os benefícios.

Esses e outros pontos de tensão entre as leis de proteção de dados e as *blockchains* foram examinados ao longo do estudo, levantando duas conclusões gerais.

Primeiro, é extremamente complexo conciliar as especificidades técnicas e o design de governança das *blockchains* com as leis de proteção de dados. Portanto, os arquitetos da rede precisam estar cientes disso desde o início para garantirem que elas sejam projetadas de uma maneira que facilite a conformidade; isto é: sejam manejadas menos como banco de dados pessoais distribuídos, e mais como ferramenta de verificação, validação e autenticação por meio de dados anonimizados.

Em segundo lugar, infere-se que a atual falta de segurança jurídica de como as cadeias de blocos podem ser projetadas de maneira compatível com as leis de dados não se deve apenas às características específicas da tecnologia, mas também às incertezas conceituais significativas em relação às regulamentações aplicáveis ao contexto específico das *blockchains*.

Como resultado, deduz-se que não é possível concluir de maneira generalizada que as cadeias de bloco são compatíveis ou incompatíveis com as leis de proteção de dados. Pelo contrário, cada uso da tecnologia deve ser examinado por seus próprios méritos para chegar a essa conclusão.

A par da necessidade de coexistência da tecnologia *blockchain* com as leis de proteção de dados, escora-se nas mais antigas das regras de sobrevivência para indicar que, por ora, a adaptação mútua e constante parece ser a única saída viável para que nenhuma delas tenha que nos deixar.

REFERÊNCIAS

ARTICLE 29 DATA PROTECTION WORKING PARTY. *Opinion 05/2014 on Anonymisation Techniques.* Brussels: European Commission, 2014. (Opinion 0829/14/EN WP216). Disponível em: https://www.pdpjournals.com/docs/88197.pdf. Acesso em: 10 jan. 2020.

ATZORI, Marcella. *Blockchain Governance and the Role of Trust Service Providers:* The TrustedChain® Network. 2017. Disponível em: https://ssrn.com/abstract=2972837. Acesso em: 10 jan. 2020.

ATZORI, Marcella. *Blockchain Technology and Decentralized Governance:* Is the State Still Necessary? 2015. Disponível em: https://ssrn.com/abstract=2709713. Acesso em: 24 jan. 2020.

BERRYHILL, J.; BOURGERY, T.; HANSON, A. *Blockchains Unchained*: *Blockchain* Technology and its Use in the Public Sector. Paris: OECD, 2018. Working Papers on Public Governance n.º 28. DOI https://doi.org/10.1787/3c32c429-en. Disponível em: https://www.oecd-ilibrary.org/deliver/3c32c429-en.pdf?itemId=%2Fcontent%2Fpaper%2F3c32c429-en&mimeType=pdf. Acesso em: 20 jan. 2020.

BERBERICH, Mathias; STEINER, Malgorzata. *Blockchain* Technology and the GDPR – How to Reconcile Privacy and Distributed Ledgers? *European Data Protection Law Review*, Berlin, v. 2, n. 3, p. 422-426, 2016.

BINENBOJM, Gustavo. *Poder de polícia, ordenação, regulação:* transformações político-jurídicas, econômicas e institucionais do direito administrativo ordenador. 2. ed. Belo Horizonte: Fórum, 2017.

DARWIN, Charles R. *On the origin of species by means of natural selection, or the preservation of favoured races in the struggle for life.* Londres: John Murray, 1859.

DIONÍSIO, Pedro de Hollanda. Princípio da precaução e contradições na regulação do risco: uma análise comparada entre Estados Unidos e Europa. *In*: BECKER, Daniel; FERRARI, Isabela (coords.). *Regulação 4.0*: novas tecnologias sob a perspectiva regulatória. São Paulo: Thomson Reuters Brasil, 2019. p. 89-107.

FINCK, Michèle. *Blockchain and the General Data Protection Regulation:* Can distributed ledgers be squared with European data protection law? Brussels: European Parliamentary Research Service - Scientific Foresight Unit (STOA), 2019. Disponível em: https://www.europarl.europa.eu/stoa/en/document/EPRS_STU(2019)634445. Acesso em: 10 jan. 2020.

ITS-RIO; IRS-BH. Framework *Blockchain* para aplicações de interesse público. Rio de Janeiro: ITS Rio, s.d. Disponível em: https://itsrio.org/pt/publicacoes/*blockchain*-para-aplicacoes--de-interesse-publico/. Acesso em: 20 jan. 2020.

KELLER, Clara Iglesias. *Regulação nacional dos serviços na internet*: exceção, legitimidade e o papel do Estado. Rio de Janeiro: Lumen Juris, 2019. p. 238.

RUBINSTEIN, Ira; HARTZOG, Woodrow. Anonymization and Risk. *Washington Law Review*, Seattle, v. 91, n. p. 703-760, 2015. (NYU School of Law Public Law Research Paper No. 15-36). Disponível em: https://ssrn.com/abstract=2646185. Acesso em: 10 jan. 2020

STEVENS, Marc. *On Collisions for MD5*. 2007. Master's Thesis – Department of Mathematics and Computing Science, Eindhoven University of Technology, Eindhoven, 2007. Disponível em: http://www.win.tue.nl/hashclash/On%20Collisions%20for%20MD5%20-%20M.M.J.%20Stevens.pdf. Acesso em: 10 jan. 2020.

VILLANI, Cédric. *For a Meaningful Artificial Intelligence*: Towards a French and European Strategy. AI for Humanity. Villani Mission Report. European Comission, 16 nov. 2018. Disponível em: https://ec.europa.eu/knowledge4policy/publication/meaningful-artificial-intelligence-towards-french-european-strategy_en. Acesso em: 10 jan. 2020.

PARTE 4
INVESTIMENTOS

11. TOKENIZAÇÃO DE ATIVOS E OS DESAFIOS REGULATÓRIOS

Rodrigo Caldas de Carvalho Borges e *Alan Gonçalves de Oliveira*

Introdução

Em outubro de 2008, Satoshi Nakamoto publicava um artigo de apenas nove páginas, no qual apresentava ao mundo uma nova forma eficiente e de baixo custo de fazer transferência de valor, sem a necessidade de um intermediário de confiança. Nascia então o Bitcoin, que revolucionaria o sistema financeiro com a sua "digitalização do dinheiro" e, com ele, o sistema que permitiria o funcionamento do Bitcoin e registro de todas as transações de forma segura, transparente, imutável e sem intermediários.

De início, o Bitcoin ficou restrito a um pequeno grupo de entusiastas, ganhando popularidade a partir de 2014 quando passou a ser utilizado em maior escala como moeda de troca para algumas transações via internet. Esse ganho de popularidade do Bitcoin despertou interesse de pesquisadores no sistema que lhe dava sustentação, atualmente conhecido como *blockchain*, denominação esta atribuída apenas pelo mercado, uma vez que Satoshi Nakamoto não trouxe em seu artigo tal denominação.

Assim, estudiosos começaram a avaliar a possibilidade de utilização do *blockchain* para representação digital e registro de outros ativos além do Bitcoin, como originalmente desenhado. A partir de 2017, com a enorme valorização do Bitcoin, que chegou ao valor de aproximadamente 20 mil dólares, os estudos se intensificaram e empresas passaram a desenvolver sistemas de transação e registro dos mais variados ativos por meio da tecnologia *blockchain*, tal como obras de arte, vinhos, imóveis, ações, títulos de dívida, entre outros.

Ocorre que, as inovações ao romperem com conceitos já estabelecidos, enfrentam as dificuldades de se adaptarem às normas já estabelecidas, desafio esse enfrentado pelos entusiastas da tecnologia *blockchain*, tendo em vista a possibilidade por ela trazida da digitalização de quaisquer ativos.

Entre os mercados que enfrentarão tal desafio, talvez o mercado acionário seja aquele mais regulado, com regras impostas por governos que visam trazer maior proteção à economia popular. Contudo, tal mercado mostra-se um dos mais vibrantes em termos de estudos e desenvolvimento de produtos que utilizam tecnologia *blockchain*, haja vista que, como veremos, o emprego da tecnologia *blockchain* pode resultar no aumento de liquidez dos ativos e redução de entraves, com o fracionamento de ações e redução de custos de forma eficiente.

A disrupção – palavra de ordem quando tratamos do tema *blockchain* e criptoativos – em relação a institutos tão estabelecidos quanto o mercado de ações não é uma tarefa simples e enfrenta séria resistência de todos os lados: de particulares, de legisladores e de reguladores de todos os níveis.

Diante desse cenário, o presente capítulo tem por objetivo apresentar ao leitor os conceitos e benefícios da utilização da tecnologia *blockchain*, sob a ótica do mercado acionário, apresentando os desafios enfrentados em razão das regras existentes no mercado brasileiro. A ideia deste capítulo, então, é estabelecer algumas premissas a respeito do tema e, analisando a jurisdição brasileira, bem como realizando um breve exercício de comparação com outras jurisdições que estão na vanguarda, apresentar visão geral sobre tema que ao menos deveria ser objeto de discussão pelo legislador e demais entidades responsáveis por normatizar a questão.

1. *Blockchain*

A fim de garantirmos um ponto de partida comum a todos os leitores, faz-se indispensável ventilarmos algumas das principais características dessa tecnologia, estabelecendo uma base mínima de conhecimento que permita desfazermos preconcepções incorretas que, em grande parte, são as responsáveis pela grande dificuldade no desenvolvimento de discussões a respeito do tema.

Vale ressaltar que este capítulo não se propõe a desenvolver esse tópico de modo aprofundado, de modo que não serão abordadas questões como os diferentes tipos de *blockchain* e suas camadas, e busca apenas expor as principais características atinentes ao tema, a fim de que o leitor compreenda do que se trata e possa participar da presente reflexão. Além disso, optamos por nos referir à tecnologia sempre como *blockchain*, ainda que em alguns casos possam tratar-se de outros modelos de Distributed Ledger Technology (DLT), o que será brevemente explorado oportunamente.

Pois bem. Como mencionado anteriormente, o *blockchain* surgiu como o sistema responsável por dar sustentação ao Bitcoin, sendo uma rede distribuída que permite a transferência de valor (dados) sem a necessidade de um intermediário,[1] cujas transações são, em regra, imutáveis e transparente. Em outras palavras, o *blockchain* é a rede que permite a pessoas transferirem diretamente umas às outras valores (dados), ainda que não se conheçam, ficando as transações registradas no sistema de acordo com a cronologia em que foram realizadas, de forma transparente, podendo ser consultada por quaisquer pessoas.

Esses benefícios de imutabilidade e transparência decorrem da arquitetura do *blockchain*. As transações são agrupadas em blocos, "seladas" por regras de criptografia, e esses blocos são conectados diretamente com o bloco imediatamente anterior, organizando-se de forma cronológica, de forma que cada bloco traz informações do bloco imediatamente anterior. Tal característica é o que dá nome à tecnologia *blockchain* ("cadeia de blocos") e o responsável pela segurança da rede, uma vez que quaisquer alterações de uma determinada transação ensejarão na obrigatoriedade de desfazimento de todos os blocos já "selados" até aquele imediatamente anterior à transação objeto de modificação.

Assim, o *blockchain* assegura a imutabilidade das transações, uma vez que, quanto maior a rede, mais difícil será a modificação de uma transação específica na rede.

Outro ponto preponderante para a segurança da rede se dá em decorrência de seu caráter distribuído. O *blockchain* possibilita, em tese, que qualquer pessoa possa rodar a rede em seu equipamento e trabalhar na validação das regras criptográficas para geração dos blocos, assim, cada usuário possui uma cópia exata e completa de toda rede *blockchain*, resultando no fato que um ataque cibernético a um único usuário não resultaria em problemas ao sistema, uma vez que as informações estão distribuídas pela rede.

A título exemplificativo, a rede *blockchain* do Bitcoin está em operação há mais de 11 anos e até o presente momento não se tem notícia de qualquer falha e/ou ataque cibernético que tenha colocado a rede em risco ou alterado

---

[1] Antes de Satoshi Nakamoto não se tinha notícias da criação de sistema eficiente que colocasse fim ao problema do "gasto duplo" sem um intermediário para efetuar essa validação. O modelo desenhado por Satoshi foi revolucionário ao permitir a transferência efetiva de um dado, via internet, de parte à parte, sem que o remetente ficasse com o original e/ou cópia do dado transferido, como ocorre nos e-mails, em que o remetente fica com o original do arquivo e o destinatário recebe apenas uma cópia do dado em questão.

algumas de suas características ou transações, apesar das inúmeras tentativas, principalmente após a valorização do Bitcoin ao final de 2017.

Além disso, o *blockchain* assegura transparência, na medida em que qualquer pessoa pode ter acesso a todas as transações realizadas na rede, desde o seu início, permitindo que a rede seja auditada em tempo real. A transparência recai apenas sobre as transações, resguardado o sigilo das informações das partes responsáveis pelas transações, cuja identidade encontra-se protegida por meio de regras de criptografia.

A dispensa da necessidade de um intermediador ou administrador central garante, em primeiro lugar, autonomia de funcionamento de toda a rede, que não está sujeita à disponibilidade de um único servidor ou uma entidade – viés que desperta sensibilidade de todos os que já tiveram que lidar com quedas de servidores em meio a processos burocráticos em páginas de entidades públicas e/ou privadas.

Ademais, por mais contraintuitivo que possa parecer, o fato de não haver um administrador que controle a rede e os dados nela inseridos ajuda justamente a garantir a segurança e imutabilidade das informações, pois inexiste uma pessoa que tenha qualquer tipo de acesso especial que possibilite a alteração de seus dados. Assim, inexiste a possibilidade de vazamento e/ou acesso a tais informações de gestão da rede, afastando o risco de uma eventual má gestão das chaves de administração do sistema, uma vez não existirem tais regalias a quaisquer dos usuários.

Como mencionado no início do presente item, o *blockchain* pode ser considerado um livro-razão distribuído e, por essa razão, faz parte do gênero da tecnologia DLT, da qual é espécie. Dito de outra forma, toda rede *blockchain* é uma DLT, mas nem toda DLT é uma *blockchain*.

Por essa razão e diante das inúmeras especificidades e detalhamentos técnicos que não importam ao leitor para fins do presente capítulo, a fim de facilitar a compreensão do leitor, no presente texto trataremos da tecnologia unicamente como *blockchain*, ainda que possa vir a tratar-se de uma DLT com diferentes características.

2. Tokenização de Ativos

Agora que estabelecemos uma base comum de conhecimento a respeito do que é *blockchain*, fica fácil entender os benefícios de utilização desta tecnologia para a representação digital de ativos e, consequentemente, a realização de transações destes ativos em rede *blockchain*.

11. TOKENIZAÇÃO DE ATIVOS E OS DESAFIOS REGULATÓRIOS

A tokenização de ativos consiste no processo de emissão de *tokens* na rede *blockchain*, os quais podem representar ativos já existentes, como podem ser o próprio ativo em si – como é o caso do Bitcoin.

No primeiro caso, a mera representação de um ativo, a funcionalidade e o uso da rede são limitados, pois ainda que se registre a transferência desse ativo na rede, a efetiva transmissão do ativo poderá depender de medidas externas e não necessariamente vinculadas à rede. Esse tipo de ativo acaba por ter muita aplicabilidade em mercados como o imobiliário, por exemplo.

Já no segundo caso, com a existência intrínseca do ativo no *blockchain* a própria transferência de ativo configura a tradição do bem, que uma vez transmitido passará a ser acessado única e exclusivamente por aquele que o recebeu e passou a ser o titular dos direitos de uso, gozo e disposição da coisa.

De todo modo, tanto em um quanto em outro esses ativos (com mera representação ou como ativo em si) são caracterizados e operados por meio do que chamamos de *tokens*, que serão acessados e transferidos pelo usuário que possuir a chave de acesso ao mesmo. Essa chave de acesso nada mais é que uma forma de confirmação de identidade que permite que a pessoa que a detém efetue registros na rede a respeito da transferência daquele ativo. Assim, caso um usuário possua a chave de acesso de um *token*, poderá usá-lo da forma que lhe convier, mas caso venha a transferi-lo a um terceiro, esse terceiro passará a ser o único e exclusivo titular da chave de acesso do *token* recebido.

Como veremos, muitos empreendedores têm utilizado a representação digital de ativos como forma de demonstrar ao mercado e regulador os benefícios da tokenização de determinado ativo, o que tem desempenhado importante papel ao permitir um conhecimento mais apurado da tecnologia, de seus benefícios e dificuldades de implementação.

A tokenização de ativos já encontra casos nos mais variados setores, de obras de arte a imóveis, de vinhos especiais a sacas de grãos. A mecânica da tokenização traz a diversos mercados a possibilidade de digitalização de ativos jamais imaginados, permitindo que pessoas compartilhem, de forma digital, a titularidade de uma obra de arte e, consequentemente, transacionem suas participações.

Essa inovação traz luz a mercados antes restritos, possibilitando um incremento de liquidez, na medida em que possibilita o rápido e eficiente desenvolvimento de um mercado secundário, sem a necessidade de uma bolsa de valores – tal como atualmente conhecemos – e sem outros intermediários que certamente geram custo à cadeia.

3. Valores Mobiliários em *Blockchain*

Quando falamos em tokenização de ativos, é de suma importância a diferenciação entre *security tokens* e *utility tokens*, que está intrinsecamente relacionada ao bem por ele representado e à forma de uso desse *token*.

Genericamente, entende-se que, caso um *token* sirva a representar títulos ou valores mobiliários (as chamadas *securities*), ou seja, ativos financeiros negociáveis, como quotas/ações, títulos, debêntures, notas, opções e bônus de subscrição, ele deve ser classificado como um *security token* e, portanto, ser caracterizado como valor mobiliário.

Por outro lado, caso esse *token* seja utilizado como instrumento de acesso e utilização adstrita à sua plataforma, sendo seu uso, portanto, inerentemente vinculado às funcionalidades da plataforma, diz-se se tratar de um *utility token*, que, consequentemente, não possuindo valor mobiliário.

Essa diferenciação é de suma importância, tendo em vista que é essa a definição que determinará a necessidade de sujeição da oferta pública desses *tokens* ao crivo do órgão regulador dos mercados de valores mobiliário do país em que forem ofertados,[2] como a Comissão de Valores Mobiliários do Brasil (CVM) ou a Securities and Exchange Commission (SEC), dos Estados Unidos.

Em regra, os *utility tokens* não se encontram sob as regras de mercado de capitais e/ou financeiras, tendo em vista não possuírem valor mobiliário e não serem considerados ativos financeiros.

Vale lembrar que a necessidade de autorização por esses órgãos em relação à comercialização dos *tokens* implica a consequente necessidade de atendimento a todas as condições impostas por esses órgãos, muitas vezes inalcançáveis por empresas que, por exemplo, sequer começaram a prestar serviços e buscam aporte de capital por meio da emissão primária de *tokens*.

Com efeito, as definições oferecidas anteriormente podem não demonstrar o quão tênue talvez seja a linha que separa um tipo de *token* do outro. Muito se tem discutido sobre as características híbridas e mutantes de um mesmo *token*, sobretudo quando falamos em *utility tokens*.

Isso porque, geralmente, quando de sua emissão, a plataforma na qual o *token* poderá ser utilizado encontra-se em fase de desenvolvimento e, por essa razão, entendem os reguladores tratar-se de uma promessa, mera expectativa,

---

[2] As regras de competência desses órgãos diferem de país para país, havendo casos em que a mera oferta a cidadãos de um país implica a necessidade de aprovação da oferta pelo órgão daquele país e casos em que esse órgão só é competente em relação ofertas realizadas por empresas sediadas mesmo território que o seu.

muitas vezes com caráter especulativo. Assim, entendem alguns reguladores que enquanto não tiverem sua plataforma operante, os *utility tokens* devem ser reconhecidos como *security tokens*, justamente por essa expectativa de utilização por seu detentor, o qual, muitas vezes, atribui um valor futuro de utilização do *token* na plataforma.

Nessa linha temos acompanhado diversos casos instaurados sobretudo pela SEC, em face de empresas que realizaram em meados de 2017, aproveitando o grande *boom* do Bitcoin, a emissão de *utility tokens*, conhecidos popularmente como Initial Coin Offer (ICO), em alusão à oferta pública de ações (IPO). Os reguladores têm se posicionado justamente no sentido de que o ICO de uma plataforma não operacional, ou seja, a captação de recursos para uma futura implementação e, então, a utilização do *token* devem ser entendidas como oferta pública de valor mobiliário e, portanto, sujeitas às regras já existentes.

Ora, esse pode não ser o entendimento dominante entre os referidos órgãos, mas com certeza não é uma posição que pode ser ignorada, uma vez que adotada pela própria SEC (OMETORUWA, 2018)[3] e que, portanto, deverá operar reflexos no mesmo sentido em diversos outros países. Conforme pronunciamento da Sra. Amy Starr, membro da SEC, acompanhada do presidente do órgão, o Sr. Jay Clayton:[4]

> Muito já foi dito sobre o uso de *tokens* de utilidade. Palavras não importam neste caso. O título não importa. Vamos analisar o que é e se o que é satisfaz o Teste de Howey para um contrato de investimento e um título de valor mobiliário. Se você está comprando algo que você só vai usar em uma plataforma já existente, eu diria que esse *token* é um *token* de uso que pode não ter as características de um ativo mobiliário. Há um espectro, e onde você se encontra nele vai depender dos fatos e circunstâncias do que você tem. (tradução livre)

---

[3] Lembramos que a SEC tem abrangida por sua competência toda e qualquer oferta de ativos realizada a cidadãos norte-americanos, de modo que a uma empresa que deseje atender esse mercado deveria, ao menos em princípio, se sujeitar as regras da SEC, independentemente do país de sua sede.

[4] Em inglês: *"There's a lot been said out there about using utility tokens. Words don't matter in this case. The title doesn't matter. We will look at what it is and if what it is satisfies the Howey test for an investment contract it's a security. If you are buying something that you're only going to use in an already existing platform then I would say hey that token is a use token which may not have the characteristics of the security. There's a spectrum, and where you fall on the spectrum will depend on the facts and circumstances of what you have."*

No Brasil, a CVM, por sua vez, ainda não possui um entendimento duradouro e predominante sobre o tema, tendo, a princípio, adotado postura que sugeria uma posição defensiva em relação à modalidade, inclusive proibindo que fundos oferecessem ou investissem, direta ou indiretamente, no que chamou de criptoativos (Deliberação CVM n. 680/12 e Instrução n. 555/14), posição que vem sido abrandada a ponto de, em seu último, ofício, Ofício Circular n. 11/2018, o órgão ter autorizado o investimento indireto em criptoativos, desde que se trate de investimento realizados no exterior e em mercados regulados.

Além disso, conforme noticiado, a CVM emitiu ordem de suspensão para diversas empresas que realizaram emissão de *tokens* no Brasil, ainda que sob a figura de *utility tokens*. A postura adotada pela CVM segue os preceitos da SEC, contudo, até onde se tem notícia a CVM apenas ordenou que tais empresas suspendessem a oferta de tais *tokens* ao mercado para que efetuassem uma análise apurada do caso em concreto e pudessem, então, avaliar se se tratava-se de valor mobiliário ou não. O mercado aguarda o avanço desses casos para entender melhor a posição da CVM, aparentemente em linha com a SEC.

Nota-se que a emissão de *utility tokens*, sob a ótica jurídica do Direito Societário e Mercado de Capitais, encontra-se em zona cinzenta, gerando dúvidas aos empreendedores e investidores quanto aos futuros de tal modalidade de captação de recursos, o que gerou uma vertiginosa queda nos volumes captados por ICO se comparados a 2017 e início de 2018. Além disso, os constantes casos de fraude envolvendo a emissão de *utility tokens* contribuíram por aumentar a desconfiança do mercado, pois muitas das plataformas que seriam desenvolvidas para transacionar os *tokens* jamais chegaram a ser desenvolvidas.

Nesse sentido, o mercado, interessado em maior transparência e segurança, convencionou por segregar os *tokens* de valor mobiliário e denominar suas emissões como Security Token Offerings (STO).

As STOs, por sua vez, têm ganhado cada vez mais força, apesar dos desafios regulatórios que veremos a seguir, com empresas interessadas na aplicação da tecnologia *blockchain*.

Ora, se a tecnologia *blockchain* funciona como um verdadeiro livro-razão, imutável e, portanto, capaz, em tese, de garantir por si só a incorruptibilidade dos dados constantes nela, parece ser completamente viável que ações de companhias, que por si só já são a mera representação de direitos conferidos ao seu titular, tenham sua emissão e registro na forma de *tokens*. Mais do que viável, essa alternativa seria extremamente benéfica.

11. TOKENIZAÇÃO DE ATIVOS E OS DESAFIOS REGULATÓRIOS

Os *tokens* criados com a tecnologia *blockchain* podem ser transacionados de forma *peer-to-peer*, ou seja, diretamente entre pessoas, sem a necessidade de uma entidade controladora das operações, o que possibilita a operacionalização a qualquer momento, 24 horas por dia, sete dias por semana, possibilitando até mesmo a transação de frações desse ativo, com a custódia, escrituração, compensação e liquidação das ordens de transferências executadas de forma automática e eficiente pela própria rede *blockchain*.

Imagine a revolução que essa tecnologia poderá resultar, na medida em que poderá não mais existir fechamento de mercado, tornado possível aos investidores responderem em tempo real às mudanças de mercado, ainda que durante finais de semana, bem como, em última análise, de investirem em ativos em quaisquer lugares do mundo, fato hoje restrito aos grandes investidores.

Ademais, pode haver a ruptura da figura do custodiante, funcionando a própria rede *blockchain* como custodiante dos ativos, afastando da mesma forma a figura do escriturador.

De certa forma, vale citar como exemplo a facilidade alcançada com os ICOs, que mostraram o potencial de revolucionar as formas tradicionais de captação de recursos, como as ofertas públicas de ação – Initial Public Offerings (IPO). Basta notar que, se comparado aos IPOs, os ICOs foram capazes de gerar um engajamento sem precedentes da população com um tipo de investimento que foge às alternativas oferecidas em geral pelas instituições financeiras. Por outro lado, também, não ignoramos que os ICOs têm uma falha importante, pois não garantem direitos aplicáveis aos portadores de *tokens*, mas é justamente isso que poderia ser evitado por um STO, uma vez que o *token* confere ao seu titular direito sobre um bem de fato.

Nesse aspecto temos acompanhando relevantes *players* da indústria desenvolvendo soluções para a implementação de um sistema de registro e transferência de ações inteiramente em *blockchain*. Com destaque para a Nasdaq, a conhecida bolsa de tecnologia dos Estados Unidos, a qual tem se empenhado no desenvolvimento de soluções tecnológicas para substituição de alguns dos sistemas atualmente utilizados por *blockchain*.

Diversas empresas, inclusive no Brasil, já efetuaram a emissão de ações por meio da rede *blockchain*, contudo, na grande maioria dos casos tal medida funcionou única e exclusivamente como representação digital de uma operação realizada nos moldes tradicionais. Apesar de uma primeira análise representar um espelhamento de operações e, portanto, resultar em um retrabalho, tais medidas são extremamente interessantes, ao permitir ao mercado conhecer melhor dos benefícios trazidos por essas tecnologias.

4. Desafios Regulatórios no Brasil

Como ocorre na maioria dos mercados, as inovações tecnológicas surgem em velocidade cada vez mais frenética, causando verdadeiras revoluções culturais e comportamentais. Todavia, dependendo do impacto da tecnologia e o mercado ao qual ela se propõe a modificar, sua implementação pode depender de mudanças legislativas a fim de que o potencial da tecnologia seja empregado em sua plenitude.

Nessa linha, diante das inúmeras regras e restrições existentes no Brasil, que visam proteger os investidores, os empreendedores têm buscado os mais diversos mecanismos para se beneficiar da tecnologia, mesmo sem os necessários e correspondentes avanços legislativos.

Muito se tem utilizado de plataformas e canais que possibilitam meramente a representação de ações, o que naturalmente não deve ser desmerecido, mas o simples espelhamento na rede *blockchain* e nos livros societários das operações realizadas. Essa alternativa, entretanto, apesar de possibilitar o registro correto e atualizado na forma requerida pela legislação, mantém todos os entraves existentes e inviabiliza os benefícios que adviriam da tokenização propriamente dita.

Assim, ainda que parabenizemos iniciativas como a mencionada, elas estão longe do que seria ideal.

Por outro lado, ainda que deixemos de lado a questão simplesmente burocrática, há questões legais que parecem configurar um problema maior. Por exemplo, a tokenização efetiva de quotas representativas de capital social de sociedade limitadas deveria ser aceita?

Para responder a essa pergunta, devemos ter em mente que, ao contrário do caráter patrimonial inerente às ações de companhias, especialmente aquelas de capital aberto, as quotas das sociedades limitadas apresentam forte caráter de pessoalidade, uma vez que são pautadas no *affectio societatis*, elemento subjetivo que representa o *animus*, a vontade mútua dos sócios de formar uma sociedade vinculada à persona de cada um dos sócios que compõem o seu quadro societário, em prol da consecução do seu objeto social.

Vale dizer que até mesmo em relação às Sociedade por Ações, desde que se configurem como companhias personalistas de capital fechado, há precedente do E. STJ no sentido de que a pessoa do acionista não deve ser desconsiderada. Senão vejamos:[5]

---

[5] SUPERIOR TRIBUNAL DE JUSTIÇA. *REsp 917531/RS*. Quarta Turma. Ministro Relator Luis Felipe Salomão. Julgado em 1.2.2012. *DJe* 2.12.2011. A Turma, por unanimidade, deu provimento ao recurso especial, nos termos do voto do Sr. Ministro Relator.Os Srs. Ministros Raul Araújo, Maria Isabel Gallotti, Antonio Carlos Ferreira e Marco Buzzi votaram com o Sr. Ministro Relator.

> DIREITO SOCIETÁRIO E EMPRESARIAL. SOCIEDADE ANÔ-
> NIMA DE CAPITAL FECHADO EM QUE PREPONDERA A AFFECTIO
> SOCIETATIS. DISSOLUÇÃO PARCIAL.EXCLUSÃO DE ACIONISTAS.
> CONFIGURAÇÃO DE JUSTA CAUSA. POSSIBILIDADE. APLICAÇÃO
> DO DIREITO À ESPÉCIE. ART. 257 DO RISTJ E SÚMULA 456 DO STF.
> 1. O instituto da dissolução parcial erigiu-se baseado nas sociedades contratuais e personalistas, como alternativa à dissolução total e, portanto, como medida mais consentânea ao princípio da preservação da sociedade e sua função social, contudo a complexa realidade das relações negociais hodiernas potencializa a extensão do referido instituto às sociedades "circunstancialmente" anônimas, ou seja, àquelas que, em virtude de cláusulas estatutárias restritivas à livre circulação das ações, ostentam caráter familiar ou fechado, onde as qualidades pessoais dos sócios adquirem relevância para o desenvolvimento das atividades sociais ("affectio societatis"). (Precedente: EREsp 111.294/PR, Segunda Seção, Rel. Ministro Castro Filho, *DJ* 10/09/2007)
> [...]
> 5. Caracterizada a sociedade anônima como fechada e personalista, o que tem o condão de propiciar a sua dissolução parcial – fenômeno até recentemente vinculado às sociedades de pessoas -, é de se entender também pela possibilidade de aplicação das regras atinentes à exclusão de sócios das sociedades regidas pelo Código Civil, máxime diante da previsão contida no art. 1.089 do CC: "A sociedade anônima rege-se por lei especial, aplicando-se-lhe, nos casos omissos, as disposições deste Código.

Ainda, vale ressaltar que o Departamento de Registro Empresarial e Integração (DREI), por meio da Instrução Normativa n. 38/2017, alterou a redação do item 1.4, II, *b*, do Manual de Registro de Sociedades Limitadas, para autorizar, de maneira expressa, a utilização de quotas preferenciais por sociedades limitadas.

Naturalmente, a referida modificação não chega a infirmar a característica de pessoalidade típica das sociedades limitadas, entretanto, parece ao menos dar guarida a interpretação mais elástica do conceito, uma vez que uma das prerrogativas mais essenciais da figura do sócio, o voto, foi-lhe tolhida em contrapartida de preferência no recebimentos de seus eventuais haveres, algo muito típico de uma Sociedade por Ações. Em outro sentido, não podemos ignorar que se o sócio titular de quotas preferenciais não possuir direito a voto, o efetivo risco para a sociedade em si, decorrente da figura de um sócio que não apresente o referido *affectio societatis* em relação ao demais sócios, fica extremamente mitigado, de modo que, quem sabe até para as sociedades limitadas, no casos das quotas preferenciais, possamos também cogitar a sua tokenização.

Assim, precisamos ampliar o espectro da análise e avaliar se a mera tokenização das quotas/ações de empresas de capital fechado representaria sua abertura de capital e, consequentemente, observância de todas as regras relativas a publicações legais, assembleias, auditoria externa, conselhos, etc.

Parece-nos, em primeira análise, que a mera tokenização de participação societária não configuraria a oferta pública – ao menos na forma disposta em lei –, posto que as próprias regras já existentes, alinhadas com os respectivos atos societários, trariam as limitações inerentes às transferências de ações no que tange à *affectio societatis*.

Esses são só alguns dos entraves encontrados em relação a tokenização no mercado de ações. De fato, ainda existem diversos desafios do espectro regulatório, o mercado de ações é repleto de regras e restrições, que visam, afinal, a proteção do próprio acionista, é verdade, mas uma alternativa viável também não deve ser rechaçada por mero apego ao *status quo*, sob pena de condenarmos o empresário brasileiro.

Nesse sentido, importante destacar o excelente trabalho que vem sendo conduzido pela Comissão de Valores Mobiliários (CVM), que além de incentivar o diálogo com os empreendedores, sempre realiza seminários/debates com inovadores, a fim de se manter atualizada a respeito das inovações do mercado que possam impactar o mercado de capitais. Tal postura é fundamental para evitar que o regulador venha a editar uma norma sem o devido conhecimento da matéria, sobretudo, quando falamos de uma tecnologia ainda em desenvolvimento como é o *blockchain*.

Assim, em 2019, a Comissão de Valores Mobiliários comunicou ao mercado o lançamento de um *sandbox* regulatório com foco às inovações ao mercado de valores mobiliários, com destaque à tecnologia *blockchain*. Na prática, o *sandbox* é a criação de um ambiente controlado pela própria CVM, no qual algumas regras são relaxadas para o teste de novos modelos de negócio, durante determinado período de tempo e para um público limitado. Após essa fase de testes, a CVM deverá se manifestar acerca da eventual necessidade de adequação do modelo de negócio à norma preexistente ou o afastamento das regras para aquele novo modelo de negócio.

Essa medida é bastante interessante, principalmente para empresas em fase inicial, uma vez que poderão testar, em segurança, seu modelo de negócio, afastando o risco de eventuais punições pelos órgãos reguladores por não se encaixarem às normas existentes. Contudo, empresas em fase mais madura devem avaliar com cautela a participação em *sandbox* regulatório, vez que haverá limitações quanto ao número de clientes a serem atendidos, volume de recursos sob gestão, além de um verdadeiro escrutínio em relação ao seu modelo de negócios já em operação.

Dito isso, a tecnologia *blockchain* deve figurar como um dos principais casos de uso por empresas que aderirem ao *sandbox* da CVM, o que poderá acelerar uma tomada de posição por referida autarquia em relação ao emprego de tal tecnologia pelo mercado de capitais, resultando em sistemas mais eficientes, transparentes e seguros, que podem, inclusive, contribuir com o aumento de liquidez de determinados ativos, principalmente os relacionados a empresas em estágio inicial, atualmente de baixa atratividade, em decorrência da inexistência de um mercado secundário pujante de ações/quotas de tais empresas.

Por fim, entendemos que a tecnologia *blockchain*, acompanhada de alterações regulatórias, será um grande motor para reduzir os custos de uma emissão de valores mobiliários, permitindo que pequenas empresas tenham acesso ao mercado de capitais. Exemplificativamente, o valor médio alvo das empresas que buscam abertura de capital na B3 gira em torno de 300 milhões de dólares, enquanto na Nasdaq vemos emissões médias de 50 milhões de dólares.

Um dos fatores que contribui para os altos custos é o atual monopólio do mercado de bolsas de valores no Brasil, de forma que, não existindo competição, o único *player* acaba por não ser desafiado para redução de custos e melhoria dos produtos. Curiosamente, muitas empresas nacionais, justamente buscando alcançar outros mercados – em razão das dificuldades regulatórias no Brasil – e frente aos custos praticados pela bolsa brasileira, têm realizado abertura de capital em bolsas internacionais, com destaque para a Nasdaq e Bolsa de Nova Iorque.

Como vimos, a tecnologia *blockchain* permite, em tese, o acesso por qualquer pessoa aos ativos nela inseridos, o que possibilitaria a investidores acessarem produtos e ações no Brasil e no exterior com a mesma facilidade, bem como, em última análise, poderia, assim como ocorre com as corretoras de criptoativos, permitir que surgissem inúmeras outras bolsas para comercialização de ações tokenizadas.

Os desafios regulatórios no Brasil devem ganhar novos contornos a partir da conclusão do *sandbox* da CVM; até lá, dificilmente teremos maiores avanços, haja vista a posição do regulador de acompanhar os avanços e desenvolvimento da tecnologia *blockchain* antes de uma manifestação definitiva sobre o tema.

5. Breves Apontamentos no Direito Comparado

Sejamos justos, não é apenas o ordenamento jurídico nacional que experimenta dificuldades em relação à legislação aplicável às constantes inovações tecnológicas aplicáveis aos mais diversos mercados. Na verdade, esse é um problema enfrentado por quase todos os Estados, tanto o é que se destacam os poucos Estados com iniciativas no sentido não só de aceitar, mas também de verdadeiramente estimular o desenvolvimento e aplicação dessas novas tecnologias.

Foi, por exemplo, justamente esse entrave que o estado de Delaware, nos Estados Unidos, tentou enfrentar com o anúncio, em 2 de maio de 2016, da chamada Delaware Blockchain Initiative (DBI), que, em suma, instaurou uma agenda positiva para aplicação da tecnologia *blockchain* pelo poder público daquele estado, para as mais diversas finalidades.

As autoridades estaduais de Delaware viram a oportunidade de criar ainda mais valor para empresas que escolhem o Estado para sua constituição, pela oferta de registros em *blockchain*. Esses registros incluem não apenas serviços de incorporação, mas também Uniform Commercial Code Forms (UCCs) –, títulos fundiários, títulos de propriedade pessoal, certidões de nascimento/óbito, licenças profissionais e muitos outros novos tipos de registro que o Estado pode introduzir como parte do DBI (por exemplo, diamantes e outros produtos de luxo).

Como dito, o DBI surgiu com uma proposta de agenda a ser observada no cumprimento de metas para que se venha a alcançar seu fim precípuo, e a primeira dessas metas já foi alcançada. Tratava-se justamente do lançamento do sistema de contabilidade distribuída nos Arquivos Públicos de Delaware, que serviu como teste "beta" para o uso da tecnologia no governo estadual.

A nova tecnologia de "registros inteligentes" automatiza a conformidade com as leis relativas à retenção e destruição de documentos de arquivo, entre outros recursos (TINIANOW, 2017). As próximas duas seriam, em primeiro lugar o registro de UCCs em *blockchain* e posteriormente o registro de ações.

Pois bem. Foi nesse contexto que surgiu a Senate Bill 69, assinada em 21 de julho de 2017,[6] lei que alterou o Código de Delaware, modificando a seção que

---

[6] Disponível em: https://legis.delaware.gov/BillDetail/25730. Acesso em: 20 jan. 2020.

trata do direito relacionado às empresas para, entre outras providências, prever a possibilidade de registro de livros de ações por meio de *distributed ledger*.

Nota-se, portanto, que com modificações relativamente pontuais o governo de Delaware foi capaz de autorizar modificações na legislação que reconhecem de maneira específica a manutenção de registros corporativos em *blockchain*, permitindo que tais registros sejam mantidos em uma ou mais redes eletrônicas ou bancos de dados desde que certas condições sejam atendidas, incluindo (i) que os registros mantidos sejam convertidos em papel claramente legível dentro de um prazo razoável e (ii) com relação aos registros de valores mobiliários, que tais registros sejam capazes de ser utilizados para preparar uma lista de acionistas com direito a voto, registrar informações exigidas por lei e registar transferências de ações nos termos do art. 8º do Código Comercial Uniforme de Delaware.[7]

Outra alteração é que o código para não mais mencionar "diretores" responsáveis pelo registro de valores mobiliários, ou registros "mantidos" pela corporação, a lei de Delaware agora se refere a registros "administrados por ou em nome da corporação" para garantir que a tecnologia *blockchain* possa ser usada para esses fins, em vez de depender de um executivo corporativo.

Ora, independentemente das limitações que possam ter sido impostas e de qualquer questionamento a respeito sobre o quão indispensáveis essas limitações são de fato, uma variedade de benefícios parece ser garantida pela simples aceitação do registro de ações em *blockchain*: (i) ao eliminar intermediários, as ações registradas em *blockchain* podem ser liquidadas em instantes, em vez de dias, aumentando a liquidez do mercado enquanto libera capital e reduz os custos de transação; (ii) um livro-razão imutável e transparente poderia mostrar com total certeza a titularidade de cada uma das ações da companhia. Com isso, bancos e os reguladores estariam mais aptos a gerenciar riscos, e os emissores a administrar suas tabelas de capitalização; e (iii) o livro-razão em *blockchain* pode levar a uma maior certeza e imparcialidade na realização dos direitos dos acionistas.

Esse movimento regulatório de Delaware não é isolado dentro de seu país, outros estados norte-americanos seguem com iniciativas semelhantes.

---

[7] Veja emendas à Seção 224. Disponível em: https://legis.delaware.gov/BillDetail/25730. Acesso em: 20 jan. 2020.

O estado norte-americano de Illinois, com a Illinois Blockchain Initiative, também caminhou nesse sentido, ainda que de maneira mais tímida e que esse estado ainda não tenha colhido tantos frutos quanto Delaware.

E não é só. A Suíça, país já conhecido como vanguardista no setor de criptoativos e *blockchain*, também caminha nesse sentido e, inclusive tende a superar qualquer outro no tema.

Com o intuito de melhorar o quadro regulatório sobre *blockchain* na Suíça, em particular no setor financeiro, o Swiss Federal Council (em tradução literal, Conselho Federal Suíço) promoveu, entre março e junho de 2019, uma consulta sobre a adaptação da lei federal aos desenvolvimentos na tecnologia *blockchain*. A Bolsa de Valores da Suíça, SIX, por sua vez, já anunciou que a empresa planeja listar ações tokenizadas de grandes empresas como Nestlé e a Novartis no SDX, quando as mudanças forem promovidas.

Na mesma linha, em 8 de dezembro de 2017, o governo da França editou norma permitindo que ativos não listados fossem emitidos por meio de sistema *blockchain*, incluindo ações e outros ativos, como títulos de dívida. A corrida está em todo o mundo para bolsas de valores tokenizadas totalmente regulamentadas. A MERJ, que administra a bolsa de valores regulamentada de Seychelles, já listou seus próprios *tokens*. E a Bolsa de Valores da Tailândia também tem planos de lançar uma plataforma em 2020.

Como vimos, da América do Sul à Ásia, diversos países têm discutido sobre o ajuste das normas já existentes para permitir a utilização e desenvolvimento de soluções em *blockchain* para o mercado acionário.

Conclusão

A tokenização no mercado de ações pode gerar aumento da liquidez, acessibilidade, redução dos custos de transações, maior velocidade e a qualquer momento, maior transparência e maior segurança, ou seja, justamente todas as qualidades que as normas que hoje dificultam a tokenização das ações visam garantir aos acionistas. E mais, a tokenização tem o potencial de tornar o mercado financeiro muito mais acessível, barato, rápido e, portanto, mais democrático, vasto e eficiente.

Com tantas qualidades e benefícios parece claro que os países que primeiro se adaptarem sairão na frente e destacarão o seu mercado de ações frente ao mundo.

11. TOKENIZAÇÃO DE ATIVOS E OS DESAFIOS REGULATÓRIOS

Vale citar aqui o que Johan Toll, Diretor de Ativos Digitais da "NASDAQ Market Technology" comentou a respeito do tema (MARKETINSITE, 2019):[8]

> O ativo tokenizado é onde emitimos certificados diferentes, títulos diferentes, etc., usando a tecnologia *blockchain*. Com isso, podemos rastrear eficientemente o processo de emissão por meio de *smart contracts* na rede e podemos gerenciar a custódia dos ativos em um mundo de tecnologia *blockchain*. Tomando emprestado muitas técnicas da indústria cripto – todos sabemos sobre bitcoin e Ethereum, agora estamos aplicando lógica semelhante aos ativos financeiros. E é por isso que os chamamos de ativos tokenizados. São ativos digitais emitidos para uma rede descentralizada. Eles são controlados por meio de chaves criptográficas, para que você possa se sentir muito mais seguro com relação à custódia dos ativos.
> [...]
> Vemos muitas soluções de gerenciamento de ativos digitais. Portanto, no futuro, precisamos investigar onde faz mais sentido aplicar a tecnologia *blockchain*. Em outras palavras, em quais cenários e porque devemos começar a tokenizar ativos. No momento, acredito que é principalmente no processo de rastreamento que podemos realmente construir uma solução completa que cubra todo o ciclo de vida de um ativo digital através do ambiente *blockchain*. Você pode bloquear certos parâmetros ou

---

[8] Em inglês: "An interesting example is the diamond industry, where we have large quantities of diamonds being traded. If you have diamonds that you own, you can tokenize the assets through a certificate that corresponds exactly to your diamond. Each diamond has specific characteristics that are logged into the certificate. By doing so, the issuer can prove that a specific certificate corresponds exactly to a specific diamond. When the certificate is issued on a distributed ledger, a wider audience can clearly see who the owner of the certificate is. If you want to sell your diamond, you can sell the certificate to someone else. That way, it is clear to the rest of the world that this diamond now has shifted the ownership to someone else. This is one example of how to tokenize diamonds into certificates that are managed securely in a *blockchain* environment. The special characteristic of tokenized assets and the use of *blockchain* is that the whole lifecycle of this diamond can be tracked, from its inception [through] its life. [...] We see many solutions of managing digital assets. So, going forward we need to investigate where it makes the most sense to apply the *blockchain* technology. In other words, in which scenarios and why should we start to tokenize assets. Right now, I believe it is primarily in the tracking process that we can actually build a complete solution covering the whole lifecycle of a digital asset through the *blockchain* environment. You can lock in certain parameters or characteristics of your instrument, of your security, into a smart contract. So already when the asset is issued, I can be guaranteed about certain characteristics or parameters to that asset — should it be a dividend to be paid out, should it be ownership restrictions, or should it be the life cycle of that asset" (MARKETINSITE, 2019).

características do seu instrumento, de sua segurança, em um contrato inteligente. Portanto, quando o ativo é emitido, posso garantir certas características ou parâmetros para esse ativo – deve ser um dividendo a ser pago, deve haver restrições de propriedade ou o ciclo de vida desse ativo.

Por outro lado, também é importante aprofundar conhecimento sobre o assunto, buscando alternativas, conversando com outros países e jurisdições com abordagens diversas, entendendo o que pode ou não dar certo. Parece interessante também a possibilidade de se autorizar de maneira parcimoniosa a tokenização das ações: talvez limitando, mesmo no caso das companhias, a ações/quotas preferenciais sem direito a voto; ou quem sabe a um percentual baixo de participação.

Nessa linha, uma flexibilização pela Comissão de Valores Mobiliários no sentido de permitir a tokenização de participações societárias de sociedades empresárias de pequeno porte, que realizem captação de recursos na forma da Instrução CVM 588 (*crowd equity fund*), seria um excelente exemplo de como a tecnologia poderia funcionar.

Tal medida possibilitaria às empresas de pequeno porte trazer maior liquidez a seus ativos, na medida em que a tokenização rapidamente criaria um mercado secundário para esses ativos, aumentando sua liquidez. Por outro lado, permitiria de forma concreta um melhor conhecimento da tecnologia, na medida em que poderia trazer um benefício imediato ao mercado, limitado a uma pequena parcela, o que, a rigor, não traria maiores impactos à economia popular.

Contudo, enquanto não temos evoluções no aspecto regulatório, tanto em relação ao Poder Legislativo, quanto ao regulador infralegal, cabe-nos ampliar o debate, testar as aplicações em *blockchain* e apresentar proposituras ao regulador, sobretudo à CVM, para que possamos manter o Brasil na vanguarda das inovações tecnológicas, o que poderá ser uma importante fonte de receitas e empregos ao país.

Dito isso, não podemos ser temerários e simplesmente modificar as normas vigentes sem uma maior e melhor percepção do tema; no entanto, o temor exagerado pela mudança pode representar a perda de uma excelente oportunidade para que o mercado brasileiro de ações passe a ocupar um lugar de destaque.

REFERÊNCIAS

MARKETINSITE. *Nasdaq decodes*: tokenized assets, Sep. 16 2019. Disponível em: https://www.nasdaq.com/articles/nasdaq-decodes%3A-tokenized-assets-2019-09-16. Acesso em: 20 jan. 2020.

OMETORUWA, Toju. SEC Clarifies Stance of Security Vs. Utility Tokens. *Cryptopotato*, June 14th 2018. Disponível em: https://perma.cc/D7UN-5754. Acesso em: 20 jan. 2020.

TINIANOW, Andrea. Delaware *blockchain* Initiative: Transforming the Foundational Infrastructure of Corporate Finance. *Harvard Law School Forum on Corporate Governance*, March 16 2017. Disponível em: https://corpgov.law.harvard.edu/2017/03/16/delaware-*blockchain*-initiative-transforming-the-foundational-infrastructure-of-corporate-finance/. Acesso em: 20 jan. 2020.

12. FUNDOS DE INVESTIMENTO EM CRIPTOATIVOS E OS DESAFIOS PARA A REGULAÇÃO DOS ADMINISTRADORES FIDUCIÁRIOS E PRESTADORES DE SERVIÇO

Renata Nascimento de Carvalho

Introdução

A relação entre criptoativos, direito e desenvolvimento do mercado de capitais impõe inúmeras reflexões jurídicas. Desde 2008, com a publicação do *whitepaper* de Satoshi Nakamoto (NAKAMOTO, 2008), lançando o Bitcoin e apresentando ao mundo o *blockchain*, exemplo mais conhecido até hoje da tecnologia de registro descentralizado (Distributed Ledger Technology – DLT), o mundo jurídico permanece desafiado a enxergar e reconhecer as inovações tecnológicas pelas lentes dos conceitos jurídicos já existentes e refletir sobre a necessidade de criação de institutos para recepcionar os novos fenômenos.

Além das discussões jurídicas extremamente desafiadoras a respeito da natureza jurídica dos criptoativos,[1] há infinitas perguntas ainda sem resposta sobre como este novo fenômeno tecnológico dialoga, por exemplo, com a regulação do mercado de capitais já existente. Até o momento, a doutrina jurídica pouco tratou a respeito de questões cruciais, como a utilização de tais ativos para captação de recursos junto ao público em geral e as formas viáveis e permitidas pela regulação para neles investir (seja por meio de investimentos diretos de pessoas físicas e jurídicas, ou por veículos de investimentos, tais como os fundos de investimento).

Um fundo de investimento é *uma comunhão de recursos, constituído sob a forma de condomínio de natureza especial, destinado à aplicação em ativos financeiros, bens e direitos de qualquer natureza,* disciplinada pelas regras da Comissão de Valores Mobiliários – CVM.[2]

---

[1] Sobre a natureza jurídica das criptomoedas, cf. BAROSSI-FILHO e SZTAJN (2013-2014-2015).
[2] Código Civil, art. 1.368-C, introduzido pela Lei n. 13.874, de 20 de setembro de 2019.

A CVM classifica-os, atualmente, em vinte e sete diferentes categorias (BECKER, 2019),[3] tendo em consideração os riscos a que a composição da carteira de investimentos de cada fundo expõe seus cotistas e os ativos nos quais podem concentrar seus investimentos.

No jargão do mercado de capitais, os fundos não estruturados, regidos pela Instrução CVM n. 555/2014, são autorizados a investir em ativos financeiros[4] (conf. art. 3º dessa Instrução, assim definidos pelo art. 2º, V do mesmo diploma) que, em seu conjunto, podem expor os cotistas ao risco da variação da taxa de juros e/ou de índice de preços (fundo de renda fixa), da variação de preços de ações admitidas à negociação no mercado organizado (fundo de ações), da variação de preços de moeda estrangeira ou a variação do cupom cambial (fundo cambial), ou ainda a vários fatores de risco, sem o compromisso de concentração em nenhum fator em especial ou em fatores diferentes das demais classes previstas na Instrução (fundo multimercado). Já os fundos de investimento comumente conhecidos como estruturados, como FIP,[5] FII,[6] FIDC[7] e Fundos de Índice (ETF),[8] podem investir em diversos ativos financeiros, bens e direitos, que, respectivamente, lhes permitam participar do processo decisório da sociedade investida, com efetiva influência na definição de sua política estratégica e na sua gestão (FIP), permitam o investimento em empreendimentos imobiliários (FII), sejam direitos creditórios (FIDC) ou, ainda, reflitam o índice de referência (ETF).

A aquisição de criptoativos por fundos de investimento pode atrair a competência de disciplina e fiscalização da CVM tanto pela natureza do próprio criptoativo (art. 2º da Lei n. 6.385/1976), quanto em razão da administração fiduciária[9] da carteira e a custódia dos valores mobiliários e, consequentemente, a carteira de fundos de investimento, ser regulada pela CVM (art. 1º, VI, da Lei n. 6.385/1976).

---

[3] Importante notar que o autor utiliza a nomenclatura "27 tipos de fundos de investimento" (cf. p. 18).
[4] Instrução CVM n. 555/2014, art. 2º, V.
[5] Instrução CVM n. 578/2016, art. 5º.
[6] Instrução CVM n. 472/2008, art. 45.
[7] Instrução CVM n. 356/2001, art. 2º, I.
[8] Instrução CVM n. 359/2002, art. 58, §9º.
[9] A Instrução CVM n. 558/2015 dividiu a atividade de administração de recursos de terceiros entre administração fiduciária, relacionadas, direta ou indiretamente, ao funcionamento e à manutenção do fundo e à gestão de recursos de terceiros, relacionada à gestão da carteira do fundo. Neste artigo, as menções a "administrador do fundo de investimento" fazem referência ao administrador fiduciário.

"Os criptoativos são ativos virtuais, protegidos por criptografia, presentes exclusivamente em registros digitais, cujas operações são executadas e armazenadas em uma rede de computadores" (CVM, 2018a). Também chamados de criptomoedas[10] ou *tokens*, podem conceder vários direitos aos investidores. Os criptoativos que conferem aos investidores direitos de participação em resultados do empreendimento, ou remuneração prefixada sobre o capital investido, ou ainda voto em assembleias que determinam o direcionamento dos negócios do emissor, costumam corresponder a valores mobiliários e estar sujeitos à regulação da CVM (2018a). Já aqueles que fornecem ao investidor direitos de acesso a um serviço, plataforma ou projeto da empresa, conforme uma licença de uso ou de créditos para consumir um bem ou serviço, conhecidos como *utility token*, são mais dificilmente classificados e podem ser ou não considerados valor mobiliário.[11]

A depender das suas características, é possível que o criptoativo investido tenha natureza de valor mobiliário e, nos termos do art. 2º da Lei n. 6.385/1976, a CVM é responsável por discipliná-lo e fiscalizá-lo (incluindo-se a possibilidade de punir os responsáveis pelas irregularidades identificadas).

O conceito de valor mobiliário é o polo central de atração da incidência da Lei n. 6.385/1976 e, consequentemente, da regulação da CVM. O art. 2º da Lei enumera um rol de valores mobiliários e ao final, no inciso IX, conceitua: "quando ofertados publicamente, quaisquer outros títulos ou contratos de investimento coletivo, que gerem direito de participação, de parceria ou de remuneração, inclusive resultante de prestação de serviços, cujos rendimentos advêm do esforço do empreendedor ou de terceiros".[12]

Assim, caso o criptoativo preencha os requisitos do inciso IX, deve observar a disciplina de mercado de capitais estabelecida pela CVM para sua emissão, distribuição, negociação e intermediação. Incidem, por exemplo, as normas a respeito da oferta de tais ativos aos investidores, que impõem a adequação

---

[10] Importante ter claro que criptomoedas, ou moedas virtuais são distintas de moedas eletrônicas. Segundo o esclarece o BCB, moeda eletrônica *é um modo de expressão de créditos denominados em reais*, disciplinadas pela Lei n. 12.865, de 9 de outubro de 2013 e atos normativos editados pelo Banco Central do Brasil, conforme diretrizes do Conselho Monetário Nacional, enquanto moedas virtuais não são referenciadas em reais ou em outras moedas estabelecidas por governos soberanos. Comunicado n° 31.379, de 16 de novembro de 2017, disponível em https://www.bcb.gov.br/estabilidadefinanceira/exibenormativo?tipo=Comunicado&numero=31379.
[11] Para uma nova proposta de classificação de criptoativos, verificar ANBINA (2019).
[12] Lei n. 6.385/1976, art. 2º.

do público-alvo e do perfil do investidor, a prestação das informações pertinentes e corretas e da transparência e equidade nas negociações.

A atração da disciplina da administração da carteira e a custódia dos valores mobiliários, por sua vez, ocorre sempre que se utilize um fundo de investimento em valores mobiliários para adquirir criptoativos, independentemente se o ativo tem natureza de valor mobiliário ou não. Afinal, ao disciplinar os fundos de investimento, a CVM prevê quais ativos financeiros, bens e direitos podem integrar a carteira de investimento de cada categoria de fundo. Portanto, na aquisição, manutenção e alienação de criptoativos por fundos de investimento em valores mobiliários, a CVM sempre terá a prerrogativa de analisar se as atividades do administrador do fundo e dos prestadores de serviço contratados observaram a regulação pertinente.

Tendo isso em vista, o presente capítulo busca compreender em que medida o investimento em criptoativos por fundos de investimento impacta o exercício da atividade do administrador fiduciário e dos demais prestadores de serviço de fundos de investimento (gestores de recursos, distribuidores, custodiantes e auditores independentes).

A fim de enfrentar essa dúvida, o capítulo inicia sua investigação abordando os posicionamentos públicos da CVM sobre o assunto; em seguida, analisa os quatro primeiros fundos de investimento registrados no Brasil, que adquiriram, em alguma medida, criptomoedas; para, finalmente, expor de forma crítica os potenciais impactos regulatórios identificados até o momento.

1. Qual é a Visão Regulatória da CVM sobre os Fundos de Investimentos que Investem em Criptoativos?

As primeiras preocupações da CVM a respeito dos criptoativos foram endereçadas em 2017, por meio da Nota publicada pela CVM a respeito de ofertas públicas iniciais de moedas virtuais, Initial Coin Offering (ICO), de 11 de outubro de 2017.[13] Guiada especialmente pela preocupação com a captação de recursos junto ao público em geral por meio da emissão de criptomoedas, a CVM, mostrando-se atenta à evolução do tema, buscou transmitir de forma clara, especialmente, quatro mensagens: (i) algumas emissões de criptomoedas, quando buscam angariar recursos junto ao público, *a depender do contexto*

---

[13] Disponível em: http://www.cvm.gov.br/noticias/arquivos/2017/20171011-1.html. Acesso em: 9 jan. 2020.

econômico de sua emissão e dos direitos conferidos aos investidores, poderiam corresponder a operações de valores mobiliários (art. 2º, da Lei n. 6.385/1976); (ii) neste caso, devem ser observadas as normas da CVM, o que lhes sujeita a penalidades, em caso de desconformidade; (iii) as criptomoedas que puderem ser consideradas valores mobiliários não poderão ser negociadas em *plataformas específicas de negociação de moedas virtuais (chamadas de* virtual currency exchanges*), uma vez que estas não estão autorizadas pela CVM a disponibilizar ambientes de negociação de valores mobiliários no território brasileiro*; e (iv) o investimento em criptomoedas que esteja fora do âmbito de fiscalização da CVM comporta os riscos inerentes, aos quais o investidor deve estar alerta.

Tais riscos, segundo a CVM, seriam: (a) risco de fraudes e pirâmides financeiras; (b) inexistência de processos formais de adequação do perfil do investidor ao risco do empreendimento (suitability); (c) risco de lavagem de dinheiro ou de evasão fiscal ou de divisas; (d) atuação de prestadores de serviços sem observância da legislação aplicável; (e) material publicitário de oferta que não observa a regulamentação da CVM; (f) riscos operacionais em ambientes de negociação não monitorados pela CVM; (g) riscos cibernéticos (dentre os quais, ataques à infraestrutura, sistemas e comprometimento de credenciais de acesso dificultando o acesso aos ativos ou a perda parcial ou total destes) associados à gestão e custódia dos ativos virtuais; (h) risco operacional associado a ativos virtuais e seus sistemas; (g) volatilidade associada a ativos virtuais; (h) risco de liquidez (ou seja, risco de não encontrar compradores/vendedores para certa quantidade de ativos ao preço cotado) associado a ativos virtuais; e (i) desafios jurídicos e operacionais em casos de litígio com emissores, inerentes ao caráter multijurisdicional das operações com ativos virtuais.

No mês seguinte, em novembro de 2017, ainda restrita à temática da captação de recursos púbicos, a CVM divulgou um FAQ (*Frequently Asked Questions*, ou, em uma tradução livre, Perguntas Frequentes) sobre ICO.[14] Nessa oportunidade, esclareceu com mais profundidade as dúvidas sobre os principais conceitos envolvendo a oferta de criptomoedas. Além de reforçar as mensagens anteriores, a CVM acrescentou orientações específicas a respeito da incidência de sua regulação em tais ofertas, tais como as Instruções CVM n. 400/2003 (ofertas públicas), 461/2007 (mercados regulamentados de valores mobiliários), 558/2015 (*crowdfunding*), 505/2011 (operações realizadas

---

[14] Disponível em: http://www.cvm.gov.br/noticias/arquivos/2017/20171116-1.html. Acesso em: 9 jan. 2020.

em mercados regulamentados), 539/2013 (adequação do perfil do cliente), 301/1999[15] (prevenção à lavagem de dinheiro e financiamento ao terrorismo), 541/2013 (depósito centralizado), 542/2013 (custódia) e 543/2013 (escrituração) e os Pareceres de Orientação CVM n. 32 e 33, de 2005 (respectivamente, uso da internet em ofertas e intermediação e intermediação de operações e oferta em outras jurisdições).

Em janeiro de 2018, por meio do Ofício Circular n. 1/2018/CVM/SIN (CVM, 2018b), destinado aos administradores e gestores de fundos de investimento, a Superintendência de Relações com Investidores Institucionais da CVM – SIN publicou seu primeiro posicionamento a respeito da aquisição de criptomoedas por fundos de investimento. Em sua interpretação criptomoedas não podem ser qualificadas como ativos financeiros, para os efeitos do disposto no art. 2º, V, da Instrução CVM n. 555/14, e por essa razão, sua aquisição direta pelos fundos de investimento ali regulados não é permitida. Complementarmente, a CVM orienta administradores e gestores de fundos de investimento a aguardarem novos posicionamentos da Autarquia, inclusive a respeito dos investimentos indiretos.

É interessante notar a contradição gerada pela orientação deste Ofício Circular em relação aos posicionamentos anteriores da CVM. Em 2017, a CVM alertou o mercado sobre a possibilidade de algumas ofertas de criptomoedas poderem ser consideradas operações com valores mobiliários e estarem sujeitas à sua regulação – e, portanto, punição. A *contrario sensu*, é possível inferir duas conclusões dos pronunciamentos da CVM de 2017: (i) a emissão de criptomoedas que não tenham natureza de valor mobiliário não é disciplinada pela regulação do mercado de capitais; e (ii) toda criptomoeda com natureza de valor mobiliário, emitida por meio de oferta pública regular e aderente às normas da CVM pode ser negociada regularmente como valor mobiliário, seguindo a regulação da CVM e, logicamente, pode ser adquirida diretamente pelos fundos de investimento brasileiros.

Contudo, não parece haver sentido, do ponto de vista jurídico, negar que um criptoativo com natureza de valor mobiliário emitido nos termos da regulação pertinente possa ser considerado ativo financeiro para fins do art. 2º da Instrução n. 555/2014,[16] como sustenta a CVM no Ofício Circular n. 1/2018/CVM/SIN (CVM, 2018b). Ainda que a CVM afirme expressamente a impossibilidade de fundos de investimento não estruturados adquirirem diretamente

---

[15] Revogada pela Instrução CVM n. 617, de 5 de dezembro de 2019.
[16] Conf. definição na nota n. 3.

criptoativos, tal restrição não pode ser estendida aos criptoativos emitidos conforme a regulação da CVM, dado que tal interpretação é contrária às normas da própria Autarquia.

Assim, a melhor interpretação da legislação, em conjunto com os pronunciamentos da CVM a respeito de investimentos diretos em criptoativos, permite concluir que investimentos diretos em criptoativos estão vedados para fundos de investimento nacionais, exceto se o criptoativo for valor mobiliário regularmente emitido e negociado.

Complementando o ofício anterior, em setembro de 2018, a SIN publicou o Ofício Circular n. 11/2018/CVM/SIN (CVM, 2018c), esclarecendo que, em sua interpretação, o art. 98 da Instrução CVM n. 555/2014[17] autoriza fundos de investimento adquirirem criptoativos[18] no exterior, indiretamente, por meio de *aquisição de cotas de fundos e derivativos, entre outros ativos negociados em terceiras jurisdições, desde que admitidos e regulamentados naqueles mercados.*

Dado o esclarecimento expresso sobre a possibilidade de investimento indireto em criptoativos no exterior e a carência de regras específicas sobre a aquisição de criptoativos na Instrução CVM n. 555/2014, a avaliação da regularidade das decisões dos gestores e da supervisão dos administradores dos fundos não estruturados titulares de criptoativos, naturalmente, tende a ser feita com base em cláusulas abertas, tais como o dever de diligência de tais agentes, previstos no art. 92 da referida Instrução CVM.[19]

Levando em conta que cláusulas abertas, inerentemente, comportam inúmeras interpretações, o conteúdo do Ofício Circular n. 11/2018/CVM/SIN tem especial relevância ao apontar os parâmetros de diligência que a CVM espera dos gestores e administradores fiduciários dos fundos de investimento não estruturados titulares nesses casos. Apesar de tais parâmetros serem meros direcionamentos e não esgotarem todas as possibilidades de interpretação do cumprimento (ou descumprimento) do dever de diligência, é um importante direcionamento para os agentes de mercado.

Em resumo, a CVM apontou como desejáveis os seguintes padrões de comportamento:

(i) para prevenção a lavagem de dinheiro e financiamento ao terrorismo: realizar investimentos por meio de *exchanges*, submetidas a supervisão

---

[17] Instrução CVM n. 555/2014, art. 98.
[18] É interessante notar a substituição pela CVM do termo "criptomoedas" por "criptoativos", a partir do Ofício Circular n. 11/2018/CVM/SIN.
[19] Instrução CVM n. 555/2014, art. 92.

de órgãos reguladores com poder de coibir práticas ilegais. Caso não haja *exchange*, a análise do investimento deve identificar se a estrutura de negociação é capaz de atender plenamente às exigências legais e regulamentares relacionadas à prevenção a lavagem de dinheiro e financiamento ao terrorismo;

(ii) para verificação se o criptoativo não representa uma fraude, é pertinente que o gestor avalie: (a) *se o software base é livre e de código fonte aberto (free open source software) ou fechado;* (b) *se a tecnologia é pública, transparente, acessível e verificável por qualquer usuário;* (c) *se há arranjos que suscitem conflitos de interesse ou a concentração de poderes excessivos no emissor ou promotor do criptoativo, ou o uso de técnicas agressivas de venda;* (d) *a liquidez de negociação do criptoativo;* (e) *a natureza da rede, dos protocolos de consenso e validação, e do software utilizados;* ou (f) *o perfil do time de desenvolvedores, bem como seu grau de envolvimento com o projeto;*

(iii) para os criptoativos que representam outro ativo, direito ou contrato subjacente, o gestor deve considerar: (a) o risco de concentração por emissor, avaliado por meio de *due diligence especialmente rigorosa;* (b) os riscos naturalmente associados também ao próprio ativo, direito ou contrato subjacente a que o criptoativo se refere; (c) se tal criptoativo deve ser considerado ou não como um valor mobiliário, e em caso positivo, se conta com eventual registro prévio exigido;

(iv) verificar a adoção de práticas e medidas de mitigação de risco pelo gestor do fundo investido equivalentes às que o gestor do fundo investidor adotaria em sua posição;

(v) em relação aos riscos envolvendo as posições em custódia nesses ativos, verificar sua eventual sujeição a ataques frequentes por parte de especialistas em invasões a sistemas de informação, os conhecidos *hackers,* nas palavras da CVM: *é boa evidência de diligência a busca pelos gestores e administradores do fundo de soluções robustas de custódia já disponíveis nesse mercado;*

(vi) avaliação pelo gestor dos riscos adicionais de governança previstos para o criptoativo adquirido, como a possibilidade de distribuições não equitativas, manipulações ou mesmo limitações à liquidez de negociação, devendo conhecê-los, precificá-los e monitorá-los;

(vii) atentar para as regras que possibilitem a ocorrência de operações conhecidas como *forks* ou *airdrops*, que impõem aos titulares de criptoativos o risco de virem a contar com outros criptoativos, resultantes dessas operações, que diferem em natureza e características daquele

original até então detido direta ou indiretamente pelo fundo de investimento;
(viii) dado não haver modelo consensual ou aceito internacionalmente para o cálculo do valor justo dos criptoativos, a CVM considera uma evidência adequada diligência *que o criptoativo investido conte com liquidez compatível com as necessidades de precificação periódica do fundo, conforme determinado para os fundos regulados pela Instrução CVM n. 555, a evitar uma indevida transferência de riqueza entre cotistas do fundo, risco esse especialmente relevante em fundos constituídos sob a forma de condomínio aberto.* Também é aceita a adoção de índices de preços permanentemente divulgados e globalmente reconhecidos, elaborados por terceiros independentes, e que por sua vez sejam calculados com base em efetivos negócios realizados pelos investidores em tais criptoativos;
(ix) dar transparência aos cotistas, nos documentos do fundo, de quais políticas adotarão em relação aos eventos descritos, além de informar os tipos particulares de riscos a que se sujeita um investidor exposto aos criptoativos; e
(x) especificamente, no caso dos administradores dos fundos, diligenciar para que o fundo contrate auditor capacitado e estruturado para tal função.

Por fim, a CVM chama atenção para o papel dos auditores independentes contratados pelo fundo investidor indireto em criptoativos, pois, em linha com as atribuições esperadas desse profissional, deve ele ser capaz de conduzir diligências adequadas e proporcionais em relação a eventuais criptoativos detidos pelo fundo.

No Relatório de Supervisão Baseada em Risco Semestral de julho a dezembro 2018, a CVM relatou alguns exemplos de avanços regulatórios que tangenciam os investimentos em criptoativos por fundos de investimento, identificadas a partir da reunião da IOSCO realizada em 17 de outubro de 2018 (CVM, 2019). São eles:

a. Esclarecer os papéis dos intermediários tradicionais em comparação às plataformas de negociação de criptoativos, destacando a possibilidade da ação direta dos investidores, muitas vezes sem intermediários, o que elimina a participação de "gatekeepers" importantes;
b. Custódia de criptoativos e vulnerabilidade de investidores a falhas de segurança cibernética;

c. Exposição de fundos de investimento a criptoativos e deveres dos administradores perante clientes, existindo a possibilidade de um aumento no "disclosure" em fundos que tenham esses ativos, em razão da falta de referências e padrões no mercado;
d. Possibilidade de ETFs virem a incluir criptoativos, e caso não seja adotado um "disclosure" adequado, os investidores poderão não ter conhecimento suficiente de sua exposição;
e. Proteção dos investidores de varejo em especial diante de questões sensíveis derivadas do aspecto multijurisdicional; e
f. Maior colaboração internacional na supervisão e "enforcement", tendo em vista a dificuldade na regulação de criptoativos, que podem ter características diversas, tendo funções de meio de pagamento, direito a ativos existentes ou futuros, direito a receitas, direito a produto ou serviço.

O fato de três ("b", "c" e "d") dos sete exemplos atingirem diretamente os investimentos em criptoativos por investimentos de fundos de investimento demonstra não apenas a relevância do tema para o mercado de capitais, mas a necessidade de maiores reflexões a respeito nos próximos anos.

É importante notar que, até o momento, a CVM não se pronunciou expressamente a respeito da aquisição de criptoativos por fundos estruturados. Em tese, não haveria óbices jurídicos para que tais fundos investissem em criptoativos, observada a regulação aplicável a cada categoria de fundo. Contudo, a falta de posicionamento da Autarquia gera incerteza sobre sua interpretação a respeito, limitando os investimentos por meio de tais categorias de fundos.

2. Como os Primeiros Fundos de Investimento em Criptoativos Foram Organizados no Brasil?

O primeiro fundo de investimentos brasileiro a prever a aquisição de criptoativos, o BLP Crypto Assets Fundo de Investimento Multimercado – Investimento no Exterior, foi aberto para captação de recursos públicos em dezembro de 2017 (após os dois primeiros pronunciamos da CVM sobre ICO). O fundo, em forma de condomínio aberto,[20] é classificado como multimercado – inves-

---

[20] Embora o instrumento particular de constituição do fundo, datado de 27 de novembro de 2017, constitua o fundo sob regime de condomínio fechado, todas as versões do regulamento do fundo (27 de novembro de 2017; 8 de janeiro de 2018 e 8 de março de 2018) referem-se ao fundo como um condomínio aberto, o que nos faz crer na prevalência desta forma.

timento no exterior, dirigido exclusivamente para investidores profissionais.[21] A gestão é terceirizada, porém, as demais atividades, incluindo a custódia e a controladoria, são exercidas pelo próprio administrador.

A política de investimento prevê o investimento indireto em criptoativos por meio da aquisição de ações classe A do portfólio "Crypto Segregated Account" do fundo de investimento "Genesis Block Fund Ltd",[22] constituído e em funcionamento nas Ilhas Cayman, não havendo limites para aplicação no exterior. Além de outras regras, são vedadas operações com derivativos.

Na sessão de fatores de risco, são dispostos 23 especificamente relacionados ao investimento indireto em criptoativos. São eles: volatilidade dos ativos e enquadramento dos fundos; perda total de capital (investimentos significativamente mais especulativos e propensos a perdas); regime regulamentar em desenvolvimento; falta de garantia pelos Bancos Centrais; utilização dos criptoativos por terceiros (ainda podem ser recusados nas transações financeiras); ambientes de negociação não regulamentados; limites de operação (impostos pelos ambientes de negociação); riscos de invasão (investimentos atrativos para a cibercriminalidade, *hackers* e *malware* (software danificadores)); falta de acesso (ambientes de negociação podem ser desligados ou ficar *offline* voluntariamente, sem que haja meios jurídicos para reverter a decisão); dificuldades relacionadas aos ambientes de negociação (relacionado às *exchanges*); inexistência de garantias nos ambientes de negociação (contrainterrupções, atrasos, erros, omissões ou vírus); falta de proteção ao investidor; flutuações rápidas no valor dos ativos; riscos de oferta e demanda dos criptoativos; uso comercial e no varejo relativamente modesto; riscos de crédito de criptoativos; natureza irreversível das transações *blockchain*; intervenção governamental; futura regulação pela Commodity Futures Trading Commission (CFTC) ou pela Securities and Exchange Commission (SEC); roubo ou perda de chaves privadas (que comprometem o acesso aos criptoativos); terceiros fornecedores de carteira; lavagem de dinheiro ou evasão fiscal ou de divisas; e risco de variação de normas fiscais e contábeis.

O segundo fundo de investimento em criptoativos lançado no mercado brasileiro, o BLP Criptoativos Fundo de Investimento Multimercado, foi idealizado pela mesma gestora de recursos do primeiro, porém, administrado

---

[21] Instrução CVM n. 539/2013, Art. 9º-A.
[22] O Anexo – Investimento no Exterior, com certa inconsistência, aponta que os investimentos indiretos em criptoativos devem ser feitos exclusivamente (entre 70% e 100%) no Credit Suisse BLP Crypto Fund.

por outra instituição. Surgiu[23] em agosto de 2018, portanto, após o primeiro pronunciamento da CVM a respeito da impossibilidade de fundos de investimento adquirirem diretamente criptoativos. Estruturado como um fundo de investimento multimercado, sob a forma de condomínio aberto, esse foi o primeiro fundo de investimento em criptoativos voltado para o público em geral. De acordo com o regulamento, o único serviço de administração do fundo terceirizado[24] é a gestão de recursos, também cabendo ao administrador todas as demais funções.

Desde seu lançamento, o fundo tem sido investido majoritariamente por cotistas clientes dos próprios distribuidores do fundo (distribuição por conta e ordem).

Como fundo multimercado, a política de investimento do fundo admite que até 20% do seu patrimônio líquido seja investido, indiretamente, em criptomoedas e *tokens*, entendidas como todos os ativos digitais criados para funcionar como meio de troca que usem criptografia para tornar segura a transação e regular a criação de unidades, (b) todos os Tokens digitais baseados no sistema *blockchain*, emitidos eletronicamente ou em formato padrão *(smart contracts)*, usados como *tokens* de acesso que confiram benefícios a seus titulares, criado para representar ativos; e (c) todos os demais ativos eletrônicos transacionados sem intermediários *(peer-to-peer)* criados em uma rede descentralizada que incluem Bitcoin, Litecoin, Ether, Ripple, e Tokens digitais emitidos no contexto de uma oferta inicial *(Initial Coin Offerings)*.

Tal qual recomenda a CVM, o investimento em criptoativos foi estruturado de modo indireto, feito mediante a aquisição de ações classe B do portfólio "Crypto Segregated Account" do fundo de investimento "Genesis Block Fund Ltd" (mesmo fundo investido pelo BLP Crypto Assets Fundo de Investimento Multimercado – Investimento no Exterior). Os 80% do patrimônio líquido restante pode ser investido em diversos outros ativos identificados no regulamento.

Entre os 35 fatores de risco que constam na última versão do regulamento do fundo, 27 são especificamente relacionados ao investimento em criptoativos. Além daqueles apontados no regulamento do BLP Crypto Assets Fundo de Investimento Multimercado – Investimento no Exterior, foram indicados os riscos de precificação; *softforks* e *hardforks* ("divisões" de criptomoedas

---

[23] O fundo é fruto da conversão do antigo Brasil Futuro Fundo de Investimento em Participações, conforme as versões de 24 de agosto de 2016 e 23 de outubro de 2018 disponíveis no *site* da CVM.
[24] Instrução CVM n. 555/2014, art. 78, § 2º.

e *tokens*, que geram adicionalmente a criptomoeda inicial uma outra com um protocolo diferente) e *airdrops* (distribuição eventual de uma espécie de dividendo ou bonificação, proporcional à quantidade de *tokens* que cada usuário possui, ou de outros *tokens* ou criptomoedas gerados no seu próprio *blockchain* como forma de estimular o uso destas novas criptomoedas no ambiente do seu *blockchain* original).

O terceiro e o quarto fundos de investimento em criptoativos foram criados com estrutura *master-feeder*, pela qual um fundo de investimento recebe investimento de diversos outros fundos de investimento em cotas, concentrando-se no primeiro os investimentos diretos nos ativos financeiros. Tal estrutura existe para fornecer diferentes opções de investimento aos cotistas, de diferentes públicos alvo (público em geral, investidores qualificados e profissionais) variando-se a taxa de administração e gestão, as condições de aquisição e resgate de cotas e reduzindo-se os custos de escala de manutenção dos fundos.

O Hashdex Criptoativos Explorer Fundo de Investimento em Cotas de Fundos de Investimento Multimercado (*feeder*) é um fundo aberto, de prazo indeterminado, voltado para investidores qualificados. Ligeiramente distinto dos exemplos anteriores, nesse caso, as atividades de custódia e distribuição do fundo são terceirizadas, embora o administrador mantenha-se responsável pela controladoria e escrituração do fundo.

Vislumbrando fornecer exposição ao mercado de criptoativos, a política de investimentos do fundo permite o comprometimento direta ou indiretamente de até 40% do patrimônio do fundo em cotas de fundos de investimentos *offshore* que buscam replicar o Hashdex Digital Assets Index (Nasdaq: HDAI); e 60% de exposição a ativos de alta liquidez que busquem retornos similares ao CDI.

De acordo com o art. 5º do regulamento, no mínimo, 95% do patrimônio líquido do fundo deve corresponder a cotas do fundo Hashdex Criptoativos II Fundo de Investimento Multimercado (*master*). A política de investimento não veda aplicação em operações no mercado de derivativos, limitadas ao valor de seu patrimônio líquido, mas proíbe a aplicação em ICO ou outras ofertas iniciais de ativos digitais como STO (Securities Token Offering) ou IEOs (Initial Exchange Offering).

É interessante notar a referência expressa no regulamento do fundo ao Ofício Circular n. 11/2018/CVM/SIN, ao dispor sobre o dever de diligência dos gestores e administradores de fundos de investimento. Em linha com o Ofício Circular, o regulamento prevê como obrigação da gestora: (a) o cumprimento das exigências de combate e prevenção à lavagem de dinheiro imposta pela Instrução CVM n. 301, de 16 de abril de 1999; (b) evitar o investimento em projetos fraudulentos com a verificação das variáveis relevantes associadas à emissão, gestão, governança e demais características do ativo digital; (c) no caso de criptoativos que representem um ativo, direito ou contrato subjacente, avaliar a concentração de risco do emissor, incluindo uma *due diligence* especialmente rigorosa sobre esse emissor, as análises de risco naturalmente associadas também ao próprio ativo, direito ou contrato subjacente a que o ativo se refere, e se tal ativo deve ser considerado ou não como um valor mobiliário (e, em caso positivo, se conta com eventual registro prévio exigido); (d) avaliação das regras de governança previstas para o ativo digital adquirido, de forma a se cientificar, precificar e monitorar eventuais riscos adicionais, como a possibilidade de distribuições não equitativas, manipulações ou mesmo limitações à liquidez de negociação; e (e) a certificação de que a gestão do fundo estrangeiro adota as devidas medidas de mitigação de risco aplicáveis ao mercado em questão, inclusive no que diz respeito aos procedimentos de custódias de ativos digitais, à precificação de ativos e resultados das auditorias realizados pelos auditores independentes do fundo estrangeiro.

No capítulo referente aos fatores de risco presentes no fundo de investimento, tal como feito nos fundos anteriormente analisados, são enumerados 22 fatores de risco envolvendo os investimentos em criptoativos: riscos de investimento em criptoativos no geral, volatilidade dos valores de ativos digitais, formação de preços, falhas nos protocolos, uso limitado no mercado, riscos de escalabilidade, perda de acesso, riscos de código-fonte defeituoso ou ineficaz, riscos de controle por atores maliciosos ou *botnets*, *exchanges* novas e não reguladas de ativos digitais, história limitada de ativos digitais, alterações regulatórias, risco de perda, roubo ou restrição no acesso de ativos digitais, custódia de ativos digitais, irrevogabilidade das transações, risco de um *fork* temporário ou permanente de *blockchain*, incapacidade de obter benefícios de *forks* ou *airdrops*, riscos de interrupções da internet, riscos relacionados à oferta e demanda, riscos de governança dos sistemas de ativos digitais, risco de concentração e diversificação de carteira e risco de crédito de contrapartes do HDAIF.

O Hashdex Criptoativos II Fundo de Investimento Multimercado, o fundo *master* desta estrutura, também é um condomínio aberto, igualmente voltado para investidores qualificados e conta com a mesma divisão dos prestadores de serviço.

Sua política de investimento preserva o limite de até 40% de investimento de seu patrimônio líquido em cotas de fundos de investimentos *offshore* que buscam replicar o Hashdex Digital Assets Index (Nasdaq: HDAI) e admite que a totalidade do patrimônio seja investida em operações no mercado de derivativos.

Em resumo, observa-se que todos os primeiros fundos de investimento em criptoativos, ainda que tenham sido constituídos antes do pronunciamento da CVM a respeito do tema, optaram pelo investimento indireto nesses ativos.

Além de seguir o direcionamento da CVM, essa escolha pode revelar a tentativa dos administradores e demais prestadores de serviço, especialmente gestores e custodiantes, de limitar, por ora e no limite do possível, o impacto das incertezas trazidas por esses ativos na execução de suas atividades. Afinal, enquanto reguladores buscam compreender esse novo produto e seu cenário, ao investirem em criptoativos por meio de ativos conhecidos, tais como cotas de fundos de investimento estrangeiros e contratos derivativos, os administradores e prestadores de serviço deixam de ser diretamente responsáveis por adaptar a regulação à realidade dos criptoativos e passam a ter apenas o dever fiduciário de fiscalização do contrato derivativo ou das atividades do fundo investido.

Embora o cumprimento do dever de fiscalização não seja nada banal, depende tão somente do esforço legítimo e diligente do administrador fiduciário de efetivamente acompanhar as atividades do fundo de investimento. No cenário novo criado pelas operações com criptoativos, no qual não são claras as condutas esperadas nos investimentos em criptoativos, a possibilidade de identificar com mais clareza as obrigações regulatórias é uma vantagem. Por isso, ainda que haja dúvidas sobre a extensão do dever de fiscalização dos administradores fiduciários de fundos de investimentos indiretamente expostos em criptoativos, o cumprimento de tal obrigação parece menos incerto se comparado às atividades dos prestadores de serviço de veículos de investimento que adquirem diretamente o ativo.

3. Possíveis Impactos Regulatórios da Aquisição de Criptoativos na Administração Fiduciária e Demais Serviços Prestados aos Fundos de Investimento

Sem dúvida, as atividades mais impactadas pelas peculiaridades dos fundos de investimento em criptoativos são a administração de recursos (incluindo a administração fiduciária e a gestão de recursos) e a custódia, a depender de como o investimento é realizado.

Se o investimento em criptoativo for indireto, como permitido pela CVM até o momento e é feito (ao menos por enquanto) pelos primeiros fundos de investimento em criptoativos, grande parte das responsabilidades envolvendo os criptoativos recairá sobre o administrador fiduciário, responsável por fiscalizar os prestadores de serviço do fundo investido e por acomodar no fundo administrado os impactos do investimento indireto em criptoativos. Ainda que o gestor do fundo cumule muitas das funções de análise e fiscalização do fundo investido, o administrador fiduciário é o último responsável pela regularidade do investimento, especialmente quando os criptoativos são adquiridos por meio de contratos derivativos.

Ao contrário, se o investimento em criptoativos for feito diretamente pelo fundo de investimento, as obrigações mais sensíveis relacionadas aos criptoativos recairão sobre o custodiante.

O investimento em criptoativos impacta diretamente o dever de transparência dos administradores fiduciários. Neste caso, as incertezas inerentes aos criptoativos elevam o padrão de diligência do administrador fiduciário de manter os cotistas do fundo devidamente informados a respeito dos potenciais impactos gerados por investimentos dessa natureza. Por isso, é de suma importância para o cumprimento dessa obrigação a clareza da política de investimento e da sessão dos fatores de risco no regulamento do fundo. Ainda que o investimento em criptoativos seja indireto, é essencial que o administrador do fundo garanta aos cotistas o acesso a todas informações sobre como o investimento será realizado e quais criptoativos devem/podem ser adquiridos e os limites indiretos permitidos. Não por acaso, os regulamentos analisados apresentam um rol extenso de riscos associados aos criptoativos.

Aliás, apesar de o Ofício Circular n. 11/2018/CVM/SIN voltar atenção especialmente ao regulamento do fundo, é importante lembrar que o dever de informar é dinâmico e deve ser cumprido ao longo da trajetória do fundo, devendo o administrador fiduciário valer-se das assembleias gerais de cotistas e da divulgação de fatos relevantes sempre que um ato ou fato puder influir de modo ponderável no valor das cotas ou na decisão dos investidores de adquirir, alienar ou manter tais cotas.[25]

Os investimentos em criptoativos também geram impactos para as obrigações de prevenção a lavagem de dinheiro e financiamento ao terrorismo. Segundo o Ofício-Circular n. 5/2015/SIN/CVM (CVM, 2015), as obrigações antes previstas na Instrução CVM n. 301/1999, agora consubstanciadas na

---

[25] Instrução CVM n. 555/2014, art. 60 e ss.

Instrução CVM n. 617, de 5 de dezembro de 2019 cabe aos administradores e gestores identificarem as operações suspeitas e reportá-las ao COAF – Conselho de Controle de Atividades Financeiras.

Quando o investimento em criptoativos é realizado de forma indireta, a preocupação do administrador fiduciário (e do gestor) parece limitada ao ativo adquirido diretamente, isto é, à cota do fundo ou o contrato derivativo. Nesse caso, pelo pouco contato que possuem com as operações diretas envolvendo os criptoativos, cursadas em outra jurisdição, parece difícil exigir que o administrador e gestor do fundo brasileiro certifiquem-se de que o criptoativo indiretamente adquirido não esteja envolvido em operações de lavagem de dinheiro e financiamento ao terrorismo. Esse é o caso dos fundos *offshore* de criptoativos investidos pelo fundo brasileiro. A diligência do administrador e do gestor na compra do ativo concentra-se sobre a análise do fundo adquirido e de seus prestadores de serviço. Por isso, o direcionamento da CVM para que seja certificado que o administrador do fundo *offshore adote práticas e medidas de mitigação de risco equivalentes* às suas, o que também vale para a prevenção à lavagem de dinheiro e o financiamento ao terrorismo.

Os investimentos realizados por meio de *exchanges*, sob jurisdição de um regulador, apesar de não garantirem a ausência de irregularidades envolvendo a prevenção à lavagem de dinheiro e ao financiamento ao terrorismo, também mitigam a utilização de criptoativos para irregularidades envolvendo lavagem de dinheiro e financiamento ao terrorismo. Por isso, a CVM recomenda que tal característica seja perseguida nos investimentos em criptoativos, ainda que indiretos.

No caso dos investimentos diretos em criptoativos, o desafio para os administradores fiduciários é identificar a existência ou não de suspeita das operações diante da falta de clareza, muitas vezes, sobre a contraparte da operação e todos os aspectos envolvidos na emissão do ativo. Ainda que a regulação não exija certeza da existência de irregularidade para que seja feita a comunicação ao COAF, é diligente da parte do administrador fiduciário selecionar as operações realmente passíveis de reporte. Não seria razoável esperar que todas as operações envolvendo criptoativos sejam reportadas ao COAF.

Por isso, a eventual permissão para fundos de investimento adquirirem diretamente criptoativos em *exchanges* pode tornar extremamente desafiador para o gestor do fundo identificar a contraparte das operações e avaliar a pertinência do reporte ao COAF.

Tal responsabilidade recai especialmente sobre o administrador, tendo em vista que seu dever de fiscalização das atividades do gestor de recursos, inclusive de assegurar que este tem capacidade de avaliação das operações suspeitas com os ativos da carteira de investimento do fundo, o que obriga o administrador fiduciário a reportar ao COAF as operações suspeitas, na omissão do gestor.

O investimento em criptoativos também pode impactar na atividade de precificação dos ativos e, consequentemente, o cálculo da cota do fundo, pelo administrador. Tendo em vista a grande volatilidade dos ativos e a sua negociação em diversas jurisdições, é importante que a metodologia de precificação dos criptoativos esteja bastante clara e pormenorizada no manual de marcação a mercado do administrador. O desafio neste ponto, como apontado pela CVM, é identificar os possíveis consensos de cálculo de precificação, para que se evite que um mesmo ativo seja precificado de forma absolutamente distinta por diferentes administradores, o que poderia permitir transferências de riquezas indevidas entre os cotistas do fundo.

A alta volatilidade dos criptoativos também traz desafios para o controle de enquadramento do fundo, feito em conjunto pelo administrador fiduciário e pelo gestor de recurso. Especialmente em investimentos indiretos, que se valem da estrutura *master-feeder*, a volatilidade da carteira pode ser especialmente desafiadora para a manutenção dos fundos constantemente aderentes à política de investimento.

A instabilidade das *exchanges* e a incerteza sobre a aceitação dos criptoativos como meio de pagamento podem, muitas vezes, torná-los subitamente ilíquidos, o que impacta diretamente na gestão de liquidez da carteira do fundo de investimento.

Por fim, a responsabilidade do administrador fiduciário de fiscalizar os serviços prestados pelos terceiros contratados implica a sua obrigação de acompanhar de perto a custódia dos criptoativos, quando o investimento é realizado diretamente pelo fundo.

Aliás, a depender das circunstâncias de investimento do fundo em criptoativos, a custódia dos investimentos diretos talvez seja a atividade mais desafiada pela estrutura dos investimentos diretos em criptoativos.

A atividade de custódia de fundos de investimento em criptoativos não parece trazer dificuldades relevantes (embora possa exigir adaptações trabalhosas dos controles internos) nos casos de investimento indireto em criptoativos por fundos brasileiros, afinal, nessas situações, o custodiante do fundo investidor terá as obrigações de custódia em relação ao ativo diretamente adquirido pelo fundo, isto é, às cotas do fundo de investimento (*offshore*, ou não), nos termos já feitos atualmente. Também parece relativamente previsível o desenvolvimento da atividade de custódia nos casos em que o fundo de investimento investe diretamente em um criptoativo, com natureza de valor mobiliário, regularmente emitido no Brasil. Nessa situação, a aderência dos criptoativos à regulação da CVM faz com que sua custódia seja feita nos termos usuais aplicáveis aos demais valores mobiliários, uma vez que o ativo estará sujeito às mesmas regras de negociação dos demais valores mobiliários.

O cenário de grande desafio para o desempenho da atividade de custódia, envolvendo os criptoativos, é aquele em que o fundo de investimento investiria em um criptoativo que não tem natureza de valor mobiliário, mas apenas de ativo financeiro, emitido sem a obrigação de observar as normas da CVM e, portanto, por meio de ICO (e não ofertas públicas de valores mobiliários) e negociado em *exchanges* (e não em infraestruturas de mercado reguladas pela CVM).

Nesses casos, as incertezas envolvendo inclusive a própria existência do ativo tornam sua custódia extremamente desafiadora, já que, nos termos do art. 1º, § 2º, I, da Instrução CVM n. 542/2013, a custódia para investidores compreende:

> a) a conservação, o controle e a conciliação das posições de valores mobiliários em contas de custódia mantidas em nome do investidor; b) o tratamento das instruções de movimentação recebidas dos investidores ou de pessoas legitimadas por contrato ou mandato; e c) o tratamento dos eventos incidentes sobre os valores mobiliários custodiados [...].

Afinal, as *exchanges* têm se mostrado ambientes com informações pouco confiáveis e pouco estáveis (como apontado nos fatores de risco dos regulamentos analisados), bloqueando constantemente o acesso de investidores e sendo alvo de ataques cibernéticos.

A respeito, é importante notar que os fatores de risco apontados no regulamento dos fundos, normalmente, dizem respeito a riscos inerentes aos investimentos, que podem implicar perdas relevantes, quando não totais, para os investidores. Por isso, normalmente, os riscos apontados, quando concretizados, não ensejam direito de indenização pelos cotistas.

Contudo, ao analisar os fatores de risco constantes nos regulamentos expostos, restam dúvidas se todos eles deveriam eximir os custodiantes (e, no limite, os administradores) de responsabilidade perante os cotistas. É o caso, por exemplo, do risco de perda, roubo ou restrição no acesso de ativos digitais. Não há dúvidas de que a perda, ou o roubo de uma cártula depositada no custodiante causada por culpa ou dolo do custodiante implica direito de indenização ao fundo ou cotista eventualmente lesado. Contudo, dada a instabilidade dos ambientes de negociação dos criptoativos e do próprio ativo, há dúvidas se faz sentido aplicar lógica prevalecente até então. Qual seria o limite de culpa do custodiante nesses casos? Em caso de fraudes em *exchanges* não reguladas pela CVM, a responsabilidade pelo ativo deveria recair sob o custodiante que tomou a decisão de manter o ativo naquele ambiente de negociação?

Por fim, não se pode ignorar a responsabilidade dos custodiante de reportar operações suspeitas ao COAF (art. 3º, I, da Instrução CVM n. 617/2019), o que traz a esses prestadores de serviço os mesmos desafios descritos anteriormente, quando se tratou dos administradores fiduciários.

Embora a possibilidade de a CVM permitir o investimento em criptoativos sem natureza de valor mobiliário pareça distante, o fato é que os criptoativos têm sido extremamente atrativos para os investidores, o que impulsiona a demanda pela adequação da regulação a fim de abarcar tais ativos e garantir segurança aos investidores.

Conclusão

Por todo o exposto, conclui-se que a regulação dos investimentos em criptoativos ainda está em formação no mercado de capitais brasileiro. Embora haja demanda relevante por parte dos investidores de produtos seguros de investimento em criptoativos, é possível observar o posicionamento ainda cambaleante da CVM sobre sua regulação, seja sobre sua proibição, ou aceitação.

A opção regulatória feita até o momento, que admite exclusivamente investimentos indiretos em fundos de investimento ou derivativos negociados no exterior, pode ser uma boa forma de testar o preparo dos administradores de fundos de investimento brasileiro e demais prestadores de serviço para lidar com as vicissitudes trazidas pelos criptoativos. Afinal, o investimento indireto permite que os participantes do mercado brasileiro tenham contato indireto com investimentos em criptoativos, aprendam sobre seu tratamento no exterior, por outros reguladores, antes de realizar tais investimentos no mercado nacional. Assim, a escolha da CVM de permitir o investimento indireto permite que a regulação das aquisições de criptoativos no mercado de capitais brasileiro seja feita quando o tema estiver mais maduro em todo mundo, aproveitando-se as experiências internacionais, e possibilita a seleção das melhores práticas internacional para serem contempladas na regulação do nosso mercado de capitais.

REFERÊNCIAS

ASSOCIAÇÃO BRASILEIRA DAS ENTIDADES DOS MERCADOS FINANCEIRO E DE CAPITAIS – Anbima. *Criptoativos*: Introdução sobre os conceitos, usos e responsabilidades associados a esses instrumentos, 3 jun. 2019. Disponível em: https://www.anbima.com.br/data/files/17/94/55/B2/2FD8D61078F0C4D69B2BA2A8/Estudo%20sobre%20Criptoativos%20_GT%20ICO%20e%20Cripto_.pdf. Acesso em: 9 jan. 2020.

BRASIL. Banco Central do Brasil. *Comunicado nº 31.379*, de 16 de novembro de 2017. Brasília, 2017. Disponível em: https://www.bcb.gov.br/estabilidadefinanceira/exibenormativo?tipo=Comunicado&numero=31379. Acesso em: 9 jan. 2020.

BAROSSI-FILHO, M.; SZTAJN, R. Natureza Jurídica da Moeda e Desafios da Moeda Virtual. *Justitia*, São Paulo, v. 204/205/206, p. 251-268, jan./dez. 2013-2014-2015.

BECKER, Bruno Bastos. *Fundos de investimento no Brasil*: anatomia funcional e análise crítica regulatória. 2019. Tese (Doutorado em Direito) – Faculdade de Direito da USP, São Paulo, 2019.

COMISSÃO DE VALORES MOBILIÁRIOS. *Ofício-Circular nº 5/2015/SIN/CVM*. Rio de Janeiro, 16 jul. 2015. Disponível em: http://www.cvm.gov.br/export/sites/cvm/legislacao/oficios-circulares/sin/anexos/oc-sin-0515.pdf. Acesso em: 9 jan. 2020.

COMISSÃO DE VALORES MOBILIÁRIOS. *Série alertas: criptoativos*. Maio 2018a. Disponível em: https://www.investidor.gov.br/portaldoinvestidor/export/sites/portaldoinvestidor/publicacao/Alertas/alerta_CVM_CRIPTOATIVOS_10052018.pdf. Acesso em: 9 jan. 2020.

COMISSÃO DE VALORES MOBILIÁRIOS. *Ofício Circular nº 1/2018/CVM/SIN*. Rio de Janeiro, 12 jan. 2018b. Disponível em: http://www.cvm.gov.br/export/sites/cvm/legislacao/oficios-circulares/sin/anexos/oc-sin-0118.pdf. Acesso em: 9 jan. 2020.

COMISSÃO DE VALORES MOBILIÁRIOS. Ofício Circular nº 11/2018/CVM/SIN. Rio de Janeiro, 19 dez. 2018c. Disponível em: http://www.cvm.gov.br/export/sites/cvm/legislacao/oficios-circulares/sin/anexos/oc-sin-1118.pdf. Acesso em: 9 jan. 2020.

COMISSÃO DE VALORES MOBILIÁRIOS, *Relatório de Supervisão Baseada em Risco Semestral de julho a dezembro 2018*. 3 maio 2019. Disponível em http://www.cvm.gov.br/export/sites/cvm/menu/acesso_informacao/planos/sbr/Relatorio_Semestral_Julho_Dezembro_2018.pdf. Acesso em: 9 jan. 2020.

NAKAMOTO, Satoshi. *Bitcoin*: A peer-to-peer electronic cash system. 2008. Disponível em https://bitcoin.org/bitcoin.pdf. Acesso em: 9 jan. 2020.

PARTE 5
NEGOCIAÇÃO

13. MOEDA ELETRÔNICA, PAGAMENTOS INSTANTÂNEOS, CRIPTOATIVOS E *STABLECOINS*[1]

Rafael Bianchini Abreu Paiva

Introdução

Nos últimos anos, a popularização de telefones móveis, da internet e dos *smartphones* ampliou significativamente a proporção de pagamentos efetuados por meio eletrônico. Um reflexo disso tem sido a perda de importância relativa dos cheques, que, em 2017, representaram mais de 10% dos pagamentos realizados sem meio circulante apenas nos Estados Unidos, entre as mais de 20 jurisdições pesquisadas regularmente pelo Bank for International Settlements (BIS, 2019). Entre 2012 e 2017, a redução mais significativa ocorreu na Índia, onde a proporção de pagamentos efetuados com cheques diminuiu de 43,5% para 7,3%. Outra consequência da expansão das telecomunicações tem sido a oferta, por meio de instituições de pagamento, de contas em moedas eletrônicas que possibilitam a transferência de pequenos valores. Trata-se de alternativa aos depósitos bancários, com potencial de ampliar a inclusão financeira, especialmente em localidades remotas sem agências ou correspondentes bancários. De acordo com o Financial Stability Board (2019, p. 7), na China já existem plataformas que integram contas em moeda eletrônica e compras *online*, como "Alipay" e "WeChat Pay".

Recentemente, foram criados sistemas de pagamentos instantâneos, que funcionam ininterruptamente, ou seja, 24 horas por dia em todos os dias do ano, e realizam transferências de valores relativamente baixos em poucos

---

[1] Este capítulo corresponde, com adaptações de formatação, ao item 3 do Capítulo II de minha tese de doutorado, intitulada *Deveres de informação e adequação*: responsabilidade civil dos intermediários financeiros, orientada pelo professor Doutor Rodrigo Octávio Broglia Mendes, cuja defesa ocorreu em 25.05.2020.

segundos, oferecendo uma alternativa não apenas ao meio circulante e ao cheque, mas também às transferências interbancárias, restritas ao horário comercial, e aos cartões de pagamento, cujo uso tem custos. Segundo o BIS (2019), oito países contavam com sistemas de pagamentos instantâneo em 2017, sendo a Índia o mercado em expansão mais rápida e a Rússia o país em que os pagamentos instantâneos são relativamente mais importantes (Gráfico 1).

Diversos bancos centrais, entre eles o Banco Central Europeu (BCE) (EUROPEAN CENTRAL BANK, 2015) e o Federal Reserve (FED, 2019), estão conduzindo mudanças em seus normativos e sistemas de transferências de valores para ampliar a disponibilidade de pagamentos instantâneos. No Brasil, o Banco Central do Brasil (Bacen) informou, por meio do Comunicado n. 32.927, de 21 de dezembro de 2018, que será responsável pela operação de infraestrutura centralizada de liquidação bruta em tempo real, que "estará disponível 24 horas por dia, sete dias por semana e em todos os dias do ano". O Comunicado n. 34.085, de 28 de agosto de 2019, complementa que o Bacen também será responsável "pelo desenvolvimento, pela gestão e pela operação da base de dados de endereçamento, buscando melhor aproveitar os ganhos de escala e garantir a neutralidade estrutural do ecossistema em relação a seus operadores".

Gráfico 1: Participação dos pagamentos instantâneos nas ordens de pagamentos efetuadas sem meio circulante

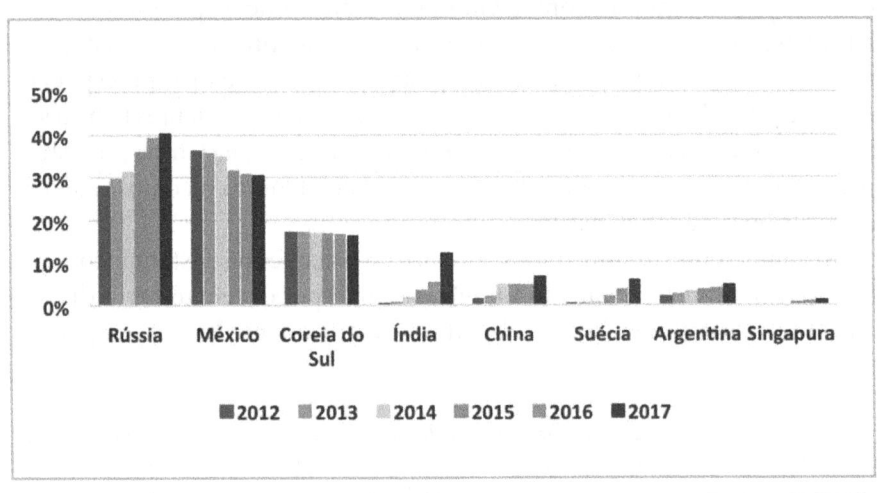

Fonte: BIS (2019).

13. MOEDA ELETRÔNICA, PAGAMENTOS INSTANTÂNEOS, CRIPTOATIVOS E *STABLECOINS*

Recentemente, os criptoativos[2] têm chamado a atenção de investidores e reguladores do mundo todo, depois que o Bitcoin, cotado a menos de um dólar até fevereiro de 2011, atingiu o preço recorde de quase 20 mil dólares dos Estados Unidos (USD) em dezembro de 2017, gerando comparações com as bolhas das tulipas holandesas no século XVII, das companhias ".com" no final do século XX e dos imóveis residenciais na década de 2000 (Partington, 2017). No Brasil, esse aumento no preço do Bitcoin resultou em súbito incremento no número de investidores, que superaram o número de investidores pessoas físicas na Brasil, Bolsa, Balcão (B3) (TAUHATA, 2018). Mesmo que se acredite que o Bitcoin tenha um valor intrínseco, esse comportamento de comprar justamente quando o mercado está em alta é típico dos *noisy traders*, investidores cuja demanda é positivamente correlacionada com o preço. No final de 2019, a cotação do Bitcoin era de menos da metade do recorde histórico. Ainda assim, entre agosto de 2010 e o final de 2019, a valorização acumulada, medida em reais, foi de mais de 24 milhões porcento, contrastando com a valorização de 112% do fundo de índice negociado em bolsa (cuja sigla em inglês é ETF) PIBB IBrX-50 no mesmo período (Gráfico 2).

O Bitcoin, além de pioneiro, é o criptoativo mais importante. No final de 2019, existiam quase 5 mil criptoativos com capitalização de mercado de quase USD 200 bilhões, e o Bitcoin representava pouco mais de dois terços desse valor (COINMARKETCAP.COM, 2019). A principal inovação dos criptoativos são as tecnologias de registro distribuído (*Distributed Ledger Technology* – DLT), ou *blockchain*, que consistem em bases de dados descentralizadas que

---

[2] Como o desenvolvimento desses mercados é recente e ainda há incerteza quanto ao enquadramento jurídico e aos respectivos reguladores, a nomenclatura adotada varia entre jurisdições, reguladores e no tempo. As expressões adotadas são: "ativos financeiros virtuais" (Malta), "ativos virtuais" (Brasil – CVM – e Portugal), "criptomoedas" (Andorra, Coreia do Sul, Dinamarca, Dubai, Espanha, Estados Unidos – FINRA, NASAA e SEC –, Hong Kong, Israel, Nova Zelândia, Portugal, Reino Unido e Singapura), "moedas digitais" (Arábia Saudita, BIS e Kuwait), "moedas virtuais" (Brasil – Bacen –, Abu Dhabi, Argentina, China, Eslovênia, Estados Unidos – CFTC –, Japão, Portugal e União Europeia), "mercadorias virtuais" (Macau), "criptoativos" (Abu Dhabi, Austrália, Canadá, G7, Itália e União Europeia). Neste trabalho, utilizamos "criptoativos" para afastar nomenclaturas que remetam à moeda, pois criptoativos não se confundem com moeda estatal ou com moeda eletrônica, e para ressaltar que, exceto pelas ofertas iniciais que se enquadram como emissões de valores mobiliários, os criptoativos guardam estreita proximidade com ativos financeiros. Cabe mencionar que essa é a nomenclatura adotada no Projeto de Lei n. 2.060/2019, que "Dispõe sobre o regime jurídico de Criptoativos".

só podem ser modificadas mediante protocolos de validação que asseguram alto grau de segurança contra ataques cibernéticos.

Gráfico 2: Rendimento acumulado de 20.8.2010 a 18.12.2019

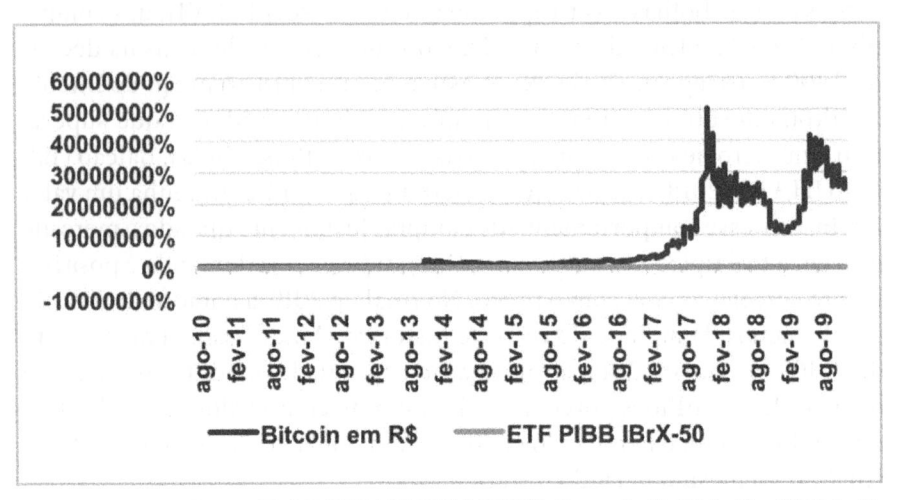

Fonte: BLOCKCHAIN.COM (2019b), Bacen (s.d.), B3 (s.d.) e CVM (s.d.).

De acordo com Satoshi Nakamoto (2009), pseudônimo utilizado por quem criou o Bitcoin, esse criptoativo consiste em uma cadeia de assinaturas digitais, em que cada proprietário pode transferir seus Bitcoins assinando um *hash*[3] da transação anterior e a chave pública do novo proprietário, sem a necessidade de interposição de intermediários financeiros nem de restringir-se aos horários comerciais. As ordens de transferências são transmitidas para nós da rede, que as agrupam em blocos, os quais, por sua vez, são validados por meio do protocolo de prova de trabalho, para em seguida serem transmitidos à rede para agregação à cadeia mais longa, que serve para comprovar a sequência de eventos. Segundo o World Bank (2018), cada bloco contém cerca de 2 mil transações e tamanho de 1 Megabyte (MB). Entre setembro de 2010 e setembro de 2019, o *blockchain* do bitcoin aumentou de 1 MB para 242.386 MB (LIU, 2019).

---

[3] *Hash* é uma função que converte sequências variáveis de letras e números em uma sequência fixa de dados. A única forma de desvendar a sequência original é por tentativa e erro, conferindo elevado grau de segurança contra *hackers*. *Vide*: FRANKENFIELD (2019).

Os participantes da rede que utilizam sua capacidade computacional para solucionar o enigma que permite validar os blocos são chamados de mineradores, e sua remuneração se dá tanto com novas unidades de Bitcoin quanto com tarifas. A remuneração de novas unidades é reduzida periodicamente e há um limite absoluto de oferta de 21 milhões de Bitcoins previsto para ser atingido em 2024 (BITCOIN WIKI, 2019). A partir de então, os mineradores serão remunerados exclusivamente por meio de tarifas. No final de 2019, havia pouco mais de 18,1 milhões de Bitcoins (BitcoinChain.com, 2019).

O protocolo da prova de trabalho consiste na solução de um enigma que só pode ser realizada por tentativa e erro e tem nível de dificuldade ajustado periodicamente para que agentes econômicos racionais prefiram contribuir com a rede a hackeá-la. No final de 2019, o nível de dificuldade para a solução do enigma era 13,7 trilhões superior ao inicial (DATA.BITCOINITY.ORG, 2019a), conferindo elevado grau de segurança à propriedade e às transações realizadas com Bitcoins. Por outro lado, isso impede que o tempo para minerar um bloco caia significativamente, explicando porque, desde o segundo semestre de 2014, o tempo médio para a mineração de um bloco tem ficado entre nove e dez minutos (DATA.BITCOINITY.ORG, 2019b).

Como somente um bloco pode ser adicionado de cada vez à cadeia a fim de assegurar que o mesmo Bitcoin não seja transferido simultaneamente para mais de uma pessoa, a rede somente pode transferir pouco mais de três transações por segundo, número obtido a partir da divisão entre o número aproximado de transações em um bloco e o tempo médio para validação do bloco. Essa capacidade de processamento de pagamentos é ínfima, mesmo considerando o recorde de 452.642 transações realizadas no dia 2 de maio de 2019, o que equivale a 5,2 transações por segundo. Em contraste, operadoras de cartões de pagamento como "Visa" e "Mastercard" processam milhares de transações por segundo e funcionam ininterruptamente. O Sistema de Transferência de Reservas (STR), operado pelo Bacen e acessível a pouco mais de 200 intermediários financeiros (BANCO CENTRAL DO BRASIL, 2019a) por doze horas em dias úteis, liquidou em média 6,9 transferências de reais por segundo em 2017 e tem capacidade de liquidar quase 140 transações por segundo (Gráfico 3).

Gráfico 3: Número de transações por segundo (2017)

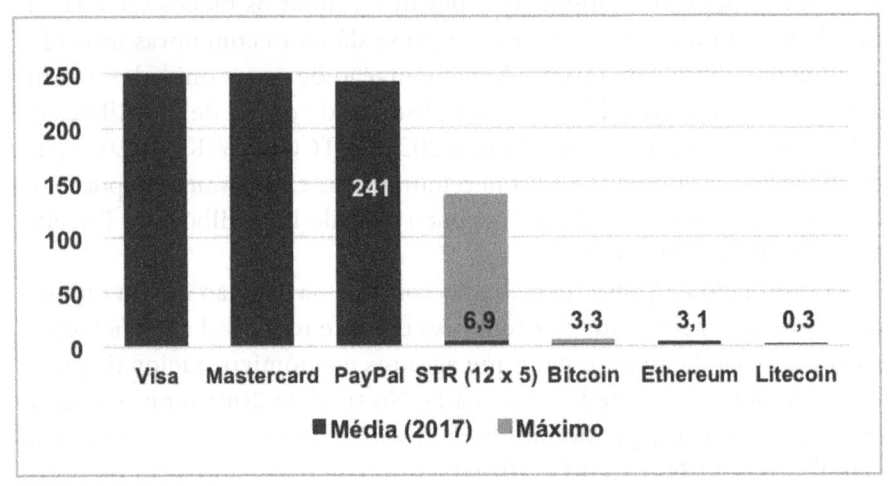

[Gráfico de barras mostrando Média (2017) e Máximo: Visa 250, Mastercard 250, PayPal 241, STR (12 x 5) 6,9, Bitcoin 3,3, Ethereum 3,1, Litecoin 0,3]

Fonte: BIS (2018, p. 91-114), Bacen (2018 e 2019b) e BLOCKCHAIN.COM (2019a).

O protocolo da prova de trabalho, além de limitar o número de transações realizadas, demanda elevada capacidade computacional, e, por essa razão, é extremamente intensivo em energia. A fim de contornar essas restrições, estão surgindo diversos criptoativos com protocolos de validação menos dispendiosos que a prova de trabalho. O Ethereum, lançado em 30 de julho de 2015, tenta contornar esse problema pelo protocolo da prova de conceito, em que a probabilidade de validação de um bloco é proporcional à quantidade de criptoativos desembolsada pelos nós da rede, uma espécie de prêmio para quem adianta mais recursos próprios. No final de 2019, o Ethereum era o segundo criptoativo mais importante, representando pouco mais de 7% da capitalização de mercado. Diferentemente do Bitcoin, não há limite formal para a emissão do Ethereum. Embora padeça da mesma limitação quanto à escalabilidade (Gráfico 3), cada transação de Ethereum consome 38 quilowatts-hora (KWh), 5,8% do consumo por transação de Bitcoin, 655 KWh. Ainda assim, uma única transação com Ethereum consumia, no final de 2019, o equivalente a mais de 25 mil transações com "Visa" (Gráfico 4).

13. MOEDA ELETRÔNICA, PAGAMENTOS INSTANTÂNEOS, CRIPTOATIVOS E *STABLECOINS*

Gráfico 4: Consumo de energia (KWh) por transação (dez/19)

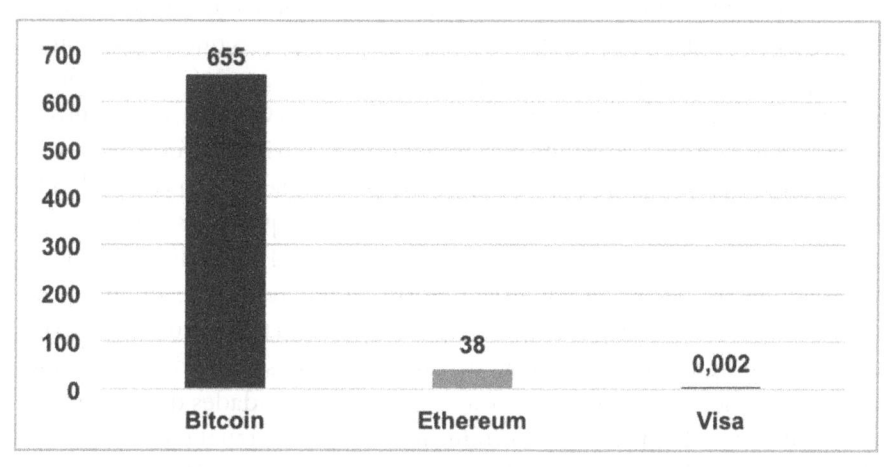

[Gráfico de barras: Bitcoin 655; Ethereum 38; Visa 0,002]

Fonte: Digiconomist (2019a e 2019b).

A valorização dos criptoativos aumentou expressivamente o consumo de energia elétrica da atividade de mineração. O consumo de energia elétrica para minerar Bitcoin e Ethereum, os dois criptoativos mais importantes em capitalização de mercado, quintuplicou entre maio de 2017 e o final de 2019, atingindo mais de 80 terawatts-hora (TWh) por ano no segundo semestre de 2019 (Gráfico 5).

Gráfico 5: Consumo de energia elétrica – TWh por ano (fev/17 a dez/19)

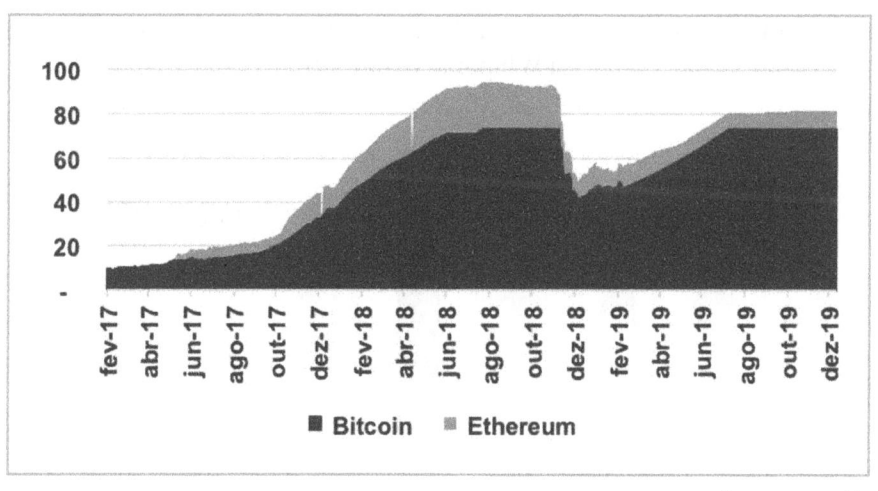

[Gráfico de área empilhada de Bitcoin e Ethereum, fev-17 a dez-19]

Fonte: Digiconomist (2019a e 2019b).

De acordo com Garrick Hileman e Michel Rauchs (2017, p. 88), a mineração é concentrada em locais com energia elétrica barata, internet de alta velocidade e clima frio (para resfriar as máquinas). Os países que concentram a maior parte das mineradoras são, em ordem de importância, China, Geórgia, Estados Unidos, Canadá, Suécia, Islândia e Estônia. Na Geórgia, o aumento do consumo de energia acarretado pela mineração foi tão intenso que o país passou de exportador para importador líquido de energia, enquanto na Islândia a atividade de mineração consumia mais eletricidade que todas as residências do país, de acordo com o World Bank (2018, p. 42-44). Na China, a Comissão Nacional de Desenvolvimento e Reforma submeteu à consulta pública a nova versão do Catálogo para Orientação de Ajuste da Estrutura Industrial, em que se propunha a eliminação de diversos setores pela poluição ou elevado desperdício de recursos naturais, incluindo "atividades de 'mineração' de moeda virtual (processo de produção de moeda virtual como Bitcoin)" (NATIONAL DEVELOPMENT AND REFORM COMMISION, 2019a), o que, para Edwin CHAN (2019), provavelmente iria intensificar a fuga dessas indústrias para os Estados Unidos e Canadá. Na versão oficial, publicada após a consulta pública, não há menção à mineração de "moedas virtuais" (NATIONAL DEVELOPMENT AND REFORM COMMISSION, 2019b).

Conjuntamente, a mineração de Bitcoin e Ethereum consumia, no final de 2019, 81,4 TWh por ano, 0,37% do consumo global de energia elétrica, valor superior ao de países como Áustria, Filipinas e Chile – 39º, 40º e 41º nações que mais consumiam energia elétrica no mundo (Gráfico 6).

Gráfico 6: Consumo de energia elétrica em países selecionados – TWh por ano (dez/19)

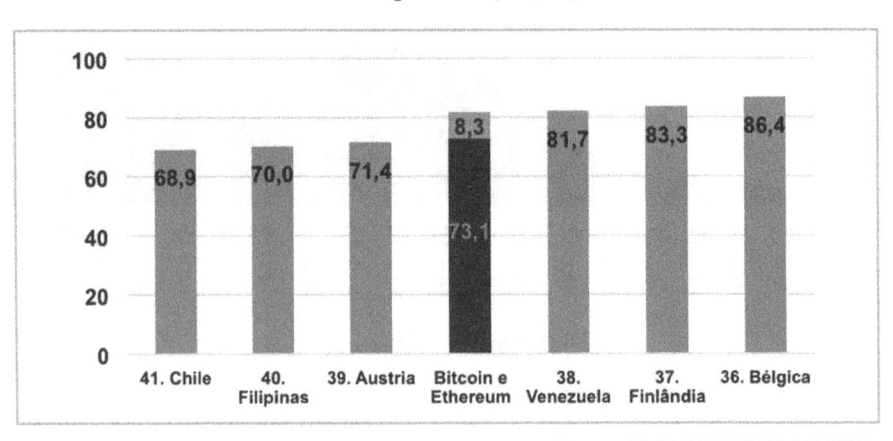

País	TWh
41. Chile	68,9
40. Filipinas	70,0
39. Austria	71,4
Bitcoin e Ethereum	73,1
38. Venezuela	81,7
37. Finlândia	83,3
36. Bélgica	86,4

Fonte: DIGICONOMIST (2019b).

13. MOEDA ELETRÔNICA, PAGAMENTOS INSTANTÂNEOS, CRIPTOATIVOS E *STABLECOINS*

As tentativas mais bem-sucedidas de conferir escalabilidade e eficiência energética às transações com criptoativos reintroduzem, em alguma medida, a intermediação financeira. O Ripple, que no final de 2019 era o terceiro criptoativo mais importante, representando quase 5% do valor de mercado dos criptoativos, não utiliza *blockchain*, mas um registro global de consenso cujo acesso é restrito a um número limitado de instituições financeiras e instituições de pagamento, barateando, com isso, o custo de validação das transações. A *lightening network*, idealizada por Joseph Poon e Thaddeus Dryja (2016, p. 51), visa a ser uma rede de pagamentos de baixo valor com operação fora do *blockchain* principal, na qual múltiplos intermediários da rede fariam compensação multilateral de ordens de pagamento antes de submetê-las ao *blockchain* principal. Embora Poon e Dryja admitam que os usuários ficariam sujeitos ao risco de fraudes e ataques cibernéticos às infraestruturas desses intermediários, eles acreditam que mecanismos de mercado sejam suficientes para selecionar os intermediários com maior segurança.

Embora a maioria dos criptoativos possa ser transferida sem intermediários financeiros, Hileman e Rauchs (2017) demonstram haver extensa cadeia de intermediação, envolvendo mineradoras, corretoras, bolsas, provedoras de serviços de carteiras e empresas de pagamentos que convertem criptoativos em moedas estatais. Isso não surpreende pois, embora os avanços tecnológicos modifiquem a atividade de intermediação financeira ao longo do tempo, seu fundamento econômico são as economias de escala decorrentes da especialização e as falhas de mercado. Agentes racionais podem preferir a intermediação se entenderem que a remuneração dos intermediários é inferior aos custos de obter e processar informações referentes aos diferentes criptoativos. Além disso, as externalidades de rede inerentes à atividade de corretoras e bolsas facilitam o encontro de ordens de compra e venda e a descoberta de preços. A proibição, por parte das autoridades chinesas, da atuação de bolsas e corretoras nesse país ilustra perfeitamente como, mesmo tecnicamente prescindíveis, os intermediários são essenciais. Entre 2014 e 2016, ou seja, antes dessa proibição, entre 50% e 90% das conversões de Bitcoins em moedas estatais era com Renminbi chinês, índice que caiu para menos de 20% a partir de 2017, ano em que a proibição se tornou efetiva (HILEMAN e RAUCHS, 2017, p. 31-33).

Há diversos casos de ataques cibernéticos a intermediários que controlavam as chaves privadas de seus clientes. Os criptoativos podem ser armazenados em carteiras com ou sem acesso à rede mundial de computadores, respectivamente *hot wallets* ou *cold storages*. A principal vantagem do acesso constante à internet é facilitar o encontro de ordens, ao passo que a principal desvantagem é aumentar o risco de ataques cibernéticos que subtraiam criptoativos, como ocorreu com a Britfinex (2016) (KHUN, 2019), as japonesas Mr. Gox (2014) e Coincheck (2018) e as sul-coreanas Youbit (2017) e Coinrail (2018) (REUTERS, 2018). No caso dos criptoativos armazenados em *cold storages*, o risco maior é de perda das chaves privadas, como ocorreu com a canadense Quadriga CX no início de 2019. Isso porque o único local no qual estavam armazenadas as chaves privadas dos clientes era o computador do sócio principal. Como o acesso a esse computador era criptografado e ninguém mais tinha a senha ou a chave de identificação, após a morte desse sócio não foi possível recuperar os dados, e os criptoativos armazenados foram perdidos (VALOR ECONÔMICO, 2019).

Não há notícia de ataque cibernético bem-sucedido ao *blockchain* do Bitcoin, porque isso demandaria uma capacidade computacional muito elevada. Por outro lado, há pelo menos três criptoativos, Bitcoin Gold, Monacoin e Verg, cujos registros foram alvo de ataques cibernéticos bem-sucedidos (RHOR, 2018). O denominador comum desses casos é tratar-se de criptoativos de circulação recente e menor valor de mercado e, portanto, menor *blockchain*, nos quais é mais fácil para um *hacker* obter mais de 50% da capacidade de processamento da rede.

A disseminação do *blockchain* e de outras DLTs e o crescente interesse por criptoativos impulsionaram diversas ofertas iniciais de criptoativos (cuja sigla em inglês é ICO, de Initial Coin Offering). De acordo com o site COINDESK (2019), entre 2014 e 2018 houve 1.141 ICOs, que captaram quase USD 22,5 bilhões, e 2018 concentrou quase três quartos desse valor. Entre 2017 e 2018, reguladores de diversas jurisdições publicaram comunicados advertindo sobre os riscos associados aos criptoativos e o possível enquadramento dessas operações como emissões de valores mobiliários (INTERNATIONAL ORGANIZATION OF SECURITIES COMMISSION, 2018). A ICO do Telegram, segundo maior em volume de captação (USD 1,7 bilhão), foi considerada emissão de valores mobiliários irregular pela Securities and Exchange Commission (SEC) dos Estados Unidos, que obteve, em outubro de 2019, liminar para suspendê-la (SEC, 2019).

No Brasil, a Comissão de Valores Mobiliários (CVM) emitiu comunicado em outubro de 2017 afirmando que "certas operações de ICO podem se caracterizar como operações com valores mobiliários" e que ofertas de

13. MOEDA ELETRÔNICA, PAGAMENTOS INSTANTÂNEOS, CRIPTOATIVOS E *STABLECOINS*

criptoativos enquadradas na definição de valor mobiliário devem estar em conformidade com a regulamentação, sob pena de serem "tidas como irregulares e, como tais", estarem "sujeitas às sanções e penalidades aplicáveis" (CVM, 2017). Dois anos depois da publicação desse comunicado, a CVM já suspendeu duas distribuições de cotas em grupos de investimento em mineração de Bitcoin[4] e cinco ICOs.[5] No mesmo comunicado, a CVM alertou para diversos riscos associados aos criptoativos, cabendo destacar ataques cibernéticos, fraudes e pirâmides financeiras, operações de lavagem de dinheiro e evasão fiscal e/ou de divisas, materiais publicitários em desconformidade com a regulação da CVM, volatilidade de preços, risco de liquidez, dificuldades inerentes em caso de litígio com emissores localizados em outras jurisdições e, mais relevante sob a ótica deste trabalho, "inexistência de processos formais de adequação do perfil do investidor ao risco do empreendimento (*suitability*)". O Bacen, por meio do Comunicado n. 31.379, de 16 de novembro de 2017, fez advertência com mesmo teor, acrescentando "a possibilidade de perda de todo o capital investido" e a obrigatoriedade de que as transferências internacionais referenciadas em moedas estrangeiras sejam realizadas "exclusivamente" por instituições financeiras autorizadas pelo Bacen a operar no mercado de câmbio.

A cotação do Bitcoin, criptoativo mais importante e de maior liquidez, costuma variar muito mais que moedas nacionais e índices do mercado acionário. Desde agosto de 2010, as variações, em módulo, da cotação do dólar em reais (USD/BRL) e do fundo de índice PIBB IBrX-50, aproximação do mercado acionário brasileiro, nunca superaram 8%. No mesmo período, a cotação em reais do Bitcoin, para possibilitar a comparação, chegou a variar mais de 100% em um único dia útil. Embora a volatilidade da cotação do Bitcoin tenha caído em relação ao início desta década, ela continua elevada, o que pode ser constatado pelo desvio-padrão dos rendimentos diários nos últimos doze meses. Em 2019, o desvio-padrão dos rendimentos diários do Bitcoin foi de 4,0%, 5,6 e 3,4 vezes o desvio-padrão das cotações do dólar e do Fundo PIBB IBrX-50 (Gráfico 7). Não há margem a dúvida para afirmar que o Bitcoin é um produto inadequado para pessoas avessas ao risco e/ou com horizonte temporal de curto e médio prazo e/ou incapazes de incorrer em perdas.

---

[4] Deliberações CVM n. 785, de 19 de dezembro de 2017, e 790, de 28 de fevereiro de 2018.
[5] Deliberações CVM n. 821, de 2 de julho de 2019, 826, de 13 de agosto de 2019, 828, de 10 de setembro de 2019, 830 e 831, ambas de 1º de outubro de 2019.

Gráfico 7: Desvio-padrão dos rendimentos diários nos últimos 12 meses

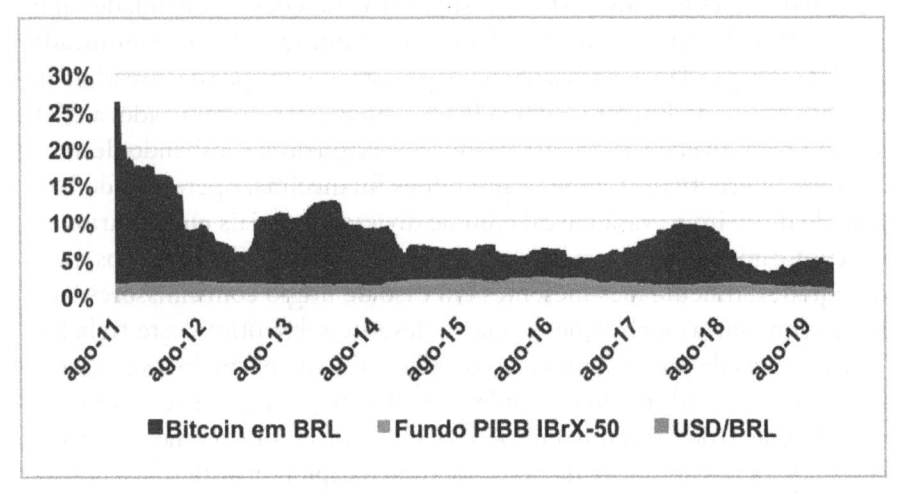

Fonte: BLOCKCHAIN.COM (2019b), Bacen (s.d.), B3 (s.d.) e CVM (s.d.).

Parte da dificuldade em regular os criptoativos decorre da sua complexa conceituação jurídica. Como eles podem ser usados para pagamentos e possuem valor de mercado, é frequente que sejam descritos como moedas sem Estado. Entretanto, os criptoativos não desempenham plenamente as clássicas funções da moeda estatal por questões jurídicas e técnicas. Os Estados garantem que suas moedas exerçam a função de meio de pagamentos por meio do curso forçado, do poder liberatório[6] e pela organização de sistemas de pagamentos que facilitem as transferências de recursos nas moedas nacionais. Devido às externalidades de rede intrínsecas aos sistemas de pagamentos, eventuais alternativas à moeda estatal só são competitivas em situações extremas, como processos hiperinflacionários. Os criptoativos, embora desempenhem a função de meio de pagamento entre partes (P2P) de maneira similar ao meio circulante de emissão estatal, são de aceitação voluntária, e boa parte nem sequer é escalável. O Estado também determina que a moeda exerça a função de unidade de conta ao determinar que o cálculo econômico

---

[6] Decreto-Lei n. 857/1969, "Art. 1º São nulos de pleno direito os contratos, títulos e quaisquer documentos, bem como as obrigações que exequíveis no Brasil, estipulem pagamento em ouro, em moeda estrangeira, ou, por alguma forma, restrinjam ou recusem, nos seus efeitos, o curso legal do cruzeiro".

13. MOEDA ELETRÔNICA, PAGAMENTOS INSTANTÂNEOS, CRIPTOATIVOS E *STABLECOINS*

seja expresso em moeda corrente.[7] Em uma eventual economia baseada em criptoativos, isso seria inimaginável devido à sua volatilidade intrínseca, que inviabilizaria o processo de descoberta de preços e o cálculo econômico. A função de reserva de valor, por sua vez, depende da capacidade de cada Estado regular o valor interno e externo de suas moedas,[8] sendo a primeira função a ser perdida em processos inflacionários agudos. Nos criptoativos, essa função decorreria das emissões disciplinadas por protocolos, que podem (por exemplo, Bitcoin) ou não (por exemplo, Ethereum) estipular limites absolutos de unidades emitidas.

Os criptoativos também guardam semelhança com a moeda eletrônica, definida no Brasil como "recursos armazenados em dispositivo ou sistema eletrônico que permitem ao usuário final efetuar transação de pagamento" (Lei n. 12.865/2013, art. 6º, VI), mas não se confundem com ela. Os emissores de moeda eletrônica devem garantir o seu resgate a qualquer tempo (Circular Bacen n. 3.680/2013, art. 3º, *caput*)[9] e de acordo com regras predeterminadas. A maioria dos criptoativos, como o Bitcoin, não tem uma figura identificável de emissor, e, quando ele existe, não há compromisso formal de resgate. Por fim, diferentemente das moedas eletrônicas, operadas por instituições de pagamento, não há operadores identificáveis de criptoativos.

O Committee on Payments and Market Infrastructures (CPMI) (2015, p. 8-10) chama atenção para ineficiências dos criptoativos comparativamente às moedas eletrônicas, como a pouca interoperabilidade entre diversos criptoativos, limitando os ganhos de eficiência decorrentes das externalidades de rede, estruturas de custo pouco transparentes, limites à escalabilidade, elevado consumo de energia e lentidão para liquidação de operações comparativamente aos sistemas de pagamento instantâneos.

Portanto, ressalvada a hipótese de ICOs considerados pela CVM emissão de valores mobiliários, os criptoativos não se confundem com valores mobiliários,

---

[7] Lei n. 9.069/1995, "Art. 5º Serão grafadas em REAL, a partir de 1º de julho de 1994, as demonstrações contábeis e financeiras, os balanços, os cheques, os títulos, os preços, os precatórios, os valores de contratos e todas as demais expressões pecuniárias que se possam traduzir em moeda nacional".
[8] Em sua redação original, a Lei n. 9.069/1995 previa que as emissões de real fossem lastreadas nas reservas internacionais (art. 3º) sujeitas a limites quantitativos (art. 4º). Embora esses dispositivos tenham sido formalmente revogados pela Lei n. 13.820/2019, na prática as âncoras cambiais e monetárias foram revogadas pelo Decreto n. 3.088/1999, que instituiu o regime de metas de inflação, que tem garantido uma inflação excepcionalmente baixa para o padrão histórico brasileiro.
[9] "Art. 3º As instituições de pagamento emissoras de moeda eletrônica devem assegurar ao usuário final a possibilidade do resgate total, a qualquer tempo, dos saldos existentes em contas de pagamento pré-pagas."

moeda estatal nem com moedas eletrônicas. Resta indagar sobre seu enquadramento como ativos financeiros, gênero mencionado nos arts. 22 a 29 da Lei n. 13.810/2013, que tratam das atividades de depósito centralizado e registro de ativos financeiros e valores mobiliários. Embora os referidos artigos não definam nem exemplifiquem ativos financeiros, há clareza quanto a estarem submetidos à regulação e fiscalização do Bacen.[10] Isso ocorre porque há produtos que se tornam ativos financeiros quando objeto de depósito, registro ou liquidação financeira em instituições – financeiras ou não – autorizadas pelo Bacen. Nesse sentido, embora trocas entre criptoativos ou pagamento de bens e serviços com criptoativos estejam fora do alcance de quaisquer reguladores, o depósito e as transações envolvendo uma obrigação em criptoativos e outra em moeda – nacional, estrangeira ou eletrônica – atraem competência regulatória do Bacen. Em suma, a dificuldade de regulação de criptoativos é que só é possível avaliar caso a caso se são valores mobiliários, ativos financeiros ou nenhum deles. Além disso, eventual regulação demandaria a *expertise* do Bacen em sistemas de pagamentos e risco sistêmico e da CVM no que diz respeito à proteção de investidores.

Morten Bech e Rodney Garratt (2017) propõem que os bancos centrais adotem a tecnologia do *blockchain* para ampliar o acesso do público a contas em bancos centrais, atualmente restritas ao Tesouro Nacional e a alguns intermediários financeiros. Em estudo sobre a viabilidade técnica de utilização da tecnologia de registro distribuído como contingência em caso de completa indisponibilidade do STR, Aldenio de Vilaça Burgos *et al.* (2017) concluíram que o principal obstáculo seria a legislação referente ao sigilo bancário, devido à impossibilidade de se alcançar privacidade sem abrir mão do consenso intrínseco a esse tipo de tecnologia.

Recentemente, surgiram as *stablecoins*, que utilizam tecnologias de registro distribuído e dependem da criptografia para a validação de transações, mas são operacionalizadas por pessoas jurídicas que se comprometem a manter certa estabilidade em relação ao valor de alguma moeda estatal, instrumento financeiro ou mercadoria. No final de novembro de 2019, a Tether, atrelada ao dólar norte-americano, era a *stablecoin* com maior capitalização de mercado, atingindo mais de USD 4 bilhões e ocupando o quarto lugar entre os quase 5 mil criptoativos em circulação, segundo COINMARKETCAP (2019).

[10] "Art. 22. Compete ao Banco Central do Brasil e à Comissão de Valores Mobiliários, no âmbito das respectivas competências: I – autorizar e supervisionar o exercício da atividade de depósito centralizado de ativos financeiros e de valores mobiliários; e II – estabelecer as condições para o exercício da atividade prevista no inciso I."

Os acionistas e administradores da empresa que controla a Tether são os mesmos da Britfinex, uma das maiores bolsas de criptoativos do mundo (POPPER, 2017). John M. Griffin e Amin Shams (2019) mapearam os *blockchains* do Bitcoin e da Tether entre 1º de março de 2017 e 31 de março de 2018, período no qual o preço do Bitcoin teve sua maior alta, de cerca de USD 1,2 para USD 7 mil, passando pelo recorde histórico de quase USD 20 mil em dezembro de 2017. Eles constataram que, quando os preços do Bitcoin caíam, um grande participante da Bitfinex comprava elevadas quantidades de Bitcoin após emissões significativas de Tether. Além disso, nos finais dos meses com as maiores emissões de Tether, havia pressão de baixa sobre a cotação do Bitcoin, o que é consistente com a necessidade de reequilibrar o lastro da Tether, levando-os a concluir que a alta do Bitcoin de 2017 se deu principalmente em decorrência de manipulações na oferta – provavelmente com participação aos controladores e operadores da Britfinex e da Tether. John M. Griffin e Amin Shams (2019, p. 46-47, tradução livre) lembram que outros episódios de euforia com inovações foram associados a "atividades nefastas que levam à má alocação de capital" e "que as tecnologias inovadoras projetadas para contornar os sistemas bancários tradicionais não eliminaram a necessidade de vigilância externa, monitoramento e uma estrutura reguladora das criptomoedas, como muitos acreditavam".

O G7, com apoio do Fundo Monetário Internacional (FMI) e do CPMI, constituiu grupo de trabalho para estudar as *stablecoins* (G-7 WORKING GROUP ON STABLECOINS, 2019), constatando que elas podem ser de dois tipos: as de atacado, voltadas para instituições financeiras replicarem transações interbancárias e, por essa razão, com taxa de conversão fixa, como Signet, JPM Coin e USC, e as de varejo, de acesso mais amplo e taxas de conversão variáveis, como Tether, TrustTokens, Paxos (com versões atreladas à libra esterlina e aos dólares de Austrália, Canadá, Hong Kong e Estados Unidos) e Libra. Há três formas pelas quais os emissores administram a cotação das *stablecoins*:

- lastreando-as a uma moeda, de forma similar a um certificado de depósitos;
- lastreando-as a uma cesta de índices, que podem ser moedas, títulos públicos, mercadorias e criptoativos, de acordo com uma política de investimentos predefinida não discricionária, como nos ETFs, ou com algum grau de discricionariedade, como nos demais fundos de investimento;
- embasando a confiança na higidez financeira do emissor, de maneira análoga aos depósitos bancários.

O grupo de trabalho acredita que a emissão e a operacionalização das *stablecoins* por intermediários contornem a questão da escalabilidade, reduzam os custos por operações e diminuam a volatilidade de preços, permitindo que desempenhem melhor os papéis de meio de pagamentos e reserva de valor, com potencial de contribuir para aumentar a eficiência e inclusão de pagamentos, especialmente transfronteiriços. Por outro lado, como as *stablecoins* mesclam características de moedas eletrônicas, criptoativos, operações cambiais, certificados de depósito ou fundo de investimentos, estão sujeitas aos mesmos riscos desses produtos, mas sem passar pelo crivo da autorização e supervisão por reguladores. Na função de pagamento, as *stablecoins* apoiadas em bases de consumidores já existentes podem ganhar escala global devido às externalidades de rede já existentes, adquirindo posição dominante e reconfigurando estruturas de mercado. Em relação à função de reserva de valor, há pouca clareza quanto às políticas de investimento atreladas aos mecanismos de estabilização e à proteção de investidores. Além disso, por permitir a realização de transações cambiais em diferentes jurisdições, as *stablecoins* podem limitar a eficácia das políticas macroeconômicas nacionais e até causar substituição monetária, sendo fonte potencial de riscos sistêmicos globais. Por essas razões, o texto conclui, em nome do G-7 (2009, p. 2), que nenhum projeto de *stablecoins* global deve entrar em operação até a elaboração de uma regulação adequada e proporcional aos riscos e que a aprovação deve ser caso a caso e sujeita a requerimentos regulatórios adicionais.

Embora já existam algumas *stablecoins* em circulação, a constituição do Grupo de Trabalho do G7 foi uma reação à proposta de lançamento do Libra, primeira iniciativa com potencial de criar uma *stablecoin* global, pois o Facebook se valeria de sua ampla rede de usuários e de empresas com plataformas globais como Spotify e Uber (LIBRA.ORG, 2019). Segundo Zachary Amsden *et al.* (2019, p. 17-20), no Libra, a escalabilidade e a redução do custo da validação dar-se-iam por meio de uma rede planejada para algumas centenas de nós validadores e a abordagem de consenso com tolerância a falhas bizantinas (cuja sigla em inglês é BFT), funcionando corretamente mesmo se até um terço dos nós validadores da rede estiverem comprometidos ou falharem. Christian Catalini *et al.* (2019, p. 2) explicam que o lastro do Libra seria formado por "uma coleção de ativos de baixa volatilidade, como depósitos bancários e títulos públicos em moedas de bancos centrais estáveis e conceituados", e que, por essa razão, ela flutuaria em relação às moedas nacionais. Não há clareza quanto ao risco que os investidores assumiriam.

A Associação Libra, por ser constituída em Genebra, submeteu pedido formal de avaliação de requerimentos regulatórios para a Autoridade de Supervisão do Mercado Financeiro da Suíça, cuja sigla em inglês é FINMA. No entendimento da FINMA, o Libra seria classificado como sistema de pagamentos, nos termos da Lei de Infraestruturas do Mercado Financeiro, e a obtenção de autorização dependeria de que os riscos e retornos referentes ao gerenciamento do lastro fossem suportados integralmente pela Associação Libra e não pelos detentores da *stablecoin* (SWISS FINANCIAL MARKET SUPERVISORY AUTHORITY, 2019), o que exigiria mudança no modelo de negócio. Além disso, a FINMA publicou um suplemento ao seu comunicado sobre ICOs no qual afirma que, a depender do lastro, as *stablecoins* podem ser consideradas depósitos bancários, fundos de investimento, valores mobiliários e derivativos.

Inicialmente, instituições de pagamentos de varejo com atuação global, como PayPal, Mercado Pago, Visa, Mastercard e eBay manifestaram interesse em participar da iniciativa, mas a reação das autoridades suíças e os questionamentos de reguladores norte-americanos, especialmente do Departamento do Tesouro, sobre as políticas de proteção de dados de clientes, de combate à lavagem de dinheiro e ao financiamento ao terrorismo, resultaram na desistência de participar do projeto Libra (MURPHY e STACEY, 2019).

REFERÊNCIAS

AMSDEN, Zachary *et al. The Libra Blockchain*. [s.l.]: Libra.org, 2019. Disponível em: https://developers.libra.org/docs/assets/papers/the-libra-blockchain/2019-09-26.pdf. Acesso em: 29 ago. 2020.

B3. *Sistema Fundos.NET. Dados do ETF PIBB IBrX-50 a partir de 11 set. 2018*. s.d. Disponível em: https://fnet.bmfbovespa.com.br/fnet/publico/abrirGerenciadorDocumentosCVM?cnpjFundo=6323688000127. Acesso em: 23 dez. 2019.

BANCO CENTRAL DO BRASIL. *SGS – Sistema Gerenciador de Séries Temporais, Série 1*. s.d. Disponível em: https://www3.bcb.gov.br/sgspub/localizarseries/localizarSeries.do?method=prepararTelaLocalizarSeries. Acesso em: 23 dez. 2019.

BANCO CENTRAL DO BRASIL. Upgrade tecnológico do STR eleva velocidade de processamento para até 500 mil mensagens por hora. *Conexão real com o BC*, ano 2, n. 111, 6 jun. 2018.

BANCO CENTRAL DO BRASIL. *Relação de participantes do STR – Ambiente de Produção*. Atualizado em 29 out. 2019a. Disponível em: https://www.bcb.gov.br/pom/spb/estatistica/port/ASTR003.pdf. Acesso em: 29 out. 2019.

BANCO CENTRAL DO BRASIL. *STR – Giro – Evolução Diária*, 2019b. Disponível em: https://www.bcb.gov.br/acessoinformacao/legado?url=https:%2F%2Fwww.bcb.gov.br%2Fpom%2Fspb%2FEstatistica%2FPort%2FgirodiarioPlandd.asp. Acesso em: 30 out. 2019.

BANK FOR INTERNATIONAL SETTLEMENTS. *Annual Economic Report 2018*. Chapter V. Cryptocurrencies: looking beyond the hype, 2018, p. 91-114. Disponível em: https://www.bis.org/publ/arpdf/ar2018e5.pdf. Acesso em: 29 out. 2019.

BANK FOR INTERNATIONAL SETTLEMENTS. *Payments and financial market infrastructures*, 2019. Disponível em: https://stats.bis.org/statx/toc/CPMI.html. Acesso em: 28 out. 2019.

BECH, Morten; GARRATT, Rodney. Central Bank Cryptocurrencies. *BIS Quarterly Review*, Basel, Sept. 2017. Disponível em: https://www.bis.org/publ/qtrpdf/r_qt1709f.pdf. Acesso em: 1º nov. 2019.

BITCOIN WIKI. *Controlled Supply*. 2019. Disponível em: https://en.bitcoin.it/wiki/Controlled_supply. Acesso em: 29 out. 2019.

BitcoinChain.com. *Bitcoin Money Supply*. 2019. Disponível em: https://bitcoinchain.com/. Acesso em: 23 dez. 2019.

BLOCKCHAIN.COM. *The number of daily confirmed Bitcoin transactions*. 2019a. Disponível em: https://www.blockchain.com/pt/charts/n-transactions?timespan=all. Acesso em: 23 dez. 2019.

BLOCKCHAIN.COM. *Average USD Market Price Across Major Bitcoin Exchanges*. 2019b. Disponível em: https://www.blockchain.com/pt/charts/market-price. Acesso em: 23 dez. 2019.

BURGOS, Aldenio de Vilaça; OLIVEIRA FILHO, Jose Deodoro de; SUARES, Marcus Vinicius Cursino; ALMEIDA, Rafael Sarres de. *Distributed Ledger Technical Research in Central Bank of Brazil*. Brasília: Central Bank of Brazil, 2017. Disponível em: https://www.bcb.gov.br/htms/public/microcredito/Distributed_ledger_technical_research_in_Central_Bank_of_Brazil.pdf. Acesso em: 1º nov. 2019.

CATALINI, Christian et al. *A reserva*. [s.l.]: Libra.Org, 2019. Disponível em: https://libra.org/pt-BR/wp-content/uploads/sites/16/2019/06/TheLibraReserve_pt_BR.pdf. Acesso em: 29 ago. 2020.

CHAN, Edwin. China Plans to Ban Cryptocurrency Mining in Renewed Clampdown. *Bloomberg*, 9 Apr. 2019. Disponível em: https://www.bloomberg.com/news/articles/2019-04-09/china-plans-to-ban-cryptocurrency-mining-in-renewed-clampdown. Acesso em: 30 out. 2019.

COINDESK. *CoinDesk ICO Tracker*. 2019. Disponível em: https://www.coindesk.com/ICO-tracker. Acesso em: 29 ago. 2020.

COINMARKETCAP.COM. *Percentage of Total Market Capitalization (Dominance)*. 2019. Disponível em: https://coinmarketcap.com/charts/#dominance-percentage. Acesso em: 23 dez. 2019.

COMISSÃO DE VALORES MOBILIÁRIOS. Sistema de Consulta Consolidada de Fundo. Dados do PIBB IBrX-50 até 10 set. 2018. Disponível em: http://cvmweb.cvm.gov.br/swb/default.asp?sg_sistema=fundosreg. Acesso em: 14 set. 2019.

COMISSÃO DE VALORES MOBILIÁRIOS. *Initial Coin Offering (ICO)* – Nota da CVM a respeito do tema, 11 Oct. 2017. Disponível em: http://www.cvm.gov.br/noticias/arquivos/2017/20171011-1.html. Acesso em: 1º maio 2019.

COMMITTEE ON PAYMENTS AND MARKET INFRASTRUCTURES. *CPMI report on digital currencies*. Basel: Bank for International Settlements, 2015. Disponível em: https://www.bis.org/cpmi/publ/d137.pdf. Acesso em: 1º nov. 2019.

DATA.BITCOINITY.ORG. *Bitcoin mining difficulty*. 2019a. Disponível em: https://data.bitcoinity.org/bitcoin/difficulty/all?t=l. Acesso em: 23 dez. 2019.

DATA.BITCOINITY.ORG. *Average time to mine a block in minutes*. 2019b. Disponível em: https://data.bitcoinity.org/bitcoin/block_time/all?f=m10&t=l. Acesso em: 23 dez. 2019.

DIGICONOMIST. *Bitcoin Energy Consumption Index*. 2019a. Disponível em: https://digiconomist.net/bitcoin-energy-consumption. Acesso em: 23 dez. 2019.

DIGICONOMIST. *Ethereum Energy Consumption Index (beta)*. 2019b. Disponível em: https://digiconomist.net/ethereum-energy-consumption. Acesso em: 23 dez. 2019.

EUROPEAN CENTRAL BANK. *Eurosystem Expectations for Clearing Infrastructures to Support panEuropean Instant Payments in Euro*. Frankfurt: ECB, 2015. Disponível em: https://www.ecb.europa.eu/paym/retpaym/instant/html/index.en.html. Acesso em: 28 out. 2019.

FEDERAL RESERVE. *Federal Reserve Announces Plan to Develop a New Round-the-clock Real-time Payment and Settlement Service to Support Faster Payments*. New York: FED, 2019. Disponível em: https://www.federalreserve.gov/newsevents/pressreleases/other20190805a.htm. Acesso em: 28 out. 2019.

FINANCIAL STABILITY BOARD. *FinTech and Market Structure in Financial Services*: Market Developments and Potential Financial Stability Implications. 14 Feb. 2019. Disponível em: https://www.fsb.org/wp-content/uploads/P140219.pdf. Acesso em: 29 out. 2019.

FRANKENFIELD, Jake. What Is a Hash? *Investorpedia*, 15 Aug. 2019. Disponível em: https://www.investopedia.com/terms/h/hash.asp. Acesso em: 4 jan. 2020.

G-7 WORKING GROUP ON STABLECOINS. *Investigating the impact of global stablecoins*. Basel: G7, IMF and CPMI, 2019. Disponível em: https://www.bis.org/cpmi/publ/d187.pdf. Acesso em: 1º nov. 2019.

GRIFFIN, John M.; SHAMS, Amin. *Is Bitcoin Really Un-Tethered?* 2019. Last revised: 5 Nov. 2019. Disponível em: https://papers.ssrn.com/sol3/papers.cfm?abstract_id=3195066. Acesso em: 7 nov. 2019.

HILEMAN, Garrick; RAUCHS, Michel. *Global Cryptocurrency Benchmarking Study*. Cambridge: Cambridge Centre for Alternative Finance, 2017. Disponível em: https://www.jbs.cam.ac.uk/fileadmin/user_upload/research/centres/alternative-finance/downloads/2017-global-cryptocurrency-benchmarking-study.pdf. Acesso em: 31 out. 2019.

INTERNATIONAL ORGANIZATION OF SECURITIES COMMISSION. *Regulators' Statements on Initial Coin Offerings*. 2018. Disponível em: https://www.iosco.org/publications/?subsection=ico-statements. Acesso em: 1º maio 2019.

KHUN, Daniel. Two Israeli Brothers Arrested for Phishing Fraud, Bitfinex Hack. *Coindesk*, 24 June 2019. Disponível em: https://www.coindesk.com/two-israeli-brothers-arrested-for-phishing-fraud-bitfinex-hack. Acesso em: 1º jan. 2019.

LIBRA.ORG. *Membros Fundadores*. 2019. Disponível em: https://libra.org/pt-BR/association/#founding_members. Acesso em: 5 nov. 2019.

LIU, Shanhong. Size of the Bitcoin Blockchain from 2010 to 2019, by Quarter (in megabytes). *Statista*, 1º Oct. 2019. Disponível em: https://www.statista.com/statistics/647523/worldwide-bitcoin-blockchain-size/. Acesso em: 30 out. 2019.

MURPHY, Hannah; STACEY, Kiran. Mastercard, Visa, eBay and Stripe quit Facebook's Libra. *Financial Times*, 11 Oct. 2019. Disponível em: https://www.ft.com/content/a3e952dc-ec5c-11e9-85f4-d00e5018f061. Acesso em: 7 nov. 2019.

NAKAMOTO, Satoshi. *Bitcoin:* A Peer-to-Peer Electronic Cash System. 2009. Disponível em: https://bitcoin.org/bitcoin.pdf. Acesso em: 29 out. 2019.

NATIONAL DEVELOPMENT AND REFORM COMMISSION. 产业结构调整指导目录 *(2019年本，征求意见稿)*. República Popular da China, 8.4.2019, p. 120, item 6. 2019a. Disponível em: https://www.ndrc.gov.cn/yjzxDownload/cyjgtzzdml20190408.pdf. Acesso em: 29 ago. 2020.

NATIONAL DEVELOPMENT AND REFORM COMMISSION. 产业结构调整指导目录 （*2019年本*）. 2019b. República Popular da China, 6.11.2019. Disponível em: http://www.gov.cn/xinwen/2019-11/06/5449193/files/26c9d25f713f4ed5b8dc51ae40ef37af.pdf. Acesso em: 29 ago. 2020.

Partington, Richard. Bitcoin bubble? The warnings from history. *The Guardian*, 2 Dec. 2017. Disponível em: https://www.theguardian.com/business/2017/dec/02/bitcoin-bubble-the-warnings-from-history. Acesso em: 12 jul. 2018.

POON, Joseph; DRYJA, Thaddeus. *The Bitcoin Lightning Network*: Scalable Off-Chain Instant Payments. Draft version 0.5.9.2, 14 Jan. 2016. Disponível em: https://lightning.network/lightning-network-paper.pdf. Acesso em: 29 out. 2019.

POPPER, Nathaniel. Warning Signs about Another Giant Bitcoin Exchange. *New York Times*, 21 Nov. 2017. Disponível em: https://www.nytimes.com/2017/11/21/technology/bitcoin-bitfinex-tether.html. Acesso em: 1º jan. 2019.

REUTERS. Valor do bitcoin despenca após ataque a bolsa coreana Coinrail. *Reuters*, Notícias de tecnologia, 11 jun. 2018. Disponível em: https://br.reuters.com/article/internetNews/idBRKBN1J71J5-OBRIN. Acesso em: 1º nov. 2019.

RHOR, Altieres. Bitcoin Gold sofre "ataque de 51%" e hacker pode ter roubado até 65 milhões. *Blog do Altieres Rhor*, 27 maio 2018. Disponível em: https://g1.globo.com/economia/tecnologia/blog/altieres-rohr/post/2018/05/27/bitcoin-gold-sofre-ataque-de-51-e-hacker-pode-ter-roubado-ate-65-milhoes.ghtml. Acesso em: 1º nov. 2019.

SECURITIES AND EXCHANGE COMMISSION. *SEC Halts Alleged $1.7 Billion Unregistered Digital Token Offering*. 11 Oct. 2019. Disponível em: https://www.sec.gov/news/press-release/2019-212. Acesso em: 20 out. 2019.

SWISS FINANCIAL MARKET SUPERVISORY AUTHORITY. *Finma Publishes "Stable Coin" Guidelines*. Bern: FINMA, 2019. Disponível em: https://www.finma.ch/en/news/2019/09/20190911-mm-stable-coins/. Acesso em: 5 nov. 2019.

TAUHATA, Sérgio. Brasil tem mais investidor em bitcoins do que pessoa física na bolsa. *Valor Econômico*, 31 jul. 2018. Disponível em: https://valor.globo.com/financas/noticia/2018/07/31/brasil-tem-mais-investidor-em-bitcoins-do-que-pessoa-fisica-na-bolsa.ghtml. Acesso em: 31 out. 2019.

VALOR ECONÔMICO. Bolsa de criptomoedas diz não poder pagar clientes após dono morrer. *Valor Econômico*, 4 fev. 2019. Disponível em: https://valor.globo.com/financas/noticia/2019/02/04/bolsa-de-criptomoedas-diz-nao-poder-pagar-clientes-apos-dono-morrer.ghtml. Acesso em: 1º nov. 2019.

WORLD BANK. *Cryptocurrencies and Blockchain*. World Bank Office of the Chief Economist Economic Update, May 2018. Disponível em: https://openknowledge.worldbank.org/bitstream/handle/10986/29763/9781464812996.pdf. Acesso em: 29 out. 2019.

14. *NON-SECURITY TOKENS* (NST): *BLOCKCHAIN* COMO INFRAESTRUTURA DO MERCADO DE INVESTIMENTOS ALTERNATIVOS

Reinaldo Rabelo

Introdução

O propósito deste capítulo é trazer provocações sobre produtos e regulação do mercado de investimentos tradicional via aplicação de tecnologias envolvidas no funcionamento do bitcoin e no protocolo que o suporta (*blockchain*).

A abordagem adotada é a de mencionar casos práticos e debates, no Brasil e no mundo, sobre aplicações direcionadas à negociação de ativos digitais. Diversos pontos que serão trazidos merecem aprofundamento acadêmico e têm sido estudados por reguladores, representantes de mercado e universidades que se dedicam à inovação.

1. Bitcoin e *Blockchain*

O bitcoin é uma criptomoeda constituída em 2009, na ressaca da crise mundial de 2008 ("crise dos *subprimes*"), e permitiu a transferência de um ativo digital com base, apenas, em uma rede de confiança.

Essa rede é o que se costuma tratar por *blockchain* e é um dos principais protocolos da terceira geração da internet (web3),[1] ao garantir a integridade dos dados transacionados em ambiente digital, sem a necessidade de um intermediário garantidor. A partir desse momento, não apenas os dados podem ser transferidos pela internet, mas também é possível garantir informações

---

[1] Nesse sentido, Shermin Voshmgir (2019) aponta que a web3 resolve a questão do estado, assim posta: "The Internet we use today doesn't have a native mechanism to transfer what computer science refers to as 'state' – the status of who is who, who owns what, and who has the right to do what. State, however, is a key property for managing values".

sobre o estado deles na transmissão (quem são as partes e seus poderes e direitos sobre os dados).

Por tais características, e pelo contexto econômico que levava à criação de soluções para ruptura com o sistema bancário, tido como culpado pela crise global, a principal aplicação que se buscou para o bitcoin foi como novo meio de pagamento. Se o *blockchain* tornou desnecessário um intermediário para garantir veracidade dos dados transmitidos, a transação de pagamento poderia ocorrer diretamente (*peer-to-peer*), mesmo entre partes que não se conhecessem.[2]

Porém, a aplicação como moeda, nesses termos, enfrentou a barreira da volatilidade e do custo operacional para transações de pequeno valor.

O preço do bitcoin, em dezembro de 2017, atingiu cotação máxima de 19.665 dólares e chegou a ser negociado por 69.950 reais, no Brasil.[3] E, ainda que especialistas apontem que o valor máximo poderá ser superado, o problema é que a alta variação de preço da criptomoeda dificulta sua utilização como pagamento, pois tanto quem paga quanto quem recebe não saberão o efetivo valor da negociação em reais (moeda soberana).

Por exemplo, você pode negociar o pagamento de um café por 0,0001 bitcoin, observando que seja equivalente a R$ 3,50 no momento do pagamento. Entretanto, dada a volatilidade, no instante seguinte a conta poderá ter sido de R$ 7,00 (se valorizar 100%) ou R$ 1,75 (se desvalorizar 50%). E não podemos dizer que essa variação seja simplesmente teórica, pois o mercado já vivenciou essa experiência de preço, no passado.

Ademais, nos momentos de pico de preço e, normalmente, de volume de negócios com a criptomoeda, a rede que suporta as transações (no caso do bitcoin, fundada em força de trabalho de computadores que mineram os blocos para construir a cadeia) passa a operar com custo e prazo de processamento superiores ao que o mercado tradicional oferece.

Assim, para o pagamento do mesmo cafezinho de R$ 3,50 do exemplo anterior, o preço de transação (valor que é direcionado ao minerador responsável por colocar sua transação em um bloco) pode ultrapassar R$ 100,00 em

---

[2] Como consta no *white paper* do Bitcoin: "A purely peer-to-peer version of electronic cash would allow online payments to be sent directly from one party to another without going through a financial institution" (NAKAMOTO, 2009).

[3] Nesse sentido, Shermin Voshmgir (2019) aponta que a web3 resolve a questão do estado, assim posta: "The Internet we use today doesn't have a native mechanism to transfer what computer science refers to as 'state' – the status of who is who, who owns what, and who has the right to do what. State, however, is a key property for managing values".

períodos de alto volume de transferências. Mesmo fora dos picos, o bitcoin tem capacidade de processar apenas sete transações por segundo (tps), contra cerca de 24.000 tps da Visa.

Todavia, essa inviabilidade pode ser momentânea. Existem iniciativas no âmbito de tecnologia e no de aplicação para fazer do bitcoin a melhor ferramenta para pagamentos, dado que suas características induzem o desenvolvimento nessa linha, valendo citar a Lightning Network (POON e DRYJA, 2016) e plataformas que integram pagamentos a *exchanges* que liquidam imediatamente a criptomoeda, sem expor as partes à variação de preços.

O tempo poderá dizer se e como o bitcoin servirá como meio de pagamento efetivo para micropagamentos. Por enquanto, tem trazido mais impacto no mercado de investimentos caracterizado como um ativo digital alternativo, negociado globalmente e trazendo mais investidores do que para os mercados tradicionais.

2. Criptomoedas: um Novo Ativo (Mercadoria Digital)

Como mencionado anteriormente, o bitcoin tem grande variação de preço, mas, desde que começou a ser negociado, a mínima anual tem sido superior à mínima do ano anterior[4] e valorizou 9.000.000% nos últimos dez anos (R$ 90 mil para cada real investido em 2010). Essas informações ancoram análises positivas sobre o ativo, uma vez que demonstram existir detentores que não aceitam sair da posição a qualquer preço, além de continuar a atrair novos poupadores.

Por tais fatores, as criptomoedas acabaram atraindo interesse de investidores e *traders* em todo mundo, inclusive daquelas pessoas que não têm acesso ao sistema bancário ou com opções restritas para aplicar sua poupança.[5] No Brasil, estima-se que mais de três milhões de pessoas tenham procurado alguma *exchange* de criptomoedas – mais que o dobro de investidores cadastrados na [B],[3] para se ter uma ideia da representatividade do mercado.

Atualmente, o valor de mercado do bitcoin e das outras quatro maiores criptomoedas é de quase R$ 1 trilhão. Embora não seja suficiente, ainda, para

---

[4] Como consta no *white paper* do Bitcoin: "A purely peer-to-peer version of electronic cash would allow online payments to be sent directly from one party to another without going through a financial institution" (NAKAMOTO, 2009).

[5] Fonte: Mercado Bitcoin, maior *exchange* de criptomoedas da América Latina (www.mercadobitcoin.com.br).

alterar os rumos da economia mundial, deixou de ser irrelevante e atraiu a atenção do mercado e de reguladores, que têm tratado o ativo como *commodity*/ mercadoria (digital).

Esse foi o tratamento considerado pelo Banco Central do Brasil (Bacen) para os recursos aplicados na aquisição de criptomoedas, em linha com orientações e recomendações do Financial Stability Board (FSB), um órgão internacional que monitora e faz recomendações sobre o sistema financeiro global, quando publicou relatório sobre balança comercial.[6]

Nos Estados Unidos, essa mesma classificação foi atribuída às criptomoedas pelo CFTC (Comissão de Negociação de Contratos Futuros de Commodities). E como mercadoria digital, tanto lá como aqui, os órgãos reguladores entenderam o ativo como não valor mobiliário (United States Securities and Exchange Commission – SEC – e Comissão de Valores Mobiliários – CVM) e como propriedade (IRS e Receita Federal do Brasil – RFB).

A RFB editou, em maio de 2019, a Instrução Normativa n. 1.888/19, aprofundando recomendação do seu manual de declaração de imposto de renda,[7] e regulamentou *exchanges* e criptoativos, nos seguintes termos:

> I – criptoativo: a representação digital de valor denominada em sua própria unidade de conta, cujo preço pode ser expresso em moeda soberana local ou estrangeira, transacionado eletronicamente com a utilização de criptografia e de tecnologias de registros distribuídos, que pode ser utilizado como forma de investimento, instrumento de transferência de valores ou acesso a serviços, e que não constitui moeda de curso legal; e
>
> II – *exchange* de criptoativo: a pessoa jurídica, ainda que não financeira, que oferece serviços referentes a operações realizadas com criptoativos, inclusive intermediação, negociação ou custódia, e que pode aceitar quaisquer meios de pagamento, inclusive outros criptoativos.

Por outra via, como se trata de um ativo de livre circulação, tal qual dinheiro representado por papel-moeda e joias de alto valor agregado (como diamantes), órgãos de prevenção à lavagem de dinheiro e ao terrorismo, coordenados pelo Grupo de Ação Financeira Internacional (GAFI; em inglês, Financial

---

[6] 2012 - $ 4 / 2013 - $ 65 / 2014 - $ 200 / 2015 - $ 185 / 2016 - $ 365 / 2017 - $ 780 / 2018 - $ 3.200 / 2019 - $ 34.00.

[7] No Brasil, é comum que as alternativas de investimento ainda sejam oferecidas por gerentes de banco ou agentes de corretoras remunerados pelo produto que repassam, e não pelo resultado comparativo que entregam aos clientes.

Action Task Force – FATF), emitiram diretrizes que têm sido atendidas em diversas jurisdições.

Por fim, outros reguladores e instituições podem tratar de questões específicas sobre criptomoedas. Nos Estados Unidos, necessária a licença para operação de *exchanges* no Estado de Nova Iorque (BitLicense) e para garantir segregação de patrimônio dos investidores (Fincen). No Brasil, o Poder Judiciário tem proferido decisões reiteradas para determinar o arresto, sequestro e penhora de criptomoedas para garantir pagamento a credores.

Além do crescimento relevante do mercado, em especial em economias maduras, casos de captação irregular de recursos de poupadores em todo mundo, por meio de promessas de retornos substanciais e ligadas a projetos com *blockchain* ou criptoativos (os chamados ICOs), atraíram os olhares de reguladores.

3. ICO: *Scams* e a Reação dos Reguladores

Os Initial Coin Offers (ICOs) surgiram com a segunda geração de *blockchain*, que foram protocolos gerados para permitir que, além dos criptoativos decorrentes da rede, plataformas pudessem ser construídas a partir dela. Nessa vertente, o Ethereum foi a mais bem-sucedida iniciativa, por facilitar a emissão de *tokens* (criptoativos de aplicação específica) que representariam utilidade ou direitos vinculados a uma iniciativa.

A partir do Ethereum, qualquer um poderia criar a sua criptomoeda, por assim dizer, e não demorou muito para que surgissem milhares de projetos que iriam resolver todos os problemas do mundo. Para investir neles, bastava ler o *white paper* (prospecto resumido do projeto), enviar Ethereum para as carteiras indicadas pelos empreendedores e aguardar a execução para multiplicar os recursos oferecidos.

Esses processos, que se assemelhariam aos Initial Public Offering (IPOs) do mercado de capitais tradicional, acabaram abusando de investidores empolgados com os altos retornos prometidos, e, na sua maioria, não passaram de fraudes.

Entretanto, não se pode ignorar as provocações ao sistema tradicional. Com uma oferta global, desburocratizada e de simples execução, os ICOs captaram cerca de $ 21 bilhões de dólares até 2018 (mais de $ 15 milhões por ICO, em média). A facilidade de apresentar um projeto e obter recursos fatalmente atrairia empreendedores e empresas não consolidadas, que não encontram opções viáveis de captação em bolsas de valores ou plataformas de *crowdfunding*.

Os reguladores de mercados de valores mobiliários, então, foram instados a se manifestar sobre tais processos e, de forma coordenada, passaram a aplicar testes nos casos reais para entender se o *token* deveria ser considerado *security*. O mais utilizado, o Howey Test, classifica como valor mobiliário um investimento que contenha todos os quatro elementos a seguir:

- investimento de recursos por uma pessoa (*investment of money*);
- em empreendimento coletivo (*common enterprise*);
- com a expectativa de obter lucro (*expectation of profits*); e
- cujos esforços advêm daqueles que lançaram o título ou de terceiros (*solely from the efforts of others*) (Securities & Exchange Commission v. W. J. Howey Co.).

No Brasil, em 2001, após prejuízo de investidores com Fazendas Reunidas Boi Gordo, Gallus Agropecuária e outros modelos de supostas "bicicletas" ou "pirâmides", o contrato de investimento coletivo (CIC) foi inserido no rol de valores mobiliários, do art. 2º da Lei n. 6.385/1976, com critérios semelhantes ao Howey Test:

> IX – quando ofertados publicamente, quaisquer outros títulos ou contratos de investimento coletivo, que gerem direito de participação, de parceria ou de remuneração, inclusive resultante de prestação de serviços, cujos rendimentos advêm do esforço do empreendedor ou de terceiros.

Essa tem sido a norma aplicada pela CVM (2019a e 2019b) ao determinar a suspensão de oferta pública de ativos digitais ou serviços relacionados a criptoativos disponibilizados a investidores brasileiros, em que o regulador deixa claro que "um *token* que representa valor mobiliário deve ser tratado como valor mobiliário", seja quando o serviço prevê gestão de recursos de terceiros para aplicação em criptomoedas, seja quando o *token* representa captação para desenvolvimento de novos projetos (CVM, 2019c).

Alguns empreendedores tentaram encontrar saída com enquadramento dos *tokens* como de utilidade.[8] Esticaram os conceitos e as finalidades para

---

[8] O *token* de utilidade seria aquele comparável a uma "ficha de quermesse", em que você tem uma representação digital de um direito de uso específico e disponível – não fazendo sentido para fins de investimento de médio-longo prazo na realização de projetos ou constituição de empresas.

descrever uma utilização qualquer para o ativo digital no momento de apurar resultados do projeto, porém não tiveram êxito em escapar do Howey Test.

Para fins de captação de recursos de terceiros, portanto, restou a utilização dos *tokens* como *security*. As ofertas, nessa modalidade, não escapariam de todo processo, custos e intermediários previstos na antiga regulação de mercado de capitais.

Em vez de ICO, os criptoativos poderiam ser ofertados na forma de Security Token Offer (STO), seguindo todo trâmite normal e não trazendo a disrupção para o setor que provocaria avanços no mercado de capitais – algo que *fintechs* continuam a empurrar para o mercado bancário.

4. NST: Representação de Direitos e Ativos Reais

Quando se tem em mãos um novo protocolo, como o *blockchain*, é natural que os avanços sejam, por vezes, em tentativas, erros e pequenos acertos – a evolução do conhecimento, assim como a natureza, não dá saltos. Até que o caminho encontrado seja inevitável e a aplicação passe a reger mercado e regulação.

Isso aconteceu com a internet, suportada pelo protocolo TCP/IP, que passou décadas como inovação para nichos e, hoje, é fator fundamental em nossas vidas. Agora, não há como cogitar que sejam cancelados os eventos que criaram a grande rede social para devolver poder às empresas de mídia que controlavam pauta, informações e propaganda.

O mesmo ocorreu com o MP3, que surgiu como tecnologia revolucionária, permitindo a troca direta de arquivos musicais em plataformas como o Napster, até ser tido como ferramenta para fraudes e motivado ações de incumbentes do setor, que processavam qualquer um que ameaçasse seus domínios. Atualmente, as músicas que escutamos vêm de plataformas semelhantes àquelas que foram tratadas como ilegais, e o arquivo digital simplificou a distribuição musical para artistas iniciantes.

Nesse sentido, os processos de suspensão de ofertas e aplicação legal que inviabilizaram os ICOs trouxeram, em seu bojo, solução para outras aplicações que, se não resolvem o problema de quem precisa captar para iniciar um projeto (relegados ao STO e à burocracia custosa do mercado tradicional, por enquanto), solucionam a situação de falta de liquidez para quem detém direitos ou ativos reais, por exemplo.

Se fizermos premissa inversa àquela utilizada para suspender ofertas de ICOs ou de captação na forma de CIC, teremos que "um *token* que NÃO representa valor mobiliário NÃO deve ser tratado como valor mobiliário". Em outras palavras, quando o ativo subjacente é *non-security*, o criptoativo que o representa carregará a mesma natureza – dentro da categoria de ativos digitais com vinculação a um ativo real, será um NST.

Como bem colocado pelo grupo de trabalho de inovação da Anbima (2019), em estudo inicial sobre conceitos, usos e responsabilidades associados a criptoativos, o *token* pode ser "uma representação digital de algum bem ou direito subjacente... os *proxy-tokens* podem ser vistos como certificados ou direitos *tokenizados*, que atestam títulos de propriedade ou outros direitos, servindo como prova de propriedade e/ou posse".

Embora não seja permitido fazer a representação digital de valores mobiliários ou direitos relacionados a estes (como *tokens* que representem ações negociadas na NYSE, por exemplo), os criptoativos poderão representar um veículo, uma obra de arte ou um direito de receber *royalties* e uma dívida, por exemplo.

Esses direitos, na verdade, já são ofertados publicamente e formam um mercado de ativos alternativos que, pela ausência de liquidez e pela dificuldade de se encontrar um bem que encaixe perfeitamente com o perfil do investidor, é restrito a quem pode dedicar grandes volumes financeiros a esse processo.

O *blockchain* traz oportunidade de rever serviços de registradora, depositária, *settlement*, escriturador e administrador, uma vez que as informações estarão abertas e disponíveis para todos os investidores e para fiscalização por parte dos reguladores. Serviços como o Certifica, da [B],[3] tornam-se obsoletos com o domínio da tecnologia e o abandono dos sistemas legados que atrasam o desenvolvimento do mercado.

Com a jornada de *fintechs* avançada, o País precisa permitir, neste início de década, que surjam projetos inovadores para renovar a infraestrutura do mercado financeiro (Financial Market Infrastructure – FMI). Em vez de contarmos com novas registradoras para gerar concorrência no mercado, melhor será o surgimento de *fmitechs* (*startups* para FMI) a propor um caminho com menos intermediários entre o investidor e o originador/emissor do ativo.

No final dos anos 2010, a economia global convivia com juros soberanos próximos ou abaixo de zero (inclusive em economias emergentes, como a brasileira, que fechou 2019 com Taxa Selic abaixo dos 5%). Com essa realidade, qualquer custo no investimento (e cada intermediário é mais uma conta para o investidor pagar) destrói a geração de juros reais.

5. PRK (Token de Precatório): o *Case* da MB|Digital Assets

Não sendo viável a utilização de *blockchain* e *tokens* para captação ou gestão de recursos, a *tokenização* de ativos reais (bem ou direito como ativo subjacente) é um primeiro passo para construir uma infraestrutura do mercado financeiro, organizando o setor de investimentos alternativos.

Nesse cenário, a MB|Digital Assets (MBDA)[9] criou, em julho de 2019, um criptoativo que representava um direito sobre dívida pública judicial (precatório).[10] Estima-se um estoque de R$ 250 bilhões em precatórios no Brasil, que são amplamente negociados por bancos e fundos de grandes fortunas.

A proposta da MBDA era registrar as informações sobre o ativo em um *blockchain* público (Ethereum), tornando imutáveis as condições e transparentes os detalhes sobre a negociação, mesmo sem haver registradora tradicional para realizar a função.[11] Nessa linha, o ativo real tinha valor de face definido e estável (com decisão judicial transitada em julgado e inclusão na fila de precatórios do respectivo tribunal).

Esse registro inicial (*smart contract*) também serviu para definir as regras de execução do contrato, indicação de depositário fiel do ativo real e número de *tokens* (ERC-20) que representariam fração dos direitos (forma digital de contratos de cessão parcial do ativo principal).

No primeiro caso (PRK 01), foram criados 12 mil *tokens* de R$ 100,00 cada, incluído o desconto do proprietário do ativo sobre o valor da dívida (aproximadamente, 25%), como ocorreria em uma transação comum, fora do âmbito digital. A diferença para a operação comum era que o ativo estava fracionado em parcelas de baixo valor e na possibilidade de negociação em mercado secundário, caso o investidor precisasse se desfazer da posição antes do vencimento da dívida.

Além dos precatórios, diversos outros ativos podem dar origem a *tokens* (criptoativos) que representam direitos e contratos sobre ativos, sem necessidade de esforço de terceiro para gerar retorno ao investidor (no precatório, o resultado advém do que já está inscrito no título da dívida mais o desconto concedido pelo proprietário na negociação).

---

[9] Unidade de negócios do Mercado Bitcoin, *exchange* brasileira fundada em 2013 e maior plataforma de ativos alternativos da América Latina, com mais de 1,8 milhão de clientes.
[10] MERCADO BITCOIN. Tokens de precatórios. Disponível em: https://www.mercadobitcoin.com.br/precatorio/. Acesso em: 20 jan. 2020.
[11] Cf. ETHERSCAN. Disponível em: https://etherscan.io/token/0xc70466c0470b8154d3b588267fa4a13c40327989. Acesso em: 20 jan. 2020.

Os quatro PRKs negociados em 2019 foram objeto de estudo do time de regulação da MBDA, liderado pela experiente advogada Juliana Facklmann, e contou com *legal opinion* do respeitado escritório Vaz, Buranello, Shingaki & Oioli Advogados (VBSO), que chegou às seguintes conclusões:

- ainda que ofertados publicamente, os ativos digitais não podem ser considerados valores mobiliários para os efeitos do art. 2º, IX, da Lei n. 6.385/1976, pois (i) sua aquisição não representa um investimento coletivo em empreendimento comum; e (ii) não confere direito de participação, parceria ou remuneração advinda dos esforços do empreendedor ou de terceiros;
- o ativo digital poderia, ainda, ser enquadrado dentro das exceções ao regime dos valores mobiliários previstas no art. 2º, § 1º, da Lei n. 6.385/1976.

Além de oferecer esse tipo de ativo alternativo a investidores não institucionais, a *tokenização* permite que esses ativos possam ser negociados globalmente, com liquidação em Ethereum nas carteiras digitais cadastradas na plataforma.

O valor do produto era tão óbvio que os quatro *tokens* criados foram negociados com grande rapidez, sendo muitas aquisições no valor mínimo de R$ 100,00, provando a tese proposta de democratizar o acesso a *high yield* (ativos de alto retorno). E, de uma forma que não estava prevista inicialmente, também ajudava o proprietário original do ativo real a ser *tokenizado*.

Em um desses casos, por exemplo, o proprietário revelou que já tinha esperado quinze anos desde a emissão do precatório, que tinha valor atualizado de R$ 5 milhões e pagamento esperado para três anos. Como precisava de R$ 1 milhão para resolver questões familiares, decidiu negociar parte do precatório: em bancos e fundos, recebeu propostas com deságios (descontos de antecipação) entre 53% e 55% sobre aquele valor. Ademais, as propostas só tratavam de aquisição integral, obrigando o proprietário a aceitar perda sobre o valor total do ativo, ainda que não precisasse da venda integral.

Ao eliminar intermediários inúteis no processo, os direitos sobre o precatório foram representados por 50 mil *tokens* de R$ 100,00. Somando serviços e descontos que o proprietário ofertou para tornar atrativa a negociação, o deságio total ficou em cerca de 28%. Como precisou vender somente uma pequena parte dos *tokens* ao seu dispor para atingir a meta de R$ 1 milhão, carregando o restante até a liquidação final, o deságio real ficou em aproximadamente 25%.

No modelo, o desconto concedido pelo proprietário permitiria ao comprador do *token* obter retornos de 15% ao ano, mas acabou beneficiando, igualmente, o proprietário original do ativo, que no caso real, economizou R$ 1,5 milhão.

Tudo isso sem termos complexos, sem compromissos indecifráveis de performance, sem promessas do gestor, sem cálculos que somente profissionais avançados do mercado financeiro poderiam entender. Com esse *case*, o MBDA inaugurou o segmento *#fmitech* no cenário de inovação e de *start-ups*, que poderá revolucionar não apenas o mercado de investimentos alternativos, como também o regulado sistema financeiro e de capitais, quando o *sandbox* regulatório de CVM e Bacen estiver em vigor.

6. Referências Pró-Inovação: Commodity Futures Trading Commossion (CFTC) e SEC

Com relação ao *sandbox*, interessante observar o regime especial ("no action letter") concedido pela SEC para operação promovida pela Paxos (UNITED STATES SECURITIES AND EXCHANGE COMMISSION, 2019), para liquidar operação com ações usando sistema de registro descentralizado (DLT). Isso mostra como o mercado americano está mais avançado na aplicação da tecnologia, enquanto o Brasil se apega a casos de má utilização da inovação para ficar amarrado ao caduco processo tradicional.

No que tange à regulação dos Estados Unidos, ainda, mais relevante o posicionamento do Chairman da CFTC, Heath Tarbert, propondo uma regulação por princípios para os criptoativos, para não exterminar com a inovação promovida pelo *blockchain* e *tokens* relacionados (PARTS, 2019).

Essas observações reforçam as de seu antecessor, ex-presidente J. Christopher Giancarlo, que, em setembro de 2018, argumentou que os criptoativos precisam de uma abordagem "não prejudique" por parte dos reguladores para florescer, comparando a nova indústria com os primeiros dias da internet.

Como ainda estamos em fase de descobertas de uso e de conceitos, regular por princípio é a melhor forma de o regulador escapar da captura pelos incumbentes. No caso das *#fmitechs*, por exemplo, a tecnologia pode modernizar as regras postas e substituir sem perdas de direitos e garantias, por protocolo, *gatekeepers* que tornam o processo moroso, complexo e caro.

Se os reguladores decidirem especificar produtos, indo ao detalhe técnico e operacional de novas tecnologias e aplicações nelas baseadas, acabarão por sentenciar que a inovação se adeque à velha ordem e, por decreto, determinar sua incapacidade de trazer disrupção ao mercado de capitais, que é quase um mercado de dívida institucional, no Brasil – temos menos de 400 empresas listadas na bolsa de valores, e as debêntures têm quase 90% de distribuição entre os maiores bancos privados.

Para os três principais pontos que envolvem uma *exchange* de criptoativos, a questão pode ser respondida com regras principiológicas e adaptação de procedimentos já existentes. Vejamos:

- Para a prevenção à lavagem de dinheiro e financiamento ao terrorismo, a lei já prevê a obrigatoriedade de informação a órgãos de controle de transações atípicas, por quem lida com ativos de alto valor. Basta que o Conselho de Controle de Atividades Financeiras (Coaf; Unidade de Inteligência Financeira – UIF) inclua um regulamento específico para a negociação com criptoativos, como fez a RFB para fins tributários.
- Para a segregação de custódia de depósitos em dinheiro, o Bacen poderia aproveitar mecanismos existentes e atualizar as normas relativas a depósitos em suas contas de reserva (como as existentes para Instituição de Pagamento, por exemplo), resolvendo, ao menos, a parte em reais que fica em depósito das corretoras.
- Para a custódia de criptoativos e plataformas de negociação, a CVM poderia editar regras gerais sobre conflitos de interesses e sobre controles de custódia para *commodities* digitais, a permitir que as *exchanges* pudessem estabelecer suas regras operacionais, bem como contratar auditorias de inspeção.

Note-se que a CVM (2018) aprovou que fundos de investimento captassem recursos no mercado local para, indiretamente (apenas constituindo um fundo espelho no exterior), negociar criptomoedas em *exchanges* estrangeiras, prejudicando, mesmo sem ter sido esse o objetivo, o desenvolvimento de nossa indústria e a balança de pagamentos, como antes foi tratado.

Outro modelo que importa mencionar por trazer o debate em favor da inovação foi o adotado pela Securities and Future Commission (SFC), de Hong Kong (HONG KONG SECURITIES AND FUTURES COMMISSION, 2019), que publicou em 6 de novembro de 2019 *position paper* sobre regulação de plataformas de ativos digitais, do qual cabe destacar:

- O documento foi elaborado após audiência com as *exchanges* (em vez de escutar incumbentes que buscam limitar disrupção que expõe deficiências), tendo o regulador convidado as mais relevantes plataformas para aprofundar a discussão e, inclusive, entender a capacidade de atender às diretrizes que seriam estabelecidas.[12]
- Reconhece que o mercado de ativos digitais está se movendo para o mercado de capitais e que os serviços de custódia têm sido os mais requisitados por investidores institucionais, que anseiam por normas que definam responsabilidades, riscos e indenizações (regras gerais) – apontando que essa resolução deve acelerar a oferta de seguros para perdas operacionais.
- Reconhece a existência de NST, e declara que estes não são escopo de regulação da entidade que atua em valores mobiliários e derivativos, mas permite que as *exchanges* sigam a regulação que será posta para aquelas plataformas que pretendam negociar *security-tokens*.
- Indica que as plataformas que negociam *security-tokens* terão arcabouço regulatório em linha com o das entidades já reguladas, embora haja espaço para evolução por meio do *sandbox*.

Nesse último destaque, um ponto de aperfeiçoamento, já que o regulador poderia conceder dispensas regulatórias e impor regulação por princípios (os padrões regulatórios para concessão de licença parecem adequados a esse propósito), deixando que o mercado se autorregule até que uma maior maturidade da indústria permita a normatização mais específica sobre as operações.

Existem diversas outras manifestações de reguladores sobre o tema, em todo mundo, a demonstrar relevância do tema e acerto da grande maioria em não impedir a inovação por normas de sua alçada.

---

[12] "[...] the SFC met with virtual asset trading platform operators to understand their operations and explain the SFC's regulatory expectations. Platforms with active trading, a broad customer base, substantial local presence and a sound corporate governance structure were invited for more in-depth discussions. The SFC also assessed their capability to comply with its expected requirements."

Conclusão

De todo exposto, fica demonstrado que a forma de empreender no mercado de capitais, que se manteve, até aqui, fechado à inovação e à saga de *start-ups*, poderá ser por aplicação correta do *blockchain* e dos criptoativos, para executar funções como delivery-versus-payment (DVP), registro informacional, depósito de títulos/certificados, operação 24/7, liquidação automática de posições, investimento com menos custos e intermediários.

O segmento de *fmitech* requer conhecimento específico de infraestrutura de mercado, uma disciplina diferente da estruturação de produtos de investimento, mas que, agregada ao conhecimento das novas tecnologias, impulsionará a inovação. Até aqui, são poucos os materiais sobre o tema, e este capítulo tem a motivação de estimular mais debate sobre a matéria.

REFERÊNCIAS

ANBIMA. Classificação de criptoativos facilita análise e entendimento sobre os produtos. *Notícias Anbima*, Rio de Janeiro, 4 out. 2019. Disponível em: https://www.anbima.com.br/pt_br/noticias/classificacao-de-criptoativos-facilita-analise-e-entedimento-sobre-os-produtos.htm. Acesso em: 20 jan. 2020.

BANCO CENTRAL DO BRASIL. *Estatísticas do Setor Externo*. Brasília, ago. 2019. Disponível em: https://www.bcb.gov.br/ftp/notaecon/ni201908sep.zip. Acesso em: 20 jan. 2020.

COMISSÃO DE VALORES MOBILIÁRIOS – CVM. *Ofício-Circular CVM/SIN n. 11/2018*. Esclarecimentos sobre o investimento indireto em criptoativos pelos fundos de investimento. Rio de Janeiro, 19 set. 2018. Disponível em: http://www.cvm.gov.br/legislacao/oficios-circulares/sin/oc-sin-1118.html. Acesso em: 20 jan. 2020.

COMISSÃO DE VALORES MOBILIÁRIOS – CVM. Oferta irregular de Contratos de Investimento Coletivo. *Notícias CVM*, Rio de Janeiro, 13 ago. 2019a. Disponível em: http://www.cvm.gov.br/noticias/arquivos/2019/20190813-4.html. Acesso em: 20 jan. 2020.

COMISSÃO DE VALORES MOBILIÁRIOS – CVM. Oferta irregular de Contrato de Investimento Coletivo envolvendo ativo digital. *Notícias CVM*, Rio de Janeiro, 17 dez. 2019b. Disponível em: http://www.cvm.gov.br/noticias/arquivos/2019/20191217-2.html. Acesso em: 20 jan. 2020.

COMISSÃO DE VALORES MOBILIÁRIOS – CVM. Colocação irregular de contratos de investimento coletivo no mercado. *Notícias CVM*, Rio de Janeiro, 2 jul. 2019c. Disponível em: http://www.cvm.gov.br/noticias/arquivos/2019/20190702-3.html. Acesso em: 20 jan. 2020.

HONG KONG SECURITIES AND FUTURES COMMISSION. SFC adopts new approach to virtual asset trading platforms. Hong Kong, 6 Nov. 2019. Disponível em: https://www.sfc.hk/edistributionWeb/gateway/EN/news-and-announcements/news/doc?refNo=19PR105. Acesso em: 20 jan. 2020.

MERCADO BITCOIN. Tokens de precatórios. Disponível em: https://www.mercadobitcoin.com.br/precatorio/. Acesso em: 20 jan. 2020.

NAKAMOTO, Satoshi. Bitcoin: A Peer-to-Peer Electronic Cash System. *Satoshi Nakamoto Institute*, 31 Oct. 2009. Disponível em: https://nakamotoinstitute.org/bitcoin/. Acesso em: 21 jan. 2020.

PARTS, Helen. CFTC Chair on Crypto Regulation: We Don't Want to Snuff out Innovation. *Coin Telegraph*, 2 Nov. 2019. Disponível em: https://cointelegraph.com/news/cftc-chair-on-crypto-regulation-we-dont-want-to-snuff-out-innovation. Acesso em: 20 jan. 2020.

POON, Joseph; DRYJA, Thaddeus. *The Bitcoin Lightning Network*: Scalable Off-Chain Instant Payments. 14 Jan. 2016. Disponível em: https://lightning.network/lightning-network-paper.pdf. Acesso em: 20 jan. 2020.

UNITED STATES SECURITIES AND EXCHANGE COMMISSION. *Clearing Agency Registration Under Section 17A(b)(1) of the Securities Exchange Act of 1934*. Washington, 28 Oct. 2019. Disponível em: https://www.sec.gov/divisions/marketreg/mr-noaction/2019/paxos-trust-company-102819-17a.pdf. Acesso em: 20 jan. 2020.

VOSHMGIR, Shermin. *Token Economy*: How Blockchains and Smart Contracts Revolutionize the Economy. Berlin: BlockchainHub, 2019.

15. O DURO APRENDIZADO: LIÇÕES DO MERCADO DE CAPITAIS PARA A PROTEÇÃO DE ATIVOS EM *EXCHANGES*

Marcos Galileu Lorena Dutra e *Viviane Muller Prado*

Introdução

Desde o lançamento do bitcoin em 2008, os ativos digitais têm recebido grande atenção como nova categoria de ativos financeiros, mesmo com as constantes flutuações nos preços e a dificuldade de compreensão, pelo investidor médio, das suas características intrínsecas e dos riscos associados. Um crescente número de potenciais investidores tem identificado a possibilidade de diversificação de suas aplicações, fugindo às alternativas disponíveis nos mercados tradicionais, como é o caso dos instrumentos bancários e dos valores mobiliários.

No caso brasileiro, o crescente interesse pelos ativos digitais ainda se beneficia da redução do patamar da taxa de juros, que tem motivado a busca por alternativas mais rentáveis. A despeito do fluxo de poupança popular destinado a essa modalidade, os órgãos reguladores de mercado não têm adotado uma estratégia de incorporação automática desses ativos e dos prestadores de serviços a eles associados ao seu perímetro regulatório. No Brasil, pelo menos até o momento, as opções dos órgãos reguladores – basicamente, Banco Central do Brasil (Bacen) e Comissão de Valores Mobiliários (CVM) – têm sido (i) esclarecer ao público em geral que não se trata de atividade sujeita à supervisão estatal e (ii) analisar, caso a caso, situações que possam caracterizar a oferta pública de valores mobiliários, nesta segunda vertente a partir do arcabouço legal e regulamentar já existente, cujo *design*, como originalmente concebido, está voltado aos instrumentos tradicionais existentes previamente ao surgimento dos ativos digitais.[1]

---

[1] Em grande medida, as discussões na arena regulatória têm-se centrado na natureza do ativo digital e de sua possível caracterização como "valor mobiliário" ou como "moeda", com possíveis

Em virtude da popularização desses ativos e da sua crescente representatividade econômica, diversas preocupações têm surgido quanto à segurança dessas alternativas de investimento, em especial ao se constatar que se trata de um setor não submetido a nenhum regime regulamentar mais específico. Entre os vários aspectos que merecem atenção, está o risco oferecido pelas chamadas *exchanges*. São plataformas de negociação que possibilitam a compra e a venda de ativos digitais, em geral com o uso da rede mundial de computadores e outros meios de comunicação, que operam à margem da regulamentação aplicável aos integrantes do Sistema Financeiro Nacional.[2]

As *exchanges* são prestadores de serviços extremamente representativos no universo da negociação desses ativos. Levantamentos dão conta de um ápice de US$ 70 bilhões no volume global diário negociado nas *exchanges*, em janeiro de 2018. Ainda que esse volume tenha se reduzido significativamente desde então, fala-se em um volume diário de mais de 15 bilhões ao longo de 2019, montante superior ao observado em diversas bolsas internacionais,

---

repercussões, a depender da conclusão, sobre sua necessária subsunção à regulamentação já existente e aplicável aos produtos e serviços do mercado de capitais (primeiro caso) ou do mercado financeiro *stricto sensu* (segunda hipótese). No que se refere à posição das autoridades brasileiras, no Comunicado n. 31.379, de 16 de novembro de 2017, o Bacen alertou o mercado sobre os riscos envolvidos na negociação dos ativos digitais, incluindo o fato de que "as empresas que negociam ou guardam as chamadas moedas virtuais em nome dos usuários, pessoas naturais ou jurídicas, não são reguladas, autorizadas ou supervisionadas pelo Banco Central do Brasil", sendo que a essas empresas não se aplica o "arcabouço legal e regulatório" do Sistema Financeiro Nacional. Como decorrência, o Bacen "não regula nem supervisiona operações com moedas virtuais". Alguns dias antes, em 11 de outubro de 2017, a CVM divulgou nota a respeito, esclarecendo que "os ICOs como captações públicas de recursos [...] a depender do contexto econômico de sua emissão e dos direitos concedidos aos investidores, podem representar valores mobiliários, nos termos do art. 2º da Lei n. 6.385/76", e, nessa hipótese, "[...] valores mobiliários ofertados por meio de ICO não podem ser legalmente negociados em plataformas específicas de negociação de moedas virtuais (chamadas de *virtual currency exchanges*), uma vez que estas não estão autorizadas pela CVM a disponibilizar ambientes de negociação de valores mobiliários no território brasileiro" (CVM, 2017).

[2] Para os fins deste capítulo, o termo "ativo digital" deve ser considerado em sentido amplo, que comporta a representação digital de um valor passível de troca ou armazenamento, criado e negociado por sistemas de registro eletrônico distribuído (*blockchain*). Nesse sentido estariam incluídos ativos como bitcoins, *tokens* e instrumentos de captação sob a forma digital, negociáveis por meio de *exchanges*. Em função da abordagem utilizada, não estão incluídos os contratos derivativos que se utilizem dos próprios ativos digitais como ativos subjacentes ou cotas de fundos de investimento que tenham sua carteira exclusiva ou majoritariamente composta pelos ativos digitais, visto que nos casos de derivativos e cotas de fundos de investimento já existe um regramento próprio decorrente de sua inclusão no rol de valores mobiliários, por força do art. 2º, V e VIII, da Lei n. 6.385/1976.

com mais de 200 *exchanges* prestando serviços no mercado (SCHUEFFEL e GROENEWEG, 2019, p. 3).

A depender do modelo de negócios, a prestação dos serviços de intermediação pela *exchange* pode incluir a responsabilidade de guarda dos ativos dos clientes. Na evolução do mercado de capitais, essa responsabilidade de guarda recebeu uma classificação regulatória específica, sendo atribuída ao agente de mercado que se denomina custodiante, que depende de autorização para oferecer seus serviços no mercado e que, em muitos casos, também acumula a autorização para prestar serviços de intermediação. A despeito de a classificação regulamentar ser distinta para as duas categorias, na linguagem cotidiana não é incomum que a referência à intermediação em sentido amplo pressuponha que o mesmo agente também preste o serviço de custódia.

Nas últimas décadas, a evolução do papel do custodiante revela pelo menos dois aspectos que servem de referência para a discussão deste capítulo. Em primeiro lugar, assim como nas demais atividades afeitas ao mercado de capitais, houve significativa mudança na sistemática operacional de controle de propriedade de ativos, como decorrência da aplicação de novas tecnologias – e o regime dos títulos escriturais, hoje absolutamente consolidado, talvez seja a mais emblemática delas. Em segundo lugar, não obstante tais avanços, alguns problemas envolvendo participantes de mercado indicaram a necessidade de constante aprimoramento, não apenas no que diz respeito aos procedimentos operacionais aplicáveis, mas também ao regime jurídico, sobretudo em relação às responsabilidades dos agentes envolvidos na prestação de serviços de custódia.

Este capítulo tem por objetivo apresentar a experiência acumulada no mercado de capitais, no que diz respeito à sistemática de proteção dos ativos de clientes, quando mantidos ou administrados por prestadores de serviços autorizados – os mencionados custodiantes. Essa evolução pode indicar possíveis caminhos a serem seguidos pela indústria das *exchanges*, que se faz cada vez mais presente. Não se trata aqui de sugerir que seja aplicado o mesmo arcabouço regulamentar sem uma reflexão acerca de sua adequação à realidade dos ativos digitais – até porque há substanciais diferenças entre os mercados (em especial de ordem tecnológica). Porém, alguns dos problemas enfrentados atualmente – no que se refere à guarda dos ativos de clientes – já foram objeto de estudo e debate no âmbito do mercado de capitais. As lições extraídas dessas experiências pregressas podem ser úteis em um momento em que é necessária a evolução para uma sistemática mais segura de investimentos.

Como se verá mais adiante, o caminho trilhado pelo mercado de capitais no aprimoramento da prestação de serviços de guarda de ativos não se limitou à substituição das cártulas pelos registros escriturais e à necessária autorização prévia para a prestação dos serviços de custódia. Houve também a criação da figura do depositário central e de regras de conduta para os intermediários que venham a prestar tais serviços, a exigência de auditoria interna e externa e de procedimentos de *compliance*. Coexiste com essas obrigações a atuação de órgãos de regulação estatal e autorregulação, que têm o dever de orientar, monitorar e supervisionar os participantes (com foco na observância das normas), além de instaurar processos administrativos e aplicar as devidas sanções, quando as situações assim o exigirem.

O capítulo está dividido nas seguintes seções: inicialmente, discute-se a regulamentação da atividade de intermediação no mercado de capitais e em que medida a atividade, quando considerada no sentido amplo, inclui a custódia de valores mobiliários. A seguir, apresenta-se um panorama de experiências enfrentadas nos mercados de capitais global e brasileiro, que envolveram falhas na prestação de serviços de custódia. A seção subsequente apresenta as respostas regulatórias a esses problemas, em especial as iniciativas da Organização Internacional das Comissões de Valores (Iosco). A seguir, discorre-se sobre a atuação das *exchanges* e em que medida existe um ambiente minimamente aceitável em termos de segurança para o investidor. Nas considerações finais, apresentam-se um balanço do que foi discutido e algumas sugestões para pesquisas posteriores.

1. A Intermediação de Valores Mobiliários e a Prestação de Serviços de Custódia

O exercício de certas atividades no mercado de capitais implica a submissão do prestador de serviços a um arcabouço regulamentar específico. Quase como padrão internacional, a regulamentação da atividade de intermediação (aqui considerada no sentido amplo, contendo a custódia de valores) trabalha com a necessidade de autorização prévia, em geral a cargo de um órgão regulador estatal, a discriminação das atividades que lhe são vedadas (ou aquelas expressamente permitidas, inclusive com as condições para a sua cumulação em uma única entidade ou conglomerado) e os padrões mínimos de governança interna, em especial no que diz respeito à responsabilidade dos administradores e ao exercício da função de *compliance*.

São ainda exigidas regras, procedimentos e controles internos, destinados ao adequado tratamento interno das atividades reguladas, em especial sob o ponto de vista da correta administração do risco (o que inclui, necessariamente, o risco operacional). É comum haver a exigência de um capital mínimo, que em geral guarda relação com o porte da instituição. Em função do modelo de mercado adotado no Brasil, para o exercício da atividade de custódia de valores mobiliários – sobretudo para aqueles negociados em mercados de bolsa – exige-se ainda a existência de vínculo com um depositário central (outro participante de mercado cuja atuação é regulada pela CVM).

Essa abordagem é resultado da evolução da regulamentação e das práticas de mercado, que nas últimas décadas apresentaram melhorias progressivas no controle de propriedade de valores mobiliários, em grande medida motivadas pela incorporação de novas tecnologias às formas de negociação e registro de operações (e das correspondentes atualizações legislativas e regulamentares). A situação tradicional de contato direto entre o acionista (ou credor) e o emissor mediante inscrição do nome do titular nos livros há muito deixou de ser prática recorrente para os valores mobiliários que são objeto de negociação no mercado.[3] Como substituição à relação direta, tem-se a interposição de prestadores de serviços que assumem diversas funções, entre elas a de controle da propriedade dos valores mobiliários, que pode ser feita de forma exclusiva ou cumulada com outras atividades.

No Brasil, a intermediação de operações com valores mobiliários está fundamentalmente a cargo das sociedades corretoras de valores (em especial nos mercados de bolsa), ainda que algumas outras categorias de instituições possam prestar serviços de intermediação (como é o caso dos bancos múltiplos ou das distribuidoras). A disciplina geral de funcionamento das sociedades corretoras é dada pelo regulamento anexo à Resolução do Conselho Monetário Nacional (CMN) n. 1.655, de 26 de outubro de 1989. Recebem tratamento questões como o objeto social dessa categoria de instituição (art. 2º), a necessidade de autorização prévia para constituição, funcionamento e implementação de mudanças de natureza societária (art. 3º), a administração da sociedade (arts. 9º e 10) e seu funcionamento (art. 11 e seguintes, incluindo questões como responsabilidade pelas operações realizadas, certas vedações ao financiamento de clientes e à admissão de clientes sem identificação cadastral), observância de sigilo acerca das operações e dados pessoais de clientes

---

[3] A despeito disso, entre nós essa relação direta ainda é referida no art. 921 e seguintes do Código Civil e na parte inicial do art. 31 da Lei n. 6.404/1976.

(art. 13), manutenção de contas correntes (art. 14) e elaboração de demonstrações financeiras (arts. 15 e 16).

Com relação ao objeto social, o art. 2º do Regulamento anexo à Resolução CMN n. 1.655/1989 apresenta vinte incisos, mencionando expressamente dezenove atividades passíveis de exploração pelas corretoras de valores, mais um vigésimo inciso que admite o exercício de "outras" atividades "expressamente autorizadas, em conjunto, pelo Banco Central do Brasil e pela Comissão de Valores Mobiliários". Em síntese, a corretora de valores pode prestar serviços de intermediação no mercado primário e secundário, seja na atuação com *broker* ou como *dealer* (incisos I, II e III), bem como cumular atividades como a administração de recursos de terceiros, a custódia ou a emissão de certificados e escrituração; nessas hipóteses, sujeitam-se ao regramento específico de cada atividade.

No que toca ao regime de proteção dos investidores, sobretudo os recursos entregues para a realização de operações e a posterior guarda dos ativos adquiridos, há de se destacar a função de custodiante, mencionada expressamente no art. 2º, V, da Resolução CMN n. 1.655/1989, e, no que diz respeito a valores mobiliários, atualmente disciplinada pela Instrução CVM n. 542, de 20 de dezembro de 2013. Na prestação de serviços para os investidores, incumbe ao custodiante "a conservação, o controle e a conciliação das posições de valores mobiliários em contas de custódia mantidas em nome do investidor", "o tratamento das instruções de movimentação recebidas dos investidores ou de pessoas legitimadas por contrato ou mandato" e "o tratamento dos eventos incidentes sobre os valores mobiliários custodiados" (Instrução CVM n. 542/2013, art. 1º, § 2º, I, *a, b* e *c*).[4]

A custódia dos valores mobiliários é operacionalizada por meio de vínculo entre o custodiante e outro agente de mercado, o já mencionado depositário central (regulado pela Instrução CVM n. 541, também de 20 de dezembro de 2013), que tem a responsabilidade de manter as contas de depósito em nome dos investidores (registros escriturais). Em função desse vínculo, dentre os

---

[4] Quando se tratar de um intermediário que atue simultaneamente no mercado financeiro e no mercado de capitais, as atribuições da CVM estarão limitadas às atividades pertencentes ao segundo, uma vez que estarão submetidas ao regime da própria Lei n. 6.385/1976. Imagine-se uma situação em que uma corretora de valores opera simultaneamente com (i) valores mobiliários, como ações, debêntures e contratos derivativos, e (ii) outros ativos financeiros, como moeda estrangeira e títulos públicos. A CVM é competente para supervisionar as atividades concernentes ao grupo (i), enquanto o Bacen é a autoridade competente para tratar as atividades relacionadas com os ativos financeiros do grupo (ii). A coordenação entre os dois órgãos está a cargo do CMN.

deveres atribuídos ao custodiante está o de "realizar conciliação diária entre as posições mantidas nas contas de custódia e aquelas fornecidas pelo depositário central, assegurando que os valores mobiliários custodiados e os direitos provenientes destes valores mobiliários estejam registrados em nome do investidor [...]" (Instrução CVM n. 542/2013, art. 12, § 1º, I), de forma a acompanhar o saldo dos valores mobiliários mantidos em nome dos clientes.[5]

Ou seja, em grande medida o papel exigido do custodiante é decorrente da conjugação dos mencionados normativos, as Instruções CVM n. 541/2013 e 542/2013. Tais normativos foram editados na esteira da alteração legislativa trazida pela Lei n. 12.810, de 15 de maio de 2013, que outorgou competência ao Bacen (relativamente a ativos financeiros) e à CVM (exclusivamente para valores mobiliários) para autorizar e supervisionar o exercício da atividade de depósito centralizado. Segundo o art. 24 dessa lei, os ativos financeiros e valores mobiliários são transferidos no regime de titularidade fiduciária para o depositário central, e os registros do emissor ou do escriturador passam a refletir fielmente os controles de titularidade mantidos por aquela entidade.

O arcabouço trazido pela Lei n. 12.810/2013 é de suma importância, pois deu suporte legal a práticas reiteradas do mercado, que até então encontravam guarida fundamentalmente na Lei n. 6.404, de 15 de dezembro de 1976, que, como se sabe, se limita ao regime das ações. Conforme o novo regime, os valores mobiliários transferidos para o depositário central não se comunicam com o patrimônio geral ou com outros patrimônios especiais da entidade, sendo mantidos em contas em nome do titular efetivo (regra geral), até seu resgate, retirada ou restituição. Nesse sentido, não são passíveis de constituição de garantia pelos depositários centrais e não respondem pelas suas obrigações. Como decorrência desse regime de contas, a titularidade efetiva dos valores mobiliários se presume pelos controles de titularidade mantidos pelo depositário central, e as transferências ocorrem exclusivamente em conformidade com instruções a ele transmitidas, normalmente pelo prestador de serviços para o titular, a saber, o custodiante.

De acordo com essa sistemática, o controle sobre os valores mobiliários é submetido a uma pluralidade de verificações: inicialmente, aquele feito pelo próprio titular, que pode consultar diretamente o saldo de sua conta mediante

---

[5] No âmbito da sua competência regulamentar, o Bacen também disciplina a atividade de depósito centralizado de ativos financeiros (não se aplicando, portanto, a valores mobiliários), por meio do regulamento anexo à Circular Bacen n. 3.743, de 8 de janeiro de 2015.

acesso aos sistemas do depositário central.[6] A conta de depósito é necessariamente individualizada e aberta pelo custodiante, a quem cabe "a realização de todos os atos de identificação [dos clientes] perante o depositário central" (Instrução CVM n. 541/2013, art. 32, § 2º). Adicionalmente, a movimentação dos valores mobiliários (mediante débito ou crédito nas contas individualizadas) "deve decorrer de comandos ou de autorizações emanados dos investidores, comunicados ao depositário central por meio de instrução emitida pelos respectivos custodiantes" (art. 34, *caput*). Ou seja, além do controle realizado pelo próprio titular dos valores mobiliários, tanto o custodiante quanto o próprio depositário central também são obrigados a manter controles adicionais sobre as movimentações das contas de depósito, de forma a salvaguardar as movimentações nelas realizadas, seja por decorrência de operações realizadas nos mercados (que implicariam lançamentos de débito e crédito nessas contas), seja por comandos de movimentação dos investidores, em casos de transferências não motivadas por operações de mercado – como doações, operações privadas, sucessão e outras.[7]

Além das disposições expressamente aplicáveis aos custodiantes e depositários centrais, há também o importante papel do intermediário propriamente dito, i.e., a corretora de valores. Como já mencionado, em especial para as pessoas físicas é comum que o prestador de serviços acumule as funções de intermediário (aqui entendido, em sentido estrito, como o executor das ordens de compra e de venda enviadas pelo cliente) e de custodiante, mas não se trata de uma configuração obrigatória. Nesse último contexto, a Instrução CVM n. 505, de 27 de setembro de 2011 (que regulamenta a atividade de intermediação), ainda acrescenta um dever ao intermediário, acerca da necessidade de manter controle das posições dos clientes, com a conciliação periódica entre as ordens executadas, as "posições constantes na base de dados que geram os extratos e demonstrativos de movimentação fornecidos a seus

---

[6] Tome-se como exemplo o "Canal Eletrônico do Investidor", mantido pela B3, que permite a consulta a saldos na depositária central diretamente por parte dos titulares das contas mantidas na instituição.

[7] Recai ainda sobre o depositário central o dever de "conciliação diária das posições mantidas nas contas de depósito detidas pelos investidores com a posição mantida em sua titularidade fiduciária" (Instrução CVM n. 541/2013, art. 38), e, de forma a auxiliar os custodiantes, cumpre à entidade "fornecer as informações necessárias para que os custodiantes, escrituradores ou emissores procedam à conciliação dos valores mobiliários mantidos nas contas de depósito com aqueles mantidos em seus registros" (art. 38, § 2º).

clientes" e os dados das entidades de compensação e liquidação, acerca dos resultados das operações realizadas (art. 32, I, *a*, *b* e *c*).

Em acréscimo ao arcabouço regulamentar descrito, há ainda uma estrutura de supervisão em funcionamento, que cuida da verificação da observância das regras existentes por parte dos intermediários e custodiantes. Essa estrutura passa pela necessária existência de uma função de *compliance* dentro das instituições, depois pela atuação de entidades autorreguladoras e por fim com a própria supervisão estatal, que, no caso dos valores mobiliários, é exercida pela própria CVM.

Por expressa disposição regulamentar, as corretoras de valores devem implementar controles internos "voltados para as atividades por elas desenvolvidas, seus sistemas de informações financeiras, operacionais e gerenciais e o cumprimento das normas legais e regulamentares a elas aplicáveis" (Resolução CMN n. 2.554, de 24 de setembro de 1998, art. 1º, *caput*), que devem ser "efetivos e consistentes com a natureza, complexidade e risco das operações por ela realizadas" (art. 1, § 1º), e boa parte da responsabilidade pelo adequado funcionamento dos controles internos recai diretamente sobre a diretoria da instituição (art. 1º, § 2º).

Em matéria de funcionamento interno, algumas outras Resoluções do CMN trazem obrigações adicionais, como são as normas que tratam da função de auditoria interna (Resolução CMN n. 4.588/2017), implementação de canal de denúncias (Resolução CMN n. 4.567/2017), estrutura de gerenciamento de riscos e de capital (Resolução CMN n. 4.557/2017) ou da política de *compliance* (Resolução CMN n. 4.595/2017). Com as regras do CMN coexistem as normas específicas para operações com valores mobiliários, como é o caso das já mencionadas Instruções CVM n. 505/2011 (intermediários) e n. 542/2013 (custodiantes).

No caso desses dois últimos normativos editados pela CVM, ambos exigem a existência de regras, procedimentos e controles internos adequados e eficazes para a observância das exigências regulamentares, e devem ser indicados dois diretores estatutários, o primeiro responsável pelo cumprimento das normas e o segundo pela supervisão dos procedimentos e controles internos. Esse último administrador deve elaborar relatório a ser submetido aos órgãos de administração (com periodicidade mínima anual no caso dos custodiantes), versando sobre os exames internos efetuados, as recomendações acerca das deficiências encontradas e as medidas de correção planejadas, acompanhadas de um cronograma de execução (Instrução CVM n. 505/2011, arts. 3º e 4º, e Instrução CVM n. 542/2013, arts. 16 e 17).

Ainda segundo a CVM, no caso dos intermediários, os órgãos de administração da pessoa jurídica (diretoria ou conselho de administração, conforme o caso) são responsáveis pela aprovação de regras e procedimentos, bem como por "supervisionar o cumprimento e efetividade dos procedimentos e controles internos" (Instrução CVM n. 505/2011, art. 4º, § 7º).

No que tange ao esforço de supervisão dos participantes, a CVM (2019a, p. 88) incluiu o tema das falhas no processo de transferência de custódia de valores mobiliários entre suas prioridades de supervisão para o biênio 2019-2020, com o objetivo de "identificar os fatores responsáveis pela dificuldade reportada por investidores na transferência de valores mobiliários".

Em acréscimo às exigências do órgão estatal, a autorregulação também cuida da matéria, não apenas editando normas, mas também incluindo o tema nos seus roteiros de supervisão dos intermediários sujeitos ao seu poder. Por exemplo, o Roteiro Básico do Programa de Qualificação Operacional da B3 inclui um capítulo específico sobre a administração de custódia e de posições de clientes, com quinze itens específicos destinados à verificação da observância, por parte dos intermediários que acessam diretamente o mercado de bolsa, dos deveres ligados ao controle de saldos de clientes (B3, 2019). No que diz respeito à supervisão, as auditorias previstas para o ano de 2019 e a cargo da autorregulação alcançariam 68 participantes (no caso da B3, os trabalhos são executados pela associação BSM Supervisão de Mercados) (CVM, 2019b, p. 77).

2. As Lições Aprendidas

A regulamentação em vigor e as estruturas de supervisão dos participantes de mercado descritas na seção anterior são o resultado de uma longa evolução. No Brasil, as questões relativas à propriedade dos ativos financeiros estiveram referidas na regulamentação desde o início da organização da atividade de corretagem. Já em 1848, o Decreto n. 648 condicionava que "será considerada real a transacção, se ao tempo em que for feita pertencerem ao vendedor os títulos que fizerem o objecto della", o que seria provado com o depósito dos títulos ou documentos que demonstrassem sua propriedade pelo vendedor (art. 26).[8] Ao longo das décadas que se seguiram, problemas pontuais foram

---

[8] Essa exigência impediria, portanto, a realização do que se conhece modernamente como "operação a descoberto", vista no século XIX como de natureza especulativa e que deveria ser coibida.

observados, parcialmente decorrentes da coexistência, até o início da década de 1990, de títulos ao portador, à ordem e nominativos e dos riscos e dificuldades decorrentes de seus regimes de guarda e transferência.

No país, problemas em mais larga escala foram observados no final da década de 1960, com o *boom* que se seguiu aos incentivos fiscais criados para o desenvolvimento do mercado acionário, já com a estrutura criada pela Lei n. 4.728, de 14 de julho de 1965. Na ocasião, a estrutura interna das corretoras de valores mostrou-se absolutamente inadequada para lidar com o crescente volume de operações, que, à época, era fundamentalmente decorrente da atuação de pessoas físicas (os investidores institucionais e estrangeiros, muito representativos nos dias de hoje, ainda não se faziam presentes no mercado local). Há relatos de transferências de ações nominativas que levavam meses para serem efetivadas. Em meio às dificuldades operacionais, a Bolsa de Valores do Rio de Janeiro chegou a suspender o pregão para possibilitar que as corretoras colocassem em ordem seus departamentos internos de custódia. Segundo registros da época, "reinava o caos, devido a montanhas de papéis que tinham ido parar nas mãos erradas ou que simplesmente haviam desaparecido das seções de custódia encarregadas de guardá-los e protegê--los" (VIDOR, 2018, posição 1245).

Problemas generalizados também foram observados no exterior, igualmente motivados pela incapacidade da indústria de intermediação de lidar com um volume crescente de operações. Foi o caso do mercado americano no final da década de 1960, no episódio que ficou conhecido como *paperwork crisis*. Contando com estruturas subdimensionadas de *back-office*, muitas corretoras de valores atuantes na Bolsa de Valores de Nova York (NYSE) foram incapazes de processar a compensação e liquidação das operações comandadas por clientes. A situação forçou a NYSE a funcionar apenas quatro dias por semana ao longo de muitos meses, operando ainda em diversos pregões com horários reduzidos, de forma a possibilitar a regularização das pendências pelos intermediários.[9]

Muitas das limitações existentes também estavam ligadas à tecnologia então disponível – tradicionalmente se negociavam valores consubstanciados em cártulas. Novas técnicas foram incorporadas à medida que as circunstâncias operacionais assim o permitiam. Como resposta à sucessão de problemas

---

[9] O volume de operações diárias na NYSE evoluiu de 2 milhões de ações em 1950 para 10 milhões em 1967. O número de americanos com investimento em ações saiu de 6,5 milhões em 1952 para 20 milhões em 1965 e 32 milhões em 1970. Para uma análise das causas e consequências da crise, *vide* WELLS (2000, p. 193-235).

operacionais no final da década de 1960, houve a criação dos sistemas de controle centralizado de movimentação de papéis, viabilizados por avanços na infraestrutura computacional e de comunicações. No caso brasileiro, o primeiro caso a ser mencionado é o do SELIC (sigla de "Sistema Especial de Liquidação e Custódia"), destinado ao controle de movimentação de títulos públicos federais, ao qual tinham acesso o Bacen (mantenedor do sistema) e as instituições participantes do *open market*, que data de meados da década de 1970. Na escala evolutiva, seguiram-se os sistemas de custódia fungível das bolsas, beneficiando-se da possibilidade expressamente prevista na Lei n. 6.404/1976, da criação de um regime de ações escriturais. No caso da Bolsa de Valores de São Paulo, a custódia fungível teve início em 1981, com a entrada em funcionamento de um sistema centralizado de controle de posições, em contas individualizadas, permitindo, inclusive, um tratamento mais seguro para eventos como pagamento de dividendos, desdobros e bonificações. A movimentação nas contas estava a cargo dos usuários do serviço, no caso as corretoras de valores com acesso ao mencionado sistema. Como sequência da iniciativa das bolsas, em 1986 houve a criação do sistema CETIP, sob o patrocínio das instituições financeiras atuantes no mercado, com a finalidade de registrar e controlar uma gama diversificada de ativos financeiros em circulação no mercado financeiro, como letras de câmbio, debêntures, *commercial papers*, letras hipotecárias, certificados de depósito bancário e outros.

Pelo lado regulamentar as alterações também se sucederam, tentando acompanhar as inovações e as práticas de mercado já em curso. Apenas para nos limitarmos às décadas mais recentes, tem-se o já mencionado regime de ações escriturais trazido pela Lei n. 6.404/1976, seguido pela regulamentação da atividade de custodiante, por meio da Instrução CVM n. 89, de 8 de novembro de 1988 (hoje revogada), que também disciplinou a prestação de serviços de ações escriturais e a emissão de certificados.[10] As obrigações trazidas para os custodiantes pela regulamentação da CVM incluíam a indicação de um diretor responsável, a limitação da prestação de serviços a certas categorias de instituições (desde que comprovassem "condições técnicas, operacionais e econômico-financeiras adequadas", sem todavia precisar que condições seriam essas), a necessidade de um programa de treinamento de funcionários, bem como de auditoria interna e externa, assim como a manutenção de informações atualizadas sobre os "recursos de informática" utili-

---

[10] Para uma extensa análise da evolução que resultou na adoção de valores mobiliários sob a forma escritural, em especial no contexto europeu, *vide* FERREIRA (1997).

zados. Em termos de obrigações junto aos clientes, exigia-se apenas que o custodiante fornecesse ao cliente o extrato de sua conta (no mínimo uma vez por ano). Esclareceu-se ainda que o custodiante "responde diretamente, perante acionistas e terceiros interessados, por erro ou irregularidade na prestação do serviço" (art. 16).

No período de vigência da Instrução CVM n. 89/1988, há relatos de dificuldades, alguns deles não limitados a problemas envolvendo meras "falhas operacionais" ou erros que tivessem afetado um ou outro investidor específico. Tome-se por exemplo o caso da Marlin S/A Corretora de Câmbio, Títulos e Valores Mobiliários, que ganhou notoriedade em razão da liquidação extrajudicial da entidade e resultou em condenações na esfera administrativa com multas pecuniárias que ultrapassaram R$ 15 milhões em 2003 (CVM, 2003). Entre outros problemas (que envolveram quase uma centena de clientes), foi identificado o "desvio de ações", questão que teria sido recorrente na instituição entre 1997 e 2000, sendo a fraude viabilizada pela participação direta da profissional responsável pelo serviço de custódia, com a colaboração de outros funcionários. No episódio, foram três os procedimentos irregulares identificados: (i) transferência de ações de clientes da corretora, sem o conhecimento e devidas autorizações dos proprietários, para a conta de um cliente específico (partícipe da fraude), com posterior venda; (ii) venda de ações de clientes sem autorização e sem o correspondente crédito dos montantes obtidos aos seus titulares; e (iii) compra de ações por clientes da corretora, com crédito dos papéis nas contas de custódia de outros clientes. Os problemas implicaram o ressarcimento de R$ 23,4 milhões pelos fundos de garantia mantidos à época pela Bolsa de Valores do Rio de Janeiro e pela Bolsa de Valores de São Paulo, em virtude de terem sido resultantes de falhas na prestação de serviços pela Marlin.[11]

Há outros casos, inclusive com decisões mais recentes. Por exemplo, em julgamento de agosto de 2019 houve novas condenações por problemas com custódia de ativos de clientes, desta vez envolvendo a Corval Corretora de

---

[11] Por força da regulamentação em vigor à época (Resoluções CMN n. 1.656, de 26 de outubro de 1989, e 2.690, de 28 de janeiro de 2000), as bolsas de valores deveriam manter "fundos de garantia" destinados a [...] assegurar aos investidores do mercado de valores mobiliários [...] ressarcimento de prejuízos decorrentes da atuação de administradores, empregados ou prepostos de sociedade membro ou permissionária, em relação à intermediação de negociações realizadas em bolsa e aos serviços de custódia [...]". O "fundo de garantia" teve sua denominação posteriormente alterada para "Mecanismo de Ressarcimento de Prejuízos" pela Instrução CVM n. 461, de 23 de outubro de 2007, mantendo-se em grande medida as hipóteses de ressarcimento já previstas.

Valores Mobiliários S.A. (que também foi objeto de liquidação extrajudicial). O caso concreto versou sobre problemas ocorridos entre 2013 e 2014, envolvendo pelo menos 270 transferências de custódia de ações não autorizadas pelos titulares, de forma a viabilizar a substituição da margem em dinheiro depositada por alguns clientes por valores mobiliários de terceiros. Os recursos em dinheiro levantados nas operações irregulares teriam sido utilizados para o pagamento de despesas operacionais da corretora, adiantamentos a administradores e a agentes autônomos a ela vinculados, financiamentos irregulares e liquidação de obrigações da própria corretora com a *clearing* da B3 (então BM&FBOVESPA). Foram condenadas quatro pessoas, com penas de proibição temporária de atuar e multas pecuniárias (CVM, 2019c).

Questões mais complexas afetaram intermediários estrangeiros que operavam em escala global. Nas experiências traumáticas enfrentadas nos casos de insolvência de intermediários após a crise do *subprime* (entre os mais conhecidos, os casos do Lehman Brothers e da MF Global), grande parte dos problemas enfrentados por clientes das instituições em crise esteve ligada à dificuldade de recuperação dos recursos mantidos junto aos intermediários, que, em alguns casos, terminaram arrecadados pelos responsáveis pela condução dos regimes de resolução a que submeteram essas entidades – para a surpresa de muitos investidores que pleiteavam a restituição dos recursos mantidos nessas instituições.

Em outubro de 2011, a MF Global apresentou o que à época significou o oitavo maior pedido de falência da história americana, depois de ter suas avaliações de crédito rebaixadas pelo mercado e apresentar resultados trimestrais inferiores ao esperado. O pedido foi precedido de fracassadas tentativas de venda do negócio para outros conglomerados financeiros. A MF Global era uma corretora de valores com autorização da United States Securities and Exchange Commission (SEC) e da Commodity Futures Trading Commission (CFTC), atuando tanto no mercado de *securities* (como *broker dealer*) como no de derivativos (como Futures Commission Merchant – FCM), com grande presença nos mercados de derivativos da Chicago Mercantile Exchange (CME), na qual possuía posições que representavam mais de US$ 100 bilhões (*notional value*). Na ocasião, sua participação representava 28% no volume total negociado naquela bolsa (TILL, 2012). Seu pedido de falência foi motivado por insuficiência de recursos, inicialmente estimados em US$ 633 milhões, número posteriormente recalculado para US$ 1,2 bilhão (KNUTH, 2012).

Investigações demonstraram que a MF Global havia utilizado recursos de clientes como margem de garantia para posições proprietárias, ou seja, realizadas em nome do próprio intermediário ou de pessoas a ele ligadas, em especial por meio de empréstimos entre o *broker dealer* e o FCM (que eram pessoas jurídicas distintas e sujeitas a regimes regulatórios não exatamente coincidentes) (COLLINS, 2017, p. 75).

A despeito de a maior parte dos recursos ter sido restituída aos clientes no final do processo, o pedido de falência teve graves repercussões sobre os investidores, que não apenas perderam o imediato acesso aos sistemas de negociação da MF Global, como também à movimentação de suas contas junto ao intermediário, que foram temporariamente bloqueadas como decorrência do processamento do pedido de falência.

Assim como no caso da MF Global, a quebra do Lehman Brothers também trouxe grande discussão acerca dos regimes de proteção de recursos de clientes, mantidos junto aos intermediários. O grupo apresentou seu pedido de falência em setembro de 2008, episódio que é considerado um dos marcos da crise do *subprime*, em especial pela representatividade do conglomerado financeiro no contexto do mercado global. À época do seu pedido de falência, os ativos totais do grupo eram estimados em US$ 700 bilhões, distribuídos entre mais de oitenta pessoas jurídicas e outros veículos de investimento espalhados pelo mundo.

No caso do Lehman Brothers, os problemas acerca dos ativos de clientes estiveram relacionados ao fato de que muitos dos recursos, em especial de clientes residentes nos Estados Unidos, foram transferidos para empresas do grupo situadas no exterior, onde ficaram retidos após a decretação da falência do conglomerado. A distribuição das sociedades do grupo por várias jurisdições distintas o sujeitava a regimes falimentares diversos. Em muitos casos (em especial na Inglaterra), os administradores judiciais arrecadaram os recursos transferidos pelos intermediários do conglomerado estabelecidos nos Estados Unidos, não sendo possível a restituição imediata dos valores mobiliários ou mesmo do dinheiro dos clientes. Em junho de 2009, esse montante devido a clientes residentes nos Estados Unidos foi estimado em quase US$ 700 milhões, entre dinheiro e ativos (LUBBEN, WOO, 2020).

3. As Respostas Regulatórias

Os casos da Lehman Brothers e da MF Global envolveram pontos de difícil tratamento, sobretudo em razão da atuação global desses dois grupos financeiros. Nessa condição, sujeitavam-se a regimes não necessariamente convergentes, o que abria oportunidade para estratégias de arbitragem regulatória. Um dos pontos que mereceu maior atenção (e que, sem dúvida, transcende a questão da jurisdição aplicável) é o da necessidade de adequada segregação dos ativos financeiros, *"in a way that appropriately distinguishes the client assets account of one client of the intermediary from the client assets account of another client of the intermediary and from the assets of the intermediary itself"* (INTERNATIONAL ORGANIZATION OF SECURITIES COMMISSIONS, 2014, p. 3).

Na prestação de serviços de intermediação de valores mobiliários, a prática da segregação de contas é absolutamente fundamental para a segurança do sistema. Nesse ponto, há pelo menos duas dimensões a se considerar. A primeira, como aponta a Iosco, a segregação dos recursos do próprio intermediário, que devem ser mantidos de forma separada dos recursos dos clientes. Um segundo aspecto diz respeito à segregação dos recursos entre esses mesmos clientes. Para os dois casos, é louvável a manutenção de contas individualizadas, de forma que não se misturem os recursos do intermediário com os recursos dos clientes, nem os recursos por eles mantidos individualmente.

Com essa primeira dimensão subjetiva da segregação de recursos, convive outra relacionada à natureza dos "recursos" aqui mencionados, que podem categorizados como (i) "dinheiro" (no caso brasileiro, recursos em espécie depositados pelos investidores na conta corrente bancária de titularidade do intermediário), para fins de liquidação de operações; e (ii) "valores mobiliários", resultantes de operações realizadas no mercado ou transferidos pelo próprio investidor a partir de outras contas. A categorização é necessária pois o regime de proteção existente no Brasil é assimétrico, variando conforme a natureza do recurso em poder do intermediário ou custodiante. A regulamentação mencionada (Instruções CVM n. 541/2013 e 542/2013) disciplina apenas o regime de tratamento dos valores mobiliários, não tratando dos saldos de recursos em espécie (dinheiro) mantidos pelos clientes junto ao prestador de serviços, ao qual não há menção expressa na regulamentação. Não se especifica qual o tratamento a ser aplicado aos saldos em conta corrente em caso de liquidação extrajudicial, dependendo-se, em muitos casos, da interpretação do interventor indicado pelo Bacen.

De qualquer maneira, o estudo pela Iosco das formas de tratamento utilizadas resultou na publicação de oito princípios destinados a orientar os diversos reguladores nacionais no tratamento da questão de proteção dos clientes dos intermediários, com especial ênfase nas salvaguardas existentes para (i) casos em que os ativos de clientes estivessem mantidos sob um regime legal e regulamentar distinto daquele a que estiver submetido o cliente ou o próprio intermediário e (ii) os procedimentos de proteção aplicáveis quando ocorrer o inadimplemento ou a decretação de algum regime de liquidação judicial ou extrajudicial que alcance o intermediário ou terceiros por ele contratados para a prestação de serviços de guarda ou administração dos ativos entregues por clientes.

Em síntese, os oito princípios de 2014 abordam os seguintes pontos (INTERNATIONAL ORGANIZATION OF SECURITIES COMMISSIONS, 2014, p. 3-8):

(i) a manutenção de contas correntes e registros de ativos de clientes que permitam a identificação da natureza, montante, localização e propriedade dos ativos dos clientes (bem como a identificação dos próprios clientes), com trilhas de auditoria (Princípio 1);

(ii) o fornecimento periódico de demonstrativos aos clientes, com a relação dos ativos mantidos pelo intermediário (Princípio 2);

(iii) a existência de medidas apropriadas que permitam a proteção dos direitos inerentes à propriedade dos ativos e minimizem a possibilidade de perda ou o seu uso indevido (Princípio 3);

(iv) a adoção de medidas adicionais de controle para os casos em que os ativos financeiros sejam mantidos em jurisdições distintas daquela em que está estabelecido o intermediário, de forma a propiciar ao cliente, dentro do que for possível, uma sistemática de proteção equivalente à observada na jurisdição de origem do investidor (Princípio 4);

(v) a garantia de transparência para o cliente acerca do regime protetivo aplicável, incluindo os arranjos operacionais aplicáveis e os riscos envolvidos (Princípio 5);

(vi) nas jurisdições que admitem a alteração do regime de proteção aplicável (*opt out*), a necessidade de manifestação expressa pelo cliente, assegurando-se que ele tenha compreendido de forma adequada os impactos da mudança de regime (Princípio 6);

(vii) os reguladores devem verificar a observância das regras por parte dos intermediários no que se refere aos procedimentos de guarda e controle dos ativos financeiros de clientes (Princípio 7);

(viii) nos casos em que os ativos financeiros sejam mantidos no exterior, a necessidade de que os reguladores nacionais tenham acesso a fontes de informações que permitam a adequada supervisão das atividades dos prestadores de serviços para os intermediários locais, sejam essas fontes os reguladores estrangeiros no exterior, sejam os próprios prestadores de serviços contratados pelo intermediário local (Princípio 8).

Os princípios editados pela Iosco em 2014 foram posteriormente objeto de uma revisão temática em 2017, que objetivou identificar o progresso das diversas jurisdições na implementação de alterações legais, regulamentares e de outras políticas relacionadas aos princípios, tomando-se como data de referência 30 de abril de 2016. A revisão alcançou 36 jurisdições diferentes, incluindo o Brasil (INTERNATIONAL ORGANIZATION OF SECURITIES COMMISSIONS, 2017).

Foram observados resultados variados, conforme o país (maior observância por parte de países europeus, Estados Unidos e Canadá) e o princípio (sendo colhidos os melhores resultados na aplicação dos Princípios 2, 7 e 8). Especificamente no caso do Brasil, considerou-se que a regulamentação em vigor à época do levantamento indicava o completo atendimento da maior parte deles, sendo indicados espaços para melhoria no que diz respeito aos Princípios 3, 4 e 6.

No caso do Princípio 3, os avaliadores da Iosco entenderam que o seu pleno atendimento dependeria da exigência regulamentar de realização pelo intermediário de *due diligence* sobre os prestadores de serviços contratados, de forma a verificar a observância das regras relativas à proteção dos ativos. Conforme os critérios utilizados pelos avaliadores, a mera existência de deveres gerais (dever de lealdade, dever de diligência, etc.) não seria suficiente para concluir pela plena observância do princípio. Especificamente no caso do Brasil e outras seis jurisdições,

> [...] *intermediaries can only use certain types of regulated entities designated by the regulator as approved or acceptable custodians to hold client assets. Intermediaries in these jurisdictions are not required to carry out any additional due diligence on the third party either at the point of selection or on an ongoing basis* [...].
> (INTERNATIONAL ORGANIZATION OF SECURITIES COMMISSIONS, 2017, p. 19)

Já no caso do Princípio 4, que diz respeito ao uso de prestadores de serviços de guarda dos ativos no exterior, entendeu-se que sua observância dependeria, por exemplo, da existência de comandos diretos de realização de *due diligence* pelo intermediário local, junto ao prestador de serviços no exterior, obrigatoriedade ausente na regulamentação local, a despeito da existência de um comando geral de necessária transparência acerca de todos os riscos e características dos produtos oferecidos pelo intermediário aos clientes (Instrução CVM n. 505, art. 32, V).

Finalmente, foi ainda apontada a não observância do Princípio 6, concernente à opção do cliente pela saída do regime geral de proteção (*opt out*), para o qual a regulamentação brasileira não faz menção expressa. Na ausência de previsão para o *opt out*, seria esperado que o regime geral continuasse a se aplicar, mas, aparentemente, a impossibilidade de se renunciar ao regime de proteção existente não foi levada em consideração pelos avaliadores da Iosco, que apontaram que o país – tal como no caso dos Princípios 3 e 4 – não implementou mudanças para a adoção da medida recomendada no Princípio 6.

4. As *Exchanges* e a Proteção dos Ativos de Clientes

A questão da necessidade de proteção dos investidores em ativos digitais está longe de ser meramente acadêmica, e uma crise generalizada na área pode ter expressivas consequências econômicas e sociais. Os levantamentos realizados no Brasil sobre as atividades das *exchanges* indicam números significativos: até o mês de maio de 2019, teria sido negociado R$ 1,9 bilhão em bitcoins por meio das *exchanges* monitoradas pela bitValor.com, sendo R$ 760 milhões apenas no próprio mês de maio. Segundo a mesma apuração, as operações envolveram um valor médio pouco superior a R$ 1,5 mil, mas em grande número – 1,3 milhão de negócios nos primeiros cinco meses de 2019 (BITVALOR, 2019).

São igualmente relevantes os prejuízos já ocorridos que contaram com falhas na guarda dos ativos digitais. As estimativas de perdas globais variam, mas há menções a danos da ordem de US$ 1 bilhão em desvios de ativos digitais em 2018, montante que alcançaria mais de US$ 8 bilhões se considerado o período desde 2009, quando começou a se desenvolver esse mercado (GREGORIO, 2019a). Entre os casos recentes estão a Binance, que teria reportado perdas de 7 mil bitcoins em maio de 2019, e a Coincheck, com desvios de US$ 530 milhões em 2018 (WILSON, 2019).

Em diversos países (e, como visto, no Brasil não é diferente), as *exchanges* operam livremente, alheias a qualquer regulação específica e adaptada às suas características. Ademais, os serviços prestados diferem substancialmente, bem como as condições contratuais a que estão sujeitos seus clientes. Há aquelas de modelo centralizado, nas quais,

> [...] ao negociar por meio de uma plataforma, há apenas a transferência de titularidade na base de dados interna, não sendo realizada qualquer operação em *blockchain*. Essa transferência final de titularidade em *blockchain* acontece apenas quando há a retirada ou o depósito de ativos [...]. Ou seja, há uma representação de toda a transação em um sistema fora do *blockchain* [...] e há uma ou mais carteiras da *exchange*, nas quais são mantidos os ativos, sendo parte do armazenamento *on-line* [...]. (GRUPENMACHER, 2019, p. 61)

A esse padrão se contrapõe um modelo descentralizado, por meio do qual certas atividades consideradas "essenciais" são realizadas diretamente pelo investidor, sem necessidade de intermediação: entrega de ativos ou de dinheiro, disponibilização ou *matching* de ofertas de compra e de venda e troca de ativos (GRUPENMACHER, 2019, p. 82-83).

Facilitada pelo uso da internet, a prestação de serviços transfronteiriços torna ainda mais complexa a construção de um diagnóstico mais preciso. Não é incomum que essas entidades distribuam suas atividades entre jurisdições distintas, dificultando a avaliação, por parte de um potencial investidor, do risco a que está sujeito ao contratar seus serviços.

No Brasil, os problemas a respeito têm-se multiplicado. Em muitos casos, as supostas perdas de *exchanges* confundem-se com problemas de fraudes, em geral com a construção de estratégias de "pirâmides financeiras" que se utilizam dos ativos digitais como fator de atração de aplicadores. Em uma análise preliminar, pode ser difícil separar as situações, visto que não há total clareza sobre o que efetivamente ocorre nas *exchanges* ou segurança sobre a efetividade dos procedimentos e controles internos que essas entidades afirmam manter.[12]

Seja em razão das diferentes características dos ativos digitais, seja da ausência de órgãos reguladores atuantes, ou ainda do desinteresse de alguns dos próprios prestadores de serviços em implementar controles mais efetivos, o fato é que nesse cenário os investidores estão sujeitos a riscos adicionais consideráveis (em muitos casos, senão na maioria deles, desconhecendo esse fato).

---

[12] Há situações de promessa de rendimento com operações com bitcoins, com anúncios em horário nobre na TV, ao mesmo tempo em que empresas já ingressaram com pedido de recuperação judicial, com dívidas de pelo menos R$ 23 milhões e mais de 6 mil clientes prejudicados (GREGORIO, 2019b). Em outubro de 2019, um pedido para a instauração de uma Comissão Parlamentar de Inquérito "para apurar irregularidades e pirâmides financeiras ligadas a criptomoedas" chegou a ser apresentado na Câmara dos Deputados (TAIAR e RIBEIRO, 2019).

15. O DURO APRENDIZADO: LIÇÕES DO MERCADO DE CAPITAIS PARA A PROTEÇÃO DE ATIVOS...

Ainda que possa haver compartilhamento das preocupações no sentido da necessidade de proteção dos clientes, a forma de organização e funcionamento de indústria de intermediação de ativos digitais (a começar pela sua própria heterogeneidade) dificulta a importação direta de soluções aplicadas nos mercados "tradicionais", descritas nas seções anteriores. Por exemplo, ao insistir na utilização do mercado de capitais como paradigma, sob certo ponto de vista a custódia dos ativos digitais corresponderia ao controle das chaves privadas, no interesse dos clientes para os quais se presta o serviço. Contudo, a partir desse ponto inicial tem-se razoável diferença em relação ao regime de custódia dos valores mobiliários – por exemplo, no mundo dos ativos digitais inexiste a figura do depositário central.

Adicionalmente, ao contrário do que se observa no mercado de capitais, pelo menos em sua vertente original, o mercado dos ativos digitais não trabalha com a necessária existência de um intermediário que atue como custodiante ou depositário, do qual depende o investidor para a manutenção de seus ativos. Todavia, mais uma vez, a depender da configuração de que se trata, se houver a prestação desse serviço de intermediação, a relação de natureza contratual pode ocorrer fora do *blockchain*, com consequências importantes para a exposição de risco a que se sujeita o investidor.

Considerando esses e outros aspectos, em documento disponibilizado para consulta pública, a Iosco (2019) apresentou uma lista de pontos de atenção para os reguladores nacionais acerca das *exchanges*, a saber:

(i) o processo de admissão de novos clientes pelas *exchanges*, incluindo a necessidade de procedimentos equitativos e não discriminatórios na admissão de novos investidores e no oferecimento de produtos e serviços, a aplicação de procedimentos de *know your client* e a disponibilização de informações suficientes para o processo de tomada de decisão de investimentos;

(ii) a existência de um adequado tratamento dos conflitos de interesses na prestação dos serviços, envolvendo a própria *exchange*, seus administradores, os empreendedores que podem usar a entidade como plataforma de captação de recursos e os investidores. Tais conflitos potenciais tendem a ser agravados nas situações em que a *exchange* cumula funções que, nos mercados financeiro e de capitais, caberiam a entidades distintas, como é o caso de admissão à negociação, a negociação propriamente dita, compensação e liquidação, custódia, *market making* e aconselhamento ou recomendação de produtos e serviços;

(iii) a existência de uma descrição pormenorizada e compreensível pelo investidor médio da forma de execução de operações pela *exchange*, incluindo questões como sua influência na formação de preços, interação de ordens de compra e de venda, atuação da própria plataforma ou de terceiros como *market maker* e outras questões ligadas à realização das operações em nome dos clientes;

(iv) a necessidade de existência de um regime que possibilite a prevenção e o posterior combate a práticas que atentem contra a integridade de mercado, em especial fraudes, manipulação de preços ou outras condutas indevidas, inclusive com uma avaliação da transparência acerca de dados sobre a negociação dos ativos digitais;

(v) a necessidade de que as *exchanges* disponham de sistemas com características de resiliência, confiabilidade e integridade, adequados à natureza dos serviços prestados, inclusive no que se refere à proteção contra ataques cibernéticos e com padrões adequados de segurança;

(vi) a depender do modelo de negócios adotado pela *exchange*, a efetividade dos arranjos de compensação e liquidação de operações, com foco na proteção dos interesses dos investidores que se utilizam da plataforma para a realização de suas operações, com um adequado tratamento e clareza para as diversas responsabilidades da própria *exchange*, de terceiros contratados e do próprio investidor para a consecução dessas atividades; e, finalmente,

(vii) as salvaguardas existentes para a proteção dos ativos dos clientes, incluindo não apenas os recursos entregues à *exchange* para a realização das operações, como também o produto decorrente da execução desses negócios.

Ainda que não a mencionem de maneira expressa, em especial os dois últimos tópicos destacados pela Iosco têm relação intrínseca com a questão da titularidade e guarda dos ativos. Como resultado das operações de compra e venda dos ativos digitais, espera-se seu regular processamento em benefício dos investidores em cada um dos lados da negociação. Caso haja falhas na liquidação, certos procedimentos devem estar estabelecidos, de forma a minimizar as perdas dos envolvidos. Ao mesmo tempo, espera-se que as movimentações nos saldos decorram exclusivamente de operações ou comandos diretos dos titulares. Porém, considerada a ampla liberdade com que atuam as *exchanges*, em alguns casos não há segurança de que os procedimentos e controles internos atendam a essas expectativas.

Conclusão

Não se advoga no presente trabalho a necessária inclusão das *exchanges* como agentes econômicos necessariamente sujeitos à regulamentação do mercado de capitais, ou mesmo do mercado financeiro, pelo menos na forma que eles se encontram estruturados no país. Todavia, é necessário alertar para a representatividade econômica da atividade dessas entidades, que, se não chegam a assumir dimensões que implicariam riscos de natureza sistêmica, têm sido destinatárias de um volume não desprezível de poupança dos indivíduos. Nesse sentido, caberia a reflexão acerca da necessidade de algum grau de regulação e supervisão, seja de inciativa dos próprios participantes da indústria (em um esforço de efetiva autorregulação), seja do próprio Estado, de forma a estabelecer um patamar mínimo de proteção ao público investidor.

Como visto, a guarda dos ativos é apenas um dos pontos que merecem atenção no esforço de criação de um ambiente mais seguro, de maneira a permitir a continuidade do florescimento do mercado de ativos digitais. É certo que o seu caráter inovador traz desafios para o estabelecimento de qualquer *benchmark*, questão agravada pela diversidade de formas de atuar e pelo acelerado ritmo de surgimento de inovações. Nesse cenário, corre-se o risco de rápida obsolescência ou mesmo de inaplicabilidade de exigências legais ou regulamentares que ignorem essas características.

Entretanto, as dificuldades não deveriam ser consideradas um impeditivo para iniciativas dessa natureza, visto que episódios mais agudos podem prejudicar sobremaneira o desenvolvimento do mercado de ativos digitais – seja por questões reputacionais junto ao potencial público investidor, seja por interferência estatal no sentido de restringi-lo de forma excessiva –, por exemplo, com a imposição de obrigações legislativas ou regulamentares desproporcionais, que agregariam custos ao sistema sem correspondentes benefícios em termos de crescimento do mercado ou mesmo de segurança dos investidores que se busca proteger.

Como mencionado na última seção, a ausência de definição do regime de proteção aplicável torna mais complexa qualquer análise de riscos que um potencial investidor venha a realizar. À luz da legislação em vigor, pode haver incertezas quanto ao regime de propriedade dos ativos digitais a ser aplicado, em função dos inúmeros modelos de negócio das *exchanges* e dos consequentes arranjos contratuais decorrentes. Ademais, à luz das experiências vividas no mercado de capitais, pergunta-se qual seria o impacto de um regime de resolução que venha a ser aplicado a uma *exchange* que ingresse em recuperação judicial ou falência. Ainda nessa linha, certamente haverá dificuldades adicionais quando se tratar de uma *exchange* com atuação *cross border*.

A lista de desafios é ainda maior: não há uma exigência de transparência mínima acerca dos riscos envolvidos nas operações com as *exchanges* (lembre-se de que é um mercado afeito a pessoas físicas). Nenhum dos mecanismos de proteção dos mercados tradicionais se aplica ao caso dos ativos digitais (como o Mecanismo de Ressarcimento de Prejuízos). E não se fiscaliza como as *exchanges* efetivamente operam.

De seu lado, a duras penas o mercado de capitais evoluiu para um regime de proteção de valores mobiliários que pode ser considerado robusto. Não se pode asseverar que se encontra imune a problemas, mas o caminho trilhado ao longo das décadas de constante aprimoramento traz lições que podem servir de inspiração para o marco institucional que se faz cada dia mais necessário para as *exchanges*. No caso do mercado de capitais, entendeu-se que a prestação de serviços de custódia (e, de uma forma mais ampla, de serviços de intermediação) depende da existência de uma estrutura mínima em termos de governança, regras, procedimentos e controles internos. Nesse particular, como mencionado, merecem destaque a estrutura de *compliance* da instituição (incluindo-se a auditoria externa), bem como o regime de responsabilização dos administradores. As regras de segregação de contas e o cuidado com outras atividades potencialmente conflitantes também são preciosas referências. E, finalmente, conta-se com a existência de entidades independentes que exerçam tarefas de supervisão, seja com financiamento estatal, seja pela autorregulação da própria indústria.

É evidente que a determinação das soluções mais adequadas e sua forma de implementação exigem debate e amadurecimento. A constante postergação dessas definições, no entanto, perpetua a exposição de grande parcela dos investidores aos riscos de investimento por meio das *exchanges*.

REFERÊNCIAS

BANCO CENTRAL DO BRASIL. *Comunicado n. 31.379, de 16 de novembro de 2017*: alerta sobre os riscos decorrentes de operações de guarda e negociação das denominadas moedas virtuais. Brasília: Banco Central do Brasil, 2017. Disponível em: https://www.bcb.gov.br/estabilidade financeira/exibenormativo?tipo=Comunicado&numero=31379. Acesso em: 11 nov. 2019.

B3. *Programa de Qualificação Operacional*: roteiro básico. São Paulo: B3, 2019. Disponível em: http://www.b3.com.br/data/files/40/43/D7/46/38DA3610DF40D936790D8AA8/Novo%20Roteiro%20Basico%20-%20JAN%202019.pdf. Acesso em: 23 nov. 2019.

BITVALOR. Relatório do Mercado Brasileiro de Bitcoin. *bitValor.com*, 2019. Disponível em: https://bitvalor.com/relatorios/201905_relatorio_mercado_brasileiro_bitcoin. Acesso em: 5 nov. 2019.

COLLINS, Daniel P. MF Global is Gone, but Corzine may Return. *Modern Trader*, v. 534, p. 75, June 2017.

COMISSÃO DE VALORES MOBILIÁRIOS. *Inquérito Administrativo CVM n. 04/2002*. Relator Diretor Wladimir Castelo Branco Castro, j. 12 nov. 2003. Disponível em: http://www.cvm.gov.br/export/sites/cvm/sancionadores/sancionador/anexos/2003/20031113_PAS_0402.pdf. Acesso em: 26 dez. 2019.

COMISSÃO DE VALORES MOBILIÁRIOS. *Initial Coin Offering (ICO):* nota da CVM a respeito do tema. Rio de Janeiro: CVM, 2017. Disponível em: http://www.cvm.gov.br/noticias/arquivos/2017/20171011-1.html. Acesso em: 11 nov. 2019.

COMISSÃO DE VALORES MOBILIÁRIOS. *Supervisão Baseada em Risco*: Plano Bienal 2019-2020. Rio de Janeiro: CVM, 2019a. Disponível em: http://www.cvm.gov.br/export/sites/cvm/menu/acesso_informacao/planos/sbr/Plano_Bienal_2019_2020.pdf. Acesso em: 13 jan. 2019.

COMISSÃO DE VALORES MOBILIÁRIOS. *Supervisão Baseada em Risco*: Relatório Semestral Julho-Dezembro de 2018. Rio de Janeiro: CVM, 2019b. Disponível em: http://www.cvm.gov.br/export/sites/cvm/menu/acesso_informacao/planos/sbr/Relatorio_Semestral_Julho_Dezembro_2018.pdf. Acesso em: 13 jan. 2020.

COMISSÃO DE VALORES MOBILIÁRIOS. *Processo Administrativo Sancionador n. 19957.007133/2017-92 (SP2018/15)*. Relator Presidente Marcelo Barbosa, j. 13 ago. 2019c. Disponível em: http://www.cvm.gov.br/sancionadores/sancionador/2019/20190813-PAS-SP2018-15.html. Acesso em: 26 dez. 2019.

FERREIRA, Amadeu José. *Valores mobiliários escriturais*: um novo modo de representação e circulação de direitos. Coimbra: Almedina, 1997.

GREGORIO, Rafael. Hackers já roubaram mais bitcoins do que todo o patrimônio do criador Satoshi Nakamoto. *Valor Investe*, 13 jun. 2019a. Disponível em: https://valorinveste.globo.com/mercados/cripto/noticia/2019/06/13/criptopilulas-hackers-ja-roubaram-mais-bitcoins-que-todo-o-patrimonio-do-criador-satoshi-nakamoto.ghtml. Acesso em: 5 nov. 2019.

GREGORIO, Rafael. Grupo Bitcoin Banco pede recuperação judicial. *Valor Investe*, 5 nov. 2019b. Disponível em: https://valorinveste.globo.com/mercados/cripto/noticia/2019/11/05/grupo-bitcoin-banco-pede-recuperacao-judicial-e-lista-de-credores-de-criptmoedas-vaza.ghtml. Acesso em: 12 nov. 2019.

GRUPENMACHER, Giovana Treiger. *As plataformas de negociação de criptoativos*: uma análise comparativa com as atividades das corretoras e da Bolsa sob a perspectiva da proteção do investidor e da prevenção à lavagem dinheiro. 2019. Dissertação (Mestrado em Direito) – Escola de Direito de São Paulo, Fundação Getulio Vargas, São Paulo, 2019. Disponível em: https://hdl.handle.net/10438/27595. Acesso em: 4 nov. 2019.

INTERNATIONAL ORGANIZATION OF SECURITIES COMMISSIONS. *Recommendations Regarding the Protection of Client Assets*. Final Report. (FR 01/14). Madrid: Iosco, 2014. Disponível em: https://www.iosco.org/library/pubdocs/pdf/IOSCOPD436.pdf. Acesso em: 5 nov. 2019.

INTERNATIONAL ORGANIZATION OF SECURITIES COMMISSIONS. *Thematic Review of the Adoption of the Principles set forth in IOSCO's Report*: Recommendations Regarding the

Protection of Client Assets. (FR 16/17). Madrid: Iosco, 2017. Disponível em: https://www. iosco.org/library/pubdocs/pdf/IOSCOPD577.pdf. Acesso em: 5 nov. 2019.

INTERNATIONAL ORGANIZATION OF SECURITIES COMMISSIONS. *Issues, Risks and Regulatory Considerations Relating to Crypto-Asset Trading Platforms*: Consultation Report. Madrid: Iosco, 2019. (CR02/2019). Disponível em: https://www.iosco.org/library/pubdocs/pdf/IOSCOPD627.pdf. Acesso em: 5 nov. 2019.

KNUTH, Elaine. MF Global's original sin. *Futures: News, Analysis & Strategies for Futures, Options & Derivatives Traders*, v. 41, n. 11, p. 26-28, 2012.

LUBBEN, Stephen J.; WOO, Sarah Pei. Reconceptualizing Lehman. *NYU Law and Economics Research Paper*, n. 13-24. Disponível em: https://ssrn.com/abstract=2282751. Acesso em: 12 jan. 2020.

SCHUEFFEL, Patrick; GROENEWEG, Nikolaj. Evaluating Crypto Exchanges in the Absence of Governmental Frameworks: a multiple criteria scoring model. *SSRN Electronic Journal*, 2019. Disponível em: https://ssrn.com/abstract=3432798. Acesso em: 11 nov. 2019.

TAIAR, Estevão; RIBEIRO, Marcelo. CPI do bitcoin já tem assinaturas para ser instalada. *Valor Investe*, 5 nov. 2019. Disponível em: https://valorinveste.globo.com/mercados/cripto/noticia/2019/10/29/cpi-do-bitcoin-ja-tem-assinaturas-para-ser-instalada.ghtml. Acesso em: 12 nov. 2019.

TILL, Hilary. The Collapse of MF Global: What Happened and Lessons Learned. 1º June 2012. Disponível em: https://ssrn.com/abstract=2603511. Acesso em: 26 dez. 2019.

VIDOR, George. *Os Leite Barbosa:* a saga da corretora que revolucionou o mercado. Rio de Janeiro: Edições de Janeiro, 2018. *E-book*.

WELLS, Wyath. Certificates and Computers: The Remaking of Wall Street, 1967 to 1971. *The Business History Review*, Boston, v. 74, n. 2, p. 193-235, 2000.

WILSON, Tom. Hackers que atacaram Binance transferiram bitcoins roubados, dizem pesquisadores. *Reuters*, 9 maio 2019. Disponível em: https://br.reuters.com/article/internetNews/idBRKCN1SF2IA-OBRIN. Acesso em: 5 nov. 2019.

PARTE 6
ILÍCITOS E *COMPLIANCE*

PART 6
ILICITOS E COMPLIANCE

16. BITCOIN E LAVAGEM DE DINHEIRO: UMA APROXIMAÇÃO[1]

Heloisa Estellita

Introdução

No dia 6 de setembro de 2019, na Escola de Direito de São Paulo da FGV, reunimos um grupo de juristas[2] para discutir o possível papel disruptivo das moedas e dos meios de pagamento eletrônicos para a justiça criminal. O evento realizado insere-se em um contexto no qual se vê o crescimento significativo da relação entre as criptomoedas e a prática de crimes.

Para ficar com alguns exemplos, em abril de 2019, a Polícia do Rio Grande do Sul descobriu suspeitos que *mineravam*[3] Bitcoins para pagar pela aquisição de drogas (AUGUSTO, 2019).

No caso dos dados vazados ao *The Intercept*, apurados na Operação Spoofing, investiga-se se os *hackers* teriam recebido pagamentos em Bitcoins pela invasão dos sistemas de terceiros (CAMPOREZ e ONOFRE, 2019).

Há também casos de pirâmides financeiras, como o descoberto na Operação Egypt, cujos aportes foram realizados pelas vítimas em Bitcoins (OPERAÇÃO EGYPT..., 2019).

Finalmente, em uma recente execução de busca e apreensão na residência de um conhecido empresário brasileiro, foram descobertas anotações à mão contendo o *login* e a senha para uma conta em uma *exchange* de criptomoedas (NOGUEIRA, 2019).

---

[1] A autora agradece a revisão, as sugestões e os comentários feitos por Adriano Teixeira, Eduardo Viana, Flávia Siqueira, Gustavo Quandt, Izabele Kasecker, Luís Greco, Raquel Scalcon, Ronan Rocha e Yuri Luz. Este texto foi originalmente publicado no portal JOTA em 7 de outubro de 2019.
[2] Profa. Dra. Sabine Gless, da Universidade de Basel; Prof. Dr. Alexandre Pacheco, da FGV; Fábio Lacerda Carneiro, do Bacen; Rosine Kadamani, da Blockchain Academy; e a autora deste texto (https://direitosp.fgv.br/evento/bitcoin-libra-co-disruptive-money-criminal-justice).
[3] Sobre esse conceito, ver NOGUEIRA (2019) e notas adiante.

Nesse contexto, o tema da lavagem de capitais com o uso de criptomoedas desperta muita curiosidade e igual perplexidade, essa última decorrente, em parte, do desconhecimento sobre o funcionamento das criptomoedas, notadamente quanto às características mais relevantes para o tema da lavagem.

Para nos aproximarmos do tema, seguirei o seguinte caminho: inicio apresentando alguns conceitos fundamentais sobre os Bitcoins e seu funcionamento (Seção 1), para, a seguir, destacar as características que têm mais peso para o tema da lavagem de capitais (Seção 2). Discuto, então, se Bitcoins podem ser objeto das condutas de lavagem de dinheiro (Seção 3), como poderiam ser utilizadas nas três fases clássicas de prática desse crime (Seção 4), e examino, em duas etapas, o papel das *exchanges* na transação com Bitcoins (Seções 5 e 6), com o que posso tecer algumas conclusões.

1. Alguns Conceitos Fundamentais

As criptomoedas são meios de troca, centralizados ou descentralizados, e que empregam tecnologia de *blockchain* e criptografia para assegurar a validade das transações e a criação de novas unidades de moeda. Entre essas criptomoedas, vamos nos limitar aqui aos Bitcoins, por serem as mais conhecidas e usadas no momento, e apresentar, de forma rápida, conceitos fundamentais para compreensão de seu funcionamento sob a ótica de quem quer compreender seu possível papel na lavagem de dinheiro, ou seja, a descentralização, as transações P2P, o par de chaves, os endereços públicos e o *blockchain*.

O Bitcoin é uma criptomoeda descentralizada, um dinheiro eletrônico para transações diretas ponto a ponto (*peer-to-peer*, ou P2P), realizadas sem intermediários, e que são gravadas em um banco de dados distribuído e público denominado *blockchain*. Essa rede descentralizada, sem autoridade administradora central, garante a ausência de ingerência de autoridades financeiras ou governamentais quanto à emissão (*mineração*)[4] e valoração dos Bitcoins.

---

[4] "Mineração" de Bitcoins é a atividade de rodar um *software* especial que soluciona algoritmos complexos sobre as transações pendentes de confirmação. Os mineradores, portanto, confirmam as novas transações e as gravam no *blockchain*. Essa atividade, essencial para o funcionamento e a segurança do sistema, é remunerada com a criação de novos Bitcoins (*coinbase*) e de honorários (*fees*) pagos pelos usuários aos mineradores. Mais detalhes em Antonopoulos (2017, p. 229 ss.). Para se ter uma ideia, a confirmação de uma transação consome em energia o equivalente ao que consome um morador dos Estados Unidos em 20,64 dias, conforme informa o Digiconomist (https://digiconomist.net/bitcoin-energy-consumption. Acesso em: 23 set. 2019), isso sem falar nos gastos com equipamento computacional.

As transações são transmitidas para a rede descentralizada de computadores por meio de um *software* e são confirmadas pelos mineradores e, então, inscritas no grande livro-razão (movimentação analítica das transações), transparente e aberto ao público, chamado *blockchain*. Uma vez comunicadas para a rede, as transações são irreversíveis.[5] Assim, sempre que alguém quiser conhecer o histórico de todas as transações e a propriedade criptográfica de todos os Bitcoins, desde a primeira transação, basta consultar o *blockchain*.

Tem disponibilidade sobre os Bitcoins quem possuir a chave privada que lhe permite gastar os Bitcoins associados a um endereço específico. Esse endereço específico é produto de uma dupla operação normalmente feita pelas *wallets* (aplicativos a isso destinados): com a chave privada, gera-se uma chave pública que, então, gera o endereço.

Enquanto a chave privada é aleatória, tanto a chave pública quanto os endereços são gerados aplicando-se à chave privada uma função *hash*:[6] chave privada > chave pública > endereço. Essa função *hash* é unidirecional, ou seja, ela facilmente gera uma chave pública e dela um endereço, mas é praticamente impossível percorrer o caminho de volta: em outras palavras, é praticamente impossível derivar uma chave pública de um endereço, e uma chave privada de uma chave pública. Isso quer dizer que a exposição do endereço, que é fornecido aos demais usuários do sistema para que a ele remetam Bitcoins e que funciona como os dados de uma conta bancária (agência e número da conta), nunca expõe o detentor da chave privada.

Assim, todos podem remeter Bitcoins para esse endereço, mas somente o detentor da chave privada (tal qual a senha de acesso a uma conta bancária no sistema de *internet banking*) pode gastá-los. Em suma, com uma chave privada e uma chave pública, é possível transacionar com Bitcoins, o que se designa por "par de chaves". Já a emissão de novos Bitcoins é como que um prêmio para os mineradores, ou seja, pessoas ou grupo de pessoas (*pools* de mineração[7]) que disponibilizam seus computadores para trabalharem na confirmação (inscrição) das transações no *blockchain*.

---

[5] Extraí esses conceitos de Antonopoulos (2017).
[6] Sobre esses conceitos, cf. o texto de Romano (2018).
[7] Cf. NOGUEIRA (2019) e, ainda, o verbete da Wikipedia sobre Pool de Mineração em https://pt.wikipedia.org/wiki/Pool_de_minera%C3%A7%C3%A3o (Acesso em: 23 set. 2019).

2. Quais Características do Bitcoin Favorecem a Lavagem de Capitais?

As principais características do Bitcoin que favorecem seu uso para a lavagem de capitais são a descentralização, a "pseudoanonimidade" e a globalidade.[8]

Como visto, o Bitcoin é uma moeda virtual descentralizada, ou seja, ele é criado e transacionado sem a necessidade de intermediários. As transações podem ser feitas diretamente entre adquirente e vendedor no que se denomina P2P, são então verificadas por todos os usuários (*nodes*) e inscritas em um banco de dados público, o *blockchain*. Sob o olhar do crime de lavagem de dinheiro, a inexistência de uma autoridade central a quem apelar em caso de investigação ou suspeita de atividade criminosa é um fator a ser considerado. Não há nem um banco individual, nem mesmo um banco central encarregado de realizar ou monitorar as transações, como há para as *fiat currencies* (as moedas de curso legal, como o real, o dólar, etc.). A única instância à qual se pode recorrer em caso de investigação será a uma *exchange*, que atua como um intermediário entre os que compram e vendem Bitcoins,[9] mas desde que os usuários tenham feito uso dela. Voltarei às *exchanges* adiante.

Diz-se também que os Bitcoins gozam da característica da *pseudoanonimidade*. Ao contrário do que se pode pensar, as operações com Bitcoin não são um meio de pagamento anônimo, entretanto elas garantem um grau de privacidade que é relevante em termos de persecução penal da lavagem de capitais.

Ao abrir uma "conta", a pessoa não tem de se identificar, e basta o acesso à internet e a um cliente de Bitcoin para gerar um par de chaves e um endereço e ter acesso a transações. Ademais, uma mesma pessoa pode ter diversos endereços, pois a capacidade de criação de endereços pela *wallet* a partir do par de chaves é ilimitada. Isso agrega maior privacidade às transações. Todavia, o fluxo de transações é todo registrado no *blockchain*,[10] o que dá uma transparência relevante quanto a todo o histórico de transações com os Bitcoins.[11]

Uma vinculação de identidade de usuário aos endereços de Bitcoins só pode ser feita por um terceiro (uma *exchange*, por exemplo) já que o código

---

[8] Cf. FINANCIAL ACTION TASK FORCE (FATF, 2019). Cf. também FERNÁNDEZ BERMEJO (2019, p. 81-82).

[9] Mas também outras moedas eletrônicas.

[10] Sobre esses conceitos, já traduzidos para a área de interesse dos juristas, cf. STELLA (2017). Uma abordagem completa em Antonopoulos (2017).

[11] Sobre a possibilidade de rastrear as transações cf. FAUZI *et al.* (2019); e YOUSAF, KAPPOS e MAIKLEJOHN (2019).

em si não contém ou comporta a inclusão dos dados pessoais do titular do endereço (GRZYWOTZ, 2019, p. 99-100). É isso que explica o uso do termo "pseudoanonimidade" (em oposição a uma total anonimidade) e que os atuais esforços de regulação do setor, sob o ponto de vista da prevenção de lavagem, dirijam-se especialmente às *exchanges*, exigindo que tomem medidas de identificação dos usuários (*Know Your Customer* – KYC).

Por fim, a *globalidade* se caracteriza pelo fato de que as transações podem ser realizadas globalmente sem nenhum obstáculo. Para isso, de novo, é suficiente o acesso à internet e a um cliente de Bitcoin. O mesmo vale para a troca de Bitcoin por moedas de curso legal (*fiat*), que pode ser feita por intermediários ou mesmo por pessoas privadas.

Todas essas transações são realizadas sem instâncias de controle, supervisão ou monitoramento. Isso torna esse ambiente propício para aqueles que pretendem "lavar dinheiro" (GRZYWOTZ, 2019, p. 100), mas também chama a atenção quando se trata de controle sobre o câmbio das moedas *fiat* (de curso legal), porque a transferência internacional de valores é feita de forma rápida e barata – uma grande vantagem das *cripto* quando comparadas ao sistema de transferência internacional bancário –, todavia sem nenhum controle por autoridades nacionais, o que nos remete à questão da evasão de divisas (art. 22 da Lei n. 7.492/1986).[12]

3. Bitcoins como Objeto do Crime de Lavagem de Dinheiro

O pressuposto típico central do crime de lavagem de dinheiro é a existência de um objeto sobre o qual recaem as condutas criminosas, objeto esse que tem sua origem na prática de uma infração penal. Entre nós, esse objeto pode ser um bem, um direito ou um valor (art. 1º da Lei n. 9.613/1998). Embora não tenhamos lei que defina o que são moedas criptografadas,[13] sugere-se

---

[12] O Superior Tribunal de Justiça (STJ) já ventilou a possibilidade de que o crime de evasão de divisas seja praticado com criptomoedas: "Em relação ao crime de evasão, é possível, em tese, que a negociação de criptomoeda seja utilizada como meio para a prática desse ilícito, desde que o agente adquira a moeda virtual como forma de efetivar operação de câmbio (conversão de real em moeda estrangeira), não autorizada, com o fim de promover a evasão de divisas do país. No caso, os elementos dos autos, por ora, não indicam tal circunstância, sendo inviável concluir pela prática desse crime apenas com base em uma suposta inclusão de pessoa jurídica estrangeira no quadro societário da empresa investigada" (STJ, CC 161.123, *DJe* 5.12.2018).

[13] Cf. STELLA (2017, p. 150).

que, no estágio atual de compreensão sobre seu uso e funcionamento, devam ser tratadas como "coisas incorpóreas, mais especificamente, com um domínio eletrônico com valor abstrato ao qual se atribui direito de propriedade" (STELLA, 2017, p. 161).[14]

A Receita Federal do Brasil (RFB), por sua vez, trata as moedas digitais como ativos, exigindo a declaração no IR dos ganhos de capitais com elas obtidos. Em 2019, esse mesmo órgão emitiu a Instrução Normativa RFB n. 1.888, de 3 de maio, na qual define os criptoativos como

> a representação digital de valor denominada em sua própria unidade de conta, cujo preço pode ser expresso em moeda soberana local ou estrangeira, transacionado eletronicamente com a utilização de criptografia e de tecnologias de registros distribuídos, que pode ser utilizado como forma de investimento, instrumento de transferência de valores ou acesso a serviços, e que não constitui moeda de curso legal. (art. 5º, I)

Embora não seja esta a sede para tal discussão, o reconhecimento do valor economicamente relevante dos criptoativos já se impõe ao menos ante a Receita Federal, e, no caso da tecnologia envolvida no Bitcoin, esses valores são individualizáveis e passíveis de domínio exclusivo por parte do detentor da chave privada.

Com isso, parece não haver óbice a considerar os Bitcoins valores para fins de que componham o objeto das condutas de lavagem de dinheiro definidas no art. 1º da Lei n. 9.613/1998.

4. Bitcoins e as Fases da Lavagem de Capitais

Dito isso, cumpre saber como é que os Bitcoins podem desempenhar algum papel nas tradicionais fases da lavagem de capitais: colocação, dissimulação e integração.

Na fase da *colocação*, pode-se pensar na inserção de valores patrimoniais no sistema de Bitcoin a partir da obtenção de Bitcoins com valores provenientes da prática de infração penal anterior. Isso pode ser feito por meio da aquisição em *exchanges*; em caixas automáticos de compra de Bitcoins com valores em espécie; em plataformas que conectam usuários para transações

---

[14] Cf. também SALAMA (2019); GLESS, KLUGER e STAGNO (2015).

diretas; por meio da venda direta de bens obtidos com a prática de crimes e recebimento do pagamento diretamente em Bitcoin; pela aquisição direta de Bitcoins com o produto de crime, quando, por exemplo, a venda de drogas é remunerada em Bitcoins; ou pela transferência de Bitcoins de um para outro endereço (GRZYWOTZ, 2019, p. 101-103).

O caráter criminoso dessas modalidades de *colocação* dependerá da forma utilizada pelo agente, apenas se ajustando ao art. 1º, *caput*, primeira figura, da Lei n. 9.613/1998, quando implicarem ocultação da natureza, origem, localização, disposição, movimentação ou propriedade dos valores.

Na fase de *dissimulação*, contemplada no art. 1º, *caput*, segunda figura, do mesmo diploma legal, pode-se diferenciar entre técnicas simples e complexas. As simples relacionam-se à possibilidade de que uma mesma pessoa possa gerar infinitas chaves públicas, mudando o endereço dos Bitcoins sem que o usuário perca o controle sobre eles. Também se pode usar os endereços Bitcoins de terceiros ou mesmo de agentes financeiros.

Em qualquer desses casos, porém, o caminho e o rastro das transações serão facilmente identificáveis dada a transparência do *blockchain*. O que não é passível de conhecimento, como dito, é a identidade dos usuários. É essa combinação entre alta rastreabilidade e não identificação do titular do endereço que permite falar em "pseudoanonimidade" e não em uma anonimidade total.

As formas mais complexas e sofisticadas de dissimulação ou transformação envolvem os chamados *mixing-services* (serviços de mistura ou mescla), cuja função é justamente apagar o rastro dos Bitcoins dentro do *blockchain*, ou seja, romper com a transparência inerente ao sistema. O *mixing* pode ser feito por meio de serviços de carteiras (*web-wallets*), nos quais o controle sobre a chave privada não fica com o usuário, mas com o prestador de serviço, como se fosse um banco que gere os valores depositados pelos clientes. Nesses casos, os clientes têm contra o provedor de serviços apenas e tão somente uma pretensão de pagamento das cédulas depositadas e não, diretamente, direito a esta ou àquela cédula.

Os Bitcoins custodiados por esses provedores não necessariamente serão os mesmos que serão usados para pagar o usuário. Por isso, as *web-wallets* podem ser empregadas para fazer o *mixing*. A diferença no caso do uso de *web-wallets* é que há uma espécie de autoridade central (o provedor do serviço) que tem acesso a todas as informações quanto às transações e que poderá, se o desejar ou se for a isso obrigado, implementar medidas de identificação de cada usuário (KYC), o que diminuirá o grau de anonimidade, permitindo, ainda, a implementação de medidas de supervisão antilavagem (GRZYWOTZ, 2019, p. 104-105).

Entre nós, como visto, a Instrução Normativa RFB n. 1.888/2019 passou a exigir a identificação dos usuários de *exchanges* de criptoativos, muito embora a regulação tenha fins tributários e não de prevenção à lavagem.

Há, ainda, serviços de *mixing* especializados, cuja função é justamente criar uma camada a mais de encobrimento entre o remetente e o receptor de Bitcoins. Cada usuário remete uma quantidade de moedas virtuais para o *mixer* e designa um ou mais endereços (geralmente novos) nos quais quer receber a mesma quantia, descontado o preço cobrado pelo serviço de mescla.

As moedas, para falar de modo metafórico, são jogadas em uma "piscina" com as moedas de outros usuários, misturadas e, então, remetidas para os endereços designados pelo usuário. A remessa pode, ainda, ser fracionada em diversas pequenas transações,[15] usando diversos provedores de *mixing* em operações sucessivas.[16]

Pesquisas mostram que esses serviços têm o potencial de tornar impossível o rastreamento das moedas, além de implicarem riscos aos próprios usuários, como o de furto ou mesmo de desvio ou perda dos valores pelo encerramento ou bloqueio do serviço (GRZYWOTZ, 2019, p. 106-107).[17]

Finalmente, a *integração* pode ser feita pela troca de Bitcoins por moedas *fiat* por meio de *exchanges* de criptoativos e posterior utilização no mercado econômico ou financeiro ou até mesmo pela aquisição direta de bens e produtos com as moedas virtuais, conduta que pode se ajustar ao disposto no art. 1º, § 2º, I, da Lei n. 9.613/1998. Em países com controle sobre as *exchanges*, isso pode levar à descoberta dos envolvidos na transação.

Não obstante, como uma das características do Bitcoin é justamente a globalidade, pode-se facilmente optar pela execução dessa transação em países com medidas de controle antilavagem menos rigorosas (GRZYWOTZ, 2019, p. 109).

---

[15] Vídeo explicativo do BestMixer aqui: https://www.youtube.com/watch?v=UxCezLbVT-w. Esse serviço foi fechado pela Interpol em maio de 2019: HIGGINS (2019).

[16] Recomendo a leitura de Wegberg, Oerlemans e Deventer (2018), no qual os autores testam os serviços de *mixing* e sua utilidade para o saque em espécie no final da cadeia de transações.

[17] Como aconteceu com o serviço Bitcoin Blender em maio de 2019: HENRIQUE (2019).

5. O Papel das *Exchanges*

A esta altura, o leitor já percebeu o papel central das *exchanges* nas transações com Bitcoins. Elas funcionam como intermediárias entre o mundo totalmente virtual das criptomoedas e o mundo das moedas de curso legal, as moedas *fiat*. Como a finalidade última de qualquer processo de lavagem de capitais é possibilitar ao detentor do produto do crime o desfrute sobre os ganhos, será praticamente inevitável o uso de *exchanges*. Isso é assim porque, de um lado, é preciso adquirir os Bitcoins com o produto de infração penal e, de outro, ainda são poucos os provedores de mercadorias e serviços que aceitam pagamento em Bitcoins, especialmente quando pensamos em objetos de alto valor, como bens imobiliários, veículos, obras de arte, etc.

Por isso, o mais comum será que os detentores dos valores criminosos troquem seus Bitcoins por moedas *fiat* para que, assim, possam desfrutar do proveito do crime. É por isso que as *exchanges* passaram a ocupar o centro de atenção das autoridades de persecução de lavagem de capitais, o que recomenda compreender seu funcionamento, ainda que de modo mais superficial.

Conforme o art. 5º, II, da Instrução Normativa RFB n. 1.888/2019, *exchange* de criptoativos é "a pessoa jurídica, ainda que não financeira, que oferece serviços referentes a operações realizadas com criptoativos, inclusive intermediação, negociação ou custódia, e que pode aceitar quaisquer meios de pagamento, inclusive outros criptoativos", ou, então, de forma mais simples, "são plataformas por meio das quais os indivíduos operacionalizam a troca de ativos criptografados ou realizam a compra desses ativos por meio de moeda corrente nacional" (GRUPENMACHER, 2019, p. 57).

Há, basicamente, dois tipos de *exchanges*: as centralizadas e as descentralizadas. Essas últimas, as DEX ou plataformas de troca P2P, permitem a seus usuários realizar as transações diretamente, sem precisar da intermediação de um ente centralizado. São como *marketplaces* que visam a aproximar vendedores e compradores.

A operacionalização das transações é feita por meio de um *software*, e o protocolo mais utilizado é o do *smart contract*, ou seja, atendidos os pressupostos colocados por vendedor e comprador, a transação é realizada automaticamente (GRUPENMACHER, 2019, p. 83).[18] As interfaces com essas *exchanges*

---

[18] Eis a dinâmica: "De forma geral, o que acontece é que o *software*, programa em questão, funcionará como um endereço cujos ativos ficarão armazenados. Ao colocar uma ordem de venda, o sujeito envia para o contrato os ativos em questão. Uma vez que essa ordem encontre um usuário interessado em adquirir os ativos nas mesmas condições estabelecidas, ou seja, acontecendo o encontro

são ainda muito complicadas para os usuários e apresentam problemas de liquidez, pois apenas algo em torno de 1% do mercado de criptoativos circula por elas (GRUPENMACHER, 2019, p. 89).

Outra característica dessas *exchanges* é que elas não tocam no mundo das moedas de curso legal, as *fiat currencies*, de modo que só é possível fazer a troca entre criptomoedas, mas não entre estas e as moedas legais. Essa característica aumenta a "pseudoanonimidade" das transações, pois não haverá um intermediário capaz de solicitar a identificação dos detentores dos criptoativos. Como as DEX movimentam atualmente uma fração muito pequena das transações com criptomoedas,[19] interessam mais as *exchanges* centralizadas.

6. *Exchanges* Centralizadas

As *exchanges* centralizadas operam como intermediários entre os que desejam comprar e vender Bitcoins e os que desejam comprar ou vender Bitcoins em troca de uma *fiat currency*. Elas operam com dois sistemas: um dentro do *blockchain*, no qual são feitas as operações de compra e venda de Bitcoins, e outro fora dele, compondo "uma base de dados da *exchange*, na qual ela mantém seu banco de informações, o livro de ofertas e todos os dados relativos a transações que envolvem as moedas correntes nacionais e os criptoativos, sendo que aqui está apenas a representação da operação" (GRUPENMACHER, 2019, p. 58).

O usuário que deseja utilizar uma *exchange* pode ou transferir suas Bitcoins para a carteira (*wallet*) da corretora, ou fazer uma transferência bancária para a conta da *exchange*. Com isso, o usuário passa a ter uma conta virtual no sistema da *exchange*. Nos dois casos,

> os sujeitos passarão a ter um crédito para operar na plataforma, ou seja, verificarão a representação virtual do valor transferido em sua conta na *exchange* com o qual poderão negociar e transacionar. Verifica-se, nesse caso, a prestação de serviço de custódia de moeda corrente nacional, o que pode aventar a possibilidade de tais *exchanges* serem enquadradas,

de ordens, o negócio somente será efetivado quando o comprador também enviar o valor/ativo acordado para o endereço do contrato. Confirmado e verificado pelo software que ambos sujeitos cumpriram suas obrigações e que as condições estabelecidas foram observadas, o próprio *software*, automaticamente, enviará para cada um dos sujeitos o que lhes é de direito. Ou seja, a execução das ordens é feita diretamente pelo programa automatizado" (GRUPENMACHER, 2019, p. 84).

[19] Cf. CUEN (2018).

em parte, como prestadores de atividades típicas de instituições financeiras, meios de pagamento ou arranjos de pagamento. (GRUPENMACHER, 2019, p. 68)

Há, nesses casos, um risco significativo de confusão entre os ativos dos diversos usuários, pois a custódia fica com a *exchange*, que é a detentora de todos eles diante do sistema, uma vez que possui a chave privada e, assim, é ela quem poderá realizar operações com os ativos depositados.

Essa confusão também acontece no caso da transferência de valores *fiat* para a conta corrente da *exchange*, dado que há uma conta corrente com os ativos financeiros de todos os usuários, não havendo segregação em contas escriturais (GRUPENMACHER, 2019, p. 69).

As *exchanges* atuam, assim, como custodiantes dos valores de terceiros sem que haja, até o momento, regulamentação específica para isso (GRUPENMACHER, 2019, p. 69). Esse modo de operar implica riscos de diversas naturezas, como o de furto dos valores por meio de fraude nos sistemas de *internet banking* ou o de bloqueio generalizado dos valores em virtude de problemas legais da *exchange* ou de seus usuários, como aconteceu, recentemente, no caso da Bitcointoyou.[20]

Nesse caso, determinou-se o bloqueio total da conta da *exchange* em virtude de ter sido usada por agentes envolvidos com um esquema de pirâmide financeira e que a usavam como intermediária.[21] Além disso, a "mistura" dos valores na conta corrente da corretora bem como dos Bitcoins em sua carteira pode favorecer a dissimulação por atuar, na prática, como um *mixing*, com o risco adicional de eventual contaminação dos ativos de procedência lícita.[22]

Apesar desses riscos, as *exchanges* podem desempenhar um papel fundamental na identificação daqueles que pretendam servir-se de Bitcoins para

---

[20] Cf. STJ, RMS 56.711, *DJe* 6.3.2018; WAKKA (2019).
[21] Um caso bastante dramático e representativo desses perigos é o da *exchange* canadense QuadrigaCX. Seu fundador teria falecido em dezembro de 2018 levando consigo as chaves privadas que davam acesso às carteiras, deixando um prejuízo de mais de US$ 160 milhões para seus usuários. Decretada a quebra, a Ernst & Young (EY), monitora no processo, apresentou um relatório em 19 de junho de 2019, no qual dá notícia de que os fundos dos usuários da *exchange* foram transferidos pelo fundador para outras *exchanges* para uso próprio, de que não havia nenhuma segregação entre os fundos da *exchange* e dos usuários e de que a escrituração era inexistente. Eis as notícias: RIGGS (2019); HOCHSTEIN (2019). O relatório da EY pode ser encontrado neste *link*: https://documentcentre.eycan.com/Pages/Main.aspx?SID=1445. Acesso em: 2 fev. 2020.
[22] Esse é um dos argumentos utilizados por instituições financeiras que encerraram contas de *exchanges* ou que se negaram a abri-las. Cf. GRUPENMACHER (2019, p. 66 ss.), e também a discussão no STJ, REsp 1.696.214, *DJe* 16.10.2018.

a prática de lavagem de dinheiro e de outras infrações. Como visto, elas são o portal entre o mundo virtual e o mundo das moedas *fiat*, e, assim, podem identificar os detentores desses valores. Não por outra razão, a União Europeia, sob a Diretiva (EU) 2018/843,[23] e o FATF, em seu recente *Guidance for a risk-based approach to virtual asset and virtual asset service providers*,[24] apontam para a submissão das *exchanges* a registro e implementação de medidas de prevenção e controle contra a lavagem de capitais.

Entre nós, embora não exista regulação financeira ou de prevenção de lavagem para as *exchanges*, a já referida Instrução Normativa RFB n. 1.888 certamente imporá um padrão mínimo de colheita de dados de identificação, pois exige que as *exchanges* comuniquem à RFB a realização de operações que ultrapassem o valor mensal de R$ 30 mil, caso em que deverão obter o nome da pessoa física ou jurídica; seu endereço; seu domicílio fiscal; CPF, CNPJ ou o Número de Identificação Fiscal (NIF) no exterior, quando houver, no caso de residentes ou domiciliados no exterior; e demais informações cadastrais previstas no art. 7º, § 1º.

Conclusão

A lavagem de capitais com criptomoedas, como o Bitcoin, é possível. O poder de incrementar o risco de lavagem, que é derivado de suas três características principais (a descentralização, a "pseudoanonimidade" e a globalidade), poderá, porém, ser bastante mitigado quando as *exchanges* estiverem sujeitas às medidas de prevenção e controle de lavagem.

Isso porque a identificação dos usuários, que será por elas realizada, somada à total transparência das transações no *blockchain*, tornarão a rastreabilidade bastante superior àquela que se tem hoje, por exemplo, relativamente ao dinheiro em espécie.

Restam, porém, os desafios postos pela descentralização e, especialmente, pela globalização, que permitem a movimentação dos valores de forma extremamente rápida ao redor do mundo. Esses desafios indicam a necessidade de uma intensa e eficaz cooperação internacional em matéria financeira e penal.

---

[23] Art. 1 (29): "Member States shall ensure that providers of exchange services between virtual currencies and fiat currencies, and custodian wallet providers, are registered, that currency exchange and cheque cashing offices, and trust or company service providers are licensed or registered, and that providers of gambling services are regulated."

[24] Cf. nota 7, e também SALAMA e ESTELLITA (2019).

REFERÊNCIAS

ANTONOPOULOS, Andreas. *Mastering Bitcoin*: Unlocking Digital Cryptocurrencies. 2. ed. Sebastopol: O'Reilly Media, 2017.

AUGUSTO, Thaís. Polícia encontra laboratório de bitcoins usado para lavagem de dinheiro no RS. *Canal Tech*, 24 abr. 2019. Disponível em: https://canaltech.com.br/criptomoedas/policia-encontra-laboratorio-de-bitcoins-usado-para-lavagem-de-dinheiro-no-rs-137833/. Acesso em: 23 set. 2019.

CAMPOREZ, Patrik; ONOFRE, Renato. PF vai apurar se ação de hackers foi paga com bitcoin. *Estadão*, 31 jul. 2019. Disponível em: https://politica.estadao.com.br/blogs/fausto-macedo/pf-vai-apurar-se-acao-de-hackers-foi-paga-com-bitcoin/. Acesso em: 23 set. 2019.

CUEN, Leigh. Decentralized Exchanges Aren't Living Up to Their Name – And Data Proves It. *CoinDesk*, 23 July 2018. Disponível em: https://www.coindesk.com/decentralized-exchange-crypto-dex. Acesso em: 23 set. 2019.

ERNST & YOUNG. *Quadriga Fintech Solutions Corp [CCAA Monitor and Trustee in Bankruptcy]*. Fifth Report, 19 June 2019. Disponível em: https://documentcentre.eycan.com/Pages/Main.aspx?SID=1445. Acesso em: 2 fev. 2020.

FAUZI; Prastudi *et al.* Quisquis: A New Design for Anonymous Cryptocurrencies. In: GALBRAITH, S.; MORIAI, S. (ed.). Advances in Cryptology – ASIACRYPT 2019. *Lecture Notes in Computer Science*, vol 11921, 2019. Disponível em: https://eprint.iacr.org/2018/990.pdf. Acesso em: 23 set. 2019.

FERNÁNDEZ BERMEJO, Daniel (org.). *Blanqueo de capitales y TIC*: marco jurídico nacional y europeo, modus operandi y criptomonedas – Ciberlaundry. Informe de situación. Navarra: Thompson Reuters-Aranzadi, 2019.

FINANCIAL ACTION TASK FORCE (FATF). *Guidance for a Risk-based Approach*: Virtual Assets and Virtual Asset Service Providers. 2019. Disponível em: http://www.fatf-gafi.org/publications/fatfrecommendations/documents/Guidance-RBA-virtual-assets.html. Acesso em: 23 set. 2019.

GLESS, Sabine; KLUGER, Peter; STAGNO, Dario. Was ist Geld? Und warum schützt man es? Zum strafrechtlichen Schutz von virtuellen Währungen am Beispiel von Bitcoins. *Recht*, v. 2, p. 1-16, 2015.

GRUPENMACHER, Giovana T. *As plataformas de negociação de criptoativos*: uma análise comparativa com as atividades das corretoras e da Bolsa sob a perspectiva da proteção do investidor e da prevenção à lavagem dinheiro. Dissertação (Mestrado em Direito dos Negócios) – Escola de Direito de São Paulo da Fundação Getulio Vargas, São Paulo, 2019. Disponível em: https://bibliotecadigital.fgv.br/dspace/handle/10438/27595. Acesso em: 2 fev. 2020.

GRZYWOTZ, Johanna. *Virtuelle Kryptowährungen und Geldwäsche*. Berlin: Duncker & Humblot, 2019.

HENRIQUE, Matheus. Bitcoin Blender fecha antes que usuários pudessem sacar suas criptomoedas. *Guia do Bitcoin*, 31 maio 2019. Disponível em: https://guiadobitcoin.com.br/bitcoin-blender-fecha-plataforma/. Acesso em: 23 set. 2019.

HIGGINS, Stan. EU Authorities Shut Down Bitcoin Transaction Mixer. *CoinDesk*, 22 May 2019. Disponível em: https://www.coindesk.com/eu-authorities-crack-down-on-bitcoin-transaction-mixer. Acesso em: 23 set. 2019.

HOCHSTEIN, Marc; DE, Nikhilesh. QuadrigaCX CEO Set Up Fake Crypto Exchange Accounts With Customer Funds. *CoinDesk*, 20 June 2019. Disponível em: https://www.coindesk.com/quadrigacx-ceo-set-up-fake-crypto-exchange-accounts-with-customer-funds. Acesso em: 23 set. 2019.

NOGUEIRA, Italo. Eike Batista é preso e investigado por operar com bitcoins em nome da mulher. *Folha*, 8 ago. 2019. Disponível em: https://www1.folha.uol.com.br/mercado/2019/08/procuradoria-investiga-operacoes-de-eike-batista-com-bitcoins-em-nome-da-mulher.shtml. Acesso em: 23 set. 2019.

OPERAÇÃO EGYPTO da PF ataca pirâmide de R$ 700 mi de criptomoeda. *Estadão*, 21 maio 2019. Disponível em: https://politica.estadao.com.br/blogs/fausto-macedo/operacao-egypto-da-pf-ataca-piramide-de-rs-700-mi-de-criptomoeda/. Acesso em: 23 set. 2019.

RIGGS, Wagner. Fundador de exchange Canadense morre e R$ 700 milhões em criptomoedas estão perdidos. *Portal do Bitcoin*, 2 fev. 2019. Disponível em: https://portaldobitcoin.com/fundador-exchange-morre-e-r-700-milhoes-em-criptomoedas-estao-perdidos/. Acesso em: 23 set. 2019.

ROMANO, Rafaela. Chaves, Endereços e Carteiras no Bitcoin: diferença entre Chave Pública e Endereço. *Medium*, 27 dez. 2018. Disponível em: https://perma.cc/ZKY3-AYVF. Acesso em: 23 set. 2019.

SALAMA, Bruno M.; ESTELLITA, Heloisa. O mercado de criptomoedas começa a ser regulado. *InfoMoney*, 14 ago. 2019. Disponível em: https://www.infomoney.com.br/blogs/economia-e-politica/bruno-meyerhof-salama/post/8893773/o-mercado-de-criptomoedas-comeca-a-ser-regulado. Acesso em: 23 set. 2019.

SALAMA, Bruno M. Criptomoedas são, afinal, moedas? Pensando no tema a partir da ideia de monetaridade. *InfoMoney*, 5 set. 2019. Disponível em: https://www.infomoney.com.br/blogs/economia-e-politica/bruno-meyerhof-salama/post/9298672/criptomoedas-sao-afinal-moedas-pensando-no-tema-a-partir-da-ideia-de-monetariedade. Acesso em: 23 set. 2019.

STELLA, Julio Cesar. Moedas virtuais no Brasil: como enquadrar as criptomoedas. *Revista da Procuradoria-Geral do Banco Central*, v. 11, n. 2, p. 149-162, 2017.

WAKKA, Wagner. STJ bloqueia R$ 6,4 milhões de corretora de criptomoedas por esquema de pirâmide. *CanalTech*, 19 mar. 2019. Disponível em: https://canaltech.com.br/criptomoedas/stj-bloqueia-r-64-milhoes-de-corretora-de-criptomoedas-por-esquema-de-piramide-135039/. Acesso em: 23 set. 2019.

WEGBERG, Rolf van; OERLEMANS, Jan-Jaap; DEVENTER, Oskar van. Bitcoin Money Laundering: Mixed Results? An Explorative Study on Money Laundering of Cybercrime Proceeds Using Bitcoin. *Journal of Financial Crime*, v. 25, n. 2, p. 419-435, 2018.

YOUSAF, Haaroon; KAPPOS, George; MAIKLEJOHN, Sarah. Tracing Transactions Across Cryptocurrency Ledgers. *Proceedings of the 28th USENIX Security Symposium*. Santa Clara, CA: August, 2019. Disponível em: https://www.usenix.org/system/files/sec19-yousaf_0.pdf. Acesso em: 2 fev. 2020.

17. UMA *BLOCKCHAIN* PARA O *COMPLIANCE*: A CRIAÇÃO DE UM *LEDGER* COMPARTILHADO PARA MITIGAR RISCOS DE LAVAGEM E CUSTOS DE *COMPLIANCE* NO MERCADO FINANCEIRO

Pedro Augusto Simões da Conceição

Introdução

Um dos maiores desafios regulatórios para o setor bancário está nos processos, nos custos e nas tecnologias envolvidas nos procedimentos de *compliance* de prevenção à lavagem de capitais.

A lógica do *compliance* implica uma obrigação para a instituição financeira de avaliar o *risco* para o *onboarding* de determinado cliente e de determinada transação (via de regra, a análise do risco do cliente e a da transação andam juntas).[1]

Internacionalmente, os bancos e as demais instituições financeiras (IF) são obrigados a avaliar o risco de determinado cliente e utilizar a plataforma bancária para converter ativos ilícitos em lícitos.[2] Por isso, cria-se um ônus legal sobre as IFs para realizarem uma diligência nos clientes e avaliar seu risco.

Internacionalmente, há dois regimes preponderantes sobre os deveres de prevenção de lavagem de dinheiro (PLD) atribuídos às IFs. No primeiro modelo, exige-se que a IF atue como *gatekeeper* direto e impeça a realização de transações suspeitas. Esse modelo é cada vez mais raro no mundo, sendo

---

[1] Ver, nesse sentido: CONCEIÇÃO, MACHADO e PINHEIRO (2017).
[2] Esse processo de conversão é o próprio mote da lavagem de dinheiro, e tem como elemento central a criação de uma "nova" origem. Por isso, em várias leis, a tipificação da lavagem se dá por meio da descrição dos processos de ocultação de uma origem ilícita, donde a vinculação da lavagem com um crime/ato ilícito prévio ou antecedente: *lava-se* o fruto de um crime cometido anteriormente. Uma forma de lavagem é, portanto, "cortando" o ciclo de transferência ao vincular o valor ilícito a uma conta bancária lícita, que pode travestir os recursos de uma origem lícita.

limitado a algumas situações específicas em que o risco é presumido pelas autoridades públicas, por exemplo.[3]

No segundo, mais comum, a IF atua como *gatekeeper* indireto, tendo como deveres principais: (i) a identificação/avaliação do risco; (ii) o registro dos processos de avaliação de risco (incluindo, por óbvio, registros dos clientes e das transações); e (iii) o reporte da realização de transações que possam apresentar indícios de lavagem.

Por essa segunda lógica, a IF atua como fornecedora de informações para o Estado, o qual julga a pertinência de investigar o cliente ou a transação.

Por outro lado, o histórico de informações de clientes e de transações já analisado acaba tornando-se parte do arsenal de informação de uma organização e auxilia na realização de futuras análises de risco, tornando-se um verdadeiro ativo da economia baseada em dados, uma vez que reduz a "curva de aprendizagem" do *compliance*.

Nessa perspectiva, as IFs apenas podem ser responsabilizadas pela falha em identificar os riscos, registrá-los e comunicá-los às autoridades, mas não são consideradas autoras ou coautoras dos atos de lavagem por "permitirem" que sejam realizados em sua plataforma financeira. Na realidade, é justamente por serem realizadas tais operações (sob supervisão estatal indireta) que as autoridades obtêm informações para investigar os suspeitos.[4]

Do lado das IFs, contudo, a prévia identificação do perfil de risco de um cliente e de determinada transação pode levar a uma decisão privada de não realizar o *onboarding*, baseada não em um dever legal, mas no próprio apetite de risco da instituição.

Especialmente para IFs sujeitas ao escrutínio público, essa análise pode ser essencial.

---

[3] De acordo com a Diretiva n. 849/2015 da União Europeia, por exemplo, "As relações de negócios ou as operações que envolvam países terceiros de risco elevado deverão ser limitadas sempre que forem identificadas importantes deficiências no regime ABC/CFT desses países" (art. 12). Nesse caso, por exemplo, não basta fazer a comunicação da existência do risco, mas é esperado que a IF de determinado país-membro de fato limite seus negócios com esses países.

[4] Para Demetis (2010), em uma abordagem de cunho teórico sob a óptica sistêmica, os esforços de PLD podem ser vistos como um subsistema social autônomo que funciona pelo código suspeito/não suspeito. Em um estudo de caso, ele notou que, quanto mais tempo uma instituição passa operando esse código, maior tende a ser a concentração da realização de comunicações de operações suspeitas realizadas pelas umidades e pelos profissionais mais novos, os quais tendem a observar a letra da política PLD de forma mais legalista e não sob a óptica de uma análise de risco. Vide DEMETIS (2010, p. 111 e 82, respectivamente).

Por isso, as análises de risco para validação de clientes e operações se tornaram elemento crucial para o *savoir-faire* financeiro no século XXI – tanto para satisfazer uma obrigação legal e regulamentar presente no mercado financeiro global como para se manter no perfil de risco desejado para seu filão no mercado financeiro.

Daí uma das maiores dificuldades relacionadas ao *compliance* de PLD por bancos: a informação.

Para ser eficiente, o *compliance* requer informação sempre atual e fidedigna, e a maior fonte dessa informação é o próprio cliente – o qual, por interesse próprio, tende a sempre apresentar o cenário informacional mais favorável a lhe garantir o *onboarding*, o acesso ao crédito, a transferência, etc.

Dessa assimetria padrão decorrem os grandes custos de *compliance*, sobretudo do dever de verificar as informações passadas por particulares nos bancos de dados da própria instituição e nos bancos de dados públicos, trabalhos que exigem tecnologia de grande processamento e senso crítico apurado para valorar as informações datadas e de fontes desconhecidas.

Pensando em uma forma de facilitar esse penoso serviço de *cross-evaluation* que acontece incessantemente em IFs de todo o mundo, o Groupe d'Action Financière ou Financial Action Task Force (GAFI-FATF)[5] publicou em dezembro de 2017 um guia nomeado *Private Sector Information Sharing*,[6] recomendando que IFs troquem informações para alimentar suas análises de risco.

O Guia traz uma série de medidas para que essas trocas de informações aconteçam de modo eficiente dentro de IFs pertencentes a um mesmo grupo econômico, mas também para que a informação seja compartilhada entre IFs pertencentes a diferentes grupos – possibilidade que, não obstante, traz potenciais problemas concorrenciais:

> *For example, sharing of customer information between financial institutions could potentially raise competition concerns resulting from selective sharing of information with only a small group of participants. De-risking and defensive STR filing behaviour may be exacerbated, e.g. if financial institutions feel obliged to file an STR on a customer simply because they have learnt that other financial institutions have done so (and without conducting their own internal investigations).*

[5] O GAFI-FATF é uma organização internacional formada por estados-membros e relacionada à OCDE que busca avaliar padrões para a prevenção e o combate à lavagem de dinheiro. V. http://www.fatf-gafi.org/about/.
[6] Disponível em: https://www.fatf-gafi.org/media/fatf/documents/recommendations/Private-Sector-Information-Sharing.pdf.

> Overreliance on a system of sharing of suspicious information or a common platform could potentially lead to moral hazard where a financial institution would regard a potentially suspicious customer as suspicious before proper due diligence is done, and hence preventing the customer from accessing the entire financial system. (FINANCIAL ACTION TASK FORCE, 2017, p. 22)

Pela legislação anticoncorrencial brasileira e, especificamente, pela jurisprudência da autoridade antitruste (Conselho Administrativo de Defesa Econômica – Cade), a troca de informação sobre a base de clientes pode ser considerada troca de informação concorrencialmente sensível e incorrer em ilícito anticoncorrencial.[7]

Assim, cria-se um impasse entre a possibilidade de a troca de informações entre IFs ser alavancada como uma ferramenta de *compliance* PLD de interesse público e os riscos concorrenciais derivados dessa troca.

A dizer a verdade, a troca de informações entre IFs com diferentes portes, diferentes apetites de risco e diferentes culturas organizacionais ou de clientela pode trazer uma série de erros de leitura e a criação de vieses absolutamente indesejados pelo mercado financeiro.

Imaginamos, contudo, uma forma possível para criar uma plataforma de troca de informação entre IFs que facilitasse o acesso a informação útil para análise de risco de diferentes clientes e potenciais clientes, tendo o *blockchain* como o elemento essencial para sua criação e desenvolvimento.

A ideia, em resumo, é desenvolver um *ledger* formado por "blocos" de informação que contenham análises de risco de clientes e de suas respectivas transações e que seja compartilhado entre IFs, sem, contudo, que uma instituição tenha acesso à informação de *quem* acrescentou este ou aquele determinado bloco.

Ou seja, a ideia é criar um ecossistema pautado na pseudonímia e que garanta não apenas a alocação segura de informação, mas um registro de sua *evolução*, pois cadastro e análise de risco são tão melhores quanto mais atuais. Ao mesmo tempo em que serve de registro, o histórico é sempre relevante para fins de tomada de decisão (determinado cliente pode ter um histórico ruim apenas com relação a determinado tipo de transação, ou apenas com

---

[7] Na página 7 do guia de *gun jumping* do Cade (2015), lemos que um exemplo de "informações concorrencialmente sensíveis" diz respeito aos "principais clientes e descontos assegurados", mas também a outras informações típicas para uma avaliação de risco PLD: "principais fornecedores e termos de contratos com eles celebrados", "nível de capacidade", "salários dos funcionários", entre outros.

relação a determinadas empresas do grupo, ou apenas com relação a certo período da gestão, etc.).

Antes de ser visto como um limitador, o histórico de transações de determinado cliente pode ajudar a calcular o risco de forma *precisa* e ajustar diferentes apetites de risco *ampliando* a oferta de serviços bancários. Um ecossistema de informações desse porte pode fazer com que as análises de *compliance* não sirvam apenas para direcionar a IF pela opção mais segura (negando acesso ao sistema financeiro), mas que prestem o serviço com conhecimento de causa e controle adequado do risco de lavagem.

Seria uma verdadeira *risk assessment chain*, em que IFs poderiam divulgar (anonimamente) informações relevantes para que outras IFs possam fazer análises de risco mais bem informadas sobre clientes comuns. O ganho para o sistema financeiro como um todo é evidente, assim como o ganho para cada IF, que passa a ter acesso a informações "estruturadas" por outras IFs sobre seus próprios clientes e clientes potenciais.

1. Blocos do quê?

Talvez estejamos ainda acostumados a ligar os blocos de informação de uma *blockchain* a um valor agregado de uma transação, por causa do uso pelas criptomoedas e da economia *token*. Contudo, o valor da informação de um bloco pode ser a *informação* em si.

É o que acontece, por exemplo, com as *blockchains* utilizadas como armazenamento ou troca de arquivos, como o InterPlanetary File System (IPFS) (ANJUM *et al.*, 2017, p. 84-90), mas é o que também tem possibilitado vislumbrar valor na tecnologia de *blockchain* para a validação de informações em setores que lidam com *históricos*, como o setor de saúde.[8]

De modo semelhante, as IFs poderiam dispor de um *protocolo* próprio para compartilhar informações relevantes sobre clientes e seus "comportamentos" prévios, mantendo-se "anônimas".

Não apenas informações básicas de cadastro – as quais poderão ser atualizadas em tempo real e compartilhadas com a malha, sem que se perca o histórico de alterações –, mas, principalmente, informações obtidas em análises de risco elaboradas previamente e em diversos contextos poderão ser

---

[8] Vide ANGRAAL *et al.* (2017).

compartilhadas de forma segura entre IFs, dando ao *compliance* o patamar de *quaestio communi consensu* merecido.

Isso significa criar um "histórico" de informação relevante para cadastro e análise de risco de cada cliente, incluindo: notícias, informações sobre a presença de pessoas politicamente expostas, informações sobre condenações, investigações em curso, beneficiários finais, entre outras.

Dando um passo além, as IFs podem alimentar a *blockchain* com suas próprias análises de risco e pareceres sobre comportamentos em diferentes tipos de transações. Aqui, as informações podem ser particularmente sensíveis do ponto de vista concorrencial, e a forma de mitigar esse risco seria diferenciando os tipos de transação por protocolos e não por tipo de informação inserida nos blocos.

Assim, por exemplo, podem ser criados diversos subprotocolos previamente direcionados à diferenciação entre *tipos de transação*, os quais são distinguidos de acordo com os produtos financeiros envolvidos, com o número de participantes, com o volume transacionado, entre outros.[9],[10]

É importante, por isso, que o *consenso* envolvido na construção dessa *blockchain* não diga respeito apenas à forma como as transações serão arquivadas, mas também a como as informações de cada *bloco* serão preenchidas, quais serão os critérios de avaliação e a linguagem utilizada, para que seja a mais objetiva possível e traga pouca margem para interpretações demasiado subjetivas.[11]

A idealização desse projeto de comunicação e interação entre IFs visando à qualificação do *compliance* e à diminuição de custos implícitos no acesso

---

[9] Muitas vezes os processos de construção de consenso já ocorrem por meio de sub-rotinas que atuam como protocolos adicionais ao protocolo padrão e auxiliam na verificação da autenticidade dos atores de determinado ecossistema. Vide GARAY e KIAYIAS (2019).

[10] Ainda assim, seria importante analisar quais informações permanecem *concorrencialmente sensíveis* se "publicadas" mesmo com o filtro da pseudonímia, no sentido de que determinadas informações podem gerar efeitos concorrenciais adversos se publicadas. Sem maior embasamento empírico-analítico, é da percepção deste autor que mesmo informações tipicamente sensíveis como *preço* (no caso do mercado financeiro, sobretudo, as taxas cobradas e o regime de cobrança dos diferentes produtos financeiros, mas também as condições de transação), ao serem "disponibilizadas" de forma anonimizada, tendem a *estimular a competitividade*, alegação que claramente precisa passar pelo escrutínio dos especialistas na matéria.

[11] O acréscimo de comentários, narrativas e outras formas de informações sujeitas a maiores graus de interpretação pode aumentar o risco concorrencial, uma vez que facilita a identificação do emissor.

a produtos financeiros é possibilitada pela *blockchain*, mas não surge sem desafios para sair do plano abstrato e se tornar um programa real.

Uma série de problemas surge com essa rede; os principais dizem respeito à verificação da *realidade* ou da *veracidade* das informações adicionadas à *blockchain*, afinal o protocolo central pode apenas validar a *inserção* das informações, mas não seu conteúdo.

É verdade que alguma forma de controle de qualidade das informações que integram o bloco pode ser estabelecida como critério de *dificuldade* de inclusão de um novo bloco, assim como parâmetros de metadados auxiliam (ou barram) a mineração de blocos de transações em *blockchains* financeiras. *Ainda assim*, esses critérios de avaliação são procedimentais e ajudam a controlar a informação de maneira *exógena*, ou seja, garantindo que um conteúdo mínimo seja alocado ao sistema, sem que possam ser contados como prova de verdade.

Esse problema se resolve pensando a natureza desse ecossistema e quais partes teriam acesso a ele.

Em princípio, esse protocolo deveria ser acessado somente por IFs e envolver informações apenas de empresas que sejam clientes. Informações de pessoas físicas devem aparecer lateralmente (informações sobre propriedade societária, oferecimento de garantias, etc.), para evitar problemas de privacidade e proteção de dados pessoais.

Dois modelos de ecossistema podem ser pensados: um puramente privado e absolutamente descentralizado, em que apenas IFs participam e avaliam as informações adicionadas por outras IFs (pseudonimizadas) por sua conta e risco; ou um modelo misto, em que, além das IFs, participa também o *watch dog* PLD, ou seja, a autoridade responsável pela regulação de lavagem de dinheiro e pelo seu cumprimento, em nosso caso, o Conselho de Controle de Atividades Financeiras (Coaf).

Nesse último modelo, ainda que os procedimentos sejam não centralizados, o Coaf precisaria ter um *backup* das chaves de acesso para poder intimar as IFs que inserem informações que apontam risco de lavagem.

Entendo que esse modelo é o ideal, pois ele atende a um duplo propósito: além de facilitar o acesso a informação relevante para análise de risco por parte das IFs, torna-se uma fonte alternativa e global de informações para investigações nessa matéria.

Vale lembrar que, para atuar como *watch dog* desse ecossistema, além de ser capaz de replicar todas as chaves de acesso, o Coaf teria de criar rotinas próprias para selecionar as informações relevantes dentro da cadeia de blocos, mas também teria de se colocar à disposição de IFs que identifiquem informações extravagantes ou atípicas, as quais divirjam do histórico de blocos de informações pretéritos ou que simplesmente divirjam de sua própria análise de risco interna.

O Coaf já possui autoridade legal para intimar IFs a apresentar seus registros sobre identificação de risco, registros de clientes e transações, e exatamente por essa razão pode atuar como "verificador" do conteúdo adicionado à cadeia de informações.

Um ecossistema gerido apenas por IFs, contudo, pode continuar sendo viável, especialmente para grandes instituições, as quais, além de terem interesse na informação, têm capacidade de avaliar sua veracidade.[12]

Outro problema diz respeito ao direito de acesso à informação por parte das empresas objeto de escrutínio das IFs no ecossistema.

Com relação a elas, cabe lembrar que os sistemas normativos que vêm surgindo sobre proteção de dados alocam apenas indivíduos como alvo de proteção.[13] Ainda assim, é possível pensar em alguma forma de acesso, por parte das empresas que não fazem parte do ecossistema, às informações que são alocadas sobre elas.

Essa dificuldade, por sua vez, perpassa a própria questão do desenvolvimento da API adequada para ser compartilhada pelas IFs e eventualmente integrada às bases de dados existentes.

Entre as muitas possibilidades existentes de arranjos para esse esforço, uma atuação coletiva de bancos interessados pode ser montada, assim como tem havido esforços para desenvolver APIs de *open banking*, *cadastro positivo*

---

[12] O uso da *fuzzy logic* para avaliar a fiabilidade das informações apresentadas por outros *players* pode ser a solução para análises de risco sofisticadas que considerem não apenas o histórico de informações disponibilizado na própria *blockchain*, mas também o histórico interno, o qual deve ser levado em consideração com maior *peso*. Em um paralelo distante do problema financeiro, mas que pode ser adotado como referência procedimental, vide: BAJWA, CHEEMA e MUNIRM (2019, p. 109-119).

[13] A regra está positivada na Lei Geral de Proteção de Dados (LGPD): "Art. 5º Para os fins desta Lei, considera-se: I – dado pessoal: informação relacionada a pessoa natural identificada ou identificável (Lei Federal n. 13.709/2018)" e na General Data Privacy Regulation da EU: Art. 4º: Para efeitos do presente regulamento, entende-se por: «Dados pessoais», informação relativa a uma pessoa singular identificada ou identificável («titular dos dados»); é considerada identificável uma pessoa singular que possa ser identificada, direta ou indiretamente, em especial por referência a um identificador, como por exemplo um nome, um número de identificação, dados de localização, identificadores por via eletrónica ou a um ou mais elementos específicos da identidade física, fisiológica, genética, mental, económica, cultural ou social dessa pessoa singular".

e outras plataformas que também caminham para um maior nível de integração dos operadores financeiros.

É exatamente nesse momento que o Conselho Administrativo de Defesa Econômica (Cade) e o Banco Central (Bacen) deverão atuar mais de perto, ou seja, no monitoramento da elaboração dessa rede interbancária, a qual não pode ser programada, no momento inicial, para favorecer ou prejudicar IFs sem critérios claros. Assim, por exemplo, podem ser criadas facilidades de acesso para IFs que colaborem alimentando com maior frequência o ecossistema, mas é preciso que os critérios sejam transversais aos diversos portes de IFs que possam se interessar pela medida no futuro – especialmente se ela assumir uma vertente privado-pública.

No momento da programação do ecossistema de *blockchain* de *compliance*, algumas regras podem ser traçadas, como a proibição de inserir informações de análise de risco sobre outras IFs – apesar do evidente "prejuízo" de excluir um setor econômico inteiro da análise (exclusão que ocorre apenas no nível do ecossistema, não no nível legal-regulatório), a regra mitiga o risco de a *blockchain* ser utilizada em *conflito de interesse*, ou seja, de que uma IF insira blocos formalmente válidos, mas de conteúdo enviesado, com o objetivo de prejudicar uma concorrente.

O "desenvolvedor" pode ser um verdadeiro *autorregulador* do uso da *blockchain*, não no sentido de uma autoridade central – pois as próprias IFs é que atuarão como reguladoras de fato ao validarem os blocos em consenso –, mas de padronizar os protocolos (em todos os sentidos do termo) de inserção de informações na cadeia.

O desenvolvedor, por sua vez, precisa observar critérios apontados tanto pela autoridade central que de fato regulamenta a atividade bancária (Bacen, onde está instalado o Coaf, diga-se) quanto pelo Cade, para não permitir o desvirtuamento do ecossistema e transformá-lo em um *trust* concentrador do mercado bancário.

O desenvolvedor também poderá servir de "plataforma" para os agentes fora do ecossistema, e seu financiamento poderá vir da elaboração de relatórios de *"rating"* que reflitam as informações disponibilizadas no ecossistema da *risk assessment chain*. É importante que as informações sejam filtradas, pois, para as empresas, é relativamente fácil atribuir um bloco a uma IF, uma vez que elas estiveram do outro lado da transação. A maneira como esse produto será elaborado também pode ser objeto de um "consenso" da vida real entre as IFs e revolucionar o setor de proteção de crédito em nível empresarial.

2. Precisamos de uma Lei?

Caso essa ideia seja aceita, no Brasil, e seja feito um esforço para desenvolver essa *blockchain*, certamente precisaremos de uma alteração na Lei Complementar n. 105/2001, a qual ficou conhecida como "Lei do Sigilo Bancário".

Uma vez definidos os critérios de participação no ecossistema e o conteúdo das informações que poderão integrar os blocos sem, de fato, terem efeito concorrencialmente adverso, então será preciso especificar que a alimentação desse sistema não implique violação dos deveres de sigilo, bem como estabelecer sanções para as IFs que descumprirem com o dever de sigilo com relação às informações que trafegarem pela *blockchain*.

Assim também, o desenvolvedor poderá ser criado por lei, em um esforço conjunto público-privado, do modo como ocorreu no setor de energia elétrica com a criação da *Câmara de Comercialização de Energia Elétrica*.

3. Uma Janela de Oportunidade?

Nestes momentos iniciais da entrada em vigor da LGPS, uma verdadeira revolução silenciosa está ocorrendo nos setores de Inteligência da Informação das IFs no Brasil.

Ocorre que instituições financeiras serão altamente impactadas pelas obrigações da LGPD, e, por isso, estão tendo de realizar o mapeamento dos dados pessoais de seus clientes que elas armazenam, bem como integrar, por meio do desenvolvimento de novas APIs, inúmeros bancos de dados (muitos deles desestruturados) para que o *finding* de dados pessoais, a partir da entrada em vigor da lei, seja um procedimento factível em tempo hábil.

Essa parece uma janela de oportunidade ideal para debater não apenas o *open banking*, como já tem sido feito, mas também a criação de uma plataforma como a que proponho aqui, uma vez que diversos desafios de programação e de organização dos bancos de dados *já estão sendo endereçados* pelas IFs.

Conclusão

O alvoroço em torno das criptomoedas e de seu uso potencial para lavagem de dinheiro deixou passar ao largo a possibilidade de a tecnologia de *blockchain* ser utilizada como facilitador do cumprimento dos deveres regulamentares que visam a, justamente, prevenir a ocorrência da lavagem.

A proposta de criação de um ecossistema pautado na troca de informações pseudonimizadas entre IFs pode reduzir drasticamente o custo de *compliance*, tornar o crédito mais acessível e as análises de risco e investigações de lavagem mais precisas.

REFERÊNCIAS

ANGRAAL, Suveen *et al*. Blockchain Technology: Applications in Health Care. *Cardiovascular Perspective*, Circ Cardiovasc Qual Outcomes, 2017.

ANJUM, A. *et al*. Blockchain Standards for Compliance and Trust. *IEEE Cloud Computing*, v. 4, n. 4, 2017.

BAJWA, I. S.; CHEEMA, S. M.; MUNIRM, S. An Intelligent and Secure Smart Watering System Using Fuzzy Logic and Blockchain. *Computers & Electrical Engineering*, v. 77, July 2019.

CONSELHO ADMINISTRATIVO DE DEFESA ECONÔMICA. *Guia para análise da consumação prévia de atos de concentração econômica*. Brasília: Cade, 2015. Disponível em: http://www.cade.gov.br/acesso-a-informacao/publicacoes-institucionais/guias_do_Cade/gun-jumping-versao-final.pdf. Acesso em: 30 dez. 2019.

CONCEIÇÃO; P. A. S.; MACHADO, L. V. M.; PINHEIRO, T. J. P. *Compliance* integrado em instituições financeiras: prevenção à lavagem de dinheiro e anticorrupção. *In*: XIMENES, R. S. (org.). *Bancos e serviços financeiros*: visões atuais. São Paulo: Blucher, 2017.

DEMETIS, Dyonisius S. *Technology and Anti-Money Laundering*: A Systems Theory and Risk-Based Approach. London: LSE, 2010.

FINANCIAL ACTION TASK FORCE. *Guide for Private Sector Information Sharing*. Paris: FATF, 2017. Disponível em: https://www.fatf-gafi.org/media/fatf/documents/recommendations/Private-Sector-Information-Sharing.pdf. Acesso em:

GARAY, J. A.; KIAYIAS, A. SoK: A Consensus Taxonomy in the Blockchain Era – working paper, Dec. 2019. Disponível em: https://eprint.iacr.org/2018/754.pdf. Acesso em: 30 dez. 2019.

18. *KNOW YOUR TRANSACTION* (KYT): COMO AS *EXCHANGES* CONTROLAM AS TRANSAÇÕES COM CRIPTOATIVOS

Victor Henrique Martins Gomes

Introdução

Em um cenário de transformação digital, em que emergem novas e prósperas tecnologias, muito tem se discutido sobre as formas de controle e mecanismos de conformidade a serem adotados, visando ao estabelecimento de um mercado saudável.

Tais transformações digitais também ocorrem no mercado financeiro, com o surgimento das *fintechs*, empresas que prestam serviços financeiros na era digital, aliando tecnologia e inovação ou reinvenção de um modelo de negócio, tendo o consumidor como centro e ponto focal do negócio.

Nesse oceano de novas *fintechs*, navegam as *exchanges* de criptoativos. Na conceituação trazida pela Instrução Normativa n. 1.888/2019 da Receita Federal do Brasil (RFB), são corretoras, "ainda que não financeiras, que oferecem serviços referentes a operações realizadas com criptoativos, inclusive intermediação, negociação ou custódia, e que pode aceitar quaisquer meios de pagamento, inclusive outros criptoativos".

Assim, as *exchanges* são plataformas destinadas à realização de trocas de criptoativos entre diferentes indivíduos (pessoas físicas e/ou jurídicas) atuando como intermediários de confiança que permitem e realizam o encontro entre esses indivíduos que estão em lados opostos da operação. Essas plataformas são muito utilizadas por aqueles que desejam comprar criptoativos com moeda corrente nacional ou vendê-las e, também, por aqueles que querem apenas transacionar criptoativos.

E como principal protagonista das *exchanges* de criptoativos no Brasil, encontra-se o Bitcoin, que teve seu surgimento em outubro de 2008, por meio da publicação por Satoshi Nakamoto do *whitepaper*[1] "Bitcoin: A Peer-to-Peer

---

[1] *Whitepaper* é um documento publicado por uma empresa, governo ou organização para esclarecer algum assunto ou solucionar determinado problema.

Electronic Cash System", traduzido para o português como "Bitcoin: um sistema de dinheiro eletrônico ponto a ponto" (NAKAMOTO, 2009).

Na mesma linha, em uma alusão cênica, não se pode olvidar a existência das figurantes, também denominadas altcoins. Essas altcoins são os criptoativos alternativos ao Bitcoin, a exemplo do Ether (criptoativo do Ethereum), Litecoin, entre outros.

O grande volume transacionado nos últimos anos, em nível mundial, despertou a necessidade de adaptação dos serviços e o estabelecimento de novos controles, a exemplo do KYT, que estabelece mecanismos de identificação e controle das transações ocorridas em plataforma envolvendo criptoativos.

E é aí, caro leitor, que surgem novas soluções digitais para a realização do controle e monitoramento sobre as transações e carteiras (comumente denominadas *wallets*) de criptoativos, de modo a prevenir, detectar e perseguir qualquer tipo de atividade ilícita envolvendo criptoativos.

Destaque-se que o controle e o monitoramento das transações relacionadas aos criptoativos são consolidados por meio de uma espécie de "caixa de ferramentas" de inteligência artificial, já que via *big data* há tratamento, análise e obtenção de informações a partir de um conjunto de dados gerados em rede *blockchain*,[2] e, com robôs e analistas, há o enriquecimento dos dados a ponto de os tornar base para a tomada de decisões.

Desse modo, o presente capítulo visa instigar o estudo dessa nova tecnologia, trazendo detalhes de como funciona o controle das transações com criptoativos pelas principais *exchanges*, já que em nosso país ainda é desconhecida por muitos, principalmente pela carência de bibliografia nacional sobre o tema e de empresas que atuam no segmento de *compliance* de criptoativos.

1. Mecanismos de Controle e Implementação

Quando falamos em formas de controle, um dos mais famosos mecanismos utilizados no mercado financeiro é o *Know Your Customer* (KYC), traduzido para o português como "Conheça seu Cliente".

---

[2] Essa rede de blocos é um protocolo distribuído, baseado em uma rede *peer-to-peer* (P2P), ou seja, uma rede administrada por pares que contribuem para sua conservação por meio da verificação e validação das transações que se pretende registrar. Os participantes transacionam com um pseudônimo por meio de um sistema de criptografia dual de chaves públicas e privadas que busca dar segurança às operações.

18. *KNOW YOUR TRANSACTION* (KYT): COMO AS *EXCHANGES* CONTROLAM AS TRANSAÇÕES...

Trata-se de importante ferramenta de captação de informações básicas de clientes, traçando um perfil de risco, cujo objetivo é prevenir que o cliente se utilize da estrutura das instituições para o cometimento de atividades ilícitas.

Nas *exchanges* de criptoativos, o controle é ainda maior. Isso se dá pois ainda são exigidas, além das informações cadastrais, documentos que corroboram tais informações e a denominada "prova de vida", uma foto do cliente na modalidade *selfie* segurando seu documento.

Contudo, qual seria a eficácia do KYC para o monitoramento eficiente das transações? Embora as principais instituições conheçam o cliente melhor do que o próprio cliente, elas também conhecem efetivamente as transações dos clientes?

Obviamente que o KYC auxilia no cumprimento de *due diligences*[3] baseadas em risco e permite uma análise mais detalhada de clientes críticos e, por consequência, seus pagamentos, mas confiar apenas no KYC, definitivamente, não é suficiente.

É nesse momento que surge o *Know Your Transaction* (KYT). Como dito alhures, ele serve basicamente para identificar as transações ocorridas dentro de uma plataforma. Traduzido para o português como "Conheça sua Transação", tem seu objetivo principal em identificar transações potencialmente arriscadas e seu comportamento incomum subjacente para detectar indícios de lavagem de dinheiro, fraude, corrupção e outros ilícitos penais.

Quando falamos em moedas *fiat*, de curso obrigatório, a exemplo do real no Brasil, a transação, em regra, é mais fácil de ser identificada. Isso porque, como praxe, as principais empresas desse segmento obrigam que seus clientes efetuem depósitos e saques de contas mantidas de sua própria titularidade.

Assim, quando o personagem fictício "José" se cadastra na plataforma de uma *exchange* de criptoativos, este está obrigado, por meio do procedimento de KYC, a fornecer suas informações cadastrais, documentais e prova de vida.

Depois de ter seu cadastro aprovado, ele poderá efetuar um depósito em reais, que, obrigatoriamente, deverá partir de sua conta bancária mantida em uma instituição financeira credenciada no Brasil.

Presume-se, portanto, que "José" já passou por dois procedimentos distintos de *compliance*, sendo um na instituição financeira na qual mantém conta e outro na *exchange* de criptoativos em que acabara de se cadastrar.

---

[3] Diligência prévia em forma de investigação em que são avaliados os riscos de um negócio ou uma operação.

A partir daí, independentemente de qualquer indício de atividade suspeita, a *exchange* poderá solicitar documentos adicionais que atestem a capacidade financeira de "José" para a operação que pretende executar, como seu Imposto de Renda (IRPF) ou extratos de resgates de aplicação financeira nas corretoras de valores.

Nesse cenário, também existem avaliações periódicas que buscam identificar anomalias nas operações, a exemplo de depósitos fracionados na tentativa de burlar o sistema de limites ou documentos que visam distorcer a realidade das operações, sendo imediatamente reportadas à Unidade de Inteligência Fiscal (UIF).

Por outro lado, entra o protagonista desta história, o Bitcoin. Aqui, o conceito de nacionalidade some, já que ele tem seu uso em escala mundial, o que torna muito mais difícil (mas não impossível) seu controle e monitoramento.

O monitoramento da transação do bitcoin é normalmente realizado em dois momentos nas *exchanges*, sendo o primeiro quando da entrada de criptoativos na *exchange* e o segundo quando da saída de criptoativos da *exchange*.

Após o cadastro de "José" na plataforma e parametrização de seus limites, ele poderá enviar determinada fração de bitcoin para sua conta mantida na *exchange*. Primeiro, essa transação deverá ser confirmada na rede *blockchain* e recebida na *wallet*[4] indicada pela *exchange*, para que assim a fração seja inserida em sua conta gráfica, tornando-se visível para movimentação.

Nesse momento, poderá ocorrer uma validação, de forma semiautomática ou manual, que submete o endereço de depósito utilizado por "José" a uma ferramenta de acompanhamento de transações na rede *blockchain*.

Não havendo integração automática da ferramenta de acompanhamento com o sistema, o analista de *compliance* estará incumbido de inserir o endereço de bitcoin na ferramenta e procederá à análise técnica sobre o endereço enviado.

Nesse instante, com o auxílio de ferramentas de tecnologia especializadas em *compliance* de criptoativos, é possível identificar se a carteira possui algum vínculo com atividades ilícitas, como financiamento ao terrorismo, compra de drogas ou materiais pornográficos na *dark web* e até listas da Office

---

[4] Segundo Rafaela Romano (2018), "uma carteira bitcoin (*wallet*) é a combinação de três elementos: chave privada, chave pública e endereço. A chave privada é um número secreto e aleatório para assinar transações e gastar os bitcoins de uma determinada carteira. A chave pública – derivada da chave privada – é usada pela carteira para fazer diferentes endereços de bitcoin. O endereço de bitcoin é derivado da chave pública, é o *hash* da chave pública na forma de uma sequência alfanumérica pública que funciona como um endereço de e-mail para o qual os fundos podem ser enviados".

of Foreign Assets Control (OFAC),[5] identificando pessoas, entidades e organizações monitoradas e bloqueadas pelos Estados Unidos da América por estarem envolvidas com atividades que ameaçam as políticas externas e a segurança nacional desse país.

Se a carteira de transferência de "José" para a *exchange* brasileira apontar qualquer ligação com atividades ilícitas ou transações suspeitas, haverá a imediata comunicação para os órgãos responsáveis e a consequente finalização da parceria comercial mantida entre as partes.

Na Figura 1, a seguir, verifica-se o espelho do que ocorre na rede *blockchain*, com o adicional de que algumas carteiras são identificadas, de modo a perceber que a carteira em análise recebeu e enviou frações de bitcoin para a famigerada "Silk Road" e "Sheep Marketplace", e recebeu frações da "Cannabis Road", que serão tratadas adiante.

Figura 1 – Simulação de como é vista uma transação suspeita em ferramentas de Compliance

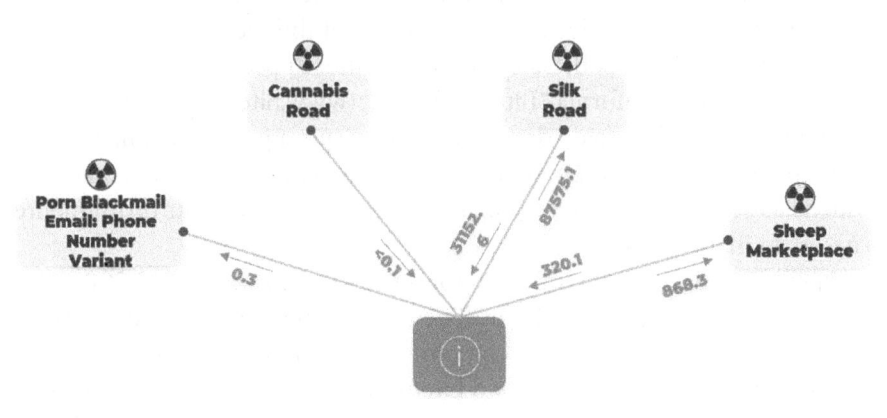

Fonte: Elaboração do autor.

De igual modo, quando "José" realizar sua solicitação de saque de bitcoins via plataforma, o endereço informado para saque poderá ser objeto de validação de atividades suspeitas ou vínculo com atividades ilícitas.

---

[5] OFAC é uma agência pertencente ao Departamento de Tesouro dos Estados Unidos, tendo como principal função administrar e aplicar sanções baseadas em políticas nacionais e internacionais de segurança contra países, regimes, terroristas e traficantes visados internacionalmente.

Insta observar que, sendo identificada a tentativa de transferência para uma carteira vinculada a qualquer atividade ilícita, ela é interrompida e uma diligência é iniciada com a finalidade de obtenção de mais informações para comunicação aos órgãos competentes.

Conclui-se, desse modo, que dois momentos são essenciais para evitar que a *exchange* seja utilizada para o cometimento de ilícitos por pessoas mal-intencionadas, sendo o da entrada de bitcoins e o da saída de bitcoins.

Um controle efetivo na entrada de criptoativos poderá evitar crimes como lavagem de dinheiro, evasão de divisas, ocultação de bens, sonegação fiscal, entre outros.

Já um efetivo controle na saída de criptoativos poderá evitar ilícitos penais como fomento ao tráfico de drogas (por meio de sua aquisição em outros países), corrupção, financiamento de atividades terroristas, além dos já citados anteriormente.

A tarefa das *exchanges* é árdua, já que normalmente se valem de estruturas reduzidas e orçamento controlado, muito embora sejam consideradas *startups* em constante ascensão e objeto de interesse de muitos investidores.

Uma alternativa àqueles que não têm possibilidade de contratação de *softwares* de *compliance* sobre criptoativos é a busca por sistemas gratuitos, como é o caso da plataforma "Bitcoin Abuse" (www.bitcoinabuse.com).

Trata-se de um banco de dados público em que a própria vítima registra o endereço de bitcoin utilizado por *hackers* ou criminosos, bem como traz evidências sobre o caso, com a precípua finalidade de vincular futuramente o *hacker* ao ilícito cometido.

Apenas no período de um mês[6] foram reportados mais de 3.500 casos envolvendo algum tipo de ilícito utilizando-se do bitcoin. E, acredite se quiser, todos eles guardam algo em comum: um rastro é deixado pelo *hacker*!

Ao contrário do que se pensa, o bitcoin não é anônimo. Apesar de suas características de *pseudoanonimidade*, todas as transações são registradas na rede *blockchain* e em algum momento os *hackers* ou criminosos poderão se utilizar de uma *exchange* com processo de KYC e KYT para identificá-lo.

Destarte, independentemente do custo de implementação de sistemas para o mapeamento dessas novas tecnologias de identificação de transações, existem *sites*, a exemplo do Bitcoin Abuse, que visam desestimular o uso do bitcoin e das altcoins para finalidades escusas.

---

[6] Data de apuração do dia 1º de dezembro de 2019 a 31 de dezembro de 2019.

Fato é que as principais *exchanges* brasileiras lutam para competir em pé de igualdade com as outras empresas do segmento em nível mundial, adotando as melhores tecnologias e sistemas para a constante evolução do tema em solo brasileiro.

2. Dos Ilícitos Identificados

Agora que já falamos sobre como funciona o processo de KYT, identificaremos quais são os principais ilícitos penais, bem como suas conexões com as ferramentas de *compliance* sobre criptoativos.

O "Silk Road" é considerado até hoje o mais emblemático canal de compra e venda de drogas que já existiu no submundo da internet. De maneira estruturada, o Silk Road permitia que traficantes e usuários negociassem livremente produtos como LSD, cocaína, metanfetamina, heroína e maconha.

Apenas na simulação da ferramenta de *compliance* destacada anteriormente é possível identificar que foram enviados mais de 87 mil bitcoins cujo destino era a aquisição de drogas para consumo pessoal, cultivo e até mesmo o tráfico de drogas.

Outros *sites* também surgiram depois do Silk Road, como é exemplo o "Cannabis Road", que tem como seu principal produto a maconha e também é mapeado em diversas plataformas de identificação de transações.

No Brasil, a Polícia do Rio Grande do Sul descobriu suspeitos que mineravam bitcoins para pagar pela aquisição de drogas (AUGUSTO, 2019), o que demonstra que o uso do bitcoin aliado ao tráfico de drogas é uma das transações suspeitas que podem ser identificadas pela equipe de *compliance*.

Apenas para que não passe em branco, para minerar bitcoins são necessárias supermáquinas, com alta capacidade de processamento. O papel delas é encontrar uma sequência que torne um bloco de transações de bitcoin compatível com o bloco anterior. Para isso, o computador precisa efetuar milhares de cálculos por segundo para encontrar a combinação perfeita, por isso eles precisam ser extremamente potentes.

Ao encontrar a sequência compatível, o minerador recebe uma recompensa em bitcoin para cada bloco que ele minerar. Essa recompensa foi criada com a intenção de pagar as pessoas que emprestam poder computacional para manter a rede do bitcoin funcionando, conhecida como *blockchain*.

Milhares de mineradores competem diariamente pela recompensa que os blocos oferecem. Um bloco de transações de bitcoin é formado a cada dez minutos, então a competição recomeça nesse período.

Outros são os ilícitos penais cometidos, tais quais a invasão de dispositivo informático alheio para o fim de obter dados ou informações sem autorização expressa, a exemplo do *Ransonware*, que seria um tipo de *software* nocivo que restringe o acesso ao sistema infectado com uma espécie de bloqueio e cobra um resgate em criptoativos para que o acesso possa ser restabelecido, e do *sextortion*, em que *hackers* conseguem obter fotos de vítimas nuas e ameaçam a divulgação caso não haja pagamento.

Ainda é possível identificar outros crimes, como lavagem de dinheiro e financiamento ao terrorismo, já que existem carteiras de criptoativos ligadas diretamente às principais organizações terroristas do mundo.

Para o fim de mascarar tais recebimentos, os criminosos se utilizam de *mixers*. Segundo a jurista Heloisa Estellita (2019), sua

> [...] função é justamente criar uma camada a mais de encobrimento entre o remetente e o receptor de BTCs.[7] Cada usuário remete uma quantidade de moedas virtuais para o *mixer* e designa um ou mais endereços (geralmente novos) nos quais quer receber a mesma quantia, descontado o preço cobrado pelo serviço de mescla.

E ainda complementa, "As moedas, para falar de modo metafórico, são jogadas em uma 'piscina' com as moedas de outros usuários, misturadas e, então, remetidas para os endereços designados pelo usuário. A remessa pode, ainda, ser fracionada em diversas pequenas transações, podendo-se usar diversos provedores de *mixing* em operações sucessivas" (ESTELLITA, 2019).

Por fim, corrobora que "Pesquisas mostram que esses serviços têm o potencial de tornar impossível o rastreamento das moedas, além de implicarem riscos aos próprios usuários, como o de furto ou mesmo de desvio ou perda dos valores pelo encerramento ou bloqueio do serviço" (ESTELLITA, 2019).

Assim, o trabalho da equipe de *compliance* se torna ainda mais difícil, mas sempre são deixados rastros capazes de identificar as pessoas que cometem tais crimes.

---

[7] Símbolo utilizado para nomear o criptoativo bitcoin.

3. Da Regulação Internacional – 5ª Diretiva da União Europeia

A 5ª Diretiva da União Europeia Antilavagem, também chamada de "5AML", foi publicada em 9 de julho de 2018 e tem como objetivo trazer mais transparência para melhorar a luta contra a lavagem de dinheiro e o financiamento do terrorismo em toda a União Europeia.

Trata-se de importante marco legislativo pelo Parlamento Europeu após as graves ofensivas terroristas que atingiram a União Europeia e as vastas transações financeiras descobertas pela investigação da "Panama Papers",[8] em julho de 2016.

Apesar de publicada em julho de 2018, a obrigatoriedade de implementação por parte dos Estados-membros da União Europeia apenas se deu recentemente, no dia 10 de janeiro de 2020.

Com base no regime regulatório aplicado sob seu antecessor, o "4AML", o "5AML" reforça o regime de Prevenção à Lavagem de Dinheiro e Financiamento ao Terrorismo da União Europeia para tratar de uma série de questões emergentes e em andamento, a exemplo dos criptoativos.

Assim, salutar trazer alguns pontos que fazem conexão direta com o tema aqui tratado, além de possivelmente servirem de base para regulamentações que possam surgir no Brasil sobre o assunto.

O primeiro grande ponto é o da inclusão das *exchanges* de criptoativos e serviços de gestão de carteiras de criptoativos no escopo de aplicação da Diretiva, tornando-os definitivamente obrigados a proceder à identificação do cliente em transações suspeitas e com indícios de qualquer atividade ilícita, principalmente lavagem de dinheiro e financiamento ao terrorismo.

A questão da *pseudoanonimidade* ainda não está superada. Isso porque nem sempre os usuários de criptoativos se utilizam dos prestadores de serviço, a exemplo das *exchanges* de criptoativos e empresas gestoras de carteiras.

De todo modo, a Diretiva estabelece que as UIFs nacionais deverão ser capazes de obter informações que lhes permitam associar endereços de criptoativos à identidade do detentor dos criptoativos.

No cenário atual, a melhor forma de obtenção dessas informações é via sistemas tecnológicos de identificação de transações ocorridas na rede

---

[8] Segundo a *Agência Brasil*, "A Panamá Papers é uma investigação feita pelo Consórcio Internacional de Jornalistas Investigativos (ICIJ, sigla em inglês) sobre a indústria de empresas *offshore*. O ICIJ, com apoio do jornal alemão Süddeutsche Zeitung, teve acesso a 11,5 milhões de documentos ligados ao escritório de advocacia panamenho Mossack Fonseca. Os milhões de documentos vazados foram esmiuçados por mais de 370 jornalistas de 76 países".

descentralizada. Em vez de apenas ter um código alfanumérico, é possível identificar a propriedade de determinadas carteiras.

Na mesma toada, dois pontos ainda terão suas discussões aprofundadas no decorrer dos próximos anos, de modo a permitir que informações sobre propriedade de carteiras sejam autodeclaradas por seus proprietários às autoridades designadas, bem como a criação de um banco de dados central de registo da identidade dos usuários e dos endereços de criptoativos.

Enfim, temas que traçam certa similitude com o procedimento de Conheça sua Transação, sendo futuramente possível não só identificar o cliente da *exchange*, mas todos os relacionamentos comerciais por ele mantidos, sem restrições, o que se distancia até um pouco da natureza libertária e do propósito da tecnologia.

Conclusão

O primeiro grande sentimento quando da descoberta de novas e prósperas tecnologias é a euforia. Se a própria existência da rede *blockchain* e o Bitcoin já nos trazem avanços em vários campos da sociedade, é crível que a partir daí novas tecnologias surgirão.

O que se tem, em verdade, é o grande benefício em se utilizar do conceito de Conheça sua Transação, que permite um monitoramento constante de todas as transações, realizadas de maneira semiautomática, já que envolve a inteligência artificial do sistema que nos dá uma recomendação, mas sempre dependente da decisão do analista de *compliance*.

Trata-se, desse modo, de uma maneira mais segura de lidar com possíveis casos de ilícitos penais, pois sinaliza eventos que ninguém espera que aconteçam. O KYT certamente maximiza a quantidade de anomalias detectadas, e, como a solução se baseia na inteligência artificial, ela continuará aprendendo com o passar do tempo e, eventualmente, se tornará melhor e mais precisa.

Essas novas soluções são uma resposta precisa ante as novas regulações antilavagem de dinheiro recentemente em vigência na União Europeia e que, sem dúvidas, chegarão em breve ao território nacional.

Por outro lado, é preciso ter cuidado para que a experiência do usuário de bem não seja afetada, isso porque a grande maioria utiliza-se do bitcoin e de outros criptoativos para investimentos, reserva de valor e meio de troca ou pagamento.

Por fim, sem a pretensão de esgotar o tema, ainda há o que questionar: Como lidar com as altcoins que ainda não possuem controles tão efetivos quanto o bitcoin? E as *exchanges* que não possuem controles rígidos? Sendo identificada uma transação criminosa, como ficaria a questão de direito internacional e o relacionamento das empresas desse segmento no fornecimento de documentos e provas? Seria possível a criação de uma célula nacional de registro de propriedade de carteiras de criptoativos? Como ela se comunicaria mundialmente diante das diferentes legislações mundiais? E, por fim, como evoluir no âmbito regulatório sem perder a essência libertária atinente a essa tecnologia?

São muitos os questionamentos ainda sem resposta, que dependem, exclusivamente, da união de esforços entre reguladores, legisladores, especialistas e entusiastas do mercado de criptoativos no Brasil. Tal esforço deve ser imediato para que ainda haja tempo de competir com os países asiáticos, que já fizeram progressos legislativos na integração de criptoativos aos mercados financeiros.

A tarefa é árdua, pois ainda não há em nosso ordenamento jurídico, além da Instrução Normativa RFB n. 1.888/2019, regulação sobre os criptoativos e suas funções, o que estimula o presente estudo. Mostra-se aparente, em nível nacional, a promoção de debates de forma séria a respeito do tema.

Diante desse cenário, ainda se mostra interessante um modelo de *sandbox* regulatório, que permita o teste de modelos regulatórios para o mercado de criptoativos, em especial para a regulamentação do *compliance* sobre os criptoativos. Isto é, um *sandbox* regulatório que permita a avaliação, dentro de um ambiente controlado, do modelo que melhor atenda às necessidades desse mercado.

Nas palavras de Remigio Bonguliemi, chefe do *compliance* da empresa Trade.io, "More regulation creates clarity – and clarity creates peace of mind", o que em português é traduzido como "mais regulação cria claridade – e essa claridade cria paz de espírito".

E o que poucos enxergam é que os empreendedores, especialistas e entusiastas desse segmento acordam todos os dias para trabalhar exaustivamente e buscar mais claridade e paz de espírito para o estabelecimento de um ambiente saudável para o bitcoin e outros criptoativos no Brasil.

REFERÊNCIAS

AUGUSTO, Thaís. Polícia encontra laboratório de bitcoins usado para lavagem de dinheiro no RS. *Canal Tech*, 29 ago. 2019. Disponível em: https://canaltech.com.br/criptomoedas/policia-encontra-laboratorio-de-bitcoins-usado-para-lavagem-de-dinheiro-no-rs-137833/. Acesso em: 10 jan. 2020.

EMPRESA BRASILIERA DE COMUNICAÇÃO. Entenda o que é a investigação jornalística Panamá Papers. *Agência Brasil*, 6 abr. 2016. Disponível em: https://agenciabrasil.ebc.com.br/economia/noticia/2016-04/entenda-o-que-e-investigacao-jornalistica-panama-papers. Acesso em: 6 jan. 2020.

ESTELLITA, Heloisa. Bitcoin e lavagem de dinheiro: uma aproximação. Desafios indicam a necessidade de uma intensa e eficaz cooperação internacional em matéria financeira e penal. *JOTA*, 7 out. 2019. Disponível em: https://www.jota.info/opiniao-e-analise/colunas/penal-em-foco/bitcoin-e-lavagem-de-dinheiro-uma-aproximacao-07102019. Acesso em: 10 jan. 2020.

EUROPEAN COMISSSION. Statement by First Vice-President Timmermans, Vice-President Dombrovskis and Commissioner Jourovà on the adoption by the European Parliament of the 5th Anti-Money Laundering Directive. 18 Apr. 2018. Disponível em: https://ec.europa.eu/commission/presscorner/detail/en/STATEMENT_18_3429. Acesso em: 27 dez. 2019.

FOXBIT. Como funciona mineração de bitcoin? *Foxbit*, 19 mar. 2019. Disponível em: https://foxbit.com.br/blog/mineracao-de-bitcoin-entenda-como-funciona/. Acesso em: 10 jan. 2020.

LA-CROIX, Kevin. Cyrptocurrencies – To Insure or Not to Insure? *The D&ODiary*, 9 Sept. 2018. Disponível em: https://www.dandodiary.com/2018/09/articles/cryptocurrencies/guest-post-cryptocurrencies-insure-not-insure/. Acesso em: 5 jul. 2019.

NAKAMOTO, Satoshi. Bitcoin: A Peer-to-Peer Electronic Cash System. *Satoshi Nakamoto Institute*, 31 Oct. 2009. Disponível em: https://nakamotoinstitute.org/bitcoin/. Acesso em: 21 jan. 2020. Tradução por @rhlinden disponível em: https://bitcoin.org/files/bitcoin-paper/bitcoin_pt.pdf. Acesso em: 3 jan. 2020.

PARLAMENTO EUROPEU. *Diretiva (UE) 2018/843 Do Parlamento Europeu e do Conselho de 30 de maio de 2018*. Altera a Diretiva (UE) 2015/849 relativa à prevenção da utilização do sistema financeiro para efeitos de lavagem de dinheiro ou de financiamento do terrorismo. 5ª Diretiva AML. Disponível em: https://eur-lex.europa.eu/legal-content/EN-PT/TXT/?uri=CELEX:32018L0843&from=EN. Acesso em: 2 jan. 2020.

ROMANO, Rafaela. Chaves, endereços e carteiras no bitcoin: diferença entre chave pública e endereço. *Medium*, 27 dez. 2018. Disponível em: https://perma.cc/ZKY3-AYVF. Acesso em: 7 dez. 2019.

SCWARZ, Cynthia; MANHEIM, David; JOHNSTON, Patrick. *Terrorist Use of Cryptocurrencies. Technical and Organizational Barriers and Future Threats*. California: RAND, 2019. Disponível em: https://www.rand.org/pubs/research_reports/RR3026.html. Acesso em: 10 dez. 2020.

SKINNER, Chris. *Digital Bank*: Strategies to Launch or Become a Digital Bank. Singapore: Marshall Cavendish, 2014.

19. A RECOMENDAÇÃO DA ORGANIZAÇÃO INTERNACIONAL DAS COMISSÕES DE VALORES MOBILIÁRIOS (IOSCO) PARA AS PLATAFORMAS DIGITAIS DE NEGOCIAÇÕES DE ATIVOS DIGITAIS

Emília Malgueiro Campos

Introdução

No início do desenvolvimento do mercado do que se costumava chamar de "moedas virtuais", mas que atualmente melhor se denomina criptoativos, tanto no Brasil como ao redor do mundo, as empresas que desenvolveram plataformas digitais para intermediar a aquisição desses ativos, seja por meio de moeda fiduciária, ou *fiat*, seja por meio de outro criptoativo, atuavam de forma bastante livre, fundamentadas na ausência de regulamentação específica. Isso nos países onde a operação era permitida, pois alguns países, como Bolívia, Bangladesh, Argélia e Catar, declararam o Bitcoin e outros criptoativos ilegais.

Contudo, ao longo dos anos, vários incidentes e a prática de atos fraudulentos em prejuízo dos usuários demonstraram a necessidade de um conjunto de regras para essa nova modalidade de negócio, a fim de garantir não apenas os direitos dos usuários, mas também a própria continuidade e expansão desse novo mercado.

O primeiro grande caso foi o da *exchange* sediada no Japão, a Mt Gox. Lançada em julho de 2010, em 2013 e 2014, processava mais de 70% de todas as transações de bitcoin em todo o mundo, como a maior *exchange* de bitcoin do mundo.

Em fevereiro de 2014, a Mt Gox suspendeu as negociações, fechou seu site e pediu proteção contra falência junto aos credores, anunciando que aproximadamente 850 mil bitcoins pertencentes aos clientes e à empresa haviam sido roubados, um valor avaliado em mais de USD 450 milhões na época. Embora 200 mil bitcoins tenham sido "encontrados" desde então, as razões do desaparecimento – roubo, fraude, má administração ou uma combinação delas – não eram inicialmente claras.

Novas evidências apresentadas em abril de 2015 pela empresa de segurança WizSec, de Tóquio, levaram-nos a concluir que "a maioria ou todos os bitcoins ausentes foram roubados diretamente da *hot wallet* da Mt Gox ao longo do tempo, começando no final de 2011" (NILSSON, 2015).

E esse foi apenas o começo de uma sucessão de incidentes que não apenas trouxeram prejuízos aos usuários, como também comprometeram a credibilidade desse mercado, principalmente no que diz respeito à sua associação a esquemas fraudulentos e pirâmides financeiras.

Nesse sentido, a criação de um conjunto de regras para proteger os usuários e garantir que os mercados sejam justos, eficientes e transparentes começou a se mostrar cada vez mais necessária.

Em 2017, o Conselho da Organização Internacional de Comissões de Valores Mobiliários (Iosco) publicou o Relatório sobre Tecnologias Financeiras (Relatório Fintech) (IOSCO, 2017a), que discutiu as tecnologias de contabilidade distribuída (Distributed Ledger Technology – DLT) e o papel da *tokenização* de ativos e dinheiro fiduciário.

No Relatório Fintech, a Iosco observou que "tokenização é o processo de representar digitalmente um ativo ou propriedade de um ativo. Esses ativos podem ser moedas, mercadorias ou valores mobiliários ou propriedades". Ainda, os criptoativos são um tipo de ativo privado que depende principalmente de criptografia e *blockchain*, ou tecnologia similar (DLT) como parte de seu valor percebido ou inerente, e pode representar um ativo, como uma moeda, mercadoria ou título.

Em 2019, a Iosco publicou o Relatório de Consulta sobre Plataformas de Negociação de Criptoativos (Relatório de Consulta) (IOSCO, 2019) para incentivar o público a discutir os riscos identificados, considerações importantes e possíveis ferramentas relacionadas.

Quando uma autoridade reguladora determina que um criptoativo ou uma atividade que envolva um criptoativo se enquadra em sua jurisdição, os Objetivos e Princípios de Regulação de Valores Mobiliários da Iosco (Princípios) (IOSCO, 2017b) e a Metodologia de Avaliação (Metodologia) (IOSCO, 2017c) fornecem orientação útil ao considerar as questões e riscos que surgem nesse novo mercado. Os Princípios e a Metodologia também facilitam a promoção dos objetivos principais da regulamentação de valores mobiliários da Iosco, que incluem proteger os investidores e garantir que os mercados sejam justos, eficientes e transparentes.

O Relatório de Consulta, preparado pelo Comitê 2 da Iosco sobre Regulamentação de Mercados Secundários, baseia-se parcialmente em informações relacionadas ao funcionamento das plataformas digitais de negociação e às abordagens regulatórias atualmente aplicadas no mercado tradicional nas jurisdições-membros do Comitê 2 ou nas jurisdições-membros que participam da Rede de Consulta da OIC da Iosco.[1]

O Relatório de Consulta, além de identificar os riscos a seguir elencados, associados à operação das plataformas digitais de negociação de criptoativos, que serão mais bem explorados ao longo deste capítulo, também trouxe ferramentas para auxiliar as autoridades reguladoras na tarefa de avaliação desse mercado: (i) acesso à plataforma; (ii) salvaguarda dos ativos dos usuários; (iii) conflitos de interesse; (iv) operações da plataforma; (v) integridade do mercado; (vi) preços; e (vii) tecnologia.

No entanto, para a identificação das melhores ferramentas para cada risco levantado, é importante considerar como cada plataforma efetivamente atua, pois é fato que existe distinção entre elas, de acordo com o serviço que oferecem, que diferencia sua responsabilidade jurídica e, portanto, o risco que trazem tanto ao usuário/cliente quanto ao sistema em geral. E é sobre esses aspectos que trataremos na próxima seção.

1. Os Diferentes Tipos de Plataformas de Negociação de Ativos Digitais

É muito comum vermos as plataformas digitais de negociação definidas apenas como *exchanges*. No entanto, são vários os modelos de negócio em torno dos criptoativos e é importante defini-los com melhor precisão quando se trata de abordar os riscos de cada um. E, iniciando pelo modelo mais conhecido, vamos tratar das *exchanges*.

Exchanges são as pessoas jurídicas não financeiras, que oferecem serviços de intermediação de criptoativos, incluindo sua custódia. Também se incluem nessa definição os "marketplace", que disponibilizam um ambiente para que os usuários realizem diretamente transações de compra e venda.

Esse modelo foi criado para que pessoas que queiram adquirir criptoativos com moeda *fiat*, ou mesmo com outro criptoativo, possam realizar essa transação de forma segura, tendo em vista que as transações em criptoativos são

---

[1] Argentina, Abu Dhabi, Bahamas, Bélgica, Canadá (Alberta, Colúmbia Britânica), Chile, Gibraltar, União Europeia (ESMA), Ilha de Man, Israel, Jersey, Liechtenstein, Nova Zelândia, Polônia, Sérvia, Tailândia, Trinidad e Tobago e Estados Unidos (FINRA).

imutáveis, irreversíveis, em razão da própria tecnologia, enquanto as transações bancárias, por exemplo, são passíveis de reversão.

Vamos imaginar a hipótese de uma compra de bitcoin com pagamento por DOC sendo realizada diretamente entre duas pessoas que não se conhecem. Ao receber o comprovante da realização do DOC, que só é efetivado após 24 horas, o vendedor transfere os bitcoins para o comprador e este cancela o DOC enviado. Justamente para evitar esse tipo de situação é que foram criadas as *exchanges*, visando garantir esse ambiente seguro para que vendedores e compradores realizem as transações, quando uma das partes ainda não está alocada em criptoativo.

Então, o vendedor transfere os criptoativos para a carteira da *exchange*, bem como o comprador transfere *fiat* para a conta corrente, e, quando tudo está de acordo, a *exchange* finaliza a operação transferindo os respectivos ativos para cada parte, ficando com um percentual como sua receita, a título de taxa sobre a intermediação.

É importante mencionar dois aspectos relevantes para análise nesse modelo de negócio: o primeiro é o fato de que ele implica custódia pela *exchange*, ainda que temporária, de ativos dos clientes, o que representa um risco operacional considerável diante dos aspectos tecnológicos e de segurança da informação inerentes à custódia de criptoativos, sujeitos a ataques e *hackers*, e também de moeda *fiat*, a qual fica "terceirizada" para a instituição bancária da *exchange*, mas que, em tese, também pode sofrer bloqueios, por exemplo no caso dos fechamentos de contas pelos bancos, como vemos acontecendo todos os dias.[2]

O segundo aspecto é que nesse modelo a plataforma apenas intermedeia a compra e venda de ativos de terceiros, e não de ativos próprios, como veremos no modelo seguinte.

OTC ou Mercado de Balcão é a pessoa jurídica não financeira que oferece serviços de compra e venda de estoque proprietário, ou sob forma de consignação, de criptoativos.

Nesse modelo de negócio, cujo nome "mercado de balcão" veio de o comerciante ter o produto ali no balcão, à disposição para venda ao cliente, de seu próprio estoque, há um ponto importante a destacar, que é a ausência de custódia de ativos de terceiros, seja cripto ou *fiat*. Isso porque, caso a plataforma tenha qualquer problema, seja de segurança da informação, seja de má

---

[2] Processo n. 1031289-53.2018.8.26.0114 – Walltime Serviços Digitais Ltda x Banco Agiplan S/A.

gestão, qualquer perda só prejudicará a própria empresa, já que ela não realiza custódia de ativos dos clientes.

Isso diminui sensivelmente o risco operacional e sistêmico desse modelo de negócio, o que gera implicações quando se abordam as ferramentas que são sugeridas no Relatório da Iosco.

Custodiante ou *"Wallet"* é a pessoa jurídica que oferece serviços de custódia passiva de criptoativos, mantendo a guarda das chaves privadas das carteiras custodiadas. Existem outros modelos de *wallet*, que apenas fornecem o *software* de carteira, disponibilizando as chaves privadas ao próprio usuário. Não incluímos esse modelo de negócio nesta descrição justamente por não implicar risco de custódia, já que, nesse caso, a plataforma serve apenas como fornecedora de um *software*.

No modelo de carteira em que há custódia das chaves privadas pela plataforma, novamente há o risco da custódia dos criptoativos.

Gestora de criptoativos é a pessoa jurídica não financeira que oferece serviços de gestão ativa ou passiva de criptoativos, sob a promessa de rendimentos aos usuários.

Nesse modelo, que traz o maior risco operacional e sistêmico de todos que já analisamos, a gestora, além de realizar custódia, ainda que temporária, dos ativos digitais de seus clientes, também decide sobre as estratégias de investimentos desses ativos, o que implica assumir os riscos dessas estratégicas, tais como local, percentual e forma de alocação dos recursos, entre outros.

Vimos, então, que existem diferentes modelos de negócios sob o formato de plataformas de negociação de criptoativos, com diferentes níveis de riscos operacionais e sistêmicos, que devem ser observados no que tange ao Relatório e às Recomendações da Iosco, para melhor aplicabilidade delas, como veremos a seguir.

2. O Relatório da Iosco

Diferentes jurisdições têm-se debruçado na análise desse tema, sob o aspecto regulatório, visando identificar e endereçar riscos associados às operações com criptoativos, principalmente em relação aos riscos de lavagem de dinheiro e financiamento ao terrorismo.

Os Ministros das Finanças e Governadores do Banco Central do G20 reconheceram no Comunicado após sua reunião de março de 2018 em Buenos Aires que criptoativos não representam um risco material para a estabilidade financeira, mas declararam que "levantam questões com relação à proteção do consumidor e do investidor, integridade do mercado, sonegação de impostos, lavagem de dinheiro e financiamento do terrorismo". Eles alertaram os organismos internacionais de definição de padrões a "continuarem monitorando os criptoativos e seus riscos, de acordo com seus respectivos mandatos, e avaliando respostas multilaterais, conforme necessário" (G20, 2018).

O trabalho da Iosco foi preparado com base nas informações recebidas em resposta a uma pesquisa (Pesquisa) enviada às jurisdições-membros e participantes da Rede da OIC. A Pesquisa solicitou detalhes sobre os tipos de plataformas de negociação que estão operando (não necessariamente licenciadas ou autorizadas) e como essas plataformas são acessadas pelos usuários. A Pesquisa também procurou comentar sobre a identificação de riscos ou problemas associados pelas autoridades reguladoras, e quais abordagens regulatórias estavam em vigor ou sendo contempladas para resolver essas preocupações.

Vale a pena esclarecer que o Relatório da Iosco aborda apenas a negociação de criptoativos por meio das plataformas, mas não a emissão originária por meio de Initial Coin Offering (ICO), bem como não adentra na análise da classificação que cada jurisdição adota para tais ativos, seja como ativo financeiro, valor mobiliário ou *commodity*.

Nesse sentido, ainda que a tecnologia sob a qual os criptoativos foram desenvolvidos seja nova, é certo que, ao serem classificados como ativo financeiro ou valor mobiliário, por exemplo, permite a aplicação de regras já existentes referentes a esses institutos. Em consequência, o Relatório de Consulta faz referência aos Princípios da Iosco e à Metodologia que possam ser úteis para analisar os possíveis problemas e riscos identificados em relação à operação das plataformas de negociação de criptoativos. Os Princípios da Iosco são aqueles que a orientam no desenvolvimento e na implementação de padrões centrais consistentes e reconhecidos internacionalmente de regulamentação e supervisão de valores mobiliários.

A Iosco reconhece que os mercados de criptoativos têm evoluído globalmente, principalmente em jurisdições de mercados emergentes. Nessa esteira, é inapropriado fornecer uma lista exaustiva dos riscos e problemas ou prescrever novos padrões ou requisitos para esse mercado. Conforme já mencionado, as considerações da Iosco não pretendem ser um conjunto obrigatório de requisitos que as jurisdições devam seguir, mas algo em evolução, a ser constantemente atualizado.

Conforme levantado no Relatório Iosco, as questões e os riscos associados à negociação nas plataformas de criptoativos são semelhantes àqueles concernentes à negociação de valores mobiliários tradicionais ou outros instrumentos financeiros. Nesse sentido, os três principais objetivos da Iosco são: (i) a proteção dos investidores; (ii) a garantia de que os mercados sejam justos, eficientes e transparentes; e (iii) a redução do risco sistêmico. Esses objetivos visam promover mercados eficientes, incluindo: dinâmica eficaz de preços, transparência adequada, integridade do mercado e acesso justo.

3. Os Princípios da Iosco

Os Princípios da Iosco estabelecem uma estrutura ampla para a regulamentação de valores mobiliários e trazem princípios específicos para as plataformas digitais de negociação. Consequentemente, o Relatório de Consulta apresentou alguns dos Princípios e da Metodologia que entende como úteis e aplicáveis às plataformas de criptoativos, tais como: (i) Cooperação, (ii) Mercados Secundários e Outros, (iii) Intermediários de Mercado e (iv) Compensação e Liquidação.

3.1. Princípios da Iosco Relativos à Cooperação
Os Princípios 13, 14 e 15 tratam especificamente da cooperação entre os reguladores e suas contrapartes nacionais e estrangeiras para fins de investigação, supervisão e execução. São aplicáveis às plataformas de criptoativos na medida em que estas pretendem operar globalmente. Esses Princípios garantem autoridade para os reguladores compartilharem informações públicas e não públicas com contrapartes nacionais e estrangeiras; o estabelecimento de mecanismos para esse compartilhamento por parte dos reguladores e que o sistema regulatório permita que seja prestada assistência aos reguladores estrangeiros que precisem fazer perguntas no desempenho de suas funções.

3.2. Princípios da Iosco para Mercados Secundários e Outros
Os Princípios da Iosco para Mercados Secundários e Outros estão dispostos nos Princípios 33 a 37 e se referem ao estabelecimento de sistemas de negociação, incluindo bolsas de valores, sujeitos a autorização e supervisão regulatórias contínuas, com objetivo de garantir integridade das negociações por meio de regras justas e equitativas, que atinjam um equilíbrio apropriado, com transparência, impedindo e detectando manipulação de mercado e outras práticas desleais. O objetivo é garantir o gerenciamento adequado de grandes exposições, risco de inadimplência e interrupção do mercado.

3.3. Princípios da Iosco Relativos aos Intermediários de Mercado e Relativos à Compensação e Liquidação

Tratando-se de plataformas de criptoativos, estas podem oferecer serviços que não são executados por plataformas tradicionais, como aceitação de investidores de varejo e custódia dos criptoativos. Nesses casos, podem ser aplicáveis os Princípios Relativos aos Intermediários de Mercados, previstos nos Princípios 29 a 32 da Iosco, que trazem padrões mínimos de entrada para intermediários, como capital inicial e outros requisitos que refletem os riscos que os intermediários assumem; estabelecimento de padrões de organização interna e conduta operacional, com objetivo de proteger os interesses dos investidores e seus ativos e garantir o gerenciamento adequado dos riscos, em que o intermediário aceita a responsabilidade primária por esses assuntos; e, por fim, criação de procedimentos para lidar com a falha de um intermediário de mercado, a fim de minimizar danos e perdas aos investidores e conter riscos sistêmicos.

4. Os Aspectos Regulatórios

O resultado da Pesquisa realizada demonstrou que, sob o ponto de vista regulatório, as jurisdições participantes, em sua maioria, aplicam suas estruturas regulatórias já existentes aos modelos de negócio no formato de plataformas de criptoativos que se qualificam como valores mobiliários ou ativos financeiros.

Várias jurisdições criaram, ou estão em processo de criar, uma legislação específica para plataformas digitais que oferecem negociação de criptoativos. Algumas jurisdições estão elaborando um regime ou adaptando o existente. Em algumas jurisdições, a estrutura de meios de pagamento tem sido aplicada. Em poucas jurisdições, a negociação de criptoativos é proibida.

As respostas da Pesquisa também indicaram que as jurisdições apontaram os seguintes riscos específicos na operação das plataformas de criptoativos: (i) acesso dos usuários; (ii) proteção dos criptoativos dos usuários; (iii) recursos financeiros; (iv) identificação e gerenciamento de conflitos de interesse; (v) transparência do funcionamento da plataforma; (vi) integridade do mercado, incluindo as regras que regem a negociação na plataforma e como essas regras são monitoradas e aplicadas; (vii) dinâmica de preços; (viii) tecnologia, incluindo resiliência e segurança cibernética; (ix) compensação e liquidação.

5. Os Riscos Específicos das Plataformas de Criptoativos

Não obstante alguns riscos da operação das plataformas de criptoativos serem semelhantes aos de ativos tradicionais, é fato que, pela especificidade dos criptoativos, existem alguns riscos específicos desse modelo de negócio, e o Relatório da Iosco se dedicou a analisá-los, sugerindo ferramentas aos reguladores para sua mitigação, que examinaremos em detalhe a seguir.

5.1. Acesso dos Usuários

Importante identificar quem é o responsável pelo acesso à plataforma e processo de admissão dos usuários, já que este está relacionado a medidas importantes de conhecimento do cliente (*Know Your Client* – KYC) e prevenção de ilícitos como lavagem de dinheiro e financiamento ao terrorismo (*Anti-Money Laundering* – AML). Além disso, os critérios de acesso também podem prever questões de *suitability* para proteção dos investidores, em termos de tolerância a risco.

A Metodologia para o Princípio 33 da Iosco, em particular a Questão Chave 4 (b) do Princípio 33, descreve um sistema no qual o regulador deve garantir que o acesso aos serviços e produtos seja justo, transparente e objetivo e considere os critérios e procedimentos de admissão relacionados.

Também é possível que intermediários acessem as plataformas de negociação em nome de seus clientes (ou seja, investidores). Nesse caso, são eles os responsáveis pelo processo de admissão do cliente, que inclui o cumprimento dos requisitos de KYC, AML e a realização de avaliações de *suitability*.

Em grande parte dos modelos de plataforma de criptoativos, o próprio usuário pode executar as funções de admissão, que seriam executadas por um intermediário. Nos casos em que os processos de admissão não sejam adequados ou sejam fraudados, pode haver o risco de a plataforma ser usada para atividades ilegais. Esse risco pode ser aumentado, por exemplo, se a tecnologia da plataforma oferece a capacidade de: (i) transferir fundos anonimamente entre as partes e (ii) mascarar a origem ou o destino do fluxo de fundos. Além disso, esse tipo de plataforma costuma ser destinada a clientes de varejo, em que, se a negociação de criptoativos não for adequada para eles, pode gerar risco de dano ao investidor.

Nesse sentido, as Questões Principais do Princípio 31 da Iosco fornecem orientação útil, recomendando, por exemplo, que, ao estabelecer um relacionamento comercial com um cliente, um intermediário de mercado deve identificar e verificar a identidade do cliente usando dados confiáveis e independentes.

Algumas jurisdições já aprovaram ou estão considerando legislações que sujeitam as plataformas de criptoativos a esses requisitos. Além disso, a Força-Tarefa de Ação Financeira (GAFI) reconheceu a necessidade de lidar com riscos nessa área e está engajada no trabalho contínuo de aplicação dos padrões do GAFI aos "ativos virtuais" e aos "prestadores de serviços de ativos virtuais" (FINANCIAL ACTION TASK FORCE, 2019).

As ferramentas sugeridas pelo Relatório Iosco para esse aspecto incluem: a revisão das políticas e dos procedimentos das plataformas em relação aos critérios de acesso; a permissão de acesso intermediado às plataformas; a revisão das avaliações feitas pelas plataformas de seus usuários quanto à "adequação", sob a perspectiva de KYC, AML e *suitability*; e a possibilidade de as plataformas fornecerem a divulgação de riscos e, se houver, a avaliação da adequação dessa divulgação.

5.2. Proteção dos Criptoativos dos Usuários

É importante para as autoridades reguladoras considerar como são mantidos os ativos dos usuários nas plataformas de criptoativos, bem como quais são os acordos vigentes em caso de perda, roubo e falência da plataforma.

Conforme analisamos, existem modelos de negócios de plataformas de criptoativos que incluem a custódia tanto de cripto quanto de moeda *fiat*. Nesse sentido, a custódia de cripto traz questões desafiadoras de cibersegurança, representando um grande risco sistêmico. Já a custódia de moeda *fiat* costuma ser transferida para uma instituição financeira. É possível, em alguns casos, que a própria custódia de criptoativos seja transferida a terceiros também.

No caso de custódia realizada pelas plataformas, é possível identificar os seguintes riscos:

- falha operacional: comprometimento do sistema que pode perder ou tornar inacessíveis os criptoativos dos usuários (por exemplo, devido a um ataque cibernético);
- roubo, perda ou inacessibilidade de chaves privadas: as chaves privadas são comprometidas;
- confusão de ativos: os criptoativos da plataforma podem ser combinados com os dos usuários, gerando confusão; portanto, no caso de inadimplência, os ativos dos usuários podem não estar totalmente protegidos;
- manutenção incorreta de registros: a plataforma pode não contabilizar adequadamente os ativos/registros;

- ativos insuficientes para atender às responsabilidades: a plataforma pode não manter ativos suficientes para cobrir as reivindicações dos usuários.

Quanto a esse ponto específico, a Questão-Chave 7 do Princípio 31 pode ser aplicável, pois ela esclarece que, nos casos em que um intermediário de mercado é responsável por ativos pertencentes a um cliente que é necessário salvaguardar, ele deve tomar providências adequadas para manter os ativos dos clientes, como segregação e identificação desses ativos. Essas medidas têm como objetivo: fornecer proteção contra desfalque, facilitar a transferência de posições em casos de grave perturbação do mercado, impedir o uso de ativos do cliente para negociação proprietária ou o financiamento das operações da plataforma e auxiliar na liquidação ordenada da insolvência da plataforma e no retorno dos ativos dos clientes.

O Relatório Iosco recomenda que as autoridades regulatórias considerem as seguintes questões:

- os tipos de criptoativos em custódia;
- o ciclo de vida e a trilha de auditoria da movimentação de fundos e criptoativos entre o usuário, a plataforma e quaisquer terceiros, incluindo em nome de quem os ativos são armazenados e se estão *on-line* ou *off-line*;
- quem tem acesso às chaves privadas para todas as carteiras da plataforma e quais providências de *backup* para evitar pontos únicos de acesso;
- se os fundos e criptoativos são segregados ou agrupados;
- quais direitos e reivindicações de propriedade um investidor tem sobre seus ativos e como eles são evidenciados; e
- como e em que condições os ativos, criptoativos ou fundos, podem ser retirados da plataforma.

Já para os casos de roubo, perda de ativos ou falência da plataforma, devem as autoridades entender qual o plano de proteção dos fundos e os processos de indenização dos usuários. Além disso, a exatidão dos registros é fundamental para esse processo. Se uma autoridade reguladora estiver considerando os problemas e riscos associados à proteção dos ativos dos participantes, uma avaliação poderá incluir:

- uma revisão da adequação dos termos de uso da plataforma que: informe os direitos de propriedade dos usuários; proteja os ativos dos

participantes contra roubo ou perda, incluindo acordos de *backup* apropriados relacionados ao acesso às chaves privadas das carteiras da plataforma; separe os ativos usuários dos outros participantes e da plataforma e mantenha registros precisos e confiáveis, suficientes para confirmar as posições dos participantes;
- quando a plataforma utilize terceiros para custódia dos ativos, a adequação das medidas adotadas em relação à segurança dos ativos mantidos no terceiro;
- uma revisão das disposições em vigor para compensar os usuários em caso de perda de ativos, incluindo, por exemplo, apólices de seguro, fundos de compensação ou outras medidas de contingência;
- um exame dos métodos de recuperação de ativos mantidos fora da jurisdição geográfica das autoridades reguladoras; e
- uma consideração da adequação da divulgação feita pela plataforma aos seus usuários em relação aos procedimentos anteriormente expostos.

5.3. Recursos Financeiros

Nos casos em que a plataforma mantenha a custódia dos criptoativos dos clientes, é importante para as autoridades reguladoras investigar se existem mecanismos de apoio às operações da plataforma. Nesse sentido, ter recursos financeiros suficientes pode promover a confiança nos mercados e a proteção dos investidores. A imposição de requisitos de capital mínimo para proteção contra falência ou insolvência é uma abordagem geralmente utilizada para intermediários no mercado tradicional, que detêm ativos de investidores, que pode ser adaptada para plataformas que custodiem ativos de clientes, como fator relevante no gerenciamento de riscos.

Nesses casos, o Princípio 30 da Iosco, que discute os requisitos de capital inicial e contínuo para os intermediários diretamente relacionados à natureza do negócio e aos riscos assumidos, pode ajudar a plataforma a ter recursos operacionais suficientes. Além disso, quando a plataforma, ou seu operador, negocia por sua própria conta e estabelece posições proprietárias em criptoativos, pode haver um aumento do risco financeiro assumido pela plataforma.

Assim, ao considerar os riscos relacionados à adequação dos recursos financeiros da plataforma, a autoridade reguladora deverá avaliar:

- a imposição de requisitos de capital que reflitam a natureza do negócio;
- o monitoramento contínuo das posições de capital; e
- a realização de auditoria independente da posição financeira da plataforma.

5.4. Identificação e Gerenciamento de Conflitos de Interesse

Uma consideração importante para as autoridades reguladoras é a extensão em que os conflitos de interesse existem, em razão da estrutura e organização interna da plataforma e, se houver, como eles são gerenciados.

A existência de conflitos não mitigados pode afetar negativamente a proteção e a confiança dos investidores. A necessidade de diminuir e gerenciar conflitos de interesse, reais ou percebidos, não é exclusiva das plataformas de criptoativos, mas é fato que esse modelo de negócio pode contar com alguns conflitos específicos.

As plataformas que pretendem fornecer serviços de ponta a ponta, incluindo, por exemplo, admissão e negociação de criptoativos, liquidação, custódia, criação de mercado e serviços de consultoria, podem ter conflitos adicionais. No mercado tradicional, esses papéis são desempenhados por partes independentes, mas, quando as plataformas fornecem todos esses serviços, quaisquer conflitos de interesses que surjam precisam ser mitigados para evitar possíveis condutas de mercado que possam prejudicar os investidores.

Além disso, problemas relacionados à integridade e justiça do mercado podem surgir quando o papel de uma plataforma não for transparente, acarretando potenciais conflitos de interesses entre a plataforma e seus clientes.

São exemplos de conflitos em potencial:

- negociação proprietária e/ou criação de mercado na plataforma por operadores ou funcionários da plataforma: conflitos podem incluir assimetria de informações, abuso de mercado e/ou preços injustos fornecidos aos clientes;
- assessoria a clientes: pode haver um conflito quando a plataforma tem interesse direto ou indireto em um criptoativo negociado na plataforma ou em sua emissão;
- tratamento preferencial: surgem conflitos quando tratamento preferencial é dado a um grupo de participantes ou aos proprietários/operadores da plataforma, incluindo o *design* e a programação do sistema que determina como as ordens são executadas.

Se uma autoridade reguladora estiver considerando problemas e riscos relacionados a conflitos de interesses, uma avaliação poderá incluir:

- avaliação das políticas e dos procedimentos da plataforma para mitigar e gerenciar os conflitos de interesses, incluindo uma revisão da divulgação

de todos os detalhes relevantes e onde a plataforma e as partes relacionadas (operadores, funcionários, executivos e diretores) possam ter algum interesse financeiro nos criptoativos negociados; e das políticas e dos procedimentos relativos ao acesso e à confidencialidade das informações sobre os usuários da plataforma ou outras informações que devem ser tratadas como confidenciais;
- quando a plataforma ou as partes relacionadas tiverem permissão para participar de negociações proprietárias na plataforma, uma revisão da divulgação de atividades comerciais relevantes; a separação das atividades de criação de mercado das atividades de negociação ou serviços prestados aos usuários; a transparência de políticas e procedimentos que abordam, entre outras coisas, a prioridade dos usuários, o preço justo das negociações com os usuários e a execução favorável das negociações com os usuários; e a divulgação sobre se um emissor de um criptoativo ou parte relacionada é participante da plataforma; e
- uma revisão da divulgação das medidas adotadas para mitigar e gerenciar quaisquer conflitos de interesses.

5.5. Transparência do Funcionamento das Plataformas de Criptoativos
Tendo em vista que na maioria das plataformas de criptoativos o acesso é feito diretamente pelos usuários, ou seja, é não intermediado, uma consideração importante para as autoridades reguladoras é verificar como se dá a descrição do funcionamento delas aos interessados e como isso está disponibilizado.

Serão vários os riscos decorrentes da falta de um perfeito entendimento sobre as operações da plataforma se as regras não estiverem devidamente claras e transparentes, principalmente aquelas relacionadas à dinâmica de precificação, à interação das ordens e às condições dos formadores de mercado, responsáveis por garantir liquidez e os requisitos e mecanismos que asseguram o roteamento das ordens. Se as informações sobre esses pontos forem insuficientes, isso pode gerar problemas de integridade e equilíbrio de mercado.

Tal como acontece no mercado tradicional, para facilitar a negociação justa e ordenada e a proteção do investidor, a transparência das operações de negociação de uma plataforma de criptoativos pode beneficiar os participantes e trazer credibilidade a esse mercado. É importante que os participantes tenham informações suficientes para tomar decisões informadas sobre a possibilidade de negociar.

A questão principal 5 do Princípio 33 da Iosco fornece orientações úteis para enfrentar esses riscos. Vale também comentar que o uso de *blockchain* e DLTs em geral pode limitar a capacidade de cancelar ou modificar as negociações, uma vez verificadas e registradas. Portanto, como as plataformas de criptoativos lidam com as operações de erro, com os cancelamentos e com as modificações, também são considerações importantes.

Além disso, a tecnologia subjacente aos criptoativos pode levantar alguns problemas novos e únicos, como em relação aos *hard forks*,[3] *airdrops*[4] e a outras emissões de ativos, que podem apresentar desafios operacionais para as plataformas e seus usuários. Especificamente os *hard forks* criam versões novas do protocolo e podem criar ativos inteiramente novos. Quando uma plataforma detém a custódia dos criptoativos que podem ser bifurcados, dependendo da abordagem operacional dela, o cliente pode não ter acesso ao novo criptoativo resultante do *hard fork*. Também é possível surgirem problemas quando há falta de clareza sobre como os criptoativos novos, bifurcados, serão gerenciados pela plataforma.

Assim, devem as autoridades reguladoras atentar para os aspectos levantados e sua transparência aos usuários.

5.6. Integridade do Mercado

Um ponto a ser considerado pelas autoridades reguladoras é a aplicabilidade das regras existentes no mercado tradicional relacionadas ao abuso de mercado e à capacidade das plataformas de criptoativos de detectá-los e preveni-los.

As plataformas do mercado tradicional geralmente têm regras que governam a negociação e mecanismos para monitorar e aplicar suas regras, pois, sem isso, há risco de fraude, manipulação e má conduta no mercado, o que é ruim para os investidores e mercados justos e eficientes.

Nessa linha, o Princípio 33 da Iosco fornece orientações úteis sobre esses riscos, afirmando que o regulador deve avaliar a confiabilidade de todas as providências tomadas pelo operador para monitoramento, vigilância e supervisão do sistema de câmbio ou negociação e seus membros ou participantes, para garantir justiça, eficiência, transparência e proteção ao investidor, bem como o cumprimento da legislação sobre valores mobiliários.

Também é relevante o Princípio 36 da Iosco, que reforça a importância de uma supervisão suficiente; ele observa ainda que a manipulação de mercado,

---

[3] Um *hard fork* é uma alteração do código no protocolo subjacente que é incompatível com a versão anterior. Isso resulta em diferentes versões do protocolo.
[4] Um *airdrop* de criptoativos refere-se à distribuição de criptoativos para carteiras digitais (geralmente sem custo financeiro).

conduta enganosa ou fraudulenta pode resultar em assimetrias de informações, distorcer o processo de dinâmica de preços e prejudicar injustamente os investidores.

Efetivamente, realizar um monitoramento eficaz das negociações de uma plataforma de criptoativos pode não ser uma tarefa das mais fáceis, pois os métodos para tanto diferem daqueles do mercado tradicional. Outros aspectos específicos concernentes aos criptoativos, como a alta volatilidade em relação aos ativos financeiros tradicionais, a possibilidade de negociação 24 horas por dia e a falta de uma fonte única e estável de precificação, também dificultam essa tarefa.

Ao considerar as questões referentes à integridade do mercado, a autoridade reguladora deverá avaliar:

- regras tradicionais de integridade do mercado, com vistas à sua aplicabilidade à negociação de criptoativos;
- mecanismos de monitoramento de regras, políticas ou procedimentos;
- o horário de negociação das plataformas e como isso pode afetar sua capacidade de monitoramento efetivo das negociações;
- o gerenciamento de qualquer assimetria de informação; e
- a disponibilidade de informações atualizadas sobre fatores que podem impactar o ativo, o valor do ativo, seu desenvolvedor ou a tecnologia utilizada.

5.7. Dinâmica de Preço
Um aspecto importante para as autoridades reguladoras é como a dinâmica de preços acontece nas plataformas de criptoativos. O Princípio 35 da Iosco estabelece que a regulamentação deve promover a transparência do mercado. A Metodologia dispõe que a transparência do mercado "geralmente é considerada central para a justiça e a eficiência de um mercado, e em particular para sua liquidez e qualidade de formação de preços". No entanto, a Metodologia também observa que o estabelecimento de padrões de transparência de mercado nem sempre é direto e que as autoridades reguladoras precisam avaliar o nível apropriado de transparência de qualquer estrutura de mercado específica com cuidado.

Assim, ao analisar os riscos relacionados à dinâmica de preços, a autoridade reguladora deve considerar:

- se e quais informações pré/pós-negociação são disponibilizadas ao público e em quais bases;

- o impacto potencial geral da transparência na qualidade da execução da ordem para os usuários e na qualidade do mercado em geral;
- a microestrutura de mercado de plataformas de criptoativos; e
- os criptoativos negociados, incluindo sua liquidez e características.

5.8. Tecnologia

Devido à natureza das plataformas de criptoativos, a resiliência, a confiabilidade e a integridade dos sistemas cibernéticos e de negociação são componentes críticos no gerenciamento de riscos. No entanto, em comparação com as plataformas tradicionais, pode haver problemas e riscos exclusivos para as plataformas de criptoativos, em razão de diferenças na tecnologia e nos modelos de negócios.

Resiliência, confiabilidade, integridade e segurança do sistema são questões importantes de proteção do investidor, integridade do mercado e estabilidade financeira a serem consideradas em relação tanto às plataformas de criptoativos quanto às tradicionais.

Em razão de as plataformas de criptoativos realizarem custódia dos criptoativos dos usuários, a infraestrutura e os processos para a salvaguarda desses ativos são relevantes porque tecnologias e procedimentos inadequados podem aumentar o risco de perda dos ativos dos usuários. Nesse sentido, o Princípio 33 da Iosco fornece orientações no sentido da necessidade de se manter um nível adequado de estabilidade, devendo as autoridades reguladoras exigirem que as plataformas disponham de mecanismos para garantir a resiliência, confiabilidade e segurança de sistemas críticos, estando preparadas para lidar com falhas e implementando, conforme o caso, um Plano de Continuidade de Negócios.

Ainda deve ser observada a terceirização dessas funções, quando acontecer. Ela não deve ser permitida se prejudicar a capacidade da autoridade reguladora de exercer suas responsabilidades, como supervisão e auditoria adequadas do mercado.

Nesse caso, ao considerar os riscos relacionados à resiliência, integridade e confiabilidade do sistema, a autoridade reguladora deverá rever os planos de continuidade de negócios e recuperação de desastre da plataforma, realizar testes de estresse, procedimentos de garantia da qualidade e monitoramento de desempenho de quaisquer sistemas críticos fornecidos ou desenvolvidos por terceiros, procedimentos de governança e gerenciamento de mudanças e revisões independentes de sistemas para garantir que os padrões de tecnologia relevantes sejam atendidos e mantidos conforme o esperado.

Uma questão fundamental para todos os participantes do mercado são a segurança cibernética e a resiliência. Os incidentes cibernéticos tornaram-se mais frequentes e complexos por natureza. Assim, as medidas de proteção contra incidentes cibernéticos são particularmente importantes para as plataformas de criptoativos devido ao uso de novas tecnologias e à custódia. As violações de segurança e a exploração de vulnerabilidades do sistema podem resultar em perdas significativas de ativos para investidores.[5]

Os requisitos regulamentares existentes concernentes à segurança cibernética e à resiliência podem se aplicar às plataformas de criptoativos em algumas jurisdições. O relatório da CPMI-IOSCO "Orientação sobre resiliência cibernética para infraestruturas do mercado financeiro" (IOSCO; BANK OF INTERNATIONAL SETTLEMENTS, 2016), a estrutura do Instituto Nacional de Padrões e Tecnologia (NIST) para melhorar a segurança cibernética da infraestrutura crítica (National Institute of Standards and Technology, 2018) e as normas da série International Organization for Standardization (ISO) 27000 podem fornecer orientações úteis para aprimorar a segurança e resiliência cibernética do segmento de criptoativos.

5.9. Compensação e Liquidação
É fundamental para a manutenção de mercados justos e eficientes que a compensação e a liquidação de transações sejam realizadas de forma eficiente e confiável. A utilização de *blockchain* e outros DLTs pode ser de grande ajuda nessa missão, mas é fato que sistemas contábeis internos eficientes e precisos são importantes para as plataformas, especialmente quando fornecem acesso direto pelos usuários. Se os sistemas contábeis forem imprecisos ou comprometidos, as retiradas poderão ser feitas sem a propriedade dos criptoativos.

É importante entender como as transações que ocorrem nas plataformas de criptoativos são liquidadas. Devido à tecnologia subjacente e aos modelos de negociação das plataformas, pode não estar claro se os mecanismos tradicionais de liquidação são utilizados para efetuar transferências de propriedade desses criptoativos. Por exemplo, atualmente não está claro se existe um entendimento ou acordo comum sobre quando ocorre a transferência legal de propriedade quando os criptoativos estão sendo negociados nas plataformas.

Dependendo das disposições da plataforma para compensação e liquidação, o Princípio 38 da Iosco ajuda a esclarecer esse ponto. Se existem processos de compensação e liquidação para negociar criptoativos, é importante

---

[5] Ver, por exemplo, TAN e NAKAMURA (2018).

entendê-los. Em abril de 2018, o Comitê de Pagamentos e Infraestruturas de Mercado e o Grupo de Trabalho Conjunto Iosco (CPMI-IOSCO) sobre inovações digitais examinaram se as iniciativas que utilizam DLT na compensação e liquidação representam desafios para a aplicação dos Princípios de Finanças.

O relatório não identificou nenhum problema ou lacuna referente ao uso atual do DLT pelas infraestruturas do mercado financeiro.

Conclusão

As plataformas de criptoativos, pelo próprio modelo de negócio, atuam 24 horas, sete dias por semana e atendem clientes em várias jurisdições. Por esse motivo, o Relatório da Iosco destaca a importância da comunicação entre as autoridades reguladoras dos diferentes países para troca de experiências e cooperação no desenvolvimento e na implementação de padrões de regulamentação e supervisão internacionalmente reconhecidos e consistentes, a fim de proteger os clientes, mantendo os mercados justos, eficientes e transparentes.

Ademais, tratando-se de regulamentação, há o risco de arbitragem regulatória, ou seja, de uma plataforma não regulamentada operar e fornecer acesso a usuários em uma jurisdição na qual isso não é permitido. Esses riscos destacam a necessidade de cooperação e comunicação adequadas entre as autoridades reguladoras que buscam garantir a proteção dos investidores.

O mercado de criptoativos está evoluindo, e o Relatório da Iosco descreve riscos e questões identificados até o momento e estabelece considerações importantes que podem ser relevantes para as autoridades reguladoras que estão analisando as questões potencialmente novas e únicas relacionadas à regulamentação desse mercado.

Como observado nas seções anteriores, essas considerações importantes dependem do modelo operacional da plataforma, e boa parte delas já pode ser mitigada ou abordada pelas estruturas regulatórias existentes. Muitas jurisdições-membros do Comitê 2 indicaram que, se um criptoativo se enquadra em suas atribuições regulatórias, elas serão aplicadas. No entanto, algumas jurisdições estão considerando requisitos específicos, diante das características novas e exclusivas dos criptoativos.

A Iosco pretende continuar a monitorar o mercado de criptoativos, visando minimizar os riscos e problemas e para que as principais considerações identificadas continuem a ser observadas.

REFERÊNCIAS

FINANCIAL ACTION TASK FORCE. *Public Statement – Mitigating Risks from Virtual Assets*. Paris, 2019. Disponível em: https://www.fatf-gafi.org/publications/fatfrecommendations/documents/regulation-virtual-assets-interpretive-note.html. Acesso em: 20 jan. 2020.

G20. *Communiqué – First G20 Meeting of Finance Ministers and Central Bank Governors*. Buenos Aires, 20 Mar. 2018. Disponível em: https://back-g20.argentina.gob.ar/en/documents. Acesso em: 20 jan. 2020.

INTERNATIONAL ORGANIZATION OF SECURITIES COMMISSIONS. *Transparency and Market Fragmentation, Report of the Technical Committee of IOSCO*. Madrid, 2001. Disponível em: https://www.iosco.org/library/pubdocs/pdf/IOSCOPD124.pdf. Acesso em: 9 jan. 2020.

INTERNATIONAL ORGANIZATION OF SECURITIES COMMISSIONS. *IOSCO Task Force on Cross-Border Regulation Final Report*. Madrid, Sept. 2015. Disponível em: https://www.iosco.org/library/pubdocs/pdf/IOSCOPD507.pdf. Acesso em: 9 jan. 2020.

INTERNATIONAL ORGANIZATION OF SECURITIES COMMISSIONS. BANK OF INTERNATIONAL SETTLEMENTS. *Guidance on Cyber Resilience for Financial Market Infrastructures*. Madrid, 2016. Disponível em: https://www.iosco.org/library/pubdocs/pdf/IOSCOPD535.pdf. Acesso em: 20 jan. 2020.

INTERNATIONAL ORGANIZATION OF SECURITIES COMMISSIONS. *IOSCO Research Report on Financial Technologies (Fintech)*. Madrid, 2017a. Disponível em: https://www.iosco.org/library/pubdocs/pdf/IOSCOPD554.pdf. Acesso em: 20 jan. 2020.

INTERNATIONAL ORGANIZATION OF SECURITIES COMMISSIONS. *Objectives and Principles of Securities Regulation*. Madrid, 2017b. Disponível em: https://www.iosco.org/library/pubdocs/pdf/IOSCOPD561.pdf. Acesso em: 20 jan. 2020.

INTERNATIONAL ORGANIZATION OF SECURITIES COMMISSIONS. *Methodology for Assessing Implementation of the IOSCO Objectives and Principles of Securities Regulation*. Madrid, 2017c. Disponível em: https://www.iosco.org/library/pubdocs/pdf/IOSCOPD562.pdf. Acesso em: 20 jan. 2020.

INTERNATIONAL ORGANIZATION OF SECURITIES COMMISSIONS. *Issues, Risks and Regulatory Considerations Relating to Crypto-Asset Trading Platforms – Consultation Report, Board of the International Organization of Security Comissions*. Madrid, 2019. Disponível em: https://www.iosco.org/library/pubdocs/pdf/IOSCOPD627.pdf. Acesso em: 9 jan. 2020.

National Institute of Standards and Technology. *Framework for Improving Critical Infrastructure Cybersecurity*. Gaithersburg, 2018. Disponível em: https://nvlpubs.nist.gov/nistpubs/CSWP/NIST.CSWP.04162018.pdf. Acesso em: 20 jan. 2020.

NILSSON, Kim. The missing MtGox bitcoins. *WizSec Bitcoin Security Specialists*, 19 Apr. 2015. Disponível em: https://blog.wizsec.jp/2015/04/the-missing-mtgox-bitcoins.html. Acesso em: 20 jan. 2020.

TAN, Andrea; NAKAMURA, Yuji. Cryptocurrency Markets Are Juicy Targets for Hackers: Timeline. *Bloomberg*, 20 June 2018. Disponível em: https://www.bloomberg.com/news/articles/2018-06-20/cryptocurrency-markets-are-juicy-targets-for-hackers-timeline. Acesso em: 20 jan. 2020.

PARTE 7
TRIBUTAÇÃO

20. A TRIBUTAÇÃO DE CRIPTOATIVOS: ASPECTOS PRELIMINARES

Andressa Guimarães Torquato Fernandes

Introdução

Discorrer sobre tributação de criptoativos no atual estado da arte não é tarefa simples, isso porque, para que possamos discutir quais tributos são passíveis ou não de incidir sobre operações com criptoativos, os aspectos da respectiva regra matriz de incidência, precisamos responder a um questionamento anterior: o que exatamente são criptoativos? Essa é uma pergunta que acadêmicos de todo o mundo ainda estão tentando responder. Por esse motivo, iniciaremos nossa análise abordando os principais debates que visam compreender o fenômeno dos criptoativos, qual a sua relação com conceitos correlatos como moeda virtual, moeda digital, bem como espécies de criptoativos, como *utility token* e *asset token*.

Passada essa abordagem preliminar do tema, analisaremos como a doutrina brasileira tem se manifestado acerca da possibilidade ou não de tributação dos criptoativos por meio dos seguintes tributos: imposto sobre a circulação de mercadorias e prestação de serviços de transporte interestadual, intermunicipal e de comunicação (ICMS) e imposto sobre transmissão causa mortis e doação de quaisquer bens ou direitos (ITCMD), de competência estadual; o imposto sobre serviços de qualquer natureza (ISS), de competência municipal; o imposto sobre operações financeiras (IOF), o imposto sobre produtos industrializados (IPI) e o imposto sobre a renda (IR), de competência federal. Por fim, analisaremos as manifestações da Receita Federal do Brasil (RFB) sobre criptoativos no âmbito da Instrução Normativa n. 1.888/2019.

1. O que São Criptoativos?

O tema das moedas virtuais, criptoativos, criptomoedas, moedas digitais, entre outras nomenclaturas que possam ser adotadas, começou a ganhar notoriedade em todo o mundo a partir do lançamento do bitcoin, considerada a primeira moeda digital descentralizada do mundo, em 31 de outubro de 2008, por Satoshi Nakamoto. Segundo o Financial Action Task Force (FATF):

> Bitcoins são unidades de conta compostas por sequências únicas de números e letras que constituem unidades da moeda e têm valor somente porque usuários individuais estão dispostos a pagar por eles. Os Bitcoins são negociados digitalmente entre usuários com um alto grau de anonimato e podem ser trocados (comprados ou sacados) por dólares americanos, euros e outras moedas virtuais ou fiat. Qualquer pessoa pode baixar o *software* gratuito de código aberto de um site para enviar, receber e armazenar bitcoins e monitorar transações de Bitcoin. Os usuários também podem obter endereços Bitcoin, que funcionam como contas, uma *exchange* de Bitcoin ou em um serviço de carteira *on-line*. (2014, p. 5-6, tradução nossa)

Com o intuito de harmonizar a nomenclatura, facilitando o estudo e mesmo a sua regulamentação pelos governos, organismos internacionais, os próprios governos e uma infinidade de estudos acadêmicos têm proposto definições para tais figuras, de modo a tentar organizar e melhor compreender cada uma delas, inclusive com o propósito de criar regulamentações que atendam às suas especificidades.

Alguns desses estudos têm-se destacado internacionalmente e influenciado governos e estudiosos no tema, entre os quais se destaca o *Virtual Currencies: key definitions and potential AML/CFT risks*, publicado em junho de 2014 pelo FATF, uma organização intergovernamental independente que desenvolve e promove políticas de proteção do sistema financeiro global contra lavagem de dinheiro, financiamento do terrorismo e financiamento da proliferação de armas de destruição em massa. De acordo com esse estudo, a expressão "moeda digital" representa o gênero do qual são espécies as moedas virtuais e as moedas eletrônicas. Estas, bem mais antigas do que as moedas virtuais, são meras representações eletrônicas de moeda *fiat*, como os programas de milhagens. Constituem-se em um "mecanismo de transferência digital de valor denominado em moeda *fiat*" (FATF, 2014, p. 4, tradução nossa).

20. A TRIBUTAÇÃO DE CRIPTOATIVOS: ASPECTOS PRELIMINARES

As moedas virtuais, por sua vez, são definidas como:

> Moeda virtual é uma representação digital de valor que pode ser negociada digitalmente e funciona como (1) um meio de troca; e/ou (2) uma unidade de conta; e/ou (3) uma reserva de valor, mas não possui *status* de curso legal (ou seja, quando oferecido a um credor, é uma oferta de pagamento válida e legal) em qualquer jurisdição. Não é emitido nem garantido por nenhuma jurisdição e cumpre as funções acima apenas mediante acordo na comunidade de usuários da moeda virtual. (FATF, 2014, p. 4, tradução nossa)

A moeda virtual se diferencia da moeda fiduciária ou moeda *fiat* "(também conhecida como 'moeda real', 'dinheiro real' ou 'moeda nacional'), que é a moeda e o papel-moeda de um país designado como moeda legal; circula; e é normalmente usada e aceita como meio de troca no país emissor" (FATF, 2014, p. 4, tradução nossa).

As moedas virtuais podem ser conversíveis ou não conversíveis e centralizadas ou descentralizadas. As moedas conversíveis podem ser centralizadas ou descentralizadas, mas as não conversíveis são sempre centralizadas. Diz-se conversíveis quando são passíveis de serem trocadas por moeda fiduciária, por exemplo, o bitcoin, e não conversíveis, quando apenas podem ser utilizadas para adquirir algum tipo de utilidade fornecida pela entidade emissora, não podendo ser convertidas em moeda fiduciária, por exemplo dólares do projeto Entropia.

As moedas centralizadas, como o próprio nome sugere, são emitidas e administradas por um ente centralizado, isto é, "uma terceira parte que controla o sistema. Um administrador emite a moeda; estabelece as regras para seu uso; mantém um *ledger* central de pagamentos; e tem autoridade para resgatar a moeda (retirá-la de circulação)" (FATF, 2014, p. 5, tradução nossa). Já as moedas virtuais descentralizadas "são moedas virtuais ponto a ponto, distribuídas, de código aberto e baseadas em conceitos matemáticos, que não possuem autoridade administrativa central, nem monitoramento ou supervisão centralizado" (FATF, 2014, p. 5, tradução nossa).

Por outro lado, quando se fala em criptomoedas ou criptoativos, refere-se à técnica computacional utilizada para a criação de moedas descentralizadas, a criptografia. Nesse sentido, o FATF define criptomoeda como:

> Criptomoeda refere-se a uma moeda virtual conversível, descentralizada e baseada em conceitos matemáticos, que é protegida por criptografia.

– Ou seja, incorpora princípios de criptografia para implementar uma economia com informação segura, distribuída e descentralizada. A criptomoeda depende de chaves públicas e privadas para transferir valor de uma pessoa (indivíduo ou entidade) para outra e deve ser assinada criptograficamente sempre que for transferida. (FATF, 2014, p. 5, tradução nossa)

Postos tais conceitos gerais, resta analisar o modo como foram incorporados pela legislação brasileira, sobretudo no tocante à legislação tributária. A Instrução Normativa RFB n. 1.888/2019, adotando a nomenclatura "criptoativo", define-o em seu art. 5º, I, como:

> I – criptoativo: a representação digital de valor denominada em sua própria unidade de conta, cujo preço pode ser expresso em moeda soberana local ou estrangeira, transacionado eletronicamente com a utilização de criptografia e de tecnologias de registros distribuídos, que pode ser utilizado como forma de investimento, instrumento de transferência de valores ou acesso a serviços, e que não constitui moeda de curso legal; e

Perceba-se que o conceito utilizado pela RFB é bastante semelhante ao conceito de criptomoeda empregado pelo FATF, com a diferença de ser mais amplo, pois o termo "criptoativo" abarca não apenas as moedas digitais com a finalidade de servir de meio de troca, como também os chamados *tokens*, cujas espécies mais notórias são os *asset tokens*, destinados a servir como investimento, bem como os *utility tokens*, os quais podem ser utilizados para adquirir determinado serviço.[1] A esse respeito, veja-se definição apresentada pela Comissão de Valores Mobiliários (CVM):

---

[1] Sobre uma compreensão mais ampla do conceito de *token*, destaca-se estudo empreendido por Tatiana Falcão (2018): "Dado o exposto, os *tokens* podem ser categorizados de diversas formas (embora uma categorização não exclua a outra). Primordialmente, são essas as categorias mais utilizadas (e relatadas) até a presente data:
(i) *Currency* ou *Value Tokens*, quando se assemelham a uma moeda fiduciária, designadamente, quando pretendem representar o valor dessa moeda e servir como eventual meio de troca (*e.g.* Bitcoin);
(ii) *Securities Tokens* e *Equity Tokens* (também por vezes denominado *Income-Sharing Token*), quando o contrato versa sobre instrumentos financeiros e valores mobiliários representativos de capital próprio e alheio, podendo assumir a forma de instrumentos financeiros, incluindo derivados e, tem servido, frequentemente, como 'veículo' para reproduzir um *Initial Public Offering* (Oferta Pública Inicial) em plataformas *blockchain*;
(iii) *Utility Tokens*, quando a sua emissão não implica a concessão de direitos para além da propriedade do próprio *Token*, podendo, (i) admitir o acesso a um produto ou a um serviço da empresa

Empresas ou projetos em estágio inicial de crescimento encontraram no ICO uma ferramenta para captar recursos financeiros junto ao público. Em troca, emitem ativos virtuais em favor dos investidores. As denominações mais comuns desses ativos virtuais emitidos são criptomoedas ou *tokens*.

Os *tokens*, que conferem direitos diversos aos seus detentores, podem ser divididos em pelo menos duas categorias, a depender do tipo de direito concedido: *tokens* que concedem acesso a um serviço, plataforma ou projeto da empresa, nos moldes de uma licença de uso ou de créditos para consumir um bem ou serviço; e *tokens* que conferem aos investidores direitos de participação em resultados do empreendimento, ou remuneração prefixada sobre o capital investido, ou ainda voto em assembleias que determinam o direcionamento dos negócios do emissor. (CVM, 2018, p. 4)

Verifica-se que os criptoativos podem ser utilizados para as mais diversas finalidades, o que sem dúvida eleva o grau de dificuldade do jurista na compreensão dessa realidade, bem como na reflexão sobre o modo como podem vir a se sujeitar à incidência tributária.

2. Estudos sobre a Tributação dos Criptoativos no Brasil

Até o momento, muito pouco houve de manifestação oficial dos órgãos tributários brasileiros sobre a tributação de criptoativos. Como será comentado de maneira mais detalhada adiante, no que tange à legislação tributária sobre o tema, a RFB apenas publicou a Instrução Normativa n. 1.888, de 3 de maio

---

(*e.g.* um *Usage Token*) ou (ii) a permissão para contribuir e participar em certo trabalho (*e.g. Work Token*, normalmente associado a aplicações e serviços descentralizados), ou (iii) admitir a sua venda em mercado (também frequentemente emitidos no âmbito de um ICO); e
(iv) *Asset Tokens*, quando corresponde a um ativo físico subjacente (*e.g.* ouro ou um imóvel).
(v) *Royalty – Sharing token*, quando o contrato permite que o comprador do *token* tenha participação nos *royalties* futuros gerados pelo emissor a partir da nova tecnologia. A remuneração do detentor do *token* (investidor) é proporcional ao montante de *royalties* pagos à empresa emissora do *token*. O *token* pode vir a ter seu valor referenciado de acordo com a renda gerada pela nova tecnologia. Essas categorias não são finitas nem exclusivas. Especialistas no mercado de negociação de moedas virtuais alertam que muitas outras modalidades podem existir, e inclusive vir a ser criadas, já que as regras operativas em cada *token* (e sua consequente caracterização legal e financeira) são essencialmente criadas pelo emissor. Dado vácuo regulatório, novos emissores de *tokens* restam livres para emitir tais ativos dentro dos parâmetros que lhes for mais conveniente".

de 2019, que disciplina a obrigatoriedade de prestação de informações relativas às operações realizadas com criptoativos à Secretaria Especial da Receita Federal do Brasil. Além disso, o seu Manual de Perguntas e Respostas para o exercício de 2019, com orientações para a declaração do imposto de renda da pessoa física, abordou o assunto em duas oportunidades: no questionamento n. 447, que versa sobre a prestação de informações relacionadas a transações com moedas virtuais, tema que findou por ser tratado com maior profundidade após a publicação da Instrução Normativa n. 1.888/2019, e no questionamento n. 607, que dispõe sobre a tributação do ganho de capital decorrente da alienação de moedas virtuais. Veja-se o teor de ambas:

> MOEDA VIRTUAL – COMO DECLARAR
> 447 – As moedas virtuais devem ser declaradas?
> Sim. As moedas virtuais (bitcoins, por exemplo), muito embora não sejam consideradas como moeda nos termos do marco regulatório atual, devem ser declaradas na Ficha Bens e Direitos como "outros bens", uma vez que podem ser equiparadas a um ativo financeiro. Elas devem ser declaradas pelo valor de aquisição.
> **Atenção:**
> Como esse tipo de "moeda" não possui cotação oficial, uma vez que não há um órgão responsável pelo controle de sua emissão, não há uma regra legal de conversão dos valores para fins tributários. Entretanto, o contribuinte deverá guardar documentação que comprove a autenticidade desses valores.
> ALIENAÇÃO DE MOEDAS VIRTUAIS
> 607 – Os ganhos obtidos com a alienação de moedas "virtuais" são tributados?
> Os ganhos obtidos com a alienação de moedas virtuais (bitcoins, por exemplo) cujo total alienado no mês seja superior a R$ 35.000,00 são tributados, a título de ganho de capital, segundo alíquotas progressivas estabelecidas em função do lucro, e o recolhimento do imposto sobre a renda deve ser feito até o último dia útil do mês seguinte ao da transação.
> O contribuinte deverá guardar documentação que comprove a autenticidade das operações.

A despeito desse cenário, a doutrina tem se adiantado, buscando jogar luzes sobre o tema por meio de uma análise sistemática dos dispositivos vigentes, mesmo que não específicos sobre os criptoativos, visando conferir maior segurança jurídica para os contribuintes. Muito mais do que respostas, diversos questionamentos têm sido levantados. Nas linhas que seguem, iremos colacionar estudos nesse sentido, divididos em (i) impostos sobre a circulação e (ii) impostos sobre a renda. A tributação sobre o patrimônio não foi abordada pelo fato de até o momento não se vislumbrar essa possibilidade envolvendo criptoativos.

2.1. Impostos sobre a Circulação

Neste tópico, analisa-se a possibilidade ou não da incidência tributária em operações envolvendo criptoativos dos seguintes impostos: IOF, IPI, ICMS, ITCMD e ISS.

No que tange ao comumente denominado IOF, sigla que tem ao longo dos anos sido consagrada pela doutrina e jurisprudência, embora, conforme elucida Roberto Quiroga Mosquera, não exista a rigor um imposto sobre operações financeiras (nem sequer a Constituição Federal – CF – utiliza essa nomenclatura), mas sim quatro impostos distintos, cada um com uma regra matriz de incidência própria, quais sejam: IO câmbio, IO títulos e valores mobiliários, IO seguros e IO crédito (1999). Descartando-se de imediato qualquer incidência do IO crédito e do IO seguros em operações envolvendo criptoativos, discute-se acerca da possibilidade de incidência do IO câmbio e do IO títulos e valores mobiliários.

Nesse sentido, Guilherme B. Follador (2017, p. 97) explica que uma equiparação entre operações com criptomoedas e operações de câmbio implicaria uma alteração na própria noção de câmbio, "atraindo a competência privativa da União (CF, art. 153, V) para tributar as operações em que as criptomoedas são trocadas por moeda nacional, e modificando o critério de apuração da renda, que passaria a ser fundado na variação cambial, e não no ganho de capital". O autor aduz que "tanto não se trata de um absurdo, que tratar as operações de conversão de criptomoedas em moeda nacional como serviço de câmbio, para fins de isenção ao VAT (IVA), foi a solução hermenêutica adotada pela Corte de Justiça da União Europeia" (FOLLADOR, 2017, p. 97).

O autor reconhece ainda a possibilidade de incidência do IO títulos e valores mobiliários em operações envolvendo criptoativos sobretudo diante do posicionamento da CVM, que "vem reputando exigível o registro, em seu sistema, das Initial Coin Offerings (ICOs) e de seus operadores, levando em conta, em especial, o largo conceito de valor mobiliário constante no art. 2º, IX, da Lei n. 6.385/1976" (FOLLADOR, 2017, p. 97).

De fato, em maio de 2018 a CVM publicou documento intitulado *Série Alertas: criptoativos*, por meio do qual explica que:

> O que determina se uma operação de ICO estará ou não sujeita à regulamentação do mercado de valores mobiliários é a natureza dos ativos virtuais emitidos na operação. Se os direitos caracterizarem o ativo como valor mobiliário, a operação, os emissores e demais agentes envolvidos estarão obrigados a cumprir a legislação e a regulamentação da CVM.
>
> As ofertas de ativos virtuais que se enquadrem na definição de valor mobiliário e estejam em desconformidade com a regulamentação serão tidas como irregulares e, como tais, estarão sujeitas às sanções e penalidades aplicáveis.
>
> A CVM alerta que, até a presente data, não foi registrada nem dispensada de registro nenhuma oferta de *tokens* cujos direitos os caracterizem como valores mobiliários. (2018, p. 4)

Isso quer dizer que eventual enquadramento de criptoativo como título ou valor mobiliário, e consequente sujeição à incidência do IO títulos e valores mobiliários, dependerá não da forma que vier a adotar, mas do seu conteúdo, do fato de o criptoativo se amoldar ou não ao conceito de título ou valor mobiliário constante no art. 2º da Lei n. 6.385/1976.[2]

Com relação à possibilidade de operações com criptoativos serem tributadas por meio do IO câmbio, Cíceri e Neves (2018) questionam se poderia haver o planejamento tributário com criptomoedas para evitar a incidência

---

[2] "Art. 2º São valores mobiliários sujeitos ao regime desta Lei:
I – as ações, debêntures e bônus de subscrição;
II – os cupons, direitos, recibos de subscrição e certificados de desdobramento relativos aos valores mobiliários referidos no inciso II;
III – os certificados de depósito de valores mobiliários;
IV – as cédulas de debêntures;
V – as cotas de fundos de investimento em valores mobiliários ou de clubes de investimento em quaisquer ativos;
VI – as notas comerciais;
VII – os contratos futuros, de opções e outros derivativos, cujos ativos subjacentes sejam valores mobiliários;
VIII – outros contratos derivativos, independentemente dos ativos subjacentes; e
IX – quando ofertados publicamente, quaisquer outros títulos ou contratos de investimento coletivo, que gerem direito de participação, de parceria ou de remuneração, inclusive resultante de prestação de serviços, cujos rendimentos advêm do esforço do empreendedor ou de terceiros."

20. A TRIBUTAÇÃO DE CRIPTOATIVOS: ASPECTOS PRELIMINARES

desse tributo, uma vez que, de acordo com definição do próprio Banco Central, não há falar em moeda estrangeira nesse caso.

Em sentido contrário, Daniel de Paiva Gomes (2019, p. 18), em dissertação na qual analisa especificamente "moedas virtuais universais descentralizadas criptografadas, assim entendidas como criptomoedas", conclui com relação a essa espécie de criptoativos:

> Da mesma forma, à luz do ordenamento jurídico vigente, concluímos que é totalmente inviável a incidência de IOF-câmbio, IOF-crédito, IOF--títulos e IOF-valores mobiliários, na medida em que as criptomoedas: (i) não são moeda; (ii) não são um direito de crédito oponível contra terceiros; e (iii) não são equiparáveis aos títulos e valores mobiliários, tendo sido feita ressalva no sentido de que, futuramente (e desde que feitas as alterações legislativas cabíveis), seria possível a incidência de IOF-câmbio sobre as criptomoedas caso tais ativos sejam equiparados às moedas estrangeiras ou às moedas nacionais, observando-se, para tanto, as formalidades próprias. (2019, p. 265)

Visto isso, passa-se à análise acerca da possibilidade de incidência do IPI em ações envolvendo a produção de criptoativos. Nesse sentido, Morais e Brandão Neto (2014, p. 51) destacam que, em obediência à técnica de repartição de competências prevista na Constituição Federal brasileira, para que haja a incidência desse tributo, forçoso tratar-se de produto, que tenha passado por operação de industrialização, o que não seria o caso das criptomoedas, uma vez que o "processo industrial requer procedimentos de transformação químicos e/ou mecânicos, e as criptomoedas são criadas a partir de operações matemáticas geradas em computadores, ou seja, não há transformação material". Some-se a isso o fato de que devem também constar na Tabela de Incidência do Imposto sobre Produtos Industrializados (TIPI), "como respeito ao limite ao Poder de Tributar da Reserva Legal e o da Tipicidade Tributária" (MORAIS e BRANDÃO NETO, 2014, p. 51), o que não ocorre com as criptomoedas, concluindo, portanto, pela impossibilidade de incidência do tributo.

Outra hipótese discutida na doutrina diz respeito às situações em que seria possível haver a incidência do ICMS em operações envolvendo criptoativos. Para levar a cabo referida análise, importante diferenciar quando o criptoativo é o próprio objeto da transação, e quando ele figura como meio de troca para a aquisição de uma mercadoria ou serviço.

Tratando-se da primeira situação, Morais e Brandão Neto (2014, p. 53) aduzem que:

> Na base do que fora afirmado acima, podemos verificar que aquele que compra criptomoedas de terceiro está adquirindo uma mercadoria para si, essa aquisição é feita por um negócio jurídico no qual ocorre a transferência da propriedade, ou seja, realizasse-se o fato gerador do ICMS o que acarreta sua incidência nessas circunstâncias.

Do mesmo modo, Guilherme Follador (2017, p. 97) entende que não se deve descartar de imediato a possibilidade de as criptomoedas serem consideradas mercadorias para fins de incidência do ICMS, "especialmente se levarmos em conta que, hoje, tornou-se bastante controversa – para dizer o mínimo – a possibilidade de se restringir o seu conceito aos bens corpóreos" . Nessa linha, destaca o fato de recentemente ter sido editado o Convênio ICMS n. 106, de 29 de setembro de 2017, o qual "visa disciplinar os procedimentos de cobrança do ICMS incidente nas operações com bens e mercadorias digitais comercializadas por meio de transferência eletrônica de dados, nas saídas destinadas a consumidor final" (FOLLADOR, 2017, p. 97).

Por seu turno, Daniel de Paiva Gomes (2019, p. 265) argumenta em sentido contrário, concluindo pela impossibilidade de incidência do ICMS nas operações que envolvam criptoativos:

> Com base nisso, concluímos, sob a perspectiva nacional, que as criptomoedas não podem ser submetidas à tributação pelo ICMS, mormente pelo fato de que não se enquadram no conceito de mercadoria, o qual, por sua vez, engloba apenas os bens (tangíveis ou intangíveis) destinados ao comércio (caráter mercantil).
>
> Por se tratarem de bens não consumíveis, ou seja, por não possuírem caráter mercantil, as criptomoedas são meros bens intangíveis que não podem ser equiparados às mercadorias, para fins de ICMS.

No que tange ao ICMS-importação, Gomes (2019, p. 265) admite ser possível, em tese, a sua incidência "sobre a transferência de criptomoedas, na medida em que tal imposto pode incidir sobre meros bens importados do exterior, quaisquer que sejam suas finalidades", embora reconheça que pode haver óbices práticos importantes a essa exigibilidade.

20. A TRIBUTAÇÃO DE CRIPTOATIVOS: ASPECTOS PRELIMINARES

Além do exposto com relação à incidência do ICMS sobre operações nas quais o criptoativo constitui-se no próprio objeto do negócio jurídico, deve-se observar também a possibilidade de o criptoativo figurar como meio de troca para a aquisição de uma mercadoria ou serviço, hipótese em que parece haver um maior consenso da doutrina sobre a eventual incidência do tributo. Veja-se nessa linha a lição de Follador (2017, p. 98):

> Poderíamos dizer, também, que, na maioria dos casos em que as criptomoedas forem utilizadas como meio de pagamento, e não como objeto de uma relação jurídica, esse fato não será relevante para definir a competência para tributá-lo. É dizer, independentemente de ser contratada contraprestação em dinheiro ou em criptomoedas, uma venda de mercadoria, uma prestação de serviço e uma aquisição de imóvel estarão, respectivamente, nas esferas das normas de competência desenhadas pelos arquétipos do ICMS, do ISS e do ITBI. Eventual diferença de tratamento dar-se-á no plano da aplicação dos princípios constitucionais tributários, ou no plano infraconstitucional, conforme a lei de regência desses tributos considere ou não relevante o conteúdo dessa prestação, e não na identificação do titular da competência tributária.

Posicionando-se no mesmo sentido de Follador com relação ao ICMS, Morais e Brandão Neto (2014, p. 54) analisam também a incidência do ISS nos casos em que um serviço venha a ser remunerado por meio de um criptoativo, afirmando que, "em relação à prestação de serviços, o entendimento se assemelha ao do ICMS, no sentido de que, nas operações em que criptomoedas são dadas como remuneração a prestação de determinado serviço deve incidir Imposto sobre Serviços de Qualquer Natureza". Os autores complementam seu argumento tomando como exemplo o serviço prestado por uma sociedade de advogados, afirmando que, no caso do "pagamento pela prestação de serviços advocatícios em bitcoins, o fisco municipal pode cobrar o ISS daquela sociedade tomando como base de cálculo o valor em reais que equivalem o montante das criptomoedas recebidas" (MORAIS e BRANDÃO NETO, 2014, p. 54).

Por fim, vale mencionar que, no que tange à incidência do ITCMD, não parece haver dissonância significativa de entendimento na doutrina quanto à possibilidade de incidência do imposto no caso da doação ou transmissão do patrimônio do *de cujus* a seus beneficiários.

2.2. Impostos sobre a Renda

Resta neste momento analisar a possibilidade de incidência tributária sobre a disponibilidade econômica e jurídica da renda da pessoa física e da pessoa jurídica em decorrência de operações envolvendo criptoativos. Ao realizar essa análise em sua dissertação, Daniel de Paiva Gomes (2019, p. 156-157) conclui em sentido afirmativo nos seguintes termos:

> No caso das pessoas jurídicas, os "ganhos na alienação de moedas virtuais são, de regra, vistos como tributáveis pelo imposto de renda, ou como ganho de capital (*capital gains*), ou como receita ordinária (operacional)", com base no regime de competência.
>
> No caso das pessoas físicas, considerando que não há que se falar na distinção entre atividade principal e atividade secundária nem em receita operacional e não operacional (outras receitas), concluímos que os valores advindos da alienação de criptomoedas recebidos por pessoas físicas são tributados pelo imposto de renda a título de ganhos de capital, amoldando-se ao conceito de proventos de qualquer natureza e se baseando no regime de caixa.

Na mesma linha são as lições de Guilherme B. Follador (2017), Flávio Rubinstein e Gustavo Vettori (2018), bem como de Morais e Brandão Neto (2014) quanto à competência da União para tributar a renda auferida tanto pela pessoa física quanto pela pessoa jurídica, em decorrência de operações envolvendo criptoativos.

Nessa seara, cabe destacar, conforme mencionado, que a RFB já manifestou expressamente em seu Perguntas e Respostas, no questionamento n. 447, entendimento segundo o qual reconhece os criptoativos como ativos financeiros, devendo ser declarados pelo contribuinte pessoa física na Ficha Bens e Direitos como "outros bens". Ademais, na questão n. 607, tratou da tributação do ganho de capital obtido apenas por pessoa física em função da alienação de moedas virtuais. Sobre esse último tópico, algumas informações importantes foram dadas, ao que se passa a analisá-las.

Inicialmente, cabe elucidar que o ganho de capital se refere à diferença, positiva, entre o custo com a aquisição de criptoativos e o valor decorrente da sua alienação, apurado em reais. Dito isso, tem-se que estarão sujeitas à tributação em função do ganho de capital apenas aquelas operações que em um mês ultrapassem o limite isentivo, que é de R$ 35 mil.

Assim, o contribuinte que obtém ganho de capital mensal com a alienação de investimentos em criptomoedas que seja inferior ao limite de R$ 35.000,00 (trinta e cinco mil reais), a despeito de continuar obrigado a reportar tal ganho de capital em sua declaração de ajuste anual, ficará isento do recolhimento do imposto de renda. A nosso ver, a aplicação da isenção ao presente caso é positiva, uma vez que viabiliza a utilização de criptomoedas como meios de pagamento sem o obstáculo da tributação mensal de seu ganho, desde que respeitado o limite da norma isentiva. (GOMES, 2019, p. 161)

Perceba-se que o limite isentivo de R$ 35 mil refere-se não ao ganho de capital em si, o qual, por exemplo, pode ser de R$ 10 mil, mas ao valor correspondente ao total de moeda virtual alienada no lapso de um mês. Isso quer dizer que, se alguém alienou o equivalente a R$ 35 mil em bitcoins no mês de janeiro de 2019, embora deva declarar essa operação à RFB, eventual ganho de capital que tenha obtido com essa alienação não será tributado. Por outro lado, caso alguém tenha alienado no mesmo mês de janeiro de 2019 o equivalente a R$ 36 mil em bitcoins, eventual ganho de capital que tenha obtido deverá ser tributado.

No que tange às alíquotas que irão incidir no ganho de capital obtido por pessoa física, aplicar-se-ão as alíquotas progressivas que constam no art. 21 da Lei n. 8.981/1995.

> Art. 21. O ganho de capital percebido por pessoa física em decorrência da alienação de bens e direitos de qualquer natureza sujeita-se à incidência do imposto sobre a renda, com as seguintes alíquotas: (Redação dada pela Lei n. 13.259, de 2016)
> I – 15% (quinze por cento) sobre a parcela dos ganhos que não ultrapassar R$ 5.000.000,00 (cinco milhões de reais); (Redação dada pela Lei n. 13.259, de 2016)
> II – 17,5% (dezessete inteiros e cinco décimos por cento) sobre a parcela dos ganhos que exceder R$ 5.000.000,00 (cinco milhões de reais) e não ultrapassar R$ 10.000.000,00 (dez milhões de reais); (Redação dada pela Lei n. 13.259, de 2016)
> III – 20% (vinte por cento) sobre a parcela dos ganhos que exceder R$ 10.000.000,00 (dez milhões de reais) e não ultrapassar R$ 30.000.000,00 (trinta milhões de reais); e (Redação dada pela Lei n. 13.259, de 2016)
> IV – 22,5% (vinte e dois inteiros e cinco décimos por cento) sobre a parcela dos ganhos que ultrapassar R$ 30.000.000,00 (trinta milhões de reais). (Redação dada pela Lei n. 13.259, de 2016)

Ademais, em consonância com o que ocorre via de regra no âmbito da tributação sobre o ganho de capital, o recolhimento do imposto sobre a renda deve ser feito até o último dia útil do mês seguinte ao da transação.

Por fim, cabe mencionar hipótese aventada por Rubinstein e Vettori (2018) acerca da possibilidade de ocorrer a venda fracionada de criptoativos dentro de um período de dois anos, situação passível de ser enquadrada no § 3º do art. 21 da Lei n. 8.981/1995, e que pode impactar na determinação da alíquota aplicável em decorrência do ganho de capital auferido, tendo em vista a progressividade das alíquotas. Veja-se o teor do dispositivo:

> Art. 21. [...] § 3º Na hipótese de alienação em partes do mesmo bem ou direito, a partir da segunda operação, desde que realizada até o final do ano-calendário seguinte ao da primeira operação, o ganho de capital deve ser somado aos ganhos auferidos nas operações anteriores, para fins da apuração do imposto na forma do *caput*, deduzindo-se o montante do imposto pago nas operações anteriores.

A dúvida é pertinente, e, conforme explicam Rubinstein e Vettori (2018, p. 19, tradução nossa), embora não haja regra específica para moedas virtuais, a mesma racionalidade deve ser aplicada. Desse modo, "se um mesmo ativo for vendido em partes, e se a segunda venda for feita dentro de um intervalo de dois anos da primeira venda, o ganho de capital auferido em todas as alienações após a primeira deve ser computado em conjunto para fins de determinação da alíquota aplicável".[3] Isso quer dizer que, se em outubro de 2018 alguém auferiu um ganho de capital de R$ 4 milhões com a alienação de bitcoins tendo no mês seguinte realizado o pagamento do imposto devido com alíquota de 15%, caso em julho de 2019 essa mesma pessoa venha novamente a auferir um ganho de capital de R$ 4 milhões com a alienação de bitcoins, esse valor será somado aos R$ 4 milhões auferidos no ano anterior, e sobre a parcela que ultrapassar o montante de R$ 5 milhões irá incidir alíquota de 17,5%.

---

[3] Do original: "If the same asset is sold in parts, and if the second sale is made within a two-year interval from the first sale, the gain realized in all sales transactions following the first one must be summed up in order to calculate the applicable rate brackets. For this purpose, shares of a company are considered a sole asset, making successive sales of different shares of a same company fall within this rule. There is no specific rule for virtual currencies, but one might consider that the same rationale may apply. Thus, consecutive virtual currency sales may be considered in bulk for purposes of determining the applicable rate bracket" (RUBINSTEIN e VETTORI, 2018, p. 19).

Ao analisar essa mesma situação, Daniel Gomes (2019, p. 165) enfatiza a necessidade de se tratar de uma mesma moeda virtual para que se possa falar em venda fracionada, ou seja, não se pode somar o ganho de capital auferido com bitcoins ao ganho de capital auferido com a alienação de litecoins, para fins de enquadramento no § 3º do art. 21 da Lei n. 8.981/1995. "Apesar de todos estes ativos serem criptomoedas, fato é que se tratam de criptomoedas diferentes, com protocolos de funcionamento e unidades de medida próprios, razão pela qual não poderiam ser enquadradas no conceito de mesmo bem ou direito".

3. A Instrução Normativa n. 1.888/2019 – Principais Aspectos

Em 3 de maio de 2019, a RFB publicou a Instrução Normativa n. 1.888/2019, que, de acordo com seu art. 1º, "institui e disciplina a obrigatoriedade de prestação de informações relativas às operações realizadas com criptoativos à Secretaria Especial da Receita Federal do Brasil".

Além de apresentar definições importantes, como as de criptoativo e *exchange*,[4] a norma estabeleceu quem são as pessoas obrigadas a prestar informações à RFB sobre operações com criptoativos, quais informações devem ser prestadas, bem como de que maneira pode se dar a retificação dessas informações. Também fixou prazo para a prestação das informações requeridas e penalidades para o caso de haver descumprimento das determinações constantes na instrução normativa.

Nesse sentido, de acordo com o seu art. 6º, passam a ser obrigadas a declarar à RFB as operações com criptoativos[5] que tenham realizado,

---

[4] "Art. 5º. [...] II – *exchange* de criptoativo: a pessoa jurídica, ainda que não financeira, que oferece serviços referentes a operações realizadas com criptoativos, inclusive intermediação, negociação ou custódia, e que pode aceitar quaisquer meios de pagamento, inclusive outros criptoativos."

[5] A Instrução Normativa utilizou um conceito bastante amplo de operações com criptoativos em seu art. 6o, § 2o. Veja-se: "Art. 6º [...] § 2º A obrigatoriedade de prestar informações aplica-se à pessoa física ou jurídica que realizar quaisquer das operações com criptoativos relacionadas a seguir:
I – compra e venda;
II – permuta;
III – doação;
IV – transferência de criptoativo para a *exchange*;
V – retirada de criptoativo da *exchange*;
VI – cessão temporária (aluguel);
VII – dação em pagamento;
VIII – emissão; e
IX – outras operações que impliquem em transferência de criptoativos".

na forma estabelecida pelo art. 1º, as seguintes pessoas: a *exchange* de criptoativos domiciliada para fins tributários no Brasil e a pessoa física ou jurídica residente ou domiciliada no Brasil, quando ocorrer uma das seguintes situações: (i) as operações forem realizadas em *exchange* domiciliada no exterior; ou (ii) as operações não forem realizadas em *exchange*. O § 1º, também do art. 6º, estabelece por sua vez que nessas situações, em que as operações tenham sido realizadas por pessoa física ou jurídica em *exchanges* domiciliadas no exterior ou não tenham sido realizadas em *exchanges*, as "informações deverão ser prestadas sempre que o valor mensal das operações, isolado ou conjuntamente, ultrapassar R$ 30.000,00 (trinta mil reais)". Apesar de haver essa margem, críticas vêm sendo noticiadas a esse respeito. Ao comentar a margem de R$ 30 mil prevista na instrução normativa, a qual é superior àquela que constava em seu projeto inicial, que era de R$ 10 mil, o advogado Maurício Barros (IGNACIO, 2019) avaliou que "Melhorou a situação. Mas a exigência da nova declaração para pessoas físicas ainda é abusiva porque elas já declaram as operações com criptomoedas pela declaração do IRPF". Perceba-se que, com relação às *exchanges* (corretoras de criptoativos) domiciliadas no Brasil para fins tributários, qualquer valor transacionado deve ser reportado à RFB, isto é, não há limite de valor para a entrega da declaração pelas corretoras.

Conclusão

Buscou-se por meio desta breve análise apresentar de forma sintética as principais discussões acerca das possíveis incidências tributárias, as quais podem vir a se sujeitar a operações envolvendo criptoativos.

Verificou-se que, embora até o momento haja mais dúvidas do que respostas sobre o tema, a doutrina tem assumido um importante papel de analisar de maneira sistemática as normas tributárias, de modo a conferir maior segurança jurídica para os contribuintes.

REFERÊNCIAS

CÍCERI, Pedro Vitor Botan; DAS NEVES, Barbara. Tributação dos criptoativos no Brasil: desafios das tecnologias disruptivas e o tratamento tributário brasileiro. *Revista Jurídica da Escola Superior de Advocacia da OAB-PR*, Curitiba, ano 3, n. 3, dez. 2018.

COMISSÃO DE VALORES MOBILIÁRIOS. *Série Alertas*: criptoativos, maio 2018. Disponível em: https://www.investidor.gov.br/portaldoinvestidor/export/sites/portaldoinvestidor/publicacao/Alertas/alerta_CVM_CRIPTOATIVOS_10052018.pdf. Acesso em: 8 jan. 2020.

FALCÃO, Tatiana. Capítulo 08 – Moedas virtuais e tributação. 8.2. Tributação das criptomoedas: uma perspectiva comparada. *In*: PISCITELLI, Tathiane (coord.). *Tributação da economia digital*. São Paulo: Thomson Reuters Brasil, 2018.

FINANCIAL ACTION TASK FORCE. *Virtual Currencies*: key definitions and potential AML/CFT risks, jun. 2014. Disponível em: https://www.fatf-gafi.org/media/fatf/documents/reports/Virtual-currency-key-definitions-and-potential-aml-cft-risks.pdf. Acesso em: 8 jan. 2020.

FOLLADOR, Guilherme Broto. Criptomoedas e competência tributária. *Revista Brasileira de Políticas Públicas*, v. 7, n. 3, 2017.

GOMES, Daniel de Paiva. *Bitcoin*: a tributação de investimentos em criptomoedas. 2019. 305 f. Dissertação (Mestrado em Direito) – Escola de Direito de São Paulo da Fundação Getulio Vargas, São Paulo, 2019.

IGNACIO, Laura. Receita Federal cria declaração para criptoativos. *Valor Econômico*, 10 maio 2019. Disponível em: https://valor.globo.com/legislacao/noticia/2019/05/10/receita-federal-cria-declaracao-para-criptoativos.ghtml. Acesso em: 15 jan. 2019.

MORAIS, Carlos Yuri Araújo de; BRANDÃO NETO, João Batista. Tributação das operações com criptomoedas. *Arquivo Jurídico*, Teresina, v. 1, n. 7, p. 49-56, jul./dez. 2014.

MOSQUERA, Roberto Quiroga. Tributação no *mercado financeiro e de capitais*. 2. ed. São Paulo: Dialética, 1999.

REVOREDO, Tatiana. Quadro geral sobre tributação de criptoativos no Brasil. *Migalhas*, 12 abr. 2019. Disponível em: https://www.migalhas.com.br/dePeso/16,MI300175,31047-Quadro+geral+sobre+tributacao+de+criptoativos+no+Brasil. Acesso em: 10 jan. 2020.

RUBINSTEIN, Flávio; VETTORI, Gustavo G. Taxation of Investments in Bitcoins and Other Virtual Currencies: International Trends and the Brazilian Approach. *Derivatives & Financial Instruments*, v. 20, n. 3, 2018.

21. TRIBUTAR OU NÃO TRIBUTAR OPERAÇÕES COM CRIPTOMOEDAS? NOTAS PARA ALÉM DA MANIFESTAÇÃO DA RECEITA FEDERAL DO BRASIL

Dayana de Carvalho Uhdre

Introdução

A linguagem é o instrumento social por meio do qual é possível conhecer o mundo que nos circunda. Dar nome aos fenômenos é o que os torna existentes ao homem. Como bem pontuado por Ludwig Wittgenstein, em seu *Tratado Lógico-Filosófico*, "os limites da minha linguagem são os limites do meu mundo".

Não sem razão, portanto, a relevância que se deve dar à semântica dos termos empregados, afinal o ser humano é antes de tudo um ser social, e, portanto, comunicacional. E, no âmbito de regulamentação jurídica, a atribuição de sentidos aos termos sintáticos utilizados mostra-se em todo central: afinal, é por meio da subsunção das realidades captadas às categorias jurídicas (expressões sintáticas), que representam círculos semânticos consensualmente estabelecidos, que se atribuirão as consequências jurídicas eventualmente decorrentes.

Daí não parece ser em todo despiciendo tentar compreender a que "realidade" os termos "criptomoedas", "criptoativos", *"tokens"*, *"tokenização"* estão a se referir, bem como qual dessas "realidades" trataremos no presente capítulo. É que cada vez mais nos deparamos com uma gama de notícias em que tais termos parecem ser tomados de forma conjunta, ou mesmo simbioticamente. No entanto, para bem compreender os limites das iniciativas regulatórias por parte de alguns Estados-membros, ou quiçá as criticar, é em todo relevante fazermos uma breve incursão quanto às eventuais balizas semânticas desses termos empregados.

Para tanto, e constatado inexistir um acordo internacional relativamente a como os criptoativos (e seus correlatos) devem ser definidos, traremos um breve compilado do que alguns organismos e/ou associações internacionais[1] veicularam sobre o assunto (EUROPEAN CENTRAL BANK, 2019; EUROPEAN BANKING AUTHORITY, 2019; ORGANIZATION FOR ECONOMIC CO-OPERATION AND DEVELOPMENT, 2018). É de se ressaltar desde já, no entanto, que nenhuma dessas iniciativas tem valor legal e vinculante sobre quaisquer Estados. Porém, diante da relevância social e política desses entes, mormente em um cenário cada vez mais globalizado, a produção de tais documentos informativos e de orientação, chamados *soft laws*, acaba por constituir verdadeiro norte em eventuais iniciativas internas. Esclarecemos ainda que as traduções foram feitas livremente pela autora:

European Central Bank	"[...] *a crypto-asset is defined as a new type of asset recorded in digital form and enabled by the use of cryptography that is not and does not represent a financial claim on, or a liability of, any identifiable entity.*" ["[...] um criptoativo é definido como um novo tipo de ativo registrado em formato digital e operacionalizado pelo uso de criptografia que não é e não representa uma reivindicação financeira ou um passivo de qualquer entidade identificável".]
European Banking Authority	"*Crypto-assets are a type of private asset that depend primarily on cryptography and distributed ledger technology as part of their perceived or inherent value. A wide range of crypto-assets exist, including payment/exchange-type tokens (for example, the so-called virtual currencies (VCs)), investment-type tokens, and tokens applied to access a good or service (so-called 'utility' tokens).*" "['Criptoativos' são um tipo de ativo privado dependente principalmente da criptografia e da tecnologia de contabilidade distribuída como componentes à percepção de seu valor, ou mesmo a ele inerente. Existe uma ampla variedade de criptoativos, incluindo *tokens* de pagamento / *tokens* de câmbio (por exemplo, as chamadas moedas virtuais [VC]), tipo de *tokens* de investimento e *tokens* usados para acessar um bem ou serviço (os chamados '*tokens* de utilidade'").]
Organisation for Economic Co-operation and Development (OECD)	"[...] *a cryptocurrency is an unregulated digital (or virtual) currency designed to work as a medium of exchange that uses strong cryptography to secure financial transactions, control the creation of additional units, and verify the transfer of values. It does not exist in physical form and is usually issued and controlled by its developers, and used and accepted among the members of a specific virtual community.*"

---

[1] Mormente do cenário europeu, que tem demonstrado papel de liderança nas discussões relacionadas ao assunto.

21. TRIBUTAR OU NÃO TRIBUTAR OPERAÇÕES COM CRIPTOMOEDAS

	"[...] a cryptocurrency is an unregulated digital (or virtual) currency designed to work as a medium of exchange that uses strong cryptography to secure financial transactions, control the creation of additional units, and verify the transfer of values. It does not exist in physical form and is usually issued and controlled by its developers, and used and accepted among the members of a specific virtual community. *In addition to cryptocurrencies, other types of digital assets have been created that also rely on blockchain technology. These are assets that use the distributed ledger technology for different purposes that cryptocurrencies, such as providing access to services (Ernst & Young, 2018). These other types of crypto-assets can be broadly categorised into payment tokens, utility tokens, asset-tokens, and hybrid-tokens."* ["[...] uma criptomoeda é uma moeda digital (ou virtual) não regulamentada projetada para funcionar como um meio de troca que usa criptografia forte para proteger transações financeiras, controlar a criação de unidades adicionais e verificar a transferência de valores. Não existe na forma física e geralmente é emitida e controlada por seus desenvolvedores e usada e aceita entre os membros de uma comunidade virtual específica. Além das criptomoedas, foram criados outros tipos de ativos digitais que também contam com a tecnologia '*blockchain*'. São ativos que usam a tecnologia de contabilidade distribuída para diferentes finalidades que as criptomoedas, como fornecer acesso a serviços (Ernst & Young, 2018). Esses outros tipos de ativos criptográficos podem ser amplamente classificados em *tokens* de pagamento, *tokens* de utilidade, *tokens* de ativos e *tokens* híbridos".]
Financial Conduct Authority	*"We refer to cryptoassets as a broad term, and we have used the term 'tokens' to denote different forms of cryptoassets.* *There is no single agreed definition of cryptoassets, but generally, cryptoassets are a cryptographically secured digital representation of value or contractual rights that is powered by forms of DLT and can be stored, transferred or traded electronically. Examples of cryptoassets include Bitcoin and Litecoin (which we categorise as exchange tokens), as well as other types of tokens issued through the Initial Coin Offerings (ICOs) process (which will vary in type)."* ["Nós nos referimos a criptoativos como um termo amplo e usamos o termo '*tokens*' para indicar diferentes formas de criptoativos. Não existe uma definição acordada de criptoativos, mas geralmente os criptoativos são uma representação digital, protegida por criptografia, de valor ou direitos contratuais, impulsionados por formas de DLT e que podem ser armazenados, transferidos ou negociados eletronicamente. Exemplos de criptoativos incluem 'Bitcoin' e 'Litecoin' (que categorizamos como *tokens* de troca), bem como outros tipos de *tokens* emitidos através do processo de Ofertas Iniciais de Moedas (ICOs) (que variam de tipo)".]

International Monetary Fund	*"Crypto assets are digital representations of value, made possible by advances in cryptography and distributed ledger technology (DLT). The blockchain technology allows using distributed ledgers for generating and keeping records without the need for a central party (for example, a central bank) to administer the system. Crypto assets are denominated in their own units of account and can be transferred peer-to-peer without an intermediary.* *BLCA [Bitcoin-like Crypto asset] is often used in reference to all crypto assets. However, in this paper, it is used specifically to mean those crypto assets that are designed to serve as a general-purpose medium of exchange for peer-to-peer payments, with no issuer and no counterpart liability.* *A significant number of crypto assets other than BLCAs called 'tokens' or 'digital tokens' are being issued using initial coin offerings (ICOs). Digital tokens are defined as transferable units generated within a distributed network that tracks ownership of the units through the application of blockchain technology."* ["Criptoativos são representações digitais de valor, possibilitadas pelos avanços na criptografia e na tecnologia de contabilidade distribuída (DLT). A tecnologia '*blockchain*' permite o uso de livros-razões distribuídos para gerar e manter registros sem a necessidade de uma parte central (por exemplo, um banco central) para administrar o sistema. Os criptoativos são denominados em suas próprias unidades de conta e podem ser transferidos ponto a ponto sem um intermediário. BLCA [tipo 'Bitcoin'-*token*] é frequentemente usado como referência a todos os criptoativos. No entanto, aqui, o termo será usado especificamente para se referir aos criptoativos que são projetados para servir como um meio de troca de uso geral para pagamentos ponto a ponto, sem emissor e sem responsabilidade de contrapartida. Um número significativo de criptoativos que não os BLCAs chamados '*tokens*' ou '*tokens* digitais' estão sendo emitidos usando ofertas iniciais de moedas (ICOs). Os *tokens* digitais são definidos como unidades transferíveis geradas dentro de uma rede distribuída que rastreia a propriedade das unidades através da aplicação da tecnologia '*blockchain*'".]
Chamber of Digital Commerce	*"For the purposes of this report, digital tokens (or 'tokens') are defined as transferable units generated within a distributed network that tracks ownership of the units through the application of blockchain technology.* *Depending on its attributes and functions, a token can be classified in various ways: as a security/equity, a currency/medium of exchange, a commodity, or a means of access to a network that provides utility to its users. A digital token can also be a hybrid that includes several of these characteristics, and some have suggested that a token may start representing one (or more characteristics) and then shift to encompass others."* "[Para os fins deste relatório, *tokens* digitais (ou '*tokens*') são definidos como unidades transferíveis geradas em uma rede distribuída que rastreia a propriedade das unidades através da aplicação da tecnologia '*blockchain*'.

21. TRIBUTAR OU NÃO TRIBUTAR OPERAÇÕES COM CRIPTOMOEDAS

	Dependendo de seus atributos e funções, um *token* pode ser classificado de várias maneiras: como um título/patrimônio líquido, uma moeda/meio de troca, uma mercadoria ou um meio de acesso a uma rede que fornece utilidade a seus usuários. Um *token* digital também pode ser um híbrido que inclui várias dessas características, e alguns sugeriram que um *token* possa começar a representar uma (ou mais características) e depois mudar para abranger outras."]
Financial Action Task Force	"*A virtual asset is a digital representation of value that can be digitally traded, or transferred, and can be used for payment or investment purposes. Virtual assets do not include digital representations of fiat currencies, securities and other financial assets that are already covered elsewhere in the FATF Recommendations.*" ["Um ativo virtual é uma representação digital de valor que pode ser negociada ou transferida digitalmente e pode ser usada para fins de pagamento ou investimento. Os ativos virtuais não incluem representações digitais de moedas, valores mobiliários e outros ativos financeiros que já são cobertos em outros lugares nas Recomendações do FATF".]

Dessas notas iniciais, percebe-se que, apesar de realmente inexistir um consenso internacional quanto ao conceito de "criptoativos", "criptomoedas" ou "*tokens*", alguns alinhamentos iniciais já são perceptíveis. Primeiro, o termo "criptoativos" refere-se a um espectro muito mais lato de realidades que seu precedente – ou representante inicial e mais popular – "criptomoedas". Destarte, o vocábulo "criptoativos" é tomado como gênero, referindo-se de forma ampla a todo e qualquer ativo digital criptografado e assente em tecnologia distribuída de registro de dados (DLT). Já o termo "criptomoedas" seria uma de suas espécies, as quais (espécies) são identificadas consoante as funções desempenhadas pelos "criptoativos". Desse modo, em uma primeira aproximação, podemos falar em (i) "criptomoedas" quando os criptoativos desempenham funções inerentes às de meios de pagamento (congregando uma ou mais das características monetárias: unidade de conta, reserva de valor e meio de troca);[2] (ii) "cripto-securities/equities" quando os criptoativos desempenham funções reconduzíveis à noção de contratos de investimento (valores mobiliários); e (iii) "cripto-utilities" quando esses criptoativos constituem

---

[2] Estamos a partir do conceito econômico "tradicional" de moeda, que aponta como dados característicos seus servir de "meio de troca", "unidade de conta" e "reserva de valor". Esclarecemos que, dado o escopo do presente capítulo, não trataremos da discussão sobre o próprio conceito de moeda. É que, a depender da premissa escolhida – conceito econômico ou jurídico –, as conclusões podem ser distintas. Sobre a questão, *vide*: KROSKA e RODRIGUES (2018).

ativos que permitem o acesso a bens ou serviços (ou plataformas em que tais são disponibilizados).

Segundo, que o termo *"token"* é tomado, na maioria das vezes, como representações digitais e criptografadas de ativos. E essas representações podem se referir tanto a ativos existente no mundo "real", físico, caso em que teríamos verdadeiros "avatares" desses bens ou direitos, como a ativos nativos e exclusivos do mundo virtual, caso em que estaríamos diante dos "criptoativos" em sentido estrito, digamos assim. Usamos a locução "em sentido estrito" porque muitas vezes os termos "criptoativos" e *"tokens"* são tomados como sinônimos.

Abordagem interessante foi tomada em relatório elaborado pela Token Alliance, da Chamber of Digital Commerce. Ali utilizaram o termo *"token"* como gênero, definindo-o como unidades transferíveis geradas em uma rede distribuída que contabiliza e rastreia a propriedade dessas unidades por meio da aplicação da tecnologia *blockchain*.[3] O ponto digno de nota é a distinção, adequadamente feita, entre a tipologia dos *tokens* uma vez já existentes no "mundo digital" (*currencies, utilities, securities*, etc.) e a origem dos ativos a que esses *tokens* se referem (se de ativo nato à própria rede distribuída – *blockchain native* – ou de ativo existente no mundo físico/real) (Figura 1).

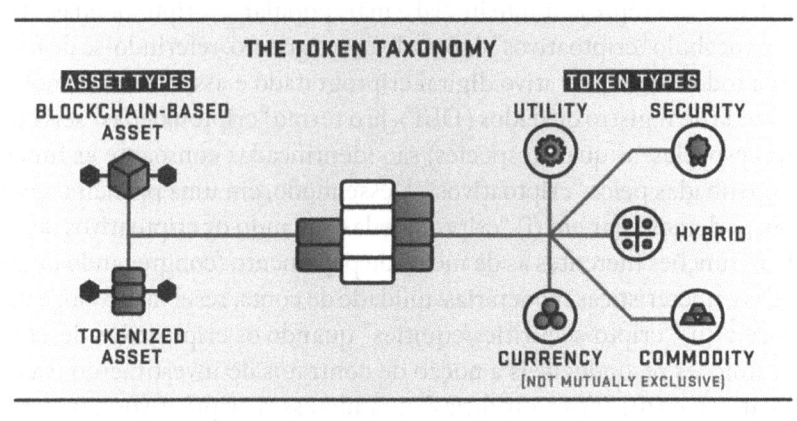

Figura 1 – A taxonomia do *token*.

Fonte: Understanding Digital Tokens: Market Overviews and proponde guideline for Policymakers and practioners. Token Alliance – Chamber of Digital Commerce.

---

[3] No original: "For the purposes of this report, digital tokens (or 'tokens') are defined as transferable units generated within a distributed network that tracks ownership of the units through the application of blockchain technology". Disponível em: https://digitalchamber.org/token-alliance-paper/. Acesso em: 20 jan. 2020.

O que devemos ter em mente é que de fato o vocábulo "*token*" parece ser mais adequado para fins de identificar essas unidades transferíveis geradas em uma rede distribuída. Porém, achamos pertinente distinguirmos, por meio de um termo específico, os ativos (na rede representados) de origem no mundo físico e os nativos da própria rede *blockchain*.

Daí propormos falar em *tokenização* de ativos[4] quando diante de representações digitais desses ativos reais, preexistentes no mundo físico (ainda que intangíveis), e criptoativos quando diante de ativos existentes tão somente nesse ambiente digital – ativos unicamente virtuais, portanto. O termo "criptoativo", aliás, acentua justamente o que justifica a atribuição de valor a esses ativos virtuais: a segurança da tecnologia criptográfica.[5]

Realizar tais distinções constitui verdadeiro imperativo a qualquer estudo que pretenda ser científico e útil. Partindo da premissa, de que partimos, de que só é possível conhecer por meio da linguagem, é preciso que conheçamos as regras do discurso científico. E aqui ganha relevo o posicionamento dos neopositivistas lógicos que, ao reduzirem a epistemologia à análise das condições necessárias à construção de proposições científicas, sustentaram que o discurso científico se caracteriza por proporcionar uma visão rigorosa e sistêmica do mundo. Daí que a linguagem científica caracteriza-se, entre outras condições, por sua precisão semântica, vale dizer, o cientista deve esforçar-se no sentido de afastar confusões significativas, depurando a linguagem ordinária (aquela mediante a qual se constitui o conhecimento comum ou vulgar) ou técnica (aquela por intermédio da qual se constitui o conhecimento técnico – médico, elétrico, jurídico, etc.), substituindo os termos imprecisos por locuções, na medida do possível, unívocas. Nem sempre, porém, esse processo de depuração alcança êxito em afastar a plurissignificação dos vocábulos. Nessas ocasiões, empregaremos o que Rudolf Carnap, citado por Paulo de Barros Carvalho (2011, p. 59), chama de processo de elucidação, que nada mais é do que, ao se utilizar a palavra, explicitar em que sentido está ela sendo empregada.

É de alertar que tal depuração semântica dos vocábulos empregados, longe de constituir um rigorismo puro e simples, detém importantes implicações práticas. Bem identificar as realidades que se intenta sejam juridicamente tratadas é fundamental para que se as encaixem ou em

---

[4] Ou ativos *tokenizados*.
[5] Trata-se de proposta feita em artigo, ainda no prelo, do grupo de discussões sobre "Tokenização e ativos" da Comissão de Gestão e Inovação da OAB-PR.

regulamentações já existentes, ou naquelas que sejam produzidas para tratarem especificamente dos *tokens*. Destarte, utilizar termos unívocos, ou em que esclarecido o sentido empregado, é em todo necessário para bem identificar que espectro de relações socioeconômicas estaria sujeito a determinada legislação em específico.

Nesse ponto, esclarecemos desde já que nossa análise está voltada apenas para eventuais manifestações de riquezas, e, portanto tributação, de operações com criptomoedas. Antes de analisarmos o cenário brasileiro relativamente ao assunto, importante compreender quais os cenários regulatórios possíveis. É que tal visão macro poderá servir de instrumental no avanço quanto às questões pendentes de esclarecimentos pela Receita Federal do Brasil (RFB).

2. Cenários Regulatórios Possíveis. Qual a Realidade Brasileira?

Subjacente às criptomoedas jazem as tecnologias Distributed Ledger Technology (DLT), que podem assumir conformação de *blockchains*,[6] que permitem, entre outras coisas, a desintermediação e transnacionalidade das operações. Descentralização e globalidade das transações são apontadas como características obstaculizadoras de suas regulamentações por parte dos entes estatais.[7] Aliás, é de se relembrar que o protocolo "Bitcoin" – primeira e mais conhecida criptomoeda – fora desenvolvido justamente para ser resistente à ingerência estatal. No entanto, como bem pontuado por Michèle Finck (2018), o advento da internet já nos mostrou que não há como separar "o mundo de átomos do mundo de bits".[8] Assim é que, apesar de serem inúmeros os desafios impostos, e da mesma forma que já discutido quando do advento da internet, a regulamentação das transações em DLT

---

[6] Sobre DLT e *blockchains*, tivemos a oportunidade de tratar, ainda que brevemente, em: UHDRE (2019a).

[7] Consoante afirmado por Michèle Finck (2018) (há quem entenda que justamente seriam essas as características que tornariam a *blockchain* imune a interferências estatais, ou mesmo que seria essa "imunidade" o principal "ativo" dessa tecnologia. No original: "Some consider blockchains to be inherently impune to state interferente, and others go as far as to pela that is the technology's principal value proposition".

[8] No original: "*The past twenty years have revealed that the* **world of atoms and the word of bits cannot be neatly separeted**" (FINCK, 2018, grifou-se).

não há de ser afastada: afinal, são relações sociais concretas que, em última análise, se tem por objetivo disciplinar.

A discussão, portanto, parece ser quanto à própria abordagem em que a regulação possa ser factível. E nessa seara há quem defenda ser a regulamentação por meio de *soft law* e/ou mesmo a autorregulamentação as melhores abordagens possíveis. É que, dadas a fluidez e a velocidade com que as inovações tecnológicas avançam, a dinamicidade e a abertura de tais formas regulatórias parecem ser as mais adequadas (SANTOS, 2018, p. 196).[9]

No entanto, sem descartar a utilidade de tais instrumentais, é de se pontuar que, no que tange à tributação das operações com criptomoedas (em DLT, portanto), uma regulamentação estatal (*hard law*) parece inafastável aos princípios da legalidade, anterioridade e irretroatividade, corolários da segurança jurídica – mormente em matéria fiscal. Daí que, no campo de atribuição de efeitos jurídico-tributários, a regulamentação deve ser propriamente estatal. E, nesse cenário de regulação estatal das operações com criptomoedas, parecem ser quatro[10] as abordagens possíveis: (i) proibição das atividades com criptomoedas; (ii) aplicação da regulamentação existente às operações com criptomoedas; (iii) regulamentação dos intermediários desse mercado; (iv) regulamentação geral e especificamente direcionada ao mercado de criptomoedas.

No Brasil, no momento, não temos uma legislação que proíba o exercício de atividades relacionadas ao mercado de criptomoedas. Tampouco temos uma legislação que regulamente os intermediários (empresários) desse mercado, ou mesmo legislação (ou um conjunto de) que trate de maneira específica tal nicho econômico. É certo que há propostas de leis, atualmente em tramitação na Câmara dos Deputados e no Senado Federal, que visam disciplinar tanto o mercado de forma específica quanto os seus agentes econômicos. Referimo-nos notadamente aos Projetos de Leis n. 2.303/2015, n. 2.060/2019

---

[9] *Vide* ainda: GONÇALVES e GAMEIRO (2011).
[10] No Report BIS Working Papers n. 811 (BANK FOR INTERNATIONAL SETTLEMENT, 2019) – "*Embedded supervision: how to build regulation into blockchain finance*", documento em que ora nos fundamentamos, são apontadas cinco ações regulatórias possíveis: (i) informações/orientações/comunicados aos operadores; (ii) proibição das atividades com criptomoedas; (iii) aplicação da regulamentação existente às operações; (iv) regulamentação dos intermediários do mercado de criptomoedas; (v) regulamentação geral e especificamente direcionada ao mercado de criptomoedas. Como esclarecido no início do parágrafo, o foco aqui é tratar das abordagens regulatórias estatais a que estejam vinculados efeitos legais. Daí que não mencionamos a primeira "ação" (comunicações/informações "morais") no texto em razão de ser ela justamente a abordagem por meio de *softlaw*, e, portanto, sem efeitos legais vinculativos.

e n. 4207/2020, que visam respectivamente incluir as criptomoedas utilizadas como meio de pagamentos ao Sistema Brasileiro de Pagamentos, sob regulação prudencial do Banco Central do Brasil (Bacen), e disciplinar o mercado de criptoativos de maneira mais ampla, e aos Projetos de Leis n. 3.825/2019 e n. 3.949/2019, que objetivam sujeitar os intermediários do mercado de criptomoedas às normas aplicáveis aos agentes financeiros tradicionais.

No entanto, são projetos que apenas se, e quando, aprovados é que trarão algum tratamento jurídico às transações com criptomoedas. De todo modo, é de se destacar que tais propostas se enquadram em mais de uma forma de abordagem regulatória possível, o que já demonstra que o tratamento a ser dado à matéria tende a ser multifacetado.[11] Todavia, por ora, ante a inexistência de legislações em específico (seja relativamente ao mercado de forma abrangente, seja aos agentes econômicos desse mercado), ou mesmo que proibissem a atividade, a única ação possível é "enquadrar" as operações realizadas com criptomoedas nas regulamentações já existentes.

E tal tratamento jurídico parece fazer todo o sentido, visto que de fato muitas vezes estamos diante de operações socioeconômicas dantes conhecidas, porém realizadas de uma forma distinta, por meio da utilização de criptoativos. Seriam, nas palavras de Maria Demertzis e Guntram B. Wolff (2018), "Old wines in new bottles".[12] Logo, até mesmo por força do princípio da isonomia, não se justificaria tratamento díspar a realidades semelhantes – ainda que travestidas em novas roupagens. O desafio aqui seria justamente identificar que realidades seriam essas.

Assim é que, em que pesem as peculiaridades ínsitas a esse avanço tecnológico, ou mesmo as dificuldades por ele impostas (mormente a potencial "hibridez" dos criptoativos),[13] não há como perder de vista que as operações com criptoativos, e, portanto, com criptomoedas – norte do nosso estudo –, muitas vezes são evoluções tecnológicas de transações socioeconômicas já há tempos conhecidas e disciplinadas. Resta, portanto, identificar a que finalidade (ou finalidades) o criptoativo em análise está sendo destinado: é essa catalogação que indicará o regime jurídico (e jurídico-tributário) aplicável.

---

[11] Inclusive com a concomitância de *softlaw*. Tal abordagem múltipla faz sentido ante mesmo a complexidade e a volatilidade ínsitas à realidade dos criptoativos.
[12] Em tradução livre da autora: "Velhos vinhos em garrafas novas" (DEMERTZIS e WOLFF, 2018).
[13] Sobre o assunto, *vide*: CUNHA FILHO e VAINZOF (2017); UHDRE e LOBO (2017).

3. Manifestação da Receita Federal do Brasil: Mais Dúvidas que Certezas

Consoante dito no tópico antecedente, identificar a finalidade (ou finalidades) a que a criptomoeda em análise está sendo destinada para fins de aplicação dos efeitos jurídicos já regulamentados é a abordagem regulatória atualmente possível aqui no Brasil. E fora exatamente isso que a RFB fez ao equiparar as criptomoedas aos ativos financeiros e lhes intentar dar tratamento semelhante a estes. No entanto, em que pese a boa vontade desse órgão fazendário, a realidade econômica subjacente às operações com criptomoedas é muito mais complexa e multifacetada (mormente pelo caráter híbrido de muitos criptoativos) do que a abarcada pelas suas orientações. É necessário avançar e aprofundar o debate, e é exatamente isso que se pretende iniciar nas próximas linhas.

3.1. Um Pouco Sobre o que Disse a Receita Federal do Brasil
Inicialmente, é de se esclarecer que a RFB, para fins tributários, baseia-se na classificação jurídica, nos registros contábeis de determinada sociedade e nas classificações contábeis internacionalmente aceitas depois da conversão das normas brasileiras às internacionais (IFRS). Ainda, e conforme restou esclarecido no tópico antecedente, o cenário brasileiro é de subsunção das operações realizadas com criptomoedas às normas jurídicas existentes. Logo, é à função desempenhada pela criptomoeda no caso específico que se atribuirá sua "natureza jurídica". Daí que, consoante bem pontuado por Barbara das Neves e Pedro Cíceri (2018), as criptomoedas poderiam assumir a estrutura de bens do ativo intangível, propriedade, mercadorias, entre outras características.

Pois bem. Relativamente à tributação de operações com criptomoedas, o único pronunciamento "oficial" existente decorre de uma resposta nas "Perguntas e respostas" da Declaração de Imposto de Renda Pessoa Física – 2017. Ali, a RFB manifestou sua interpretação de que as criptomoedas poderiam ser equiparadas a ativos financeiros:

> MOEDA VIRTUAL – COMO DECLARAR
> 447 – As moedas virtuais devem ser declaradas?
> Sim. As moedas virtuais (bitcoins, por exemplo), muito embora não sejam consideradas como moeda nos termos do marco regulatório atual, devem ser declaradas na Ficha Bens e Direitos como "outros bens", uma vez que podem ser equiparadas a um ativo financeiro. Elas devem ser

declaradas pelo valor de aquisição. Atenção: Como esse tipo de "moeda" não possui cotação oficial, uma vez que não há um órgão responsável pelo controle de sua emissão, não há uma regra legal de conversão dos valores para fins tributários. Entretanto, essas operações deverão estar comprovadas com documentação hábil e idônea para fins de tributação.

[...]

ALIENAÇÃO DE MOEDAS VIRTUAIS

607 – Os ganhos obtidos com a alienação de moedas "virtuais" são tributados?

Os ganhos obtidos com a alienação de moedas virtuais (bitcoins, por exemplo) cujo total alienado no mês seja superior a R$ 35.000,00 são tributados, a título de ganho de capital, à alíquota de 15%, e o recolhimento do imposto sobre a renda deve ser feito até o último dia útil do mês seguinte ao da transação. As operações deverão estar comprovadas com documentação hábil e idônea.

Assim, tais "ativos" devem ser declarados como "outros bens e direitos", no valor acima de R$ 5.000,00. Ademais, em caso de alienação, eventual ganho de capital poderá ser tributado. Mais especificamente, será(ão) passível(eis) de tributação a(s) operação(ões) realizada(s) por pessoas físicas que ultrapasse(m) o patamar de R$ 35.000,00/mês, e da(s) qual(is) decorra(m) valor(es) positivo(s) ("ganhos"). Considera-se ganho de capital justamente a diferença positiva entre o custo de aquisição da(s) criptomoeda(s) e o(s) seu(s) valor(es) de alienação, sempre com a conversão em reais. Sobre tal ganho serão aplicadas alíquotas progressivas, consoante previsto pela própria legislação do Imposto de Renda Pessoa Física (IRPF).[14]

---

[14] **Pessoa Física – ganhos bens/direitos de qualquer natureza**
(i) sobre a parcela do ganho de capital de até R$ 5.000.000,00 incidirá alíquota de 15%;
(ii) sobre a parcela do ganho de capital de R$ 5.000.000,01 até R$ 10.000.000,00 incidirá a alíquota de 17,5%;
(iii) sobre a parcela do ganho de capital de 10.000.000,01 a R$ 30.000.000,00 incidirá a alíquota de 20%
(iv) sobre a parcela acima de R$ 30.000.000,00 incidirá alíquota de 22,5%.
Conforme a Lei n. 13.259, de 16 de março de 2016. Altera as Leis n. 8.981, de 20 de janeiro de 1995, para dispor acerca da incidência de imposto sobre a renda na hipótese de ganho de capital em decorrência da alienação de bens e direitos de qualquer natureza, e 12.973, de 13 de maio de 2014, para possibilitar opção de tributação de empresas coligadas no exterior na forma de empresas controladas; e regulamenta o inciso XI do art. 156 da Lei n. 5.172, de 25 de outubro de 1966 – Código Tributário Nacional.

Aliás, como corolário de tal entendimento, e mesmo objetivando a ele dar efetividade, a RFB publicou a Instrução Normativa n. 1.888/2019,[15] em que determina que lhe seja informada a realização de transações com criptomoedas. Mais especificamente, o diploma legislativo estabelece que devem as *exchanges* brasileiras informar ao órgão fazendário todas as operações realizadas por seus clientes. Ainda, determina que as pessoas (físicas ou jurídicas) que realizem operações diretamente entre partes (P2P), ou em *exchanges* estrangeiras, informem todas as transações que ultrapassem, no decorrer do mês, R$ 30.000,00.[16]

Pois bem, ocorre que, mesmo nos centrando no próprio âmbito de entendimento da RFB, algumas dúvidas remanescem. Quando diante de operações de *trade* e *day-trade* com criptomoedas, por exemplo, é de se indagar se, ante a proximidade dessas atividades com a realizada com ações, não se lhes poderia aplicar o regime jurídico tributário daquelas (imposto de renda no mercado de ações). Em operações à vista (comuns), teríamos isenção do imposto caso as operações realizadas sejam no valor de até R$ 20.000,00.[17] Acima disso, a base de cálculo seria a "diferença positiva entre o valor de alienação do ativo e o seu custo de aquisição, calculado [sic] pela média ponderada dos custos unitários".[18] Já nas operações de *day-trade* (assim consideradas as "iniciadas

---

[15] Disponível em: http://normas.receita.fazenda.gov.br/sijut2consulta/link.action?visao=anotado&idAto=100592. Acesso em: dez. 2019.

[16] "Art. 6º Fica obrigada à prestação das informações a que se refere o art. 1º:
I – a *exchange* de criptoativos domiciliada para fins tributários no Brasil;
II – a pessoa física ou jurídica residente ou domiciliada no Brasil quando:
a) as operações forem realizadas em *exchange* domiciliada no exterior; ou
b) as operações não forem realizadas em *exchange*.
§ 1º No caso previsto no inciso II do *caput*, as informações deverão ser prestadas sempre que o valor mensal das operações, isolado ou conjuntamente, ultrapassar R$ 30.000,00 (trinta mil reais).
§ 2º A obrigatoriedade de prestar informações aplica-se à pessoa física ou jurídica que realizar quaisquer das operações com criptoativos relacionadas a seguir:
I – compra e venda;
II – permuta;
III – doação;
IV – transferência de criptoativo para a *exchange*;
V – retirada de criptoativo da *exchange*;
VI – cessão temporária (aluguel);
VII – dação em pagamento;
VIII – emissão; e
IX – outras operações que impliquem em transferência de criptoativos."

[17] Instrução Normativa SRF n. 1.585/2015, art. 59, § 1º, II.

[18] Instrução Normativa SRF n. 1.585/2015, art. 59, *caput*.

e encerradas no mesmo dia, com o mesmo ativo, em uma mesma instituição intermediadora, em que a quantidade negociada tenha sido liquidada, total ou parcialmente"[19]), não há faixa de isenção prevista.[20] Ademais, a legislação do Imposto de Renda prevê aplicação de uma alíquota de 20% sobre qualquer rendimento auferido, nessas operações de *day-trade*, e estabelece como critério de cálculo desse resultado positivo o valor do primeiro negócio de compra *vis-à-vis* o primeiro negócio de venda – ou vice-versa[21] (o chamado método FIFO).[22] Em ambos os casos, há a possibilidade de se compensar o prejuízo de um período com eventual lucro apurado no subsequente.[23]

No entanto, não se tem nenhuma manifestação a respeito. Logo, são passíveis de questionamento desde a legislação aplicável (imposto de renda sobre ganho de capital ou regente do ganho em mercado de ações, ou ainda um híbrido delas) até a própria metodologia de cálculo na atribuição de valores às criptomoedas (se média ponderada ou FIFO). E tal possibilidade de discussão ganha maior fôlego dada a natureza mesmo fluida das criptomoedas (que podem assumir inúmeras funções consoante a utilidade que lhes é dada por seu emissor e/ou proprietário), de modo a chamar, caso constatados os elementos fáticos descritos como aptos à incidência normativa, a aplicação da legislação pertinente. Trata-se, tal aplicabilidade, aliás, de própria exigência do princípio da isonomia (no caso, tributária).

Feito esse parêntese e voltando ao tema central, importante destacar que, por força do princípio da tributação universal, adotado pelo Estado Brasileiro, a tributação incide para qualquer pessoa que seja domiciliada ou residente fiscal no Brasil,[24] sendo irrelevante a operação ocorrer fora do país em razão, por exemplo, da utilização de *exchanges* e/ou contas bancárias estrangeiras.

---

[19] Instrução Normativa SRF n. 1.585/2015, art. 65, § 1º, I.
[20] Instrução Normativa SRF n. 1.585/2015, art. 59, § 2º, I.
[21] Instrução Normativa SRF n. 1.585/2015, art. 65, § 3º.
[22] *First in – first out*.
[23] Tal possibilidade se dá em tese, visto inexistir pronunciamento específico sobre o assunto a permitir eventuais compensações.
[24] Consoante o art. 127 do Código Tributário Nacional (CTN), cabe ao contribuinte indicar seu domicílio para fins tributários; não o fazendo, ou o fazendo de maneira a dificultar a atuação do fisco, será considerada (i) residência habitual da pessoa física o centro habitual de suas atividades, e (ii) domicílio habitual da pessoa jurídica o local de sua sede ou ainda o local de cada estabelecimento que tenha dado origem aos atos ou fatos tributáveis.
O problema com tal normativa é relativo às empresas do ramo tecnológico, que têm como característica a presença virtual, o que lhes permite atuar em variadas jurisdições sem a necessidade de um estabelecimento físico. Tais empresas – como é o caso das *exchange* de criptomoedas – podem inclusive negociar com pessoas físicas e jurídicas de outros países diferentes de sua sede, sendo

21. TRIBUTAR OU NÃO TRIBUTAR OPERAÇÕES COM CRIPTOMOEDAS

O caso das pessoas jurídicas merece um pouco mais de atenção. Vimos que a RFB equiparou criptomoedas a ativos financeiros, e a elas atrelou o regime do ganho de capital. Assim, no caso de pessoas jurídicas, o ganho ou a perda de capital serão tratados, regra geral,[25] como não operacionais, e serão apurados nas alienações de bens e direitos classificados como investimentos, imobilizados, intangíveis e de aplicações de ouro.[26] O ganho corresponderá à diferença positiva entre o valor de alienação e contábil.[27]

Esclareça-se que a base de cálculo desse ganho dependerá do regime de apuração da pessoa jurídica e do objetivo com que os criptoativos foram transacionados. Isso porque pessoas jurídicas obrigadas ou optantes pela sistemática do Lucro Real poderão, em tese, evitar o ganho de capital caso exista prejuízo contábil/fiscal apurado no período. Já as pessoas jurídicas optantes pelo Lucro Presumido não poderão deduzir prejuízos contábeis e fiscais, na medida em que o ganho é somado à receita bruta para apuração dos tributos devidos, no caso do ganho de capital. Relativamente às alíquotas, sobre o ganho será aplicado 15% para o Imposto de Renda Pessoa Jurídica (IRPJ) e um adicional de 10% na parcela que ultrapassar R$ 60.000,00 no trimestre. Ainda, há incidência de 9% a título de Contribuição Social sobre o Lucro Líquido (CSLL).

---

suas atividades potencialmente tributadas em mais de uma jurisdição. No entanto, para que se tributem empresas prestadoras de serviços digitais, sem estabelecimento físico, em um dado país, é necessário que se lhes atribua domicílio fiscal, o que pressupõe critérios de conexão.
A legislação brasileira regente do imposto de renda (Decreto n. 9.580/2018) estabelece que empresas originariamente estrangeiras podem ser consideradas domiciliadas caso se verifique uma das três hipóteses a seguir: (i) aqui funcione filial, sucursal, agência ou representação de empresa estrangeira; (ii) haja contrato de comissão firmado entre comitente do exterior e comissário no Brasil em relação às atividades prestadas pelo comissário brasileiro; e (iii) caso seja realizada venda direta por não residente por intermédio de agente ou representante residente ou domiciliado no Brasil. Nota-se que os critérios de uma forma ou outra reconduzem à necessidade de uma presença física. Não à toa, trata-se de um dos desafios já apontados no Relatório da OCDE relativo à ação 01 do BEPS, e que tem recebido propostas de criação do chamado estabelecimento permanente virtual – mais adequado à economia virtual.
[25] Regra geral porque, caso operações com criptomoedas constituam o próprio objeto social da sociedade (caso das *exchanges*, *v.g.*), o ganho ou perda serão tratados como operacionais.
[26] Decreto-Lei n. 1.598/1977, art. 31.
[27] O valor contábil será o montante registrado na escrituração do contribuinte correspondente ao custo de aquisição da criptomoeda, ou seja, o valor originalmente transacionado. Art. 17 da Lei n. 9.249/1995; art. 52 da Lei n. 9.430/1996; art. 33 do Decreto-Lei n. 1.598/1977, alterado pela Lei n. 12.973/2014; art. 215, §§ 14 a 18, e art. 145, II, do *caput*, ambos da Instrução Normativa RFB n. 1.700/2017, e art. 184, III, do *caput*, da Lei n. 6.404/1976.

Por fim, em relação às sociedades enquadradas no Simples Nacional, conforme art. 5º, V, *b*, da Resolução n. 140/2018 do Comitê Gestor do Simples Nacional, a tributação do ganho de capital será definitiva mediante a incidência do tributo sobre a diferença positiva entre o valor de alienação e o custo de aquisição diminuído da depreciação, amortização ou exaustão acumulada, ainda que a microempresa e a empresa de pequeno porte não mantenham escrituração contábil desses lançamentos. Aliás, a pessoa jurídica optante pelo Simples Nacional que não mantiver escrituração contábil deverá comprovar, mediante documentação hábil e idônea, o valor e a data de aquisição do bem ou direito, no caso, as criptomoedas. As alíquotas aplicáveis, de acordo com a Lei n. 13.259/2016, variam de 15% a 22%, consoante o valor do ganho apurado:

(i) sobre a parcela do ganho de capital de até R$ 5.000.000,00 incidirá alíquota de 15%;
(ii) sobre a parcela do ganho de capital de R$ 5.000.000,01 até R$ 10.000.000,00 incidirá a alíquota de 17,5%;
(iii) sobre a parcela do ganho de capital de 10.000.000,01 a R$ 30.000.000,00 incidirá a alíquota de 20%; e
(iv) sobre a parcela acima de R$ 30.000.000,00 incidirá alíquota de 22,5%.

3.2. Sobre o que Não disse a Receita Federal do Brasil

Esclarecemos inicialmente que nosso foco de estudo é tão somente a categoria das criptomoedas. E, aqui, vimos que a RFB interpretou que as operações com tal espécie de criptoativo devem ser tratadas como se fossem ativo financeiro. Porém, uma tal abordagem parece fazer sentido tão somente quando estamos diante da utilização dessa criptomoeda para fins de investimento. E, mesmo aqui, conforme mencionamos há pouco, subsistem algumas dúvidas.

Ocorre que são muitas as operações que se inserem no leque de atividades inerentes ao mercado de criptomoedas. Ademais, não devemos perder de vista serem inúmeras as finalidades para que as criptomoedas podem ser utilizadas (ou mesmo para várias, concomitantemente). É de se mencionar, por exemplo, a possibilidade de utilização delas como meio de pagamentos ou mesmo como mercadoria. Nesses casos, não parece ser adequado enquadrar as operações subjacentes no âmbito de incidência do Imposto de Renda. Ainda, outra fonte de questionamentos é se a remuneração percebida pelos mineradores por validarem as transações e/ou por criarem um novo bloco de registro delas estaria sujeita a tributação, e, sendo positiva a resposta, de que espécie seria.

Logo, as discussões inerentes à tributação de criptomoedas[28] estão longe do fim. A intenção deste pequeno capítulo é, repita-se, iniciar os debates relativos ao tema. Dado o diminuto escopo do trabalho, escolhemos, sem nenhum intento de esgotar o tema, alguns tópicos que julgamos merecer serem trazidos ao debate. É de se esclarecer que nossos raciocínios são desenvolvidos consoante a aplicabilidade da legislação jurídico-tributária em vigor.

3.3. Ainda no Âmbito Federal de Competência: Criptomoedas e IOF?

Consoante estabelecido no art. 153, V, da Constituição Federal (CF), posteriormente minudenciado pela Lei n. 5.143/1966, e Decreto n. 6.306/2007[29] em seu art. 2º, constituem hipóteses de incidência do IOF:

> I – operações de crédito realizadas:
>
> a) por instituições financeiras (Lei nº 5.143, de 20 de outubro de 1966, art. 1º);
>
> b) por empresas que exercem as atividades de prestação cumulativa e contínua de serviços de assessoria creditícia, mercadológica, gestão de crédito, seleção de riscos, administração de contas a pagar e a receber, compra de direitos creditórios resultantes de vendas mercantis a prazo ou de prestação de serviços (*factoring*) (Lei nº 9.249, de 26 de dezembro de 1995, art. 15, § 1º, inciso III, alínea "d", e Lei nº 9.532, de 10 de dezembro de 1997, art. 58);
>
> c) entre pessoas jurídicas ou entre pessoa jurídica e pessoa física (Lei nº 9.779, de 19 de janeiro de 1999, art. 13);
>
> **II – operações de câmbio (Lei nº 8.894, de 21 de junho de 1994, art. 5º);**
>
> III – operações de seguro realizadas por seguradoras (Lei nº 5.143, de 1966, art. 1º);
>
> IV – operações relativas a títulos ou valores mobiliários (Lei nº 8.894, de 1994, art. 1º);
>
> V – operações com ouro, ativo financeiro, ou instrumento cambial (Lei nº 7.766, de 11 de maio de 1989, art. 4º).

---

[28] Caso ampliemos a nossa visão ao universo de fatos jurídicos tributáveis inerente ao gênero criptoativos – do qual as criptomoedas são espécie –, a vastidão de assuntos a serem explorados pelos cientistas do direito se nos revela.

[29] Conhecido como Regulamento do IOF (RIOF/2007).

Para os propósitos do presente capítulo, eventual hipótese de incidência seria aquela pertinente ao IOF-câmbio.[30] E aqui ganham relevo as discussões relativas à conformação das criptomoedas às características e funções própria de moeda – para fins jurídicos. É que, consoante a Resolução Bacen n. 3.568/2008, se constituiriam operações de câmbio o ingresso ou a saída de valores monetários do território nacional realizadas pelas instituições autorizadas a tanto.[31] Daí que, consoante tal Regulamento, a hipótese de incidência do IOF-câmbio é justamente "a entrega de *moeda nacional ou estrangeira*, ou de documento que a represente, ou sua colocação à disposição do interessado, em montante equivalente à moeda estrangeira ou nacional entregue ou posta à disposição por este".[32]

Roberto Quiroga Mosquera (2006), em estudo clássico sobre o tema, depois de analisar autores nacionais e estrangeiros, conclui serem duas as correntes sobre o conceito de moeda. Uma, que, ao privilegiar o aspecto positivo, entende ser moeda aquilo legalmente definido como tal – corrente essa à qual o autor se filia. E uma segunda, que privilegia o aspecto de coesão social, segundo a qual moeda é aquilo que assume o especial papel de facilitador de trocas, e cujo valor decorre da confiança que a sociedade nela deposita, e não da autoridade estatal.

Melissa Guimarães Castello (2019) chama a atenção aos problemas que a adoção dessa primeira corrente (positivista) pode apresentar em nosso sistema jurídico. É que, tendo em conta o disposto no art. 21, VII, da Constituição Federal, apenas o real, por ser emitido pela União, é que poderia ser considerado moeda, a "moeda legal", portanto. Porém, a legislação infraconstitucional (sobretudo a Resolução n. 3.568/2008 suprarreferida), ao regulamentar as operações de câmbio, e como não poderia deixar de ser, faz referência ao termo "moeda estrangeira". Diante de tal aparente paradoxo, entende a autora que é a segunda corrente que melhor se adequa à nossa realidade.

---

[30] Foge do escopo deste capítulo eventual subsunção de operações com criptoativos ao IOF-valores mobiliários. É que aqui estaríamos diante de um criptoativo destinado primordialmente a servir como valor mobiliário, da categoria dos chamados *"security tokens"*. Tendo em vista que nosso foco é tão apenas o universo das criptomoedas, deixaremos o debate de lado. No entanto, já adiantamos que entendemos pela possibilidade de incidência desse imposto federal caso as transações apresentem as características típicas da hipótese de IOF-câmbio (visto que a incidência tributária independe da forma ou mesmo legalidade em como se dão os fatos tributáveis, consoante expresso no art. 3º do CTN).

[31] "Art. 1º O mercado de câmbio brasileiro compreende as operações de compra e de venda de moeda estrangeira e as operações com ouro-instrumento cambial, realizadas com instituições autorizadas pelo Banco Central do Brasil a operar no mercado de câmbio, bem como as operações em moeda nacional entre residentes, domiciliados ou com sede no País e residentes, domiciliados ou com sede no exterior."

[32] Art. 11 do RIOF/2007 (Decreto n. 6.306/2007).

Consoante bem lembrado pela autora, "'moeda' e 'moeda legal' são expressões que conceituam fenômenos distintos, sendo a primeira mais ampla do que a segunda" (CASTELLO, 2019, p. 8). Assim é que "moeda legal" seria apenas aquela a que um dado ordenamento atribui curso legal – caso do real, no Brasil, por força do art. 1º da Lei n. 9.069/1995. Já "moeda é aquilo que é efetivamente aceito como meio de troca": é a confiança, depositada por uma dada sociedade, em determinado instrumento para facilitar as trocas, que conta. Assim, seriam moedas, por exemplo, os títulos de crédito aceitos como meios de pagamentos, assim como as moedas estrangeiras, ainda que não tenham cá curso legal. Daí concluir a autora que "o ordenamento jurídico brasileiro não obsta quanto a conclusão de que 'bitcoin é moeda', e mais especificamente 'moeda estrangeira'" (CASTELLO, 2019, p. 8).[33]

Nesse sentido, entende que as operações com criptomoedas, como o bitcoin, estariam sujeitas ao IOF-câmbio, justamente por se tratar de transações com moedas estrangeiras. Destaco que nesse contexto eventual dúvida poderia remanescer relativamente à exigência do art. 1º da Resolução n. 3.568/2008 de que as operações devem serem realizadas por "instituições autorizadas" a tanto pelo Bacen. No entanto, a aplicação do princípio *non olet*, expressamente previsto no art. 3º do CTN, assim como do princípio da isonomia, parece afastar uma interpretação assaz literal.

Apesar de interessante o posicionamento da autora, não estamos inteiramente convencidos da conclusão. É que, ainda que defensável ser moeda aquilo efetivamente aceito pela sociedade como meio de troca, como bem pontuado por Aleksandra Bal (2019, p. 51), tal aceitabilidade deve ter um mínimo de "generalidade".[34] Assim, dado o baixo número de estabelecimentos que aceitam "bitcoin" como meio de pagamento, ou mesmo das operações com essas criptomoedas, comparativamente a outros meios de pagamento,[35] por ora entendemos que não há como catalogar as criptomoedas como moedas, eventualmente sujeitas ao IOF-câmbio.

---

[33] Aliás, é de se chamar a atenção que diante de tal conclusão a autora inclusive defende ser o caso de dar às criptomoedas o tratamento tributário inerente às moedas. Daí entender que, relativamente ao Imposto de Renda, por exemplo, deveria ser aplicado o tratamento jurídico de moeda, e não de ativos financeiros. Ainda, as operações com bitcoins estariam sujeitas ao IOF-câmbio.
[34] No original: "[...] *given the limited number of venues accepting them, virtual currency is still a weak barter catalyst. It has a very low level of acceptance among the general public compared to other alternative payment solutions*" (BAL, 2019, p. 51).
[35] Há menção por Aleksandra Bal (2019) de um interessante experimento em que se tentou, com certa dificuldade, passar um dia em Londres utilizando apenas "bitcoins" como meio de pagamento.

3.4. No Âmbito Estadual de Competência: Criptomoedas e ICMS?

Consoante opção feita pelo constituinte de 1988, qual seja a de atribuir a cada um dos entes federados âmbitos de competência legislativo-tributária próprios,[36] aos Estados-membros compete instituírem o imposto sobre a realização de operações de circulação de mercadoria, e sobre a prestação de serviços de transporte interestadual e intermunicipal e de comunicação (art. 155, II, da CF).

Realizar operações de circulação de mercadoria consiste, consoante abalizada doutrina,[37] em tabular negócios jurídicos cujo objeto seja transmitir a titularidade de bens na cadeia de consumo, obrigação de dar, portanto. Tributam-se, via ICMS-Mercadoria, as várias etapas do ciclo econômico de um bem, em direção a seu consumo final (SCHOUERI e GALDINO, 2018, p. 250). Insta esclarecer que não é sobre qualquer "bem", objeto de transmissão, que o ICMS tem vocação para incidir. Apenas se tal bem for catalogado como "mercadorias", isto é, encontrar-se à disposição do mercado. Daí ser relevante o exame desse aspecto volitivo em se pôr o bem em comércio para fins de incidência do tributo estadual. Outrossim, há de se pontuar que os bens incorpóreos também são passíveis de sofrerem incidência desse tributo estadual. Diante da realidade virtual que se nos apresenta, em que tanto bens corpóreos quanto incorpóreos podem ser adquiridos através da internet, o Supremo Tribunal Federal (STF) já se manifestara no sentido de ser prescindível a existência de "suporte físico" (*corpus mechanicum*),[38] daí se poder falar que o ICMS passou a incluir, em seu âmbito de competência, opera-

---

[36] Atribuíram-se, a cada um dos entes, tipos identificadores de manifestações de riquezas passíveis de serem por eles tributadas. É que, de acordo com Luís Eduardo Schoueri (2014, p. 269), o constituinte se utilizou de tipos – e não de conceitos – para apartar as realidades tributáveis de cada um dos entes federados.

[37] Entre outros: ATALIBA e GIARDINO (1983 p. 101-119); CARRAZZA (2015); MELO (2009).

[38] A discussão está sendo travada no ambiente de tributação de *software*. Em um primeiro momento (RE 176.626-3/SP), nossa Corte Superior entendeu que o conceito de mercadoria exigiria corporalidade do bem. Influenciado pelo entendimento de que o conceito de mercadoria estaria vinculado àquele de direito privado, o STF entendeu que caberia ICMS sobre a venda de *softwares* "de prateleira" (*standard*) produzidos em série e comercializados no varejo, e não sobre *softwares* customizáveis aos interesses dos clientes. A *ratio decidendi* foi a existência, ou não, de suporte físico (*corpus mechanicum*). Posteriormente, em sede de cautelar em ação direta de inconstitucionalidade, em que se tratou da possibilidade de lei estadual inserir no âmbito de incidência do ICMS "operações com programas de computador – *software* – ainda que realizadas por transferência eletrônica de dados", entendeu o STF não haver motivos para diferenciar uma compra de mercadoria pela internet, em que presente a circulação (virtual) dela, de uma compra de *software* em suporte físico (CD-ROM, disquete) que a contivesse (ADI-MC 1.945/MT).

ções de circulação de mercadorias tanto físicas quanto virtuais (SCHOUERI e GALDINO, 2018, p. 252).[39]

O ponto passível de gerar dúvidas é relativo à possibilidade em catalogar as criptomoedas como mercadorias aptas a estarem sob o âmbito de incidência do ICMS-Mercadoria. E aqui é importante relembrarmos a natureza híbrida dos criptoativos – e das criptomoedas, por conseguinte. Quer isso dizer que é à funcionalidade a que vocacionada a criptomoeda em determinada operação que devemos voltar nosso olhar, e desse olhar tomar eventuais conclusões. Daí que compreender o negócio[40] em que a criptomoeda está sendo utilizada parece ser a chave para atribuir eventuais consequências jurídico-tributárias: afinal, muitas vezes, trata-se de "velhos vinhos em garrafas novas".

Pois bem, olhando o caso das *exchanges* de criptomoedas, é possível afirmar que, consoante a forma em que estruturados os seus negócios, as criptomoedas podem, sim, assumir a funcionalidade de mercadorias, de maneira que eventuais operações com elas realizadas estariam, sim, sujeitas ao ICMS-Mercadoria. Regra geral, tais intermediários disponibilizam plataformas digitais ("balcões de negócios"), em que compradores e vendedores de criptomoedas possam realizar suas ofertas. Nesse caso, as *exchanges* seriam meras prestadoras de serviços, intermediadores dos negócios, sujeitas, tais operações, ao Imposto Sobre Serviços (ISS) (consoante item 10 da lista anexa da Lei Complementar n. 116/2003).

No entanto, é possível, por exemplo, que, para além de intermediarem os negócios, tais agentes econômicos também adquirissem criptomoedas para si, para as terem "em estoque", a fim de as venderem em suas plataformas. Aqui nos parece que as criptomoedas tomariam, sim, a funcionalidade própria de mercadorias, cujas operações subjacentes estariam sujeitas ao ICMS-Mercadoria.

3.5. No Âmbito Municipal de Competência: Criptomoedas e ISS? O Caso dos Mineradores de Criptomoedas

Analisaremos, ainda que rapidamente, a questão dos mineradores de criptomoedas. O caso das *exchanges* fora pontualmente mencionado no tópico anterior, razão pela qual não será ora tratado. Sabe-se que o art. 156, III, da Carta Política atribui aos Municípios competência para instituir imposto sobre

---

[39] Sobre mutação do conceito de mercadoria, *vide*: BARRETO (2015).
[40] Ainda que focados no contexto de IOT (internet das coisas), já tivemos a oportunidade de salientar a importância em se compreender o negócio econômico para fins de atribuição de eventuais efeitos jurídico-tributários (UHDRE, 2019b).

a prestação de serviços de qualquer natureza,[41] assim definidos em lei complementar. É importante destacar que, consoante entendimento sedimentado em doutrina, e baseado nos dispositivos do Código Civil brasileiro,[42] "prestar serviços" consistiria em uma "obrigação de fazer" por parte do prestador, ou prepostos, em oposição à "obrigação de dar" (inerente à hipótese de incidência do ICMS-Mercadoria) (MACHADO SEGUNDO e MACHADO, 2018, p. 563). Mais especificamente, erigiu-se, em doutrina,[43] o entendimento de que o conceito de serviço tributável pelo ISS, consistente em uma obrigação de fazer, referir-se-ia a uma prestação de atividade a outrem, realizada com habitualidade, dirigida ao oferecimento de uma utilidade ou comodidade (material ou imaterial), em um ambiente negocial marcado pela presença de conteúdo econômico, não submetida a relação empregatícia ou estatutária, regida pelo direito privado, e que esteja fora do âmbito de competência tributária dos Estados e do Distrito Federal (CINTRA e MATTOS, 2017, p. 156).

Tal entendimento fora inclusive acolhido pela jurisprudência pátria e consolidado no verbete de Súmula Vinculante 31 do STF. É dizer, o STF reconheceu que faltava à locação elementos que a caracterizassem como prestação de serviço, razão pela qual careceria ao legislador de normas gerais, bem como ao ordinário, competência para instituir tributação de ISS sobre tal atividade econômica.

No entanto, mais recentemente o STF acabou por adotar um conceito mais amplo de serviços. No julgamento do RE 651.703/PR, em que se analisava a constitucionalidade da incidência do ISS sobre as atividades de administração de planos de saúde, restou consignado que o método interpretativo veiculado pelo art. 110 do CTN serviria para interpretar apenas conceitos tributários de estatura infraconstitucional. Nossa E. Corte entendeu que, ainda que os conceitos de direito civil tenham importante papel na atividade de interpretação dos conceitos constitucionais tributários, é necessário que se reconheça a interação entre Direito e Economia, a fim de que princípios como igualdade, capacidade contributiva e solidariedade sejam prestigiados. Propôs-se, consoante essa linha de raciocínio, a adoção de um conceito econômico

---

[41] Exceto aqueles que estão sob a égide de competência do ICMS: prestação de serviços de transporte interestadual e intermunicipal e prestação de serviços de comunicação.

[42] Arts. 1.216 e seguintes do Código Civil de 1916. Atualmente, o contrato de prestação de serviços está previsto nos arts. 593 e seguintes do Código Civil de 2002.

[43] *Vide*, entre outros: BAPTISTA (2005), CARVALHO (1983, p. 146-166), JUSTEN FILHO (1985), MELO (2017) e GRUPENMACHER (2014, p. 73-119).

de serviço, relacionado ao oferecimento de uma utilidade (e não necessariamente ao fornecimento de trabalho), podendo estar conjugada, ou não, com a entrega de bens, inclusive imateriais.

Nesse contexto, a questão que se coloca é se as atividades desempenhadas pelas mineradoras de criptomoedas subsumem-se à categoria "prestação de serviços". Em apertada síntese, os mineradores seriam os agentes responsáveis pela validação das transações realizadas na rede *blockchain* a que pertencem. Para o desempenho de tal mister, recebem "remuneração" de duas ordens: (i) pela resolução do problema matemático e criação do novo bloco, caso em que receberão originariamente algumas criptomoedas como recompensa; e (ii) pela validação de cada uma das transações, recebendo dos usuários da rede parcela dos valores por eles transacionados (as chamadas *"mining fees"*).

No primeiro caso, conforme bem observado por Guilherme Broto Follador (2017), existiria um suposto contrato comutativo entre os mineradores e a rede *blockchain* a que pertencente. É que aqui a "remuneração" depende da sorte dos mineradores envolvidos nas validações das operações por meio de solução dos problemas matemáticos, inexistindo um preço efetivo pactuado. É dizer, não há obrigação previamente pactuada entre o minerador e qualquer das partes relacionadas, sendo, aliás, os usuários nem sequer identificáveis pelos mineradores. Assim, concordamos com Barbara das Neves e Pedro Cíceri (2018) ao concluírem pela inexistência de serviços tributáveis pelo ISS, pois eventual serviço seria prestado à própria rede *blockchain* a que pertencentes os mineradores, carecendo tal relação da necessária bilateralidade entre prestador e tomador do serviço, essencial, como vimos, à caracterização de fato jurídico apto à incidência do ISS.

Já no segundo caso, parece ser distinta a situação. É que aqui o minerador acaba cobrando uma taxa diretamente de um dos usuários para essa mesma validação (*"mining fees"*). Parece daí ser defensável existir acordo firmado, assim como a individualização do serviço prestado, sujeitando-o à tributação pelo ISS. É certo que tal conclusão traria problemas de outras ordens, como a definição do sujeito ativo apto ao recebimento desse tributo. É que as máquinas (e, consequentemente, os indivíduos) envolvidas nas validações poderão estar em diferentes Municípios e até mesmo países. No entanto, tais dificuldades apenas principiam os debates, que, repita-se, se mostram em todo necessários.

Conclusões

Por se tratar de assunto "novo" no cenário jurídico, é em todo questionável haver conclusões bem estabelecidas. Do exposto, parece-me remanescerem mais dúvidas que certezas, áreas carentes de regulamentação clamando por mais reflexões por parte dos estudiosos do direito. O intuito deste texto foi modesto: apenas lançar breves luzes à análise do fenômeno sob a ótica do direito tributário.

Para tanto, além de delimitar o campo de estudo ao das criptomoedas, partimos da constatação de que inexiste regulamentação específica regendo o assunto. Aliás, por vezes é questionável, inclusive, se de fato estamos a tratar de uma nova realidade ou de uma nova roupagem de relações socioeconômicas há tempos conhecidas e juridicamente disciplinadas. Daí que, olhando a realidade brasileira atual, entendemos que os raciocínios jurídicos devem partir da compreensão da funcionalidade a que vocacionada a criptomoeda.

Eis o ponto central do desafio lançado: compreender e definir a funcionalidade (ou ao menos a principal delas) em que utilizada a criptomoeda no contexto em exame, a fim de identificar os efeitos jurídicos aplicáveis a essas relações. E, nessa toda, buscou-se dar os primeiros passos na construção de possíveis juízos de subsunção dessas "novas" realidades às normas jurídico-tributárias em vigor. Mas, repita-se: primeiros e pequenos passos...

REFERÊNCIAS

ATALIBA, Geraldo; GIARDINO, Cleber. Núcleo da definição constitucional do ICM. *Revista de Direito Tributário*, São Paulo, v. 7, n. 25/26, p. 101-119, jul./dez. 1983.

BAL, Aleksandra. *Taxation, Virtual Currency and Blockchain*. Series on International Taxation, n. 68. Wolters Kluwer, 2019.

BAL, Aleksandra. From Bitcoin to Other Altcoins: How Are They Actually Used in Today's World? *Crypto News*, 5 Jan. 2020. Disponível em: https://cryptonews.net/en/264482/?es_p=10872267. Acesso em: 20 jan. 2020.

BANK FOR INTERNATIONAL SETTLEMENTS. *Embedded Supervision*: How to Build Regulation into Blockchain Finance. *Report BIS Working Papers*, n. 811, Sept. 2019. Disponível em: https://www.bis.org/publ/work811.pdf. Acesso em: 20 jan. 2020.

BAPTISTA, Marcelo Caron. *ISS*: do texto à norma. São Paulo: Quartier Latin, 2005.

BARRETO, Simone Rodrigues Costa. *Mutação do conceito constitucional de mercadoria*. São Paulo: Noeses, 2015.

CARRAZZA, Roque Antonio. *ICMS*. 17. ed. ampl. e atual. São Paulo: Malheiros Editores, 2015.

CARVALHO, Paulo de Barros. A natureza jurídica do ISS. *Revista de Direito Tributário*, v. 7, n. 23/24, p. 146-166, jan./jun. 1983.

CARVALHO, Paulo de Barros. *Direito tributário, linguagem e método*. 4. ed. rev. e ampl. São Paulo: Noeses, 2011.

CASTELLO, Melissa Guimarães. Bitcoin é moeda? Classificação das criptomoedas para o direito tributário. *Revista Direito FGV*, v. 15, n. 3, 2019. Disponível em: http://dx.doi.org/10.1590/2317-6172201931. Acesso em: 20 jan. 2020.

CHAMBER OF DIGITAL COMMERCE. *Understanding Digital Tokens*: Market Overviews and proposed guideline for Policymakers and practioners. Token Alliance – Chamber of Digital Commerce. Disponível em: https://digitalchamber.org/token-alliance-paper/. Acesso em: 20 jan. 2020.

CINTRA, Carlos César Souza; MATTOS, Thiago Pierre Linhares. ISS – Tributação das atividades realizadas pelos *data centers*. *In*: CARVALHO, Paulo de Barros (coord.). *Racionalização do sistema tributário*. São Paulo: Noeses: IBET, 2017.

CUNHA FILHO, Marcelo de Castro; VAINZOF, Rony. A natureza jurídica "camaleão" das criptomoedas. *JOTA*, 21 set. 2017. Disponível em: https://www.jota.info/paywall?redirect_to=//www.jota.info/opiniao-e-analise/colunas/direito-digital/a-natureza-juridica-camaleao-das--criptomoedas-21092017. Acesso em: 20 jan. 2020.

DAS NEVES, Barbara; CÍCERI, Pedro. A tributação dos criptoativos no Brasil: desafios das tecnologias disruptivas e o tratamento tributário brasileiro. Revista Jurídica da Escola Superior de Advocacia da OAB-PR, Curitiba, ano 3, n. 3, dez. 2018. Disponível em: http://revistajuridica.esa.oabpr.org.br/wp-content/uploads/2018/12/revista_esa_8_07.pdf. Acesso em: 20 jan. 2020.

DEMERTZIS, Maria; WOLFF, Guntram B. The Economic Potential and Risks of Cryptoassets: Is a Regulatory Framework Needed? *Policy Contribution Issue*, n. 14, Sept. 2018. Disponível em: https://bruegel.org/wp-content/uploads/2018/09/PC-14_2018.pdf. Acesso em: 20 jan. 2020.

EUROPEAN BANKING AUTHORITY. *Report with advice for the European Commission on crypto-assets*. Jan. 2019. Disponível em: https://eba.europa.eu/sites/default/documents/files/documents/10180/2545547/67493daa-85a8-4429-aa91-e9a5ed880684/EBA%20Report%20on%20crypto%20assets.pdf?retry=1. Acesso em: 20 jan. 2020.

EUROPEAN CENTRAL BANK. Crypto-Assets: Implications for financial stability, monetary policy, and payments and market infrastructures. *Ocasional Papers*, May 2019. Disponível em: https://www.ecb.europa.eu/pub/pdf/scpops/ecb.op223~3ce14e986c.en.pdf. Acesso em: 20 jan. 2020.

FINANCIAL ACTION TASK FORCE (FATF). *Guidance for a Risk-Based Approach to Virtual Assets and Virtual Asset Service Providers*. 2019. Disponível em: https://www.fatf-gafi.org/media/fatf/documents/recommendations/RBA-VA-VASPs.pdf. Acesso em: 20 jan. 2020.

FINANCIAL CONDUCT AUTHORITY. *Guidance on Cryptoassets*. Consultation Paper, Jan. 2019. Disponível em: https://www.fca.org.uk/publication/consultation/cp19-03.pdf. Acesso em: 20 jan. 2020.

FINCK, Michèle. *Blockchain*: Regulation and Governance in Europe. Dec. 2018. Disponível em: https://doi.org/10.1017/9781108609708. Acesso em: 20 jan. 2020.

FOLLADOR, Guilherme Broto. Criptomoedas e competência tributária. *Revista Brasileira de Políticas Públicas*, v. 7, n. 3, p. 80-105, 2017. Disponível em: https://www.publicacoes academicas.uniceub.br/RBPP/article/viewFile/4925/3661. Acesso em: 20 jan. 2020.

GONÇALVES, Maria Eduarda; GAMEIRO, Maria Inês. *Hard Law, Soft Law and Self-regulation*: Seeking Better Governance for Science and Technology in the EU. Working Paper n. 2011/18. Disponível em: https://repositorio.iscte-iul.pt/bitstream/10071/4870/1/DINAMIA_WP_2011-18.pdf. Acesso em: 20 jan. 2020.

GRUPENMACHER, Betina Treiger. A regra-matriz de incidência do imposto sobre serviços. *In*: MOREIRA, André Mendes *et al*. *O direito tributário*: entre a forma e o conteúdo. São Paulo: Noeses, 2014. p. 73-119.

INTERNATIONAL MONETARY FUND. *Treatment of Crypto Assets in Macroeconomic Statistics*. Disponível em: https://www.imf.org/external/pubs/ft/bop/2019/pdf/Clarification0422.pdf. Acesso em: 20 jan. 2020.

JUSTEN FILHO, Marçal. *O imposto sobre serviços na Constituição*. São Paulo: Revista dos Tribunais, 1985.

KROSKA, Renata Caroline; RODRIGUES, Alexandre Correa. Bitcoin: a maior bolha financeira do século? *Revista Jurídica da Escola Superior de Advocacia do OAB-PR*, n. 8, 11 dez. 2018. Disponível em: http://revistajuridica.esa.oabpr.org.br/bitcoin-a-maior-bolha-financeira-do-seculo/. Acesso em: 20 jan. 2020.

MACHADO SEGUNDO, Hugo de Brito; MACHADO, Raquel Cavalcanti Ramos. Tributação da atividade de armazenamento digital de dados. *In*: FARIA, Renato Vilela *et al*. (coord.). *Tributação da economia digital*: desafios no Brasil, experiência internacional e novas perspectivas. São Paulo: Saraiva Educação, 2018.

MELO, José Eduardo Soares de. *ICMS*: teoria e prática. 11. ed. São Paulo: Dialética, 2009.

MELO, José Eduardo Soares de. *ISS*: aspectos teóricos e práticos. 6. ed. São Paulo: Malheiros, 2017.

ORGANIZATION FOR ECONOMIC CO-OPERATION AND DEVELOPMENT (OECD). *How to deal with Bitcoin and other cryptocurrencies in the System of National Accounts?* Working Party on Financial Statistics, 29 Oct. 2018. Disponível em: http://www.oecd.org/officialdocuments/publicdisplaydocumentpdf/?cote=COM/SDD/DAF(2018)1&docLanguage=En. Acesso em: 20 jan. 2020.

QUIROGA MOSQUERA, Roberto. *Direito monetário e tributação da moeda*. São Paulo: Dialética, 2006.

SANTOS, João Vieira. *Soft Law* e boa governança no mercado das criptomoedas. *Revista Electrónica de Direito*, v. 16, n. 2, jun. 2018. Disponível em: https://cije.up.pt/client/files/0000000001/9_589.pdf. Acesso em: 20 jan. 2020.

SCHOUERI, Luís Eduardo. *Direito tributário*. 4. ed. São Paulo: Saraiva, 2014.

SCHOUERI, Luís Eduardo; GALDINO, Guilherme. Internet das Coisas à luz do ICMS e do ISS: entre mercadoria, prestação de serviço de comunicação e serviço de valor adicionado. *In*: FARIA, Renato Vilela *et al*. (coord.). *Tributação da economia digital*: desafios no Brasil, experiência internacional e novas perspectivas. São Paulo: Saraiva Educação, 2018.

UHDRE, Dayana de Carvalho; LOBO, Cassius Vinicius. Aspectos tributários das criptomoedas. *Valor Econômico*, 18 dez. 2017. Disponível em: https://valor.globo.com/legislacao/noticia/2017/12/18/aspectos-tributarios-das-criptomoedas.ghtml. Acesso em: 20 jan. 2020.

UHDRE, Dayana de Carvalho. Olhando "a blockchain" mais de perto: mitos ou verdades? *LegalHub.Comunidade*, 6 dez. 2019a. Disponível em: https://comunidade.thelegalhub.com.br/direito-digital/olhando-a-blockchain-mais-de-perto-mitos-ou-verdades. Acesso em: 20 jan. 2020.

UHDRE, Dayana de Carvalho. Internet das coisas e seus desafios tributários: ISS e/ou ICMS? Eis a questão... *Direito Tributário em Questão* – Revista da FESDT, n. 9, abr. 2019b. Disponível em: https://www.fesdt.org.br/web2012/revistas/9/artigos/1.pdf. Acesso em: 20 jan. 2020.